湯顯祖研究資料彙編

下

毛效同　編著

上海古籍出版社

第六编　戲劇

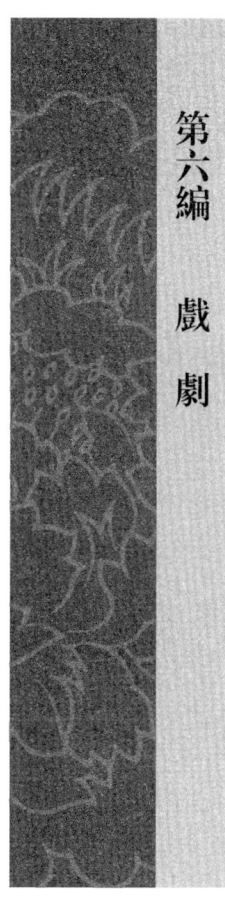

目録

四　夢

綜合述評

改編

紫簫記

述評

演唱

紫釵記

述　評

改編

演唱·演員

還魂記

述評

改編·續編

演唱・演員

邯鄲記

述評

南柯記

述評

演唱・演員

四 夢

綜合述評

臧懋循

元曲選序

大抵元曲妙在不工而工。其精者採之樂府，而獷者雜以方言。自鄭若庸《玉玦》始用類書爲之。厥後張伯起之徒，轉相祖述，爲《紅拂》等記，則濫觴極矣。曲白不欲多，唯雜劇以四折寫傳奇故事，其白有累千言者。觀《西廂》二十一折，則白少可見，尤不欲多駢偶。如《琵琶》、《黄門》諸篇，業且厭之。而屠長卿《曇花》白，終折無一曲；梁伯龍《浣紗》、梅禹金《玉合》白，終本無一散語，其謬彌甚。湯義仍《紫釵》四記，中間北曲，駸駸乎涉其藩矣。獨音韻少諧，不無鐵綽板唱「大江東去」之病；南曲絶無才情，若出兩手，何也？

元曲選後集序

予嘗見王元美《藝苑巵言》之論曲有曰：北曲字多而聲調緩，其筋在弦；南曲字少而聲調繁，其力在板。夫北之被絃索，猶南之合簫管，摧藏掩抑，頗足動人，而音亦嫋嫋與之俱流，反使歌者不能自主，是曲之別調，非其正也。若板以節曲，則南北皆有力焉；如謂北筋在弦，亦謂南力在管可乎？惜哉元美之未知曲也。由斯以評新安汪伯玉《高唐》、《洛川》四南曲，非不藻麗矣，然純作綺語，其失也靡。山陰徐文長《禰衡》、《玉通》四北曲，非不伉爽矣，然雜出鄉語，其失也鄙。豫章湯義仍庶幾近之，而識乏通方之見，學罕協律之功，所下句字，往往乖謬，其失也疏。他雖窮極才情而面目愈離，按拍者既無繞梁遏雲之奇，顧曲者復無輟味忘倦之好，此乃元人所唾棄而戾家畜之者也。

（《負苞堂集》卷三）

臧懋循，字晉叔，號顧渚。浙江長興人。萬曆庚辰（一五八〇）進士。著有《負苞堂集》。所輯《元曲選》，有功於元代戲劇之流傳。

吕天成

曲　品

沈璟，寧庵，吴江人。

湯顯祖，海若，臨川人。

右二人，上之上。

沈光禄，金張世裔，王謝家風。生長三吴歌舞之鄉，沈酣盛國管絃之籍。妙解音律，花月總堪主持；雅好詞章，僧妓時招佐酒。束髮入朝而忠鯁，壯年解組而孤高。卜業郊居，遁名詞隱。嗟曲流之泛濫；表音韻以立防；痛詞法之蓁蕪，訂全譜以闢路。紅牙館内，謄套數者百十章；屬玉堂中，演傳奇者十七種。顧盼而烟雲滿座，咳唾而珠玉在豪。運斤成風，樂府之匠石；游刃餘地，詞壇之庖丁。此道賴以中興，吾黨甘爲北面。

湯奉常，絶代奇才，冠世博學。周旋狂社，坎坷宦途。當陽之謫初還，彭澤之腰乍折。情癡一種，固屬天生；才思萬端，似挾靈氣。搜奇八索，字抽鬼泣之文；摘豔六朝，句叠花翻之韻。紅泉秘館，春風檀板敲聲；玉茗華堂，夜月湘簾飄馥。麗藻憑巧腸而濬發，幽情逐彩筆以紛飛。蘧然破噩夢於仙禪，皭矣銷塵情於酒色。熟拈元劇，故琢調之妍媚賞心；妙選生題，致賦景之新奇悦目。不事刁斗，飛將軍之用兵；亂墜天花，老生公之説法。原非學力所及，洵是天資不凡。

此二公者，懶作一代之詩豪，竟成千秋之詞匠，蓋震澤所涵秀而彭蠡所毓精者也。吾友方諸生曰：「松陵縣詞法而讓詞致，臨川妙詞情而越詞檢。」善夫，可謂定品矣。乃光禄嘗曰：「寧協律而詞不工，讀之不成句，而謳之始叶，是曲中之工巧。」奉常聞之，曰：「彼惡知曲意哉！予意所至，不妨拗折天下人嗓。」此可以觀兩賢之志趣矣。予謂二公譬如狂狷，天壤間應有此兩項人物。不有光禄，詞硎不新；不有奉常，詞髓孰抉？倘能守詞隱先生之矩矱，而運以清遠道人之才情，豈非合之雙美者乎？而吾猶未見其人。東南風雅蔚然，予且旦暮遇之矣。予之首沈而次湯者，挽時之念方殷，悦耳之教寧緩也。略具後先，初無軒輊。允爲上之上。

舊傳奇

神品二

《拜月》：云此記出施君美筆，亦無的據。元人詞手，製爲南詞，天然本色之句，往往見寶，遂開臨川玉茗之派。

新傳奇品

湯海若所著五本

《紫簫》：琢調鮮美，鍊白駢麗。向傳先生作酒色財氣四犯，有所諷刺，是非頓起，作此以掩之。僅成半本而罷。覺太曼衍，留此清唱可耳。

《紫釵》：仍《紫簫》者不多，然猶帶靡縟。描寫閨婦怨夫之情，備極嬌苦，直堪下淚。真絶技也。

《還魂》：杜麗娘事，甚奇。而着意發揮，懷春慕色之情，驚心動魄，且巧妙叠出，無境不新，真堪千古矣。

《南柯夢》：酒色武夫，迺從夢境證佛，此先生妙旨也。眼闊手高，字句超秀。方諸生極賞其登城北詞，不減王、鄭，良然，良然！

《邯鄲夢》：窮士得意，興盡可仙。先生提醒普天下措大，功德不淺。即夢中苦樂之致，猶令觀者神摇，莫能自主。

以上俱上上品。

（《曲品》）

吕天成，字勤之，號棘津，别署鬱藍生。浙江餘姚人。吕姜山子。嗜聲律，善詞曲。

最服膺沈璟，與王驥德稱莫逆。著有《烟鬟閣傳奇》及《齊東絶倒》等雜劇。《曲品》二卷，爲研究明代戲曲之重要材料。

王驥德

曲律

臨川湯奉常之曲，當置法字無論，盡是案頭異書。所作五傳，《紫簫》、《紫釵》，第修藻豔，語多瑣屑，不成篇章。《還魂》妙處種種，奇麗動人；然無奈腐木敗草，時時纏繞筆端。至《南柯》、《邯鄲》二記，則漸削蕪纇，俛就矩度。布格既新，遣辭復俊。其掇拾本色，參錯麗語，境往神來，巧湊妙合，又視元人别一谿徑。技出天縱，匪由人造。使其約束和鸞，稍閑聲律，汰其賸字累語，規之全瑜，可令前無作者，後鮮來喆，二百年來，一人而已。

詞隱之持法也，可學而知也；臨川之脩辭也，不可勉而能也。大匠能與人規矩，不能使人巧也。其所能者，人也；所不能者，天也。

近吴興臧博士晉叔……謂臨川南曲絶無才情。夫臨川所詘者，法耳；若才情正是其勝場。此言亦非公論。

客問今日詞人之冠。余曰：「於北詞得一人，曰高郵王西樓。俊豔工鍊，字字精琢，惜不見長篇。於南詞得二人：曰吾師山陰徐天池先生。瑰瑋濃鬱，超邁絶塵。《木蘭》、《崇嘏》二劇，刳腸嘔心，可泣鬼神。惜不多作。曰臨川湯若士，婉麗妖冶，語動刺骨。獨字句平仄多逸三尺。然其妙處，往往非詞人工力所及，惜不見散套耳。」問體孰近。曰：「於文辭一家得一人，曰宣城梅禹金。摛華掞藻，斐亹有致。於本色一家，亦惟是奉常一人。其才情在淺深、濃淡、雅俗之間，爲獨得三昧。餘則修綺而非垛則陳，尚質而非腐則俚矣。……」

勤之《曲品》所載，搜羅頗博，而門户太多。舊曲列品有四：曰神，曰妙，曰能，曰具。……新曲列爲九品，以上之上屬沈、湯二君。而以沈先湯，蓋以法論。然二君既屬偏長，不能合一，則上之上尚當虚左。

世所謂才士之曲，如王弇州、汪南溟、屠赤水輩，皆非當行。僅一湯海若稱射鵰手，而音律復不諧。曲豈易事哉！

（《曲律》）

王驥德，字伯良，號方諸生，別署秦樓外史。浙江會稽人。精研詞曲。始師徐渭，即以知音互賞。繼與沈璟討論音律，爲沈氏所推服。與吕天成、孫鎮、孫如法、湯顯祖並爲知好。著有《方諸館集》、《方諸館樂府》、《曲律》、《南詞正韻》，傳奇《題紅記》，雜劇《男王后》等。

陳繼儒

題徐文長點改崑崙奴雜劇

雜劇戲，類禪門五家綱宗，最忌直犯本位。如《琵琶記》蔡中郎之牛丞相，《西廂》鶯鶯之張生，何嘗毫許與本傳相涉。自古詞場狡獪，偏要在真人前弄假，却能使真人認假成真；偏要在癡人前説夢，却能使癡人因夢得覺。插科打諢，方是當行；嚼字咬文，終非本色。近代徐文長老子，獨步江東；又有梅禹金《崑崙奴》一劇，亦推高手。文長指開毒眼，提出熱腸，不惜爲梅郎滴水滴凍，徹頭徹尾，刮磨點竄一番。知者謂梅郎番出骨董，不知者謂徐老子攙奪行市。眉道人曰：「此崑崙奴，非仙非鬼，黏附兩人肉上，故暗使梅郎舌頭有骨，徐老子筆頭有眼；更喜得劉秀才手中有刀，重向劍俠場中，轟爆一聲霹靂。但恨虬髯插入南詞，悶殺英雄，如雷霆作嬰兒啼相似。誰人出頭，補此敗闕？請爲拈一瓣香，問之臨川湯海若氏。」

（《白石樵真稿》卷十九）

徐復祚

花當閣叢談

玉茗堂「四傳」，臨川湯若士顯祖先生作也。其《南柯》、《邯鄲》二傳，本若臧晉叔懋循先生所作元人彈詞來。晉叔既以彈詞造其端，復爲改正「四傳」以訂其訛，若士忠臣哉！

（《花當閣叢談》）

徐復祚，字陽初，號謩竹。江蘇常熟人。生於嘉靖庚申（一五六〇），卒於崇禎庚午（一六三〇）以後。有《花當閣叢談》及雜劇《一文錢》、傳奇《紅梨記》等。

王彦泓

白山茶插髻，甚可觀，因書二絶（録一首）

玉茗先生迥出塵，語言無處不清新。瓊花風度釵頭見，更覺書名絶可人。（《疑雨集》）

王彦泓，字次回。江蘇金壇人。萬曆間以歲貢爲華亭訓導，有《疑雲》、《疑雨》集。

華淑

療言

傳奇有消魂者六：《紫釵》、《西廂》、《紅梨》、《紅拂》、《雙紅》、《還魂》。（《閒情小品》）

王思任

十錯認春燈謎記序

臨川清遠道人，自泥天灶取日膏月汁，烘燒五色之霞，絶不肯俯齊州揄烟片點，於是「四夢」熟而膾炙四天之下。四天之下遂兢與傳其薪而乞其火，遞相夢，夢淩夷，至胡柴白棍竄塞，眯哭其中，竟不以影質溺，則亦大可咍矣。道人去廿餘年，而皖有眉隱山樵出。……乃不譜舊聞，妄舒臆舌，劃雷晴裏，布架空中，甫閲月而《春燈謎記》就，亦不減擊鉢之敏矣。中有「十錯認」，自君臣、父子、兄弟、夫婦、朋友，以至倫物上下，無不認也，無不錯也。……山樵之鑄「錯」也，續道人之殘「夢」也。「夢」嚴出世，「錯」寬出世，至夢與錯交行於世，以爲世固當然，而天下事豈可問哉！

（《雜序》，載《王季重十種》）

倪元璐

孟子若桃花劇序

予更欲借兹金鍼度彼諸衆：諸君架上時文没底用，合取燒却，亟徵古今詞曲數部。以古樂府及晉碭石諸篇，唐温、李，宋東坡、幼安等詞爲一部，比之成弘王、董諸家；以《會真》、《琵琶》等記爲一部，比之嘉隆瞿、鄧諸家；以文長《四聲》、若士「四夢」并子若《桃源》、《花間》二劇爲一部，比之萬曆以來陶、許諸家。朝呻夕唔，不取雪案，取花窗；不取才朋，取麗侶。欲睡則引檀板拍其股，當蘇季之鍼。如是三年不一出取大元歸者，許綰有言，請以臣頭爲狗。

（《倪文貞集》）

倪元璐，字玉汝。上虞人。天啓壬戌（一六二二）進士。著有《兒易内外儀》及詩文集。

祁彪佳

曲品凡例

文人善變，要不能設一格以待之。有自濃而歸淡，自俗而趨雅，自奔逸而就規矩。如湯清遠他作入妙，《紫釵》獨以豔稱。沈詞隱他作入雅，《四異》獨以逸稱。……

音律之道甚精，解者不易。……才如玉茗，尚有拗嗓，況其他乎？

（《遠山堂明曲品劇品校録》）

祁彪佳，字虎子，一字幼文，號世培。浙江山陰人。天啓壬戌（一六二二）進士。精研戲曲，搜藏甚富，所著《曲品》，分妙、雅、逸、豔、能、具諸品。《曲品》以外，尚有詩文集、日記行世。

費元禄

讀十家傳奇記

又如麗娘感夢，覓桃李之幽踪；思女不夫，結柳梅之冥契。詎圖桂裹長生，但戀樹頭連理。既而玉顔委之塵土，金棺寄於草萊。一綫情根，轉輪迴之磨，三季枯骨，尋宿對之人。飲恨而終，天還解老，無媒而嫁，鬼亦多情。生死癡迷，抑又甚矣。……至若霍家小玉，貴邸名姓，愛吟風竹之章，悮占鶯花之籍。紫釵盡於旅食，紅玉瘦於傷春，打殺鴛鴦，還書恨字。悔教鸚鵡錯喚郎來。緑鬢佳人，遽掩餘桃之淚，黄衫豪士難收覆水之心。徵痛重泉，銜寃空室，皆是隴西所致，即投有北奚虧。……嗟夫，天地大戲場也，人身小幻術也。天有倚杵之時，人有首丘之日。世方汲汲功名，營營聲色，譬猶惜邯鄲之遊不久，嘆陽羨之術易終也。不知風流倏而雨散，恩怨頓已煙消，過眼風花，上牀鞋襪，亦徒然矣。又安見夫抽絲刻木傀儡之果，非真削棘吞刀曼衍之終爲幻乎。

（《轉情集》卷下）

凌濛初

譚曲雜劄

近世作家如湯義仍，頗能模倣元人，運以俏思，儘有酷肖處，而尾聲尤佳，惜其使才自造，句脚、韻脚所限，便爾隨心胡凑，尚乖大雅。至於填調不諧，用韻龐雜，而又忽用鄉音，如「子」與「宰」叶之類，則乃拘於方土，不足深論，止作文字觀，猶勝依樣畫葫蘆而類書填滿者也。義仍自云：「駘蕩淫夷，轉在筆墨之外，佳處在此，病處亦在此。」彼未嘗不自知。祇以才足以逞而律實未諳，不耐檢核，悍然爲之，未免護前。況江西弋陽土曲，句調長短，聲音高下，可以隨心入腔，故總不必合調，而終不悟矣。而一時改手，又未免有斲小巨木、規圓方竹之意，宜乎不足以服其心也——如「留一道畫不□耳的愁眉待張敞」，改爲「留着雙眉待敞」之類。

「留一道畫不□耳的愁眉待張敞」句，見《邯鄲夢・贈試》〔尾聲〕。原爲「俺留着這一對畫不了的愁眉待張敞」。

尾聲，元人尤加之意。而末句最要緊。北曲尚矣，南曲如《拜月》，可見一斑。

大都以詞意俱若不盡者爲上，詞盡而意不盡者次之。

如《拜月》云「自從别後信音絶，這些時魂驚夢怯，都管是煩惱憂愁將人斷送也」，又云「中心先自不如意，縱然間肯同隨喜，也做了個興盡空回」，豈非詞意俱若不盡者乎？如云「别離會合皆緣分，受過憂危心自忖，從今暮樂朝歡還正本」，又云「遲疾早晚兵戈息，相約行朝訪踪跡，怎肯依舊中原一布衣」，豈非詞盡而意不盡者乎？……湯義仍更多妙者，難以僂舉。

吕勤之序彼中《蕉帕記》，有云：「詞隱先生之條令，清遠道人之才情。」又云：「詞隱取程於古詞，故示法嚴；清遠翻抽於元劇，故遺調俊。」又云：「詞忌組練而晦，白忌堆積駢偶而寬。」其語良當。

（《譚曲雜劄》）

凌濛初，字玄房，號初成。浙江烏程人。崇禎七年（一六三四）以副貢爲上海縣丞。精於小説詞曲。著有短篇小説《拍案驚奇》兩集。評選南曲，編爲《南音三籟》、《譚曲雜劄》爲論曲之作。

鄭仲夔

雋　區

傳奇當以張伯起爲第一，若《紅拂》、《竊符》、《灌園》、《祝髮》四本，巧妙悉敵。次則推梁伯龍《浣紗》，梅禹金《玉合》，當與《琵琶》、《西廂》分路揚鑣。若湯若士之《邯鄲夢》、屠緯真之《曇花》，别是傳奇一大天地，然識者有患其大多之議。……《彩毫》、《紫釵》、《南柯》三傳，俱出屠、湯手筆，而往往以學問爲長，徒令人驚雕繢滿眼耳。

（《雋區》卷七）

徐士俊

古今詞統評語

何良俊《草堂詩餘序》　近湯臨川四種傳奇，稱一代詞宗。其中名曲多隱括

詩餘取勝，他可知已。（卷首）

顧夐《醉公子》　《還魂》曲「恁今春關情似去年」，用此也；「最撩人春色是今年」，則又翻此。（卷三）

按：此詞下闋爲：「睡起横波慢，獨坐情何限，衰柳數聲蟬，魂銷似去年。」

無名氏《點絳唇》（鞦韆）　入若士《紫釵記》。

原詞云：「蹴罷鞦韆，起來整頓纖纖手，露濃花瘦，薄汗輕衣透。見客人來，襪剗金釵溜。和羞走，倚門回首，却把青梅嗅。」

歐陽修《浣溪沙》（春遊）　湯若士「良辰美景奈何天」，本此。

詞云：「湖上朱橋響畫輪，溶溶春水浸春雲，碧琉璃滑淨無塵。當路遊絲縈醉客，隔花啼鳥喚行人，日斜歸去奈何春。」

黄庭堅《浣溪沙》（佳人）　末句入《紫釵》。

按：末句爲「今生有分向伊麽」。

趙可《浣溪沙》　李十郎以「沙似雪」對「月如霜」，又被小竊。（以上卷四）

原詞下闋：「落木蕭蕭風似雨，疏欞皎皎月如霜，此時此景最淒涼。」

張先《一斛珠》（詠佳人吹笛）　人羨湯若士「丹青女易描，真色人難學」之句，不知爲子野所創。（卷八）

詞云：「雲輕柳弱，内家髻子新梳掠，生香真色人難學。横管孤吹，月淡天垂幕。朱唇淺破櫻桃萼，倚樓人在欄杆角。夜寒指冷羅衣薄，聲入霜林，蔌蔌驚梅落。」

朱灝《賣花聲》　臨川曲云「弄鶯簧，赴柳衙」，與「柳館」句孰多。（卷十）

按：詞中有「嫩涼羃葉，柳館黄鸝常寓」之句。

胡浩然《傳言玉女》（元宵）　結數語入《紫釵》。

詞云：「一夜東風，不見柳梢殘雪。御樓煙煖，對鰲山綵結。簫鼓向曉，鳳輦初回宫闕。千門燈火，九達風月。　繡閣人人，乍嬉遊，困又歇，豔粧初試，把珠簾半揭。嬌羞向人，手撚玉梅低説，相逢長是上元時節。」

林章《河滿子》（詠夢）　竟是牡丹亭上鬼語。

指詞中「春日弄花不影，秋宵踏月無痕」兩句。

張先《一叢花》　《還魂記》妙語皆出於子野。（以上卷十一）

詞云：「傷高懷遠幾時窮，無物似情濃。離愁正引千絲亂，更東陌飛絮濛濛。嘶騎漸遥，征塵不斷，何處認郎蹤？　雙鴛池沼水溶溶，南北小橈通。梯横畫閣黄昏後，又還是斜月簾櫳。沈恨細思，不如桃杏，猶解嫁東風。」

辛棄疾《水龍吟》（旅次登樓作）　若士取贈黄衫客，極當。（卷十四）

詞結語爲「倩何人唤取紅巾翠袖，揾英雄淚」。

（《古今詞統》）

徐士俊，字野君。杭州人。《古今詞統》刻於崇禎癸酉（一六三三）。

陳洪綬

槎庵先生傳

槎庵先生，諱斯行，字道之，號馬湖。閩右方伯，越之蕭山人。……先生蓋有本之經綸也。先生故善書而不欲以書名，能騷雅而不屑以騷雅稱。先生昔見湯若士先生諸辭，曰：「徒勞才智，乃雜於聲歌，可惜哉！」

（《寶綸堂集》卷一）

陳洪綬，字章侯，號老蓮。浙江諸暨人。明末大畫家。有《寶綸堂集》。

黄周星

製曲枝語

曲至元人，尚矣。若近代傳奇，余惟取湯臨川「四夢」。而「四夢」之中，《邯鄲》第一，《南柯》次之，《牡丹亭》又次之。若《紫釵》，不過與《曇花》、《玉合》相伯仲，要非臨川得意之筆也。

（《製曲枝語》）

黄周星，字景虞，號九烟。湖廣湘潭人。崇禎十三年（一六四〇）進士。有《夏爲堂集》。

張岱

答袁籜菴

湯海若初作《紫釵》，尚多痕迹；及作《還魂》，靈奇高妙，已到極處。《蚪夢》、《邯鄲》，比之前劇，更能脱化一番，學問較前更進，而詞學較前反爲削色。蓋《紫釵》則不及，而「二夢」則太過，過猶不及，故總於《還魂》遜美也。

（《瑯嬛文集》卷三）

張岱，字宗子，又字石公，號陶菴。浙江山陰人。萬曆丁酉（一五九七）生，約在康熙丙辰（一六七六）卒。有《瑯嬛文集》、《陶菴夢憶》、《石匱書》等。

駱問禮

與葉春元

因歌者之便，特進一言。屠、湯二君在謝事之後，故假小技以遣其壯心。以門下之精藴，當思紹述尊公之未盡，豈甘心於紅牙板，消盡歲月耶？會聞王鳳洲先達，以《豔異編》饋人，而復分投贖歸，亦必有不得已者。幸珍重之！

（《藏弆集》卷五）

駱問禮，字子本。明季浙江諸暨人。有《萬一樓集》。

賀貽孫

詩餘序

弱冠時，酷嗜湯臨川及徐山陰詞曲，曾爲效顰，擬作雜劇，未及成稿而罷，殘興不已，遂寄意於詩餘。

（《水田居全集》卷三）

沈自晉

重定南詞全譜凡例

前輩諸賢，不暇論。新詞家諸名筆，如臨川、雲間、會稽諸家。古所未有，真似寶光陸離，奇彩騰躍。及吾蘇同調，如劍嘯、墨憨以下。皆表表一時。先生亦讓頭籌，見《墜釵記》、《西江月》詞中推稱臨川云。予敢不稱膺服！

重定南詞全譜凡例續

閱來稿（馮夢龍所輯《墨憨詞譜》未完之稿），自《荆》、《劉》、《拜》、《殺》，迄元劇古曲若干，無不旁引而曲證。及所收新傳奇，止其手筆《萬事足》，并袁作《珍珠衫》，李作《永團圓》幾曲而已。餘無論諸家種種新裁，即玉茗、博山傳奇、方諸樂府，竟一詞未及。豈獨沉酣于古，而未遑寄興于今耶？抑何輕置名流也。子猶嘗語予云：「人言香令詞佳，我不耐看。傳奇曲，只明白條暢，説却事情出，便㲄。何必雕鏤如是！」噫，此亦從膚淺言之，要非定論。愚以謂臨川之才，而時越於幅，且勿論。乃如范如王，以巧筆出新裁，縱横百變，而無逾先詞隱之三尺，固當多取芳模，爲詞壇鼓吹。梁指斯道者，其舍諸？……

（《南詞新譜》）

沈自晉，字伯明，又字長康，號鞠通生。吴江人。璟侄。與同時劇作家馮夢龍（子猶）、范文若（字香令，號荀鴨，松江人）知好。《南詞新譜》係補正璟《南九宫譜》而作。又有戲劇《翠屏山》、《望湖亭》，散曲《賭墅餘音》等。

【附】

沈自友　鞠通生小傳

海内詞家旗鼓相當，樹幟而角者，莫若吾家詞隱先生與臨川湯若士。水火既分，相爭幾于怒詈。生蟬緩其間，錦囊彩筆，隨詞隱爲東山之遊。雖宗尚家風，著詞斤斤尺矱，而不廢繩簡，兼妙神情。甘苦匠心，朱碧應度；詞珠宛如露合，文冶妙於丹融。兩先生亦無間言矣。

（《南詞新譜》）

沈自友，字君張。自晉弟。有《綺雲齋稿》。

沈永隆

南詞新譜後敘

暨我郅隆，惠風融暢，人樂管絃。學士大夫竊從烟雲花月之間，舒寫情思，於是旗鼓騷壇。如臨川先生時方諸李供奉，我先詞隱時比諸杜少陵，兩家意不相侔，蓋兩相勝也。豪儁之彦高步臨川，則不敢畔松陵三尺；精研之士刻意松陵，而必希獲臨川片語。亦見夫合則雙美，離則兩傷矣。迨乎鄭街風淆，麗則乖雅，巴人高唱，郢客響沉，家君於是奮然以釐定樂章，用爲繼美。時惟雲間荀鴨雅推家君：「漢大而自號夜郎。」見博山堂傳奇《劬皮靴》捲場詩句。然兩人並沾沾以各得鍾期，無慚鼓吹；不若臨川與先詞隱私心猶共軒輊也。

（《南詞新譜》）

沈永隆，自晉子。

王龍光

次和淚譜

江左稽先生，名永仁，字留山，别號抱犢山農。……好爲填詞，工北曲，其《游戲三昧》一種，詞壇豔稱之。若《珊瑚鞭》、《布袋禪》，自以爲少年筆墨，不稱意；惟《揚州夢》，頗自謂略窺臨川堂奥。

（《抱犢山房集》卷六）

王龍光，字幼譽。浙江紹興人。清初與稽永仁同死於耿精忠之變。

錢謙益

茅太學維小傳

維，字孝若。歸安人。父坤，字順甫，世所稱鹿門先生者也。萬曆間，苕之稱詩者，臧懋循晉叔、吴稼竳翁晉、吴夢暘允兆，而孝若與之抗行爲四子。……有《十賚堂集》數十卷。……嘗以所作雜劇屬余序，已而語人曰：「虞山輕我！近舍湯臨川，而遠引關漢卿、馬東籬，是不欲以我代臨川也。」其奡兀如此。（《列朝詩集》丁集下）

黄宗羲

偶　書

諸公説性不分明，玉茗翻爲兒女情。不道象賢參不透，欲將一火蓋平生。（《玉茗堂四夢》以外，又有他劇，爲其子開遠燒却。）

（《南雷詩歷》卷四）

外舅廣西按察使六桐葉公改葬墓誌銘

公之至處，自在填詞。一時玉茗、太乙，人所膾炙，而粉筐黛器，高張絶絃，其佳者亦是搜牢元人成句。公古淡本色，街談巷語，亦化神奇，得元人之髓。

（《南雷文定》卷五）

胡子藏院本序

詩降而爲詞，詞降而爲曲，非曲易於詞，詞易於詩也。其間各有本色，假借不得。近見爲詩者，襲詞之嫵媚；爲詞者，侵曲之輕佻；徒爲作家之所俘剪耳。余外舅葉六桐先生工於填詞，嘗言語入要緊處，不可著一毫脂粉，越俗越家常，越警醒。若於此一恧縮打扮，便涉分該婆婆，猶作新婦少年，正不入老眼也。至散白與整白不同，尤宜俗宜真，不可著一文字，與扭捏一典故事，及缺多補少作整句。錦糊燈籠，玉鑲刀口，非不好看；討一毫明快，不知落在何處矣。正法眼藏，似在吴越中，徐文長、史叔考、葉六桐皆是也。外此則湯義仍、梁少白、吴石渠，雖濃淡不同，要爲元人之衣鉢。張伯起、梅禹金，終是肉勝於骨。顧近日之最行者，阮大鋮之偷竊，李漁之蹇乏，全以關目轉折，遮傖父之眼，不足數矣。子藏院本，在濃與淡之間；若入詞品，如風烟花柳，真是當行，其務頭亦得元人遺意。可笑楊升庵以務頭爲部頭，謂教坊家有色有部，部有部頭，色有色長，以此訾周伯清，他又何論哉！

（《黄梨洲文集》）

梁清標

劉園觀陳伶演秋江劇，次雪堂韻（共六首，録第五首）

詞場玉茗古今師，繼起陽春更在兹。吏部文章司馬淚，秋塘蕭瑟柳絲絲。

（《本事詩》卷八）

梁清標，字玉立，號蒼巖。真定人。崇禎十六年（一六四三）進士。有《蕉林詩集》。

周亮工

復余澹心

填詞一道，在昔爲難，於今尤甚。徐青藤尚有雜出鄉語之誚，湯玉茗亦受音韻不諧之譏，鄭若庸、張伯起，後人極詆其開類書之門。諸君英英自異，後人尚苛求若此，况下焉者乎！

（《賴古堂文集》卷二十）

杜　濬

答汪秋澗

敝鄉有詩而無畫。……直至今日突出二人：一爲石谿禪師，一爲青溪太史。僕前後見其巨幅長卷，雲峯石迹，迥絶天機，原本古人，師友造化，未嘗不嘆爲神品。不知何以不出畫家則已，一出便到恁地，猶之西江理學節義之鄉，素不會詞曲，一會便爲湯臨川，使作者盡出其下，皆天地間怪民也。

（《結鄰集》卷八）

杜濬，字于皇，號茶村。湖北黄岡人。崇禎十二年（一六三九）副貢生。有《變雅堂集》。

尤侗

艮齋雜説

明有兩才子，楊用修、湯若士是也。二子之才既大，而人品亦不可及。升菴諫南巡，議大禮，撼承天門，大哭拜杖者再，直節矯然。其謫滇南，胡粉傅面，雙丫髻插花，諸妓擁之游行城市；所謂老顛欲裂風景，聊以耗壯心，遣餘年耳。不然，何以免世宗之忌乎！張江陵欲以鼎甲畀其子，羅海内名士以張之。屬意湯、沈兩生。義仍謝弗往，而君典遂及第。及與吴門、蒲州二相子同科，復招之，亦謝弗往也。徵爲吏部，上書辭免。在南禮曹抗疏論劾政府，以致罷官。其出處甚高，豈得以「四夢」掩其生平乎！二子遭遇之窮，亦復相類。

（《艮齋雜説》卷三，載《西堂全集》）

尤侗，字展成，一字悔菴，號艮齋，晚號西堂老人。長洲人。康熙己未試博學鴻詞。有《西堂全集》及戲劇《讀離騷》、《黑白衛》、《鈞天樂》等。

陸次雲

玉茗堂四夢評

「四夢」皆作於臨川，而如出兩手。《邯鄲》如雲展晴空，《南華》之妙境也；《南柯》如水歸暮壑，《楞嚴》之懸解也；《還魂》如鶯惜春殘，雁哀月冷，《離騷》之遺緒也；《紫釵》拖沓支離，咀之無味，其初從事於宮商之作乎？何殊絶也。或謂《還魂》耑寫豔情，與《邯鄲》、《南柯》迴別，亦似出於兩手。不知作佛生天之旨，早攝入情癡一往之中，不有曰「生生死死隨人願」乎？不有曰「景上緣，想内成，因中見」乎？山僧讀「臨去秋波那一轉」句，可以悟禪。能讀《還魂》，而後能讀《邯鄲》，讀《南柯》也。

（《北墅緒言》）

陸次雲，字雲士。清初錢唐人。有《澄江集》、《北墅緒言》。

李式玉

曲顧

關、王、馬、鄭，富有五車，其爲白描，但有精液而無糟粕；其爲著色，雖極絢爛，無異平淡，故爲可傳。嘉隆諸公稍涉平實，至臨川鏤刻極矣。（《巴餘集》卷八）

李式玉，字東琪，號魚川。錢唐人。清初諸生。有《巴餘集》及《女董永》、《文武材》等傳奇。

徐世溥

與友人

當神宗時，天下文治向盛。若趙高邑、顧無錫、鄒吉水、海瓊州之道德風節，袁嘉興之窮理，焦秫陵之博物，董華亭之書畫，徐上海、利西士之曆法，湯臨川之詞曲，李奉祠之本草，趙隱君之字學，下而時氏之陶，顧氏之冶，方氏陳氏之墨，陸氏攻玉，何氏刻印，皆可與古作者同敝天壤。而萬曆五十年無詩，濫于王、李，佻于袁、徐，纖于鍾、譚。

（《尺牘新鈔》）

劉廷璣

在園雜志

前人云：「……汪伯玉南曲失之靡，徐文長北曲失之鄙；唯湯義仍庶幾近之，而失之疏。」然三君已臻至妙，猶如此訾議，誠太刻矣。

（《在園雜志》）

劉廷璣，字玉衡，號在園。鑲紅旗漢軍。康熙間官至江西按察使。有《葛莊分體詩抄》、《在園雜志》。

李紘

南園答問

大江之西，亦有煌煌大文足與四方才士並驅而别騖者乎？先生曰：文章者，經國之大業，不朽之盛事也。……漢、唐以前，北方爲盛；自宋以還，獨歸此地。……若夫晏臨川開荆國文公，李盱江傳南豐子固，古今大家七有其三，文鑑佳篇十居其五。黄涪翁闢宗派於西江，周益公領臺閣乎南渡。封事則胡忠簡驚人，詩盟則楊誠齋獨主。鍾秀於一門，則三劉、三孔，競美清江；高步於一朝，則虞、楊、范、揭，不參他土。廷對萬言，則姚、文、曾、羅，各占大魁；上書萬言，則王、蔡、孔、章，並躋卿輔。他若方城經義，并包一代之制科；玉茗填詞，空絶千秋之樂府，猶未足覼縷焉。

（《鄉詩摭譚》）

李紘，字巨洲，號南園。江西臨川人。雍正甲辰（一七二四）進士。有《南園稿》。

黄　振

石榴記凡例

《琵琶》爲南曲之祖，然用韻太雜。支、思、齊、微通用，音調已自不協，乃更濫入魚、模；寒、山、桓、歡、先、天混用，固已牽强，乃更濫入閉口之廉纖：白璧之瑕，遂成千秋遺憾。故清遠道人、百子山樵等繼起，非不翻新鬥巧，炫異争奇，直造元人上座；而拗腔劣韻，每不順歌者讀者之口，則皆《琵琶》誤之也。……

……余素昧音律，每問途已經，頗不畫依樣葫蘆。至若湯臨川之才大于法，旁幾掩正，則斷不敢效。

（《石榴記》）

黄振，字瘦石。江蘇如皋人。有《黄瘦石稿》。《石榴記》傳奇作於乾隆庚寅（一七七〇）。

王文治

納書楹玉茗堂四夢曲譜序

吾友葉君懷庭，誠哉玉茗之功臣也。《嚴楞經》云：「琴瑟箜篌，雖有妙音，若無妙指，終不能發。」「玉茗四夢」，不獨詞家之極則，抑亦文律之總持；及被之管紘，又别有一種幽深豔異之致，爲古今諸曲所不能到。俗工作譜諧聲，何能傳其旨趣於萬一，非吾懷庭有以發之，千載而下，孰知「玉茗四夢」聲音之妙一至於此哉！懷庭於古今諸曲，皆有訂本。同人欲選其尤著者，刊板以廣其傳，「四夢」皆在首選中，顧束於方幅，弗能多載。余欲將《牡丹亭》全本另刊以行，力争乃可。頃余自吴返里，懷庭忽寓書於余，欲并刊「四夢」全本，乞余爲序。善夫有此盛舉，余何惜一序之勞乎！顧《牡丹亭》之佳處雖曰難知，然昔人表章者多。《紫釵》穠麗精工，佳處易見，然世已罕能知之。至《邯鄲》、《南柯》，囊括古今，出入仙佛，詞義幽深，詢玉茗入聖之筆，又玉茗度世之文，而世人絶無知者。加以刊本弗精，魯魚難辨，且玉茗興到疾書，於宫譜復多隕越；懷庭乃苦心孤詣，以意逆志，順文律之曲折，作曲律之抑揚，頓挫綿邈，盡玉茗之能事，可謂塵世之仙音，古今之絶業矣。此書成，薄海以内定有賞音。如或不然，請俟諸五百年以後。乾隆五十六年，歲在辛亥，嘉平六日，丹徒王文治拜撰。

(《納書楹四夢全譜》)

王文治,字禹卿,號夢樓。江蘇丹徒人。乾隆庚辰(一七六〇)進士。有《夢樓詩集》。

葉　堂

納書楹四夢全譜自序

臨川湯若士先生,天才横逸,出其餘技爲院本,瓌姿妍骨,斵巧斬新,直奪元人之席。生平撰著甚夥,獨「四夢」傳奇盛行於世,顧其詞句往往不守宫格,俗伶罕有能協律者。《邯鄲》、《南柯》遭臧晉叔竄改之厄,已失舊觀。《牡丹亭》雖有鈕譜,未云完善。惟《紫釵》無人點勘,居然和璞耳。余少喜掇拾舊譜,而以己意參訂之。《鄲邯》、《南柯》、《牡丹亭》三種,殫聰傾聽,較銖黍而辨芒杪,積有歲年,幾於似矣。至《紫釵》,竊有志焉而未逮也。晚獲交於夢樓先生,竭口贊余以譜之。繼遇竹香陳刺史,召名優以演之,於是吴之人莫不知有《紫釵》矣。始余以《牡丹亭》考核較精,擬先訂一譜，餘「三夢」姑置焉。既而喟然嘆曰：天下事不用心焉則已；用心焉，而離合分刌之數，未有不炯然内照者。夫余之譜「四夢」，亦既得失自知焉矣，而炫長而諱其短，何爲也哉！於是重加釐定彙刊以問世。昔若士見人改竄其書，賦詩云：「總饒割就時人景，却愧王維舊雪圖。」且曰：「吾不顧捩盡天下人嗓子！」此微言也。若士豈真以捩嗓爲能事，嗤世之盲於音者衆耳。余既違衆口而存其真，庸詎知後世度曲之家，不仍以爲捩嗓而掩耳疾走者乎？且《邯鄲》、《南柯》、《牡丹亭》三種，向有舊本，余故得摭其失而訂之；而《紫釵》之譜，蒙獨創焉，又焉能免於蕢桴土鼓之誚也乎！籥箫斯在，牙曠難期，願與海内審音之君子共正之。乾隆壬子春正月懷庭居士自序。

納書楹四夢全譜凡例

一、南曲之有犯調，其異同得失最難剖析，而臨川「四夢」爲尤甚。譜中遇犯調諸曲，雖已細注某曲某句，然如〔雙梧門五更〕、〔三節鮑老〕等名，余所創始，未免穿鑿。第欲求合臨川之曲，不能謹守宫譜集曲之舊名。識者亮之。

一、臨川用韻，間亦有筆誤處，如「歡撓」中「嗚嘬」之「嘬」字，以皆來押歌戈；「番釁」中「零逋」之「逋」字，以魚模押家麻，未免乖謬。至其字之平仄聲牙，句之長短拗體，不勝枚舉。特以文詞精妙，不敢妄易，輒宛轉就之。知音者即以爲臨川之韻也可，以爲臨川之格也可。

一、是譜依原本校録，除引之不用笛和者，不加工尺，餘雖隻曲小引，亦必斟酌盡善，未嘗忽略。惟《冥判》之〔混江龍〕不録全譜。蓋此曲才大如海，把讀且不易窮，豈能一一按歌，故謹照時派譜定。

一、譜中所有工尺板眼等式，備載雜曲譜中，兹不贅。

（《納書楹四夢全譜》）

納書楹曲譜按語

《元人百種》：係臧晉叔所編。觀其删改「四夢」，直是一孟浪漢，文律曲律皆非所知。不知埋没元人許多佳曲，惜哉！

《燕子箋》：阮圓海專以尖刻爲能，自謂學玉茗堂，其實全未窺見毫髮。笠翁惡札，從此濫觴矣。

《長生殿》：詞極綺麗，宫譜亦諧，但性靈遠遜臨川，轉不如「四夢」之不諧宫譜者使人能别出心意也。

（《納書楹曲譜》）

葉堂，字廣明。長洲人。《四夢全譜》刊於乾隆壬子年（一七九二）。

阮葵生

茶餘客話

詞曲著名者，北曲則關、鄭、馬、白，南曲則施、高、湯、沈，皆巨子矣。

（《茶餘客話》卷十八）

阮葵生，字寶誠，號唐山（一作吾山）。江蘇山陽人。乾隆進士。著作除《茶餘客話》外，還有《七録齋詩集》行世。

陳　棟

北涇草堂曲論

明人曲自當以臨川、山陰爲上乘。玉茗《還魂》，較實甫而又過之，特溟涬已穿，頗纇未除。《南柯》、《邯鄲》二種，斂才就範，風格遒上，實足前無古人，後無來者。

青藤音律間亦未諧，其詞如怒龍挾雨，騰躍霄漢間，千古來不可無一，不能有二。餘若《浣紗》之瀟灑，《明珠》之雋秀，《紅拂》之峭勁，《義俠》之古樸，《西樓》之蘊藉，《玉合》之整鍊，《龍膏》之奇恣，《香囊》之謹嚴，《紅蕖》之流利，一邱一壑，亦足名家。鼎革時百子山樵以詞名天下，所編《燕子箋》，盛行宮禁，品其高下，尚不能並若士幼作之《紫簫》。此外汗牛充棟，自鄶無譏矣。

臨川填詞，多不協律。沈詞隱貽書規之。臨川听然笑曰：「余意所至，不妨拗折天下人嗓子！」不朽之業，當日早已自定。今人捧九宮譜繩趨尺步，奏之場上，非不洋洋盈耳，及退而索卷玩誦，未數折即昏昏思睡。夫人固不可過才，又何可不及才。跅弛之馬，苟操縱得法，終當百倍駑駘，必也四海賞心，梨園從律，屏山燭樹，雅俗盡歡。茫茫今古，吾見亦罕！

《西廂》以下，高、施齊名。然君美之視東嘉，尚猶江、黃之敵荊、楚。明人盛稱《曇夢》，則緯真初下筆時，亦自夢想不到。此正如六朝庾、徐，長慶元、白，一時風尚，僥幸並驅。至步武一説，《還魂》繼崔，《香囊》繼蔡，若士後勁有餘。九成中郎，一忠一孝，允足相配，其如詞之不稱何！

笠翁賓白，縱橫變幻，獨步數朝。迄今《憐香伴》各種傳奇，流行海內，幾于家絃户誦。……余謂笠翁填詞實非當行。……近人刻十種曲，有殿以盧、淳二「夢」者。吾恐簸之揚之，且不啻糠粃在前矣。

……臧晉叔删訂「四夢」，詡詡然自命點金手。無奈識不稱志，才不副筆。將原本佳處，反多淹没。昔賢不云乎？鶴頸雖長，斷之則死；鳧頸雖短，續之則傷。晉叔沉酣元曲，既于詞壇不敢染指，乃復有此輕妄之舉，自知之所以難也。

（《北涇草堂曲論》，載《新曲苑》）

陳棟，字浦雲。會稽人。乾隆舉人。有《北涇草堂集》，雜劇《苧羅夢》、《紫姑神》等。

凌廷堪

與程時齋論曲書

時齋足下：承示新曲，讀之暢甚。竊謂雜劇蓋昉於金源。金章宗時有董解元者，始變詩餘爲北曲，取唐小説張生事撰弦索調數十段，其體如盲女彈詞之類，非今之雜劇與傳奇也，且其調名半屬後人所無者。元興，關漢卿更爲雜劇，而馬東籬、白仁甫、鄭德輝、李直夫諸君繼之；故有元百年，北曲之佳，僂指難數。然世所傳雜劇，大率以四折爲準，其最多則王實甫《西廂記》之二十折也。其書潤色董本，亦頗可觀；今爲吴下妄人點竄，殆不堪寓目。元之季也，又變爲南曲，則有施君美之《拜月》，柯丹邱之《荆釵》，高東嘉之《琵琶》，始謂之爲傳奇。蓋北曲以清空古質爲主，而南曲爲北曲之末流，雖曰意取纏綿，然亦不外乎清空古質也。雖然，北曲以微而存，南曲以盛而亡。何則？北曲自元人而後，絶少問津，間有作者，亦皆不甚逾閒，無黎邱野狐之惑人。有豪傑之士興，取元人而法之，復古亦易爲力。若夫南曲之多，不可勝計。握管者類皆文辭之士，彼之意以爲吾既能文辭矣，則於度曲何有；於是悍然下筆，漫然成編，或詡濃豔，或矜考據，謂之爲詩也可，謂之爲詞也亦可，即謂之文也亦無不可，獨謂之爲曲則不可。前明一代，僅存餼羊者，周憲王、陳秋碧及吾家初成數公耳。若臨川南曲，佳者蓋寡，《驚夢》、《尋夢》等折，竟成躍冶之金；惟北曲豪放疏宕，及科諢立局，尚有元人意度。此外以盲語盲，遞相祖述。至宜興吴石渠出，創爲小乘；而嘉興李漁效之，江河日下，遂至破壞決裂，不可救藥矣。四百年來，中流砥柱，其稗畦之《長生殿》乎？足下爰稗畦守法之嚴，而惜其立意未善，乃反其事，以曹鄴《梅妃傳》譜入新聲，爲《一斛珠傳奇》，而法律亦如稗畦，不廢元人繩墨，誠斯道之功臣也。頃與酌亭同閲終卷，滿引而醉，不禁發其狂瞽，以供一噱！足下其亦以爲知言否也？不宣。

一斛珠傳奇序

余以爲近時度曲家，未覩東籬蘭谷之面目，但希青藤玉茗之矉笑，折腰齲齒，自以爲工。得時齋此劇以藥之，庶幾其有瘳乎？

（《校禮堂文集》卷廿二，載《安徽叢書》）

論曲絶句三十二首（録十、十八、十九首）

天子朝門撮合新，後園高弔榜頭人。《青衫淚》與《金錢記》，衹許臨川步後塵。

元《青衫淚》朝門勅配，《金錢記》弔拷韓翊，皆湯臨川之粉本也。

《四聲猿》後古音乖，接踵《還魂》復《紫釵》。一自青藤開别派，更誰樂府繼誠齋？

玉茗堂前暮復朝，葫蘆怕仿昔人描。癡兒不識邯鄲步，苦學王家雪裏蕉。

（《校禮堂詩集》卷二，載《安徽叢書》）

高陽臺商調 同黄秋平、焦里堂雨花臺觀劇

慷慨秦歌，婆娑楚舞，神前擊筑彈箏，尚有遺規。勝他吴下新聲。無端尾巷談今古，混是非，底用譏評鬱藍生。雜劇流傳，體例分明。　挺齋不作東籬去，算青藤玉茗，風氣初更。輾轉相師，可憐僞體争鳴。何人禮失求諸野？悵碧天無限遥

情。暮雲輕，曲散人歸，月上高城。（《梅邊吹笛譜》卷下，載《安徽叢書》）

凌廷堪，字仲子，又字次仲。安徽歙縣人。乾隆庚戌（一七九〇）進士。有《校禮堂詩文集》等。

郭　麐

靈芬館詞話

近見凌仲子論詞云：詞以南宋爲極。能繼之者，竹垞；至厲樊榭，則更極其工，後來居上。北曲塡詞以關漢卿諸人爲至，猶詞家之有姜、張。後之塡詞家，如文長、粲花、笠翁，皆非正宗。玉茗詞壇飛將，然能合元人者，惟《牡丹亭》「圓駕」一折。近人如洪昉思《長生殿》，乃能直逼元人，其氣韻迥與諸人不類。其言累數百，余不能盡記。且于此道無深解，不敢强爲之説。然總覺玉茗之才非餘子可及。（《靈芬館詞話》卷一）

郭麐，字祥伯，號頻伽。江蘇吴江人。乾隆諸生。有《靈芬館集》等。倪鴻《桐蔭清話》卷四嘗記其詩云：「世事百年同勾隊，文章一代遞登場。老夫合遣羣公笑，只識臨川玉茗湯。」其推崇之意與此文同。此詩《靈芬館集》未載，姑記於此。

焦循

劇說

卓珂月作孟子塞《殘唐再創》雜劇小引云：「作近體難於古詩，作詩餘難於近體，作南曲難於詩餘，作北曲難於南曲。總之，音調法律之間，愈嚴則愈苦耳。北如馬、白、關、鄭，南如《荆》、《劉》、《拜》、《殺》，無論矣。入我明來，填詞者比比。大才大情之人，則大愆大謬之所集也，湯若士、徐文長兩君子，其不免乎！減一分才情，則減一分愆謬，張伯起、梁伯龍、梅禹金，斯誠第二流之佳者。乃若彈駁愆謬，不遺錙銖，而無才無情，諸醜畢見，如臧顧渚者，可勝笑哉！……」

元人吴昌齡《西游》詞，與俗所傳《西游記》小説小異。曹楝亭曰：「吾作曲多效昌齡，比于臨川之學董解元也。」（以上卷四）

宫大用《范張鷄黍》第一折，乃一篇經史道德大論，抵多少宋人語録。曲中用「隨邪」二字，乃玉茗所本。（卷五）

（《劇説》）

焦循，字里堂。江蘇甘泉人。嘉慶六年（一八〇一）舉人。有《雕菰樓集》、《劇説》、《花部農譚》等。

王廷紹

霓裳續譜序

余竊惟漢、魏以來，由樂府變爲歌行，由歌行變爲詞曲。歐、蘇、辛、柳而外，花間得其韻，實甫得其情，竹塢得其清華，草堂得其樸茂。逮近代之臨川、文長、雲亭、天石、笠翁、悔菴諸公，緣情刻羽，皆足鬯其喜怒哀樂之懷，其詞精警，其趣悠長。余之所醉心者，不一而足。

（《霓裳續譜》）

王廷紹，字善述，號楷堂。直隸大興人。嘉慶己未（一七九九）進士。所編俗曲總集《霓裳續譜》八卷，爲民間文學之重要資料。《譜》中有自《牡丹亭》拆出之《西調》、《黄瀝調》，見後。

李黼平

曲話序

予觀《荆》、《劉》、《拜》、《殺》暨玉茗諸大家，皆未嘗斤斤求合於律。俗工按之，始分出襯字，以爲不可歌。其實得國工發聲，愈增韻折也。故曲無定，以人聲之抑揚抗墜以爲定。

（《曲話》卷首）

李黼平，生平、籍貫不詳。梁廷枏《曲話》，道光初年行世。

梁廷枏

曲　話

玉茗「四夢」：《牡丹亭》最佳，《邯鄲》次之，《南柯》又次之，《紫釵》則强弩之

末耳。（《曲話》）

梁廷枏，字章冉，别號藤花主人。廣東順德人，有《藤花亭十種》。《曲話》成於道光甲申（一八二四）年。

龔自珍

己亥雜詩三百十五首（録一首）

梨園爨本募誰修？亦是風花一代愁。我替尊前深惋惜，文人珠玉女兒喉。元人百種，臨川四種，悉遭伶師竄改，崑曲俚鄙極矣。酒座中有徵歌者，予輒撓阻。（《龔定盦全集》卷十六）

龔自珍，字璱人，號定盦。浙江仁和人。道光九年（一八二九）進士。有《定盦文集》。

姚燮

今樂考證

《紫簫》

王思任曰：「邯鄲，仙也；《南柯》，佛也；《紫釵》，俠也；《牡丹亭》，情也。往見吾鄉文長批《牡丹亭》，卷首曰：『此牛有萬夫之禀。』雖爲妬語，大覺頫心。而若士曾語盧氏李恒嶠云：『《四聲猿》乃詞壇飛將，輒爲之唱演數遍，安得生致文長自拔其舌。』其相引重如此。」

王伯良曰：「臨川湯奉常之曲，當置『法』字無論，盡是案頭異書。所作五傳，《紫簫》、《紫釵》第修藻豔，語多瑣屑，不成篇章；《還魂》妙處種種，奇麗動人，然無奈腐木敗草，時時纏繞筆端；至《南柯》、《邯鄲》二記，則漸削蕪纇，俛就矩度，布格既新，遣辭復俊，其掇拾本色，參錯麗語，境往神來，巧湊妙合，又視元人別一蹊逕，技出天縱，匪由人造。使其約束和鸞，稍閑聲律，汰其賸字累語，規之全瑜，可令前無作者，後鮮來喆，二百年來，一人而已。」

又云：「近於南詞得二人：曰徐天池先生——瑰瑋濃鬱，超邁絶塵。《木蘭》、《崇嘏》二作，刳腸嘔心，可泣神鬼。惜不多作！曰臨川湯若士——婉麗妖冶，語動刺骨，獨字句平仄，多逸三尺，然其妙處，往往非詞人工力所及。惜不見散套耳！」

又云：「臧晉叔謂『臨川南曲絶無才情』，夫臨川所詘者法耳，若才情正是其勝場，此言亦非公論。」

又云：「世所謂才士之曲，如王弇州、汪南溟、屠赤水輩，皆非當行。而海若稱射鵰手，而音律復不諧。曲豈易事哉！」

沈景倩云：「湯義仍《牡丹亭夢》一出，家傳户誦，幾令《西廂》減價；奈不諳曲譜，用韻多任意處，乃才情自足不朽也。」

又云：「湯義仍之《紫簫》，指當時秉國首揆，纔成其半，即爲人所議，因改爲《紫釵》。」

又云：「頃黄貞甫汝亭以進賢令内召還，貽義仍新作《牡丹亭記》，真是一種奇文，未知於王實甫、施君美如何，恐斷非近日諸賢所辦也。」

愚谷老人云：「湯若士先生作『四夢』，最後作《牡丹亭》，稱今古絶唱。然於字句間，其增減處未諧於譜，時伶難之，遂有起而删改之者，臨川乃興不是王維舊《雪圖》之嘆。」

周亮工云：「湯義仍《牡丹亭》劇初出，一前輩勸之曰：『以子之才，何不講學？』義仍應聲曰：『我固未嘗不講也。公所講，性；我所講，情。』」

徐釚云：「湯若士詞曲小令擅絶一世。所撰《牡丹亭記》，《西廂》並傳，嘗醉後自題云：『玉茗堂開春翠屏，新詞傳唱《牡丹亭》。傷心拍遍無人會，自掐檀痕教小伶。』興致可想見也。」

馮家楨云：「湯若士善南，徐青籐善北。」

翟灝云：「李泌《枕中記》：開元十九年，道者呂翁於邯鄲邸舍中度盧生。按：此呂翁，非洞賓也。洞賓生貞元十四年，舉咸通進士，翁則開元時已度人矣。元馬致遠《黄粱夢》劇，謂洞賓遇鍾離先生終南肆中，鍾離自執炊，呂枕案假寐，夢見一生榮貴如意，最後失勢流落，浩嘆而寤，鍾離炊尚未熟。此即影襲盧生事。雜劇例多張冠李戴，不必疑其事之巧符也。湯若士以世多熟夢《邯鄲》，復演盧生付伶人歌之。」

梁子章云：「湯若士《邯鄲夢》末折『合仙』，俗呼『八仙度盧』，爲一部之總匯，排場大有可觀，而不知實從元曲學步，一經指摘，則數見不鮮矣。」案：謂《岳陽樓》、《城南柳》、《鐵拐李》、《竹葉舟》諸劇。

又云：「玉茗『四夢』，《牡丹亭》最佳，《邯鄲》次之，《南柯》又次之，《紫釵》則强弩之末耳。」

又云：「《南柯》『情著』一折，以《法華普門品》入曲，毫無勉强，毫無遺漏，可稱傑構。末折絶好收束，排場處復盡情極態，全曲當以此爲冠冕也。《牡丹亭》對宋人説《大明律》，《春蕪記》楚國王二竟有『又不怕府縣三司作』之句，作者故爲此不通語，駭人聞聽；然插科打諢，正自有趣，可以令人捧腹，不妨略一見之。至若元人雜劇，凡駕唱多自稱廟謚，如漢某帝、唐某宗之類，真堪噴飯矣。《紫釵記》最得手處在

『觀燈』時即出黄衫客，下文『劍合』不自覺突，而中『借馬』折避却不出，便有草蛇灰綫之妙。稍可議者：既有『門楣絮别』矣，接下『折柳陽關』，便多重叠，且墮惡套；而『款檄』折兩使臣皆不上場，亦屬草率。」

案：《紫簫記》玉茗自製《西江月》詞，謂此記係紅泉舊本，取而改訂之者。紅泉不知何許人。

（《今樂考證》）

姚燮，字梅伯，一字復莊。浙江鎮海人。生於嘉慶乙丑（一八〇五），卒於同治甲子（一八六四）。有《大梅山館集》等。其《今樂考證》一書，爲戲曲研究之重要資料。

王德暉　徐沅澂

顧誤録

尾聲乃經緯十二律，故定十二板。式律中積零者爲閏，故亦有十三板者。句僅三句，字自十九字至二十一字止，多即不合式矣。如「四夢」傳奇之尾聲，多不入格局，至有三十餘字者。度曲不顧文義，删落字句，遵依尾聲格式，則兩失之矣。

（《顧誤録》）

《顧誤録》梓行於咸豐元年（一八五一）。王德暉，字曉山。山西太原人。有《曲律精華》；徐沅澂，字惺宇，北京人，有《顧誤》。兩書均未刊行。咸豐元年，二人在北京相遇，各出己作，合成《顧誤録》。

彭翊

與人論曲書

臨川、粲花，不徒賞其穠麗，《荆釵》、《殺狗》，亦勿厭其鄙俚，醖釀久之，而後知於詩詞中爲佶屈聱牙處，皆曲中一定之節奏，而斷不可易者也。所謂變化從心者，則在乎襯字，視板之疏密，爲襯之多寡，製曲靈妙，全在乎此；非獨使曲文條暢也。又在乎分宫製調，分宫則情景求無乖戾，製調則變换不失自然，若者宜疾，若者宜緩，若者宜板，若者宜絃，工夫至此，則有文成法立之妙，尚何繁苛之足畏乎！昔臨川自言：「不顧拗盡天下人嗓子！」今其詞尚在，宫調頗雜，腔板頗亂，藉非後人曲爲遷就，幾幾乎不可唱矣。然與爲笠翁之油濫，無寧臨川之生澀。僕於二者，知所趨避，雖無師承，而謹守前人矩矱，頗可自信也。

（《曲海揚波》，載《新曲苑》）

嚴復　夏曾佑

國聞報附印說部緣起

今使執塗人而問之曰：「而知曹操乎？而知劉備乎？而知阿斗乎？而知諸葛亮乎？」必僉對曰：「知之。」又問之曰：「而知宋江乎？而知吴用乎？而知武松乎？武大郎乎？潘金蓮乎？楊雄、石秀乎？」必僉對曰：「知之。」更問之曰：「而知唐明皇乎？楊貴妃乎？而知張生乎？鶯鶯乎？而知柳夢梅乎？杜麗娘乎？」必又共應曰：「知之。」又問以「曹操、劉備、阿斗、諸葛亮爲何如人」，則將應之曰：「曹操奸臣，諸葛亮忠臣，劉備英主，阿斗昏君。」問以「宋江、吴用、武松、武大郎、潘金蓮、楊雄、石秀爲何如人」，則將應之曰：「宋江大王，吴用軍師，武松好漢，武大郎懦夫，潘金蓮淫婦人。楊雄、石秀、潘巧雲之徒，則事事等於武松、潘金蓮，而又大不同。」至問以「唐明皇、楊貴妃、張生、鶯鶯、柳夢梅、杜麗娘爲何如人」，則又無不以「佳人才子」對。至「佳人才子」之行事品目，則或以爲是，或以爲非，尤爲江湖名士與村學究所聚訟，呶呶然千載不可休者也。……書之紀人事者，謂之史；書之紀人事而不必果有此事者，謂之稗史。此二者，並紀事之書，而難言之理則隱寓焉。此書之大凡也。然則古之人恃何種書而傳乎？古之人莫不傳，而紀事之書爲甲。然而同一紀事之書，而傳之易不易則各有故焉，不能强也。書中所用之語言文字，必爲此種人所行用，則其書易傳；其語言文字爲此族人所不行者，則其書不傳。此一也。……若其書之所陳，與口説之語言相近者，則其書易傳；若其書與口説之語言相遠者，則其書不傳。故書傳之界之大小，即以其與口説之語言相去之遠近爲比例。此二也。……語言之例，又大不同：有用簡法之語言，有用繁法之語言。簡法之語言，以一語而括數事，故讀其書者，先見其語，而此中之層累曲折，必用心力以體會之，而後能得其故。繁法之語言，則衍一事爲數十語，或至百語、千語，微細纖末，羅列秩然，讀其書者，一望之頃，即恍然若親見其事者然。故讀簡法之語言，則目力逸而心力勞；讀繁法之語言，則目力勞而心力逸。……若然，則繁法之語言易傳，簡法之語言難傳。此三也。即用繁語觀之，不勞心矣，而所言之事，有相習不相習。……言日習之事者易傳，而言不習之事者不易傳。此其四也。……書之言實事者不易傳；而書之言虚事者易傳。此其五也。據此觀之，其具五不易傳之故者，國史是矣，今所稱之《二十四史》俱是也；其具有五易傳之故者，稗史小説是矣，所謂《三國演義》、《水滸傳》、《長生殿》、《西廂》、「四夢」之類是也。曹、劉、諸葛傳於羅貫中之《演義》，而不傳於陳壽之《志》；宋、吴、楊、武傳於施耐菴之《水滸傳》，而不傳於《宋史》；玄宗、楊妃傳於洪昉思之《長生殿傳奇》，而不傳於新舊兩《唐書》；推之張生、雙文、夢梅、麗娘，或則依托姓名，或則附會事實，鑿空而出，稱心而言，更能曲合乎人心者也。夫説部之興，其入人之深，行世之遠，幾幾出於經史上，而天下之人心風俗，遂不免爲説部之所持。《三國演義》者，誌兵謀也，而世之言兵者取焉；《水滸傳》者，誌盜也，而萑蒲狐父之豪，往往標之以爲宗旨；《西廂記》、《臨川四夢》，言情也，則更爲專一之士、懷春之女所涵詠尋繹。夫古人之爲小説，或各有精微之旨，寄於言外，而深隱難求，淺學之人，淪胥若此，蓋天下不勝其説部之毒，而其益難言矣。

（《小説戲曲研究卷》，載《晚清文學叢鈔》）

此文原載光緒二十三年（一八九七）十月十六日至十一月十八日天津《國聞報》，旨在提倡小説戲劇，「使民開化」。作者嚴復、夏曾佑，爲清季富有維新思想之人物。復，字幾道。福建侯官人。同治間留學英國，民國初年任北京大學校長，譯書甚多。曾佑，字穗卿。浙江錢唐人。著有《中國古代史》。

梁啓超

小説叢話

泰西詩家之詩，一詩動輒數萬言。若前代之荷馬、但丁，近世之擺倫、彌兒頓，其最著之名，率皆累數百葉始成一章者也。中國之詩，最長者如《孔雀東南飛》、《北征》、《南山》之類，罕二三千言外者。吾昔與黄公度論詩，謂即此可見吾東方文學家才力薄弱，視西哲有慚色矣。而思之，吾中國亦非無此等雄著可與彼頡頏者。吾輩僅求之於狹義之詩，而謂我詩僅如是，謗點祖國文學，罪不淺矣。詩何以有狹義，有廣義？彼西人之詩不一體，吾儕譯其名詞，則皆詩而已。若吾中國之騷、之樂、之詞、之曲，皆詩屬也，而尋常不名曰詩，於是乎詩之技乃有所。吾以爲若取最狹義，則惟三百篇可謂之詩；若取其最廣義，則凡詞曲之類，皆應謂之詩。數才而至詞曲，則古代之屈、宋，豈讓荷馬、但丁？而近世大名鼎鼎之數家，若湯臨川、孔東塘、藏園其人者，何嘗不一詩累數萬言耶？其才力又豈在擺倫、彌兒頓下耶？

（《小説叢話》）

梁啓超，字卓如，號任公。廣東新會人。光緒甲午中日戰後，與康有爲等提倡變法。晚年任教於清華大學，作甚多。《小説叢話》刊載於光緒廿九、三十年（一九〇三、一九〇四）之《新小説》第一、二卷，三十二年以單行本問世。

狄平子

論文學上小説之位置

小説者，實文學之最上乘也。……取天下古今種種文體而中分之，小説佔其位置之一半，自餘諸種僅合佔其位置之一半，偉哉小説！……吾以爲今日中國之文界，得百司馬子長、班孟堅，不如得一施耐菴、金聖嘆，得百李太白、杜少陵，不如得一湯臨川、孔雲亭。吾言雖過，吾願無盡。

（《小説戲曲研究卷》，載《晚清文學叢鈔》）

此文原載光緒二十九年（一九〇三）《新小説》第一卷第七期。

失　名

觀戲記

自元以來，華夷無限，賢人君子不得志於時者，思爲移風易俗之助，往往作爲曲本，以傳播民間，如湯玉茗之《牡丹亭》、《臨川四夢》，孔雲亭之《桃花扇》傳奇，蔣心餘之《冬青樹》、《一片石》、《香祖樓》、《空谷香》、《臨川夢》等類，共成九種曲，皆於一時之人心風俗有所關係焉。……欲善國政，莫如先善風俗；欲善風俗，莫如先善曲本。曲本者，匹夫匹婦耳目所感觸易入之地，而心之所由生，即國之興衰之根源也。

（《小説戲曲研究卷》，載《晚清文學叢鈔》）

此文發表於光緒二十九年（一九〇三）。

淵　實

中國詩樂之遷變與戲曲發展之關係

明之末，自湯臨川出《玉茗堂四夢》以降，江湖之名士，倣之作者極多。……至於今日如《西廂記》、《琵琶記》、《玉茗堂四夢》，雖典麗高雅之歌辭，依然千古，而樂律失傳，不復可歌。文人學士，酒後茶餘，花前月下，徒爲爲目之詞，與詩賦並論而已。其改竄面目，試演毺氈，大抵醜陋淺易，於前代殆無聞者，僅由於村優里娼之口歌於酒旗歌扇之間者而已矣。

（《小説戲曲研究卷》，載《晚清文學叢鈔》）

此文原載光緒三十一年（一九〇五）《新民叢報》第四年第五號。作者生平不詳。

宮崎來城

論中國之傳奇

元代以來，若《西廂記》、《琵琶記》暨其他之名著雖亦不少，然自明湯臨川《玉茗堂四夢》出版而後，佳製殆絶，唯存一般無學無文之作者，塗鴉畫虎，耗墨災梨，幾汗萬牛而充萬棟。有此作出現，而文壇之現象於以一新焉。……元明而來，傳奇一科，不可謂不發達矣。然如《西廂記》、《琵琶記》、《還魂記》之類，其説白亦簡單短縮，插科打諢，每每止作三分，而無學無韻之優人，勢必自增七分，俗態惡謔，往往點金成鐵，徒爲文筆之累。

（《小説戲曲研究卷》，載《晚清文學叢鈔》）

宫崎來城，日本人。此文譯載於光緒三十四年（一九〇八）《月月小説》第二卷第二期。

吴梅

風洞山傳奇序

舊本傳奇中之引子，幾於每齣皆有。幽豔如玉茗，亦有此病。不知此種引子，最無道理。既不起板，亦不足動聽，故葉譜盡去引子，良有以也。

（《風洞山傳奇》）

四夢跋

明之中葉，士大夫好談性理，而多矯飾，科第利禄之見，深入骨髓。若士一切鄙棄，故假曼倩詼諧，東坡笑駡，爲色莊中熱者下一針砭。其自言曰：「他人言性，我言情。」又曰：「理之所必無，安知情之所必有？」又曰：「人間何處説相思，我輩鍾情似此。」蓋惟有至情，可以超生死，忘物我，通真幻，而永無消滅；否則形骸且虚，何論勳業，仙佛皆妄，况在富貴？世之持買櫝之見者，徒賞其節目之奇，詞藻之麗；而鼠目寸光者，至訶爲綺語，詛以泥犁，尤爲可笑。夫尋常傳奇，必尊生角，至《還魂》柳生，則秋風一棍，黑夜發邱，而儼然狀頭也。《邯鄲》盧生，則奩具貧緣，徼功縱敵，而儼然功臣也，若十郎慕勢負心，襟裾牛馬；廢弁貪酒縱慾，匹偶蟲蟻，一何深惡痛絶之至於此乎！故就表而言之，則「四夢」中主人爲杜女也，霍郡主也，盧生也，淳于芬也。即在深知文義者言之，亦不過曰：《還魂》，鬼也；《紫釵》，俠也；《邯鄲》，仙也；《南柯》，佛也。殊不知臨川之意，以判官、黄衫客、吕翁、契玄爲主人。所謂鬼、俠、仙、佛，竟是曲中之意，而非作者寄托之意。蓋前四人爲場中之傀儡，而後四人則提掇綫索者也。前四人爲夢中之人，後四人爲夢外之人也。既以鬼、俠、仙、佛爲曲意，則主觀的主人，即屬於判官等四人，而杜女、霍郡主輩，僅爲客觀的主人而已。玉茗天才，所以超出尋常傳奇家者，即在此處。彼一切删改校律諸子，如臧晉叔、鈕少雅輩，殊覺多事矣。

浣紗記跋

曲白研鍊雅潔，無《殺狗》、《白兔》打油鉸釘之習。明曲中除「四夢」外，當推此種爲最矣。（以上卷二）

（《霜厓曲跋》，載《新曲苑》）

紫霞巾跋

情節關目，亦復可人，惜尚少過脈小劇。又作者不能按歌，却喜摹倣玉茗。須知《玉茗四夢》，捩嗓處至多。不善學之，往往句讀多誤，作者正坐此病耳。（卷三）

顧曲麈談

論南曲作法

套式之最不可遵守者，莫如李日華之《南西廂》及湯若士之《玉茗四夢》。……《玉茗四夢》，其文字之佳，直是趙璧隋珠，一語一字，皆耐人尋味。惟其宫調舛錯，音韻乖方，動輒皆是。一折之中，出宫犯調至少終有一二處。學者苟照此填詞，未有不聲律怪異者。在若士家藏元曲至多，但取腕下之文章，不顧場中之點拍。若士自言曰：「吾不顧捩盡天下人嗓子！」噫，是何言也？故讀「四夢」者，但當學其文，不可效其法。此爲金玉之語。余恐「西廂」、「四夢」之貽誤人也（尤西堂目「四夢」爲南曲之野狐禪，詢然），用特表而出之。

論北曲作法

湯若士於胡元方言極熟，故北詞直入元人堂奥，諸家皆不能及。

論作清曲法

傳奇中無論南北諸曲，其襯貼字頗多。如臨川「四夢」，且以襯字之多，覺得愈險愈妙者。

乾隆時，長洲葉懷庭（堂）先生，曾取臨川「四夢」及古今傳奇散曲，論文校律，訂成《納書楹譜》，一時交相推服。乃至今日，習此譜者，迄無一人。問之，則曰：「此譜習之甚難，且與時譜不合耳。」余曰：「非習之者畏其難，恐教之者畏其難也。……懷庭之譜，分別音律，至精至微。其高足鈕非石，曾云有哀秘之聲，不輕傳授。略見龔瑟人《定菴集》中。然則欲求度曲之妙，舍葉譜將何所從乎？而今之俗工，偏視爲畏塗也，則尚何研究之足云！」

龔自珍《書金伶》：鈕匪石授《納書楹譜》之秘於金伶德煇。金成名後，創集成（集秀）班，演唱戲曲，乾嘉之季轟動朝野。德煇八十餘而卒，其弟子雙鸞亦有名一時。

談曲

臨川湯若士顯祖，著有「四夢」傳奇，今世皆知之，且讀其所著矣。《牡丹》一記，頗得閨客知己。如婁江俞二姑、馮小青、吴山三婦皆是也。……臧晉叔删改諸本，則大有可議耳。晉叔所改，僅就曲律，於文字上一切不管。所謂場上之曲，非案頭之曲也。且偶有將曲中一二語改易己作，而往往點金成鐵者，如《紫釵記》中「觀燈遺媒」折《三學士》曲，若士原文云：「是俺不合向天街倚暮花」，正得元人渾脱之意，而晉叔以「倚暮花」三字爲欠解，遂改爲「俺不該事遊耍」，强協《三學士》首句之格，而於文字竟全無生動之氣。抑知原文之妙，正在可解不可解。如此改法，豈非黑漆斷紋琴乎！葉廣明譏其爲孟浪漢，誠哉孟浪也。「四夢」删改處不知凡幾，余不能一一拈出，姑引其一，以概其餘而已。然布置排場，分配角色，調匀曲白，則又洵爲玉茗之功臣也。

《倚晴樓七種曲》，爲海鹽黄韻珊燮清所著。《帝女花》、《桃谿雪》，自是上乘。惟其詞穠麗柔靡，去古益遠。余嘗謂學玉茗者，須多讀元曲，不可單讀「四夢」，所謂取法乎上，僅得乎中者也。自粲花、百子之詞，專學玉茗之穠豔，而各成一特别景象。百子尖穎，粲花藴藉，皆成名而去。藏園亦學玉茗，而變其貌。倚晴尤從藏園中討生活，是不啻玉茗之雲仍矣。

（《顧曲麈談》）

曲學通論

尾聲結束一篇之曲，須是愈着精神，末句尤須以極俊語收之方妙。凡北曲煞尾定佳，作南曲者往往潦草收場，徒取完局，戲曲中佳者絶少。惟湯若士「四夢」中尾聲，首首皆佳，顧又多襯字。如《紫釵》「釵圓」折云，「再替俺燒一炷誓盟香寫向烏絲闌湊尾」，竟如北詞，亦不病也。

古詩餘無襯字，襯字自南北二曲始。北曲配絃索，雖繁聲稍多，不妨引帶；南曲取按拍板，板眼緊慢，皆有定數，襯字一多，搶帶不及，調中正字，反不分明。……臨川「四夢」犯此頗多。鈕少雅、葉懷庭製譜，往往改作集曲，煞費苦心。

明代作家，符采輝映，咸有可觀。……自《琵琶》、《拜月》出，而作者多喜拙素；自《香囊》、《連環》出，而作者又尚辭采。自玉茗「四夢」，以北詞之法作南詞，而偭越規矩者多；自吴江諸傳，以俚俗之語求合律，而打油釘鉸者衆。於是矯拙素之弊者用駢語，革辭采之煩者尚本色。正玉茗之律，而復工於琢詞者，吴石渠、孟子塞是也；守吴江之法，而復出以都雅者，王伯良、范香令是也。……吴江諸傳，獨知守法，《紅蕖》一記，足繼高、施，其餘諸作，頗傷庸率，雖持法至嚴，而措詞殊拙。臨川天才，不甘羈約，天葩耀采，争巧天孫，而詰屈聱牙，歌者咋舌。吴江嘗謂寧協律而詞不工，讀之不成句，而謳之始協，是爲中之之巧。曾爲臨川改易《還魂》字句之不協者，吕玉繩以致臨川，臨川不懌，復書玉繩曰：「彼惡知余意哉！余意所至，不妨拗折天下人顙子！」世謂臨川近狂，吴江近狷，自是持平之論。惟寧庵守法，可以學力求之；若士修辭，不可勉强企及，大匠能與人規矩，不能使人巧也。於是爲兩家之調人者，如梅鼎祚《玉合》、《崑崙》，陸天池《懷香》、《明珠》，吴石渠《情郵》、《療妬》，孟稱舜《嬌紅》、《節義》，此以臨川之筆，協吴江之律也。自詞隱作譜，海内向風，衣鉢相承，不失矩度者，如吕勤之《煙鬟》、《神女》，卜大荒《乞麾》、《冬青》，王伯良《男后》、《題紅》，范文若《鴛鴦》、《花夢》，皆承詞隱之法；而大荒《冬青》，終帙不用上去叠字，勤之《神劍》、《二嫋》等記，并科段轉折，亦效寧庵，其境益苦矣。此又以寧庵之律，學若士之詞也。有明曲家，作者至多，論其家數，實不出吴江、臨川、崑山三家。惟崑山一席，衣鉢無傳。……當明崇、弘間，皖人阮圓海，瓣香湯奉常，以尖刻爲能。……康熙間，吴縣張心其、長洲鈕少雅，咸以審音博洽，馳譽詞壇；而心其所作，未讀一字，少雅心力，僅見《還魂》。……乾、嘉之際，首推藏園，《臨川》、《冬青》，尤稱傑作。……陳厚甫《紅樓》一記，好摹《紫釵》，曲律乖方，亦與相等；不知妄作，宜其取譏於後人。

（《曲學通論》）

吴梅，字瞿安，號霜厓。蘇州人。民國年間任教北京大學等校。有《顧曲麈談》、《曲學通論》及戲劇《萇弘血》、《風洞山》等。

魏　𨥨

集成曲譜序

考明代傳奇作者，若楊升菴、王元美、湯若士、梅禹金、張伯起、徐文長諸人，皆有聲文苑，不僅以曲名；而其所撰之曲，實卓絕千古。（《集成曲譜》）

魏𨥨，號頑鐵。浙江紹興人。序作於一九二三年。

王季烈

螾廬曲談

《玉茗四夢》，其文藻爲有明傳奇之冠，而失宮犯調，不一而足，賓白漏略，排場尤欠斟酌。……吴石渠諸作，文采穠郁；蔣心餘九種，學玉茗而於曲律比玉茗爲考究，皆佳作也。惟余謂古今傳奇，詞場結構排場並勝，而又宮調合律，賓白工整，衆美悉具，一無可議者，莫過於《長生殿》。故學作曲者，宜先讀《長生殿》，次讀《元人百種》、《玉茗四夢》。

《玉茗四夢》，其所填之曲，每不依正格，多一字，少一字，多一句，少一句，隨處皆是。葉懷庭製《四夢譜》，爲遷就原文計，將不合格之詞句，就他曲牌選相當之句以標之，而正曲改爲集曲矣。

北曲用韻，四聲可以通押；至南曲，則平、上、去三聲之字可以通押，而入聲字不宜與平、上、去三聲字通押。古人於南曲之用入聲韻者，往往通體用入聲韻……不參用平、上、去一韻，最爲合作。《玉茗四夢》往往於平、上、去韻之間，參雜入聲韻一二字，則其入聲字必依北曲之歌法歌之，方可叶韻，殊不足以爲法也。

（《螾廬曲談》）

王季烈，字君九，號螾廬。江蘇蘇州人。《螾廬曲談》之外，又編有《集成曲譜》、《與衆曲譜》。

俞平伯

論作曲

作曲之道益難言矣。余謬任詞曲一科，與諸生相聚者經年，今且别矣，爰書數言爲臨歧之贈，亦贅説也，以野人芻豕視之而已。古今論作曲之文衆矣，然而片言居要、愜心貴當者，以愚固陋未之見也。夫大雅私達亦有所隱耶？將疾徐甘苦之衷形諸翰墨，雖輪扁亦將避席耶？愚斤不成風，何必郢人之質；操非流水，豈待鍾期之聽。聊爲諸生舒吾狂惑，不足爲外人道也。觀夫自來作曲之利鈍，信如易安所言：「别是一家，知之者少。」稱心爲好，則妙若天成；刻意苦吟，又翻成蕪累。或學窮五車而不成一字；或之無未辨而出口成章；或俚鄙通篇，許爲當家之合作；或樓臺七寶，笑爲獺祭之凡才。譬諸赤水玄珠，求之則象罔不得；崑山積玉，琢之則太璞不完。其體卑，其詞陋，其調下，然因微見著，觸類引申，彌綸上下，通乎古今，勞人思婦不能自言之情，賢人君子不得自已之感，蓋往往於此中見大凡矣。立意遣詞，一切文字之通軌也，而作曲者有時似并此不講，有時講此二端猶病其不足。何以言之？吾非言作曲可不立意也，特有時只可求之咫尺，不當求之天涯耳。如玄言玉屑，天人之妙也，入曲則晦矣；體國經野，内外之學也，入曲則腐矣。君何思之深耶？吾居淺促，不足容君之深也。君之學何其博耶？吾又陋甚，不足當君之博也。相女配夫，門當户對，若降肅雍之車於圭竇之室，則挾瑟游齊，章甫入越，欲求知音，傎矣。夫好學深思之足劭也，斯無間於古今者也，以之入曲且有不盡然者，此其所以難言也。然則不好學，不深思，即可以作曲乎？斯更難言矣。勞人思婦之懷，跡淺而意深，言近而指遠，實爲古今名作精魂之所托，然勞人思婦之懷每不能自言之，能自言者百什之一二，不能自言者其七八，此七八成之無名悲喜，聽其飄蕩，聽其泯没於兩間之中，豈不大可惜哉！於是有起而收拾之者，所謂賢人君子是也。是勞人思婦之代言人，亦即勞人思婦之本身也。賢人君子非他，好學深思之士也。何以言之？夫賢人君子之必爲好學深思之士亦明矣。何以即爲勞人思婦，請畢吾説。今曰某代某，必互相類似與契合，否則不得以某代某也。白傅《琵琶行》代商婦言，亦白傅自言也；端己《秦婦吟》代秦婦言，亦端己自言也。以此兩大歌行爲純粹匹婦之言固非，逕謂爲文人之筆亦非也，試觀《浣花集》中更有沈着痛快如《秦婦吟》者乎？觀《長慶集》中更有迴腸盪氣如《琵琶行》者乎？即不絶無，亦僅有矣。然則於此等名篇中，不謂其有勞人思婦之精魂在焉，必不可也。夫賢人君子照耀丹青猶代有其人，而賢人君子之兼爲勞人思婦者，則曠世不一見，見不必遇，遇亦不易識也。豈非所謂才子也歟？才子者，好學深思而又不爲學問思維所縛者也。博問廣識而心常不足，極深研幾而跡類庸愚，此其所以不易識也。不矜才，不眩學，意有所會，信手拈成，輒有妙悟，以之作曲，若是者謂之當家。苟非其人，意不虚生，此立意之雖可説而終於不可説之也。根柢既固，枝條聿繁，遣詞之方準夫立意，立意之外寧有所謂遣詞哉？姑贅數語云。大凡前人總已説過，不外清新自然。欲其清，不清則總雜矣；欲其新，不新則陳腐矣；欲其自然，不自然則七扭八揑，醜不堪矣。昏昏欲睡猶其上者，下之則竟不入目矣。十年窗下之功毀於一旦，寧不可慘？有俗而雅者，有雅而俗者，有言深而意淺者，有言淺而意深者，有獨造而似抄襲者，有抄襲而似獨造者……凡此紛總皆以寸心衡之。斷制在己，不可他求也。擷取詞藻之途，則上下古今，閨閣閭閻，無往而非適，貴在能選，能運，能頤指氣使，以意役詞，不以詞役意，范氏誠先得我心哉。典宜少用，以醒豁爲上。少者多之，舊者新之，上之上者也。此中亦有樂處。用典太俗濫，則西子蒙不潔矣；用典太生僻，即非有意眩耀，已不免艱深文淺陋之嫌，貽笑通人，求榮反辱矣。鄉里之音，曲中原不避忌，況在今日！但不宜用得太多，或不諧適，其制限與用典同。若原係鄉音之曲，則又須悉遵本音，勿羼入其他。諧謔適當最增文字之機趣，「善戲謔兮，勿爲虐兮」，已一語道破，可作弦韋也。若往而不返，出口放言，均成市井，復有何趣味耶？甚至於發人陰私，以文字賈禍，巖牆悄立，更無所取也。拉雜言之竟不能盡，穎異之才實待繁言，爲鈍根説法，長言之恐亦無益，中人上下又慮可隅反，故雖不盡，亦竟不必盡也。且盡此立意遣詞二者，亦不足以盡曲也。律者曲之生命，作曲之必須合律固也，然合律亦難言矣。古之音樂簡，每與文詞麗，而士大夫又與聲歌結緣或自歌，或其親近者歌，故合律易。今之音樂，其高上者已離文字而自成絶藝，其塵下者似又不足麗文詞，今之學者，除在中學循例曾上音樂功課以外，與聲歌亦匙接觸，此乎説不到合律上去，難易猶其次耳。今之詞，絶學也，謹守繩墨與毁裂枷鎖兩無是處，以成就最高之彊邨翁言之，至多一再世之夢窗耳，若後主、少游、東坡、美成、易安、稼軒，吾知其斷斷乎不可復作也。豈必古今人定不相及哉，蓋詞律之亡久矣。南北曲亦然，元明作者風流頓盡矣。今之存者崑曲以外，皮黄小調大鼓之類而已，雖頗塵下，而好事者亦往往歌詞被之。此等雜曲不作則已，欲作曲，先度曲，決不可任取已成之曲，畫依樣之葫蘆也。夫畫葫蘆而似，必窘迫矣，不似，必乖午矣，皆非也。故作詞而畫葫蘆不得已也，今既得已，何必不得已哉。度曲者未必能作曲，而作曲者十之八九皆能度曲。作曲而兼度曲事固較難，然亦不可畏難而竟輟也。天下豈有容易事乎？觀古人作曲有極謹嚴處，有極率意自在處，論其謹嚴，不但陰陽四聲錙銖殿最而已，甚至於有同一平聲字而費盡斟酌者（《見《詞源》卷下），論其自在，則句法多少長短可以不一（詞中之又一體，曲中之襯字加句），讀法可以不齊，平仄可以互易。彼何所據耶？彼豈不畫葫蘆哉？亦曰所畫的葫蘆不同而已。今人作今曲，捨古人作古曲之根柢不學，豈得謂之善學古哉？或曰，昔臨川氏不云乎：「予意所至，不妨拗折天下人嗓子。」先生非服膺湯氏者乎？乃斤斤於曲律之末，何耶？應之曰，唯唯，否否。夫臨川懷絶代之才，博覽元曲，寢饋其間，又生當弦索未泯、磨調盛隆之日，寧不知音，此蓋故作驚人之語，針砭俗耳，萬不可被他瞞過也。觀所作曲，帶草連真，神明變化，即偶有未諧，在臨川則可，我輩決不可也。何則？我輩未必有臨川之才情也，非特無其才，并無其學也。如《牡丹亭》「驚夢」一折，論者或訾其宮調錯雜，彼烏知所謂曲意者耶？明中世以後，湯徐二家見解最高，餘子碌碌不足齒數。進一步説，音律者曲之規矩，即其生命也。巧者，巧於規矩之中，不巧於規矩之外者也。以世俗言之，規矩外也，神明内也，規矩足以迫束彼神明，而神明正所以打破此規矩者，不兩立之説也。善讀書者，真識曲者，則謂神明規矩一而已矣。神明不能自形，假規矩以形之也。故當家作詞不見有詞調，作曲不見有曲調，名作具存，可覆按耳。彼且絮絮叨叨，如家人婦子剪燈擁髻，道桑麻紡績，講鄰舍貓兒，曰桎梏，曰束縛，了不曾見，實無所見也。然細尋其作，則又曲中規，直中矩，壁壘精嚴，如臨淮卒，如細柳營，吾知聖嘆至此必將叫絶曰，才子之才固不可測也。夫不作曲可也，天下事其重要有什麼百千倍於曲子者矣，不作且猶可，况曲乎？但以「作非曲」爲「作曲」，懸羊頭，市馬脯，欺誣之談也。曲與非曲之辨，只在合律或否。律有二，一之，有音律之律，有規律之律。所謂曲律，音律也，而規律即在其中。音律之外無規律，曲子以音律爲其規律也。當曲之盛隆也，有音律而無規律，及其衰也，音律未泯而規律已生；其亡也，規律僅存耳。律亡斯曲亡矣。規律亡斯盡亡矣。以詞言之，五代宋人蓋不知有詞之規律也，南渡末世漸有詞學，而詞遂亡矣。非詞學足以亡詞，乃詞體將變，懷古知音之士，閔其衰而有作，期存什一於千百也。以今日之諸曲言之，有音律而無規律，皮黄小調之類是也；二者尚同在，崑曲是也；無音律而有規律，詞是也。填詞不如作崑曲，作崑曲不如作皮黄小調。以詩義言之，殆有相反者矣，雖隆古賤今，其説固不可盡廢也。此僅言作曲之利病，在一觀點上應如是耳。蓋音律之視規律有數善焉：（一）音律天然，規律人爲。（二）音律彈性，規律硬性。（三）音律有情調，規律無情調。（四）音律以簡馭繁，規律已繁而仍不免於簡（如詞譜每列甚之又一體，使人目眩，實只一體耳，且不能盡）。（五）音律曰如何，使人明其所以然，規律使人莫明其妙（如詞中斤斤去上每覺無味，而在崑曲中二聲之連合，時多美聽）。（六）音律有順而無拗，規律有順有拗，律則不復順（此一點可參看詩的歌與誦）。（七）音律之追隨，水乳交融，故樂；規律之服從，亦步亦趨，則苦。（八）音律者規律之本原，規律者音律之影響也。尋原斯得委矣，因響可尋聲乎？右列八目，不暇申論，就涉想者舉之，即有紕漏，亦不免也。讀者當自省之。故求音律於曲中，苦事亦樂事也，今既詳言之矣（若本不能度曲，任取一工譜，逕直令其填詞，如對天書苦不可言，此乃另一情形）。惟詩樂分合今古情殊，異日作曲之業，殆非文士之兼差，當屬諸樂人之兼通文章者歟。蓋音樂者專門之藝，文章者普泛之情，以此攝彼勢逆而難，以彼攝此勢順而易也。然意必卓犖，詞必清新，文律所裁，雖曰容易，要非甚易也。苟有不能力作攻苦，深思好學，資之深而取之廣，安有左右逢源，從心所欲之樂哉？作曲之道有可言者，有不可言者。凡上所述，曰立意，曰遣詞，曰合律，皆可言者也。其不可言者，氣味是也，更爲諸生發其一二，以作餘文氣，氣機，味，滋味也。文以氣爲主，作曲更在氣機，一不利全篇疐矣。大抵一支曲子氣機之運用須占十之七八，而學問思維等等僅可占十之二三，每觀前修所造，里巷所傳，其内涵實亦淺陋，而處處合作者，氣機諧鬯之效也。文士經心刻意，造作傳奇一部，妄災梨棗，徒覆醬瓿者，氣機窒礙之故也。不諳音律，則必須尺寸以求；尺寸以求，氣機何來？又喜掉書袋，賣弄家私，充腸拄腹，氣機何來？又性好夸大，填長調，作巨搆，真感不充，則終篇遺恨；又好弔詭，求工拗澀，冥行擿索，則顛躓凌夷，救苦扶傷且不暇，更何言氣機之舒展否耶？凡此蕪累，皆酸丁之故態也。夫氣機之巧拙通塞先士言之晰矣。子桓曰「不可力强而致」，士衡曰「非余力之所勠」，蓋俱言得之於自然也。甜酸苦辛，味也，可以百爲，唯不可俗，俗便不可醫也。或謂不俗之狀，曰難言也。俗非俚俗之俗，有文而俗者，有俚而不俗者矣，故曰難言也。今言「得味」，此頗中肯。有味斯得，便不會俗，不得則無味，無味則俗矣。一針見血，是不俗也，隔靴搔癢，其俗甚矣。以我輩中人言之，所謂頂門針，當頭棒，不落言詮，直傳心印，非有絶大功行者不辦，而勞人月下，思婦燈前，其悲憤怨悱固出於萬不得已者，乃鬱勃而渫之，吞吐而道之，低眉信手續續彈，不必求工於文詞，文詞且踴躍奔赴之矣，重穿七札且若尋常，其得味之程度，較之文士譫語，固將不止倍蓰也。又若碧澗樵歌，青山漁唱，牧哥叫笛，村姑蒔秧，天籟所鍾，于喁爲均，風生水上，自然成文，無所謂得已，亦無所謂不得已，欲説就説，不説就不説了，欲如此説便如此説，欲不如此説便不如此説了，此無味之味，以不得味爲得味者，視有爲而發之呻吟，固又不止什百也。要之，清濁有體，開塞無端，氣之説也；冷暖自知，酸鹹各辨，味之謂也。凡上所述有如捕風，寧不自知哉。豈意慵才劣有所謝短乎？抑隨手之變難以辭逮，古今之所同病乎？然非誠難也，在一嘗之頃耳，言斯難矣，於是不言。

一九三三年五月九日

（《人世間》一九三四年第二期）

趙景深

湯顯祖與莎士比亞

《中國近世戲曲史》面一三〇云：「湯顯祖之誕生，先於英國莎士比亞十四年，後於氏之逝世一年而卒（莎翁西紀一五六四——一六一六，顯祖西紀一五五〇——一六一七），東西曲壇偉人，同出其時，亦一奇也。」湯顯祖與莎士比亞生卒年相同，這是相同的第一點。

湯顯祖是明萬曆年間的大戲曲家，雖不能説像莎士比亞（william Shakespeare）那樣有世界的聲譽，但在中國的傳奇方面，不能不説是首屈一指，即使對於戲曲無甚研究，僅僅稍微涉獵中國文學的，也没有人不知道湯顯祖的《牡丹亭》的，唱崐曲的人也没有不會唱「四夢」的。所謂湯顯祖的「四夢」就是：《紫釵記》、《牡丹亭》、《南柯記》和《邯鄲記》，常唱的是《紫釵記》裏的「折柳陽關」，《牡丹亭》裏的「遊園驚夢」，《南柯記》裏的「花報瑶台」和《邯鄲記》裏的「掃花三醉」。唱片中如顧傳玠、朱傳茗的「折柳」，韓世昌、白雲生的「遊園」、「折柳」，項馨吾和俞振飛的「驚夢」等都很流行。過去中國是閉關時代，享受國際間的聲譽自不可能，現在《牡丹亭》也有洪濤生（Haundausen）的德譯本了。此劇在蘭心大戲院上演時，並有英譯本散發觀衆，用德語歌唱，配着中國音樂，甚爲別致。惜未譯完，僅至「驚夢」爲止。但至少有一部分歐美人已經知道中國有湯顯祖的《牡丹亭》，我國女律師程修齡用英文寫《中國劇的神秘》（The Mysteries of Chinese Drama）敍述各劇情節時，似乎「遊園驚夢」也佔了一席地。英文《天下》月刊八卷四號且刊有Acton「春香鬧學」的譯文，這「鬧學」正是《牡丹亭》中的一齣。日本方面也有兩種《牡丹亭》的譯本。如此説來，湯顯祖即使没有世界的聲譽，至少是國際間聞名的了。湯顯祖和莎士比亞都在戲曲界佔有最高的地位。這是相同的第二點。

在題材方面，他們倆都是取材於前人者多，而自己創作的少。林惠元《英國文學史》云：「莎士比亞用極自由的方法，向各處搜集他劇情的材料。有些是根據英國村野的故事，有些是根據意大利的Novelle（即散文故事）譯文及散見於戲劇中的都很流行，有些是根據North所編的《名人傳》（Plutarch's Lives），有些是根據Holinshed所著的英國的《編年史》（Chronicles）。所有這些，都是通俗的著作。以其通俗，所以有許多的觀衆想看這些故事所改的劇本。」郎氏（Long）的《英國文學》（English Literature）也説：莎士比亞「有神奇不可思議的想像和創造的心；但他創造很少是新的結構或故事，他只取舊戲和舊詩，很快的一改。你瞧，這種熟悉的材料竟燃燒着深沈的思想和最温柔的感覺」。又云：「莎士比亞的戲劇大部分取材於歷史、傳説和故事，取材於歷史的如《查理第三》和《亨利第五》，取材於傳説和半歷史的如《麥克白》、《李亞王》和《該撒大將》（Julius Calsar），取材於故事的如《羅密歐與朱麗葉》和《威尼斯商人》。他的創作是極少的。傳説和歷史的材料，多取自 Holinshed 的英格蘭、蘇格蘭和愛爾蘭的編年史以及 North 所譯 Plutarch 有名的 Lives。故事材料則大半是意大利的，只有兩種是他自己想像的創造，即《愛的徒勞》（Love's Labour Lost）和《温特莎的快樂太太們》（The Merry Wives of Windsor）。即此二種，亦頗可疑。」（譯名據徐名驥《英吉利文學》）湯顯祖的「四夢」《南柯》和《邯鄲》可無須解説，普通常説的「南柯一夢」、「邯鄲一夢」甚至「黄粱一夢」，都是指的這兩個故事。《牡丹亭》一稱《還魂記》或《還魂夢》，戲中顯然有「驚夢」的齣目。《紫釵記》之與夢有關，一般人多不知道，這是由於此劇第四十九齣「曉窗圓夢」不大有人會唱之故（崑曲班中有以《蝴蝶夢》代替《紫釵記》的俗説）。「四夢」和《紫簫》取材，除《牡丹亭》外，均出於唐人傳奇文，如《紫簫》（即《紫釵》初稿）和《紫釵》取材於唐蔣防的《霍小玉傳》，《南柯記》取材於唐李公佐的《南柯太守傳》，《邯鄲記》取材於唐沈既濟的《枕中記》。這三篇小説原文在石印本的《虞初志》、鄭振鐸的《中國短篇小説集》、魯迅的《唐宋傳奇集》和汪辟疆的《唐人小説》等書裏都可看到。《牡丹亭》雖非完全採取某一故事，但亦略有所本。他自己的《牡丹亭記題詞》說：「傳杜太守事者，彷彿晉武都守李仲文、廣州守馮孝將兒女事，予稍爲更而演之。至於杜守收拷柳生，亦如漢睢陽王收拷談生也。」（《玉茗堂文》卷六）他自己的話當然可靠。其他來源尚多，馮友鸞的《湯顯祖及其牡丹亭》考證最詳。前二則見《法苑珠林》，後一則見《列異傳》。我的《中國文學史新編》上說：「《還魂記》似無依據，其實有好多是從元曲的關目中取來的。《劇說》以爲『本《碧桃花倩女離魂》而爲之』。我認爲還要加上《花間四友東坡夢》（吴昌齡）和《李太白匹配金錢記》（喬吉）；前者爲『冥判』所本，後者則爲『硬拷』所本。吕天成說他『熟拈元劇』，這話是一點也不錯的。」如此說來，湯顯祖的戲曲可說没有一種是想像的創造。湯顯祖和莎士比亞的戲劇都取材於他人的著作，這是相同的第三點。

莎士比亞的戲劇是不遵守「三一律」的。方璧的《西洋文學》面一一三云：「他很勇敢地打破了古來的三一律，只有一篇《暴風雨》是例外。」林惠元《英國文學史》也說：「文藝復興之後，最初的英國悲劇和喜劇是採取古典派作者做他們的模範。於各種摹仿中特別牢守三一律的教誨（時間一致，地點一致，事迹一致）。」要適合這定律，所以一個戲劇只能表演在一時一地發生繼續不斷的事情。英國到這時候已經喜歡編英國的歷史劇了，所以通俗的戲劇都簡直不顧所謂古典派的定律。要是不然，歷史事迹幾乎無法在戲臺上表演。莎士比亞跟着普通的風尚，也拋棄那古典派的慣例。這種構造的散漫，他時或持之過激，趨入極端，如在特別顯著的《冬天的故事》中，和一些歷史劇裏。有些博學的戲劇家們以爲這是大堪惋惜的事。例如

Ben Jonson 在他的《各有各的性癖》(Every Man in His Homour)一書中的序文裏，悲嘆着一個戲劇(如莎士比亞的《亨利第六》)的第一幕在英格蘭，第二幕便改在法蘭西。同時也憤慨那些戲劇家仗着「三枝銹劍」，不惜忽略時間一致的定律，竟敢在戲臺上表演 York 與 Lancaster 兩諸侯的長年戰争中，這三一律大半是根據 Seneca 的模範，他是羅馬第三流的戲劇家，他在歐洲的威權完全和他真正的才藝不相稱。例如法國戲劇因襲這三一律的學説，並且反對他們所謂「野蠻」的英國通俗戲劇，而成爲古典派，但關於時間和地點的一致的定律却僞托爲亞里士多德所規定的，而增加勢力，莎士比亞死後兩世紀，英人常因他的「不馴」和「不守正規」引爲可羞，這就是説，他不合古典天才。到後來德國批評家萊森和他的門生英人辜律勒己才指出莎士比亞自有一種和合，遠勝多虚飾的 Seneca 和法國的古典的定律。湯顯祖也是不肯遵守規律的。他所譜的曲常與曲律不合，「不協處多，不可即以之上演，故多經他人改定之者，以《還魂記》最爲著名，故改本亦最多。當時沈璟先删改之，吕天成亦作改本」。(見《還魂記》清暉閣評本凡例。以上兩本今不傳)與作者相交之臧晉叔(按《玉茗堂詩》卷四有《送臧晉叔謫歸湖上》一首)又取「四夢」悉改删焉。(此本今尚行於世，惟罕見)顯祖嘗與其所愛伶人書云：「《牡丹亭記》要依我原本。吕家改的，切不可從；雖增減一二字以便俗唱，却與我原本做的意趣，大不同了。」(《玉茗堂尺牘》卷六《與宜伶羅章二》)又因見《牡丹亭記》改竄本而失笑，乃賦一絶云：「醉漢瓊筵風味殊，通仙鐵笛海雲孤。總饒割就時人景，却愧王維舊雪圖。」

（《玉茗堂詩》卷十八《見改竄牡丹亭詞者失笑》）可以察見作者的心事了。湯死後，馮夢龍亦改定之，稱爲《風流夢》。又有碩園（據云即呂玉繩，天成之父）的删定本，存《六十種曲》中。其次有清初鈕少雅《格正還魂》，乾隆末年有葉堂的《納書楹曲譜》，都是不改原詞而定曲譜的。湯顯祖《答孫俟居》云：「曲譜諸刻，其論良快，久玩之要非大了者。莊子曰：『彼烏知禮意。』此亦安知曲意哉？其辨各曲落韻處，麤亦易了。周伯琦作《中原韻》，而伯琦於德輝致遠中無詞名。沈伯時指樂府迷，而伯時於『花庵』『玉林』間非詞手。詞之爲詞，九調四聲而已哉？且所引腔證，不云：『未知出何調，犯何調。』則云：『又一體，又一體。』彼所引曲未滿十，然已如是，復何能縱觀，而定其字句音韻耶？弟在此自謂知曲，意者筆懶韻落，時時有之，正不妨拗折天下人嗓子。兄達者，能信此乎？」（《玉茗堂尺牘》卷三）又答復初成云：「不佞《牡丹亭記》大受呂玉繩改竄，云『便吴歌』。不佞啞然笑曰：『昔有人嫌摩詰之冬景芭蕉，割蕉加梅，冬則冬矣，然則非王摩詰冬景也。』其中駘蕩淫夷，轉在筆墨之外耳。」（《玉茗堂尺牘》卷四）如上所述，莎士比亞不遵守三一律，湯顯祖不遵守音律，都是不受羈勒的天才，這是相同的第四點。

我曾以李笠翁與莫里哀相提並論，因爲他倆同是喜劇家。莎士比亞所作雖非全是悲劇，湯顯祖也許竟不曾寫過悲劇：至少後兩位要比前兩位嚴肅得多。莎士比亞第三時期（一六〇一——一六〇八）所寫，多爲悲劇，如《哈孟雷特》、《奥塞洛》、《麥克白》、《李亞王》等是被稱爲四大悲劇的所謂悲喜劇的分別，據説「結局是主角的死或不可能的不幸的」是悲劇，「結局是一般好的希望和幸福的」是喜劇。湯氏《牡丹》、《紫釵》二記實有寫成悲劇的可能，蔣防的《霍小玉傳》原作寫李益與小玉是死別，但湯氏却改爲團圓，《牡丹亭》倘寫至杜麗娘病死爲止，也就成了悲劇，却偏又寫她還魂，結果仍然是團圓。中國人最喜歡的是吉利或「討口彩」，因此中國的悲劇便極爲少見。不過，《牡丹亭》究竟是悲哀的，它寫的是少女戀愛的不自由，倘《牡丹亭》没有悲哀的氣氛，俞二娘便不致批讀此書，致爲情死，金鳳鈿便不會以《牡丹亭》殉葬，商小玲在歌臺演此戲也不會暈絶，馮小青也不會寫那名句「冷雨幽窗不可聽，挑燈閒讀《牡丹亭》。人間亦有癡於我，豈獨傷心是小青」了。總之湯顯祖與莎士比亞的戲劇悲哀的地方，都極能動人，這是相同的第五點。

總起來説，湯顯祖和莎士比亞生平年相同，同爲東西二大戲曲家，題材都是取之他人，很少自己的想像創造，並且都是不受羈勒的天才，寫悲哀最爲動人。

（《文藝春秋》一九四六年第一期）

徐朔方

湯顯祖和他的傳奇

一

湯顯祖是中國文學史上傑出的戲曲(傳奇)作家之一。

他的成長和活動的時期是朱明王朝日趨腐朽的時期。在他十七歲之前,皇帝朱厚熜的晚年以大興土木、服丹藥、求神仙而著名,淫欲腐蝕着整個朝廷。在他二十四歲之後,朱翊鈞開始統治中國,他是歷史上最會搜刮的一個皇帝。通過政府機構向人民進行剥削,不能使他感到滿足,他直接派遣親信宦官到各地去開礦、征税。人民不勝苛捐雜税和高額地租的負擔,因此在幾個城市裏爆發了手工業者和商販的起義,在鄉村裏則是不絕的農民暴動。

當時政治腐敗和人民苦難的深重是使湯顯祖的爲人和作品充滿反抗性的契機之一。

在湯顯祖的成長和活動的時期,先後出了明代僅有的兩個最專權的首相——嚴嵩和張居正。儘管兩者有邪正之分,他們的專擅獨斷和炙手可熱的氣焰則很少有區别。不少有氣節的士大夫曾冒着生命的危險,挺身而出反對他們。結果,反對執政者,不屑與執政者同流合污的一種輿論的力量漸漸形成一個政治流派——這就是在他們之後活躍于明末政治舞臺上的東林黨。

湯顯祖和東林黨早期的領袖之一——鄒元標是同鄉。明代同鄉的官員往往自成一個派系。在湯顯祖的詩文中,鄒元標是常常提到的名字。湯顯祖在一六〇一年免職時,鄒元標安慰他道:「茫茫海宇,遂不能容一若士。」他對友人的不幸遭遇是何等憤慨!鄒元標彈劾過首相張居正,而且帶頭反對後來另一位首相申時行;湯顯祖采取了和他完全相同的態度。他們的另幾個同鄉劉臺、萬國欽、丁此吕都做過御史,都因爲批評朝政而得到輕重不一的迫害;而鄒元標和湯顯祖對他們都很欽佩。

湯顯祖和早期東林黨的另一位領袖顧憲成也有較深的關係。在顯祖給顧憲成的一封信中寫道:「天下公事,邇來大吏常竊而私之。」這是他們在政見上的共鳴。他還爲顧憲成的弟弟允成作過《小辨軒記》,這是他們的私交。

後來,顯祖的兒子大耆、開遠、開先都列名於可説是東林黨後身的復社,這也可以作爲他和東林黨關係的一個旁證。

同情東林黨、和東林黨在某些政治事件上步調一致以及他自己在仕途上屢遭波折,這是使得湯顯祖的爲人和作品充滿反抗性的又一個契機。

湯顯祖的成長和活動的時期正是中國思想史上的一個革命時期之後。王守仁學説動摇了宋代以後朱熹哲學在中國思想界的統治。王守仁所開始的反對正統宋學以擺脱禮教束縛的解放運動，到了他的大弟子王艮所創立的左派王學——泰州學派而進入高潮。一時自由思想、自由講學的風氣大盛。他們打破了朱熹哲學所建立的束縛身心的種種教條，把自己的學説深入到平民中間。在他們那裏，販夫走卒可以和士大夫一起學道、一起講學。不消説，這種學説和作風在當時是很進步的。

值得注意的是這樣一個事實：湯顯祖的家鄉江西省是泰州學派的發源和盛行的地區。王艮的再傳弟子羅汝芳做了他的老師。我們知道羅汝芳和他的老師顔鈞都是左派王學的大師，都曾經受到當時統治階級的迫害。羅汝芳因爲講學而勒令停職；他的老師顔鈞入獄時，他曾經變賣田産，隨侍六年而把他解救出來。老師羅汝芳的堅持正義的斗争精神在青年湯顯祖的心裏發生的影響是不難想見的。

左派王學的另一位思想家李卓吾和湯顯祖的關係也值得一提。湯顯祖在他的書信和詩裏常常以尊敬的態度提到他，稱之爲「卓老」。當他下獄致死時，曾經寫詩追悼他。

「氣蓋一世」、「名振東南」的紫柏大師對湯顯祖有極深的影響。從顯祖的詩文集看來，他和紫柏的友誼可能比他和老師羅汝芳的關係還要密切些。紫柏以禪宗反對朱熹哲學，和左派王學在思想戰綫上是相呼應的。他以「癸卯妖書」一案被害。這是正（清議）、邪（執政）兩派的一次衝突，首相沈一貫是爲了打擊清議派而把他和另外一些人害死的。

左派王學大師羅汝芳、李卓吾和思想家紫柏大師在反對傳統思想——朱熹哲學的鬥争中作出應有的貢獻。他們盡畢生精力以赴，甚至獻出了自己的生命。從他們身上，可以看出湯顯祖的富有反抗性的文學思想的淵源。他們在哲學——思想戰綫上的鬥争對湯顯祖在文學——思想戰綫上的鬥争起了鼓舞和支持的作用。

湯顯祖從事文學活動的時期正是以前後七子爲首的擬古派文學和以袁宏道爲首的公安派文學相鬥争的時期。

擬古派硬説中國的散文和詩已經分别在秦漢和盛唐達到發展的頂點，此後即趨於倒退。漢史唐詩的摹仿和因襲被他們看作文學創作的惟一正確的途徑。他們力圖把文學變爲點綴升平的應制文字。不消説，這是正統思想在文學上的反映。

與此相反，在當時具有進步意義的以袁宏道爲首的公安派文學是在左派王學的哺育下成長起來的。他們認爲每個時代都有自己的文學，每個作家都應該寫出一些爲自己所獨有的新鮮的東西。他們還承認了市民文學——小説、戲曲的價值。雖然這一派的末流走上一條偏重趣味的小徑，但是他們在反對擬古派的鬥争中所表現的進步作用是不容否認的。

湯顯祖的老師羅汝芳和袁宏道的老師李卓吾都是左派王學的思想家。這個事實足以説明湯顯祖和公安派的某些共同的淵源關係。湯顯祖和袁宏道兄弟不僅有友誼關係，他們在文學上的立場是相同的。他曾經分析擬古派前七子領袖李夢陽和後七子領袖李攀龍、王世貞的詩文，認爲他們的作品不過是改頭換面的漢史唐詩，不會搞出甚麽花樣來的。

公安派和擬古派兩種文學思想的鬥争在戲曲中的反映就是湯顯祖和以沈璟爲首的格律派的鬥争。沈璟公開主張：「寧協律而詞不工；讀之不成句，而謳之始協，是曲中之工巧。」湯顯祖正確地反駁他道：

凡文以意、趣、神、色爲主，四者到時，或有麗詞俊音可用，爾時能一一顧九宫四聲否？如必按字摸聲，即有窒滯迸拽之苦，恐不能成句矣！

一句話，不是形式重於内容，而是内容重於形式；不是形式決定内容，而是内容決定形式。沈璟批評湯顯祖「不諳曲譜」、「字句平仄多逸三尺」，他就反駁他們戲曲不僅是「九調四聲」。他堅決反對沈璟、吕玉繩等對他的《牡丹亭》的竄改。因此，我們首先要注意的還不是它們在文學形式上的區别，而是在于思想内容。

作爲格律派的反對者，湯顯祖曾被稱爲文采派的領袖，其實這是片面的見解。湯顯祖固然對文采是重視的，但是他之所以有别於其他傳奇作家的地方決不在這一點。特重辭藻的修飾只能説明他的某些追隨者如阮大鋮等人的作風，他們和湯顯祖貌合神離，是很不同的。照我們看來，湯顯祖的基本特色是在於他對當代政治和封建主義的戰鬥精神；他的反對者沈璟則以追求格律而閹割了文學在現實中的戰鬥作用。如果我們僅僅看到沈璟他們對湯顯祖在曲譜、曲律上的挑剔，僅僅以是否拘守曲譜、曲律作爲他們兩派的區別，其結果必然是忽視了他們在本質上的歧異，因而縮小了湯顯祖在當時戲曲運動中的進步作用。

就思想内容而論，湯顯祖不僅比同時代的格律派進步，而且在整個明代戲曲的發展中也是很特出的。在元代占統治地位的戲曲形式是雜劇，在明代則是傳奇。作爲一種歌劇的形式來看，是更加豐富起來了；但是明代戲曲的内容不僅不能與此相適應，反而更加貧弱了。這當然是由于傳奇（戲曲）漸漸脱離了人民羣衆而貶低爲文人學士的娱樂品的緣故。不重做而重唱，不管情節而一味講究漂亮的詞句；不向豐富的人民生活中去找尋題材，而在書卷裏兜圈子：這就是明代戲曲的一個惡劣而必然的趨勢。當時流行的正統派文人的戲曲題材大約可以分成這樣幾類：

第一類：以神仙爲題材，可以以皇族朱權、朱有燉和狀元楊慎等人爲代表；

第二類：以文士的風流故事爲題材，如與王世貞同一流派的汪道昆的《高唐夢》、《洛水悲》、《遠山戲》、《五湖游》等；

第三類：繼承《琵琶記》傳統而每況愈下，以宣傳封建道德爲能事。我們可以舉出邱濬的《五倫全備記》、邵璨的《香囊記》、康海的《王蘭卿貞烈傳》爲代表。

自然，當代流行的有害的文士作風對湯顯祖也是有過影響的。例如，他的《邯鄲記》、《南柯記》都是以神仙爲題材的戲曲；由于過分追求文字的華麗，使他像《紫簫記》、《紫釵記》甚至《牡丹亭》的有些部分，也只能是供人閱讀的東西。然而他的創作究竟是在當時政治鬥争和思想鬥争的激流中所誕生的,他的《牡丹亭》大大超越了前面所講的那些戲曲,而成爲中國古典文學庫藏中的瑰寶之一。

湯顯祖所生活的時代,對他最有影響的政治、社會、思想、文學等幾個方面的基本特征就是如此。

二

一五五〇年(明代嘉靖庚戌)舊曆八月十四日,湯顯祖出生於江西省臨川縣的一個書香人家。十三歲的時候,他就以思想家羅汝芳爲老師。在老師的影響下,他涉獵了左派王學的書籍,結交了一些同志,使他和循規蹈矩的一般生員很不相同。

做了八年諸生,湯顯祖在二十一歲(一五七〇年)中了舉人。這時他就以善寫時文而出名,後來被稱爲當代舉業八大家之一。三十一歲(一五八〇年)他到北京赴考。首相張居正吩咐他的兒子和湯顯祖去結交。在一般人看來,這真是一條做官的捷徑,但是他一再加以拒絶。因此,他没有被録取。在他的仕途上,這是因爲觸忤權貴而招致的第一次波折。

直到張居正逝世的次年,一五八三年,當他三十四歲的時候才中了進士。據説那時宰相又要把他「召致門下」,但是他不答應。他只得在南京做太常博士。大約過了三年,他陞任南禮部主事。李三才、魏元貞、李化龍都是他這時的同事。他們聲氣相投,感情很好。

李三才是後來東林黨所熱烈擁護的人。東林黨要推荐李三才入閣，邪黨則僞造他的罪狀加以攻擊。對這件事，湯顯祖的態度也是和東林黨一致的。湯顯祖在《讀漕撫小草序》中稱贊他的功業道：

> 與中貴人相横决，争數千里之民命。貧者徙者可以復業，居可以居，行可以行，而亂可以止，所謂社稷之力臣也。

另一方面，李三才對湯顯祖也表示極大的關切，在顯祖失官在家的第七年，曾經派人去迎請他。雖然這都是後來的事，但也可以看出他們在南京的友誼是含有政治色彩的。

在湯顯祖寫給王宇泰的信中曾經説到：他和友人談論國事，被甚麽人偷聽幾句，添油加醋傳出去，幾乎使他發生危險。

我們還知道當時著名的文士王世貞、王世懋兄弟倆也是他南京的同事，而且他還曾經是王世懋的下屬，但是因爲政見和文學主張不同，湯顯祖没有和他們來往。太常博士和禮部主事都是很清閑的職務，湯顯祖除了結交朋友談談學問和國事之外，就是看書和寫作了。

一五九一年（萬曆辛卯），皇帝朱翊鈞因爲有彗星出現，責備言官欺蔽，罰他們停俸一年。湯顯祖以爲平時没有發表的政見可以大胆提出來了，而且以爲這是一個可以施展平生抱負的機會，就奏上了一道《論輔臣科臣疏》。裏面有這樣的句子：

陛下經營天下二十年于兹矣！前十年之政，張居正剛而有欲，以羣私人囂然壞之；後十年之政，時行柔而有欲，又以羣私人靡然壞之。

在這裏，他和東林黨的早期領袖之一鄒元標的政見是相同的。這不僅是對過去和現在的兩位首相公開加以攻擊，而且連皇帝也受到批評。朱翊鈞大怒之下，就把他貶職，調他到雷州半島的徐聞縣去做典史的小官。這是他仕途上的又一次波折。

由于當時士大夫對朝政的批評很多，同年七月朱翊鈞下了一道嚴厲的命令加以壓制。但是首相申時行在清議的壓力下還是只得辭職。從這裏可以看出當時正（清議）、邪（執政）兩派的衝突已經日趨嚴重了。

一五九三年（萬曆癸巳）舊曆三月，他調爲浙江遂昌知縣。遂昌在那時是一個荒涼的小地方，晚上甚至有老虎出來傷人。他在那裏興建了學舍和射堂。他自己説這時的生活是五天辦公一次，其餘的時間就是和生員們討論學問。他曾經把囚犯釋放出去過年、看花燈，因此招致上司的不滿。他還説，在遂昌五年没有打死一個囚犯。

做了這幾年的知縣，使他對當時官場的黑暗有進一步的認識。他書信中提及一個大官把親友派到各縣去輪流供養，顯祖自己有關係的人也要來打秋風。而且還有更困難的事，比如，能否完成征收田賦的任務是明代地方官考績的一個重要依據，但縣内負擔税額最多的大地主却又是做大官的人，他們不僅自己不交納，而且連親戚宗族也加以包庇，而一個縣官對他們是無可如何的。

針對官場中的逢迎獻媚的醜態，他曾這樣憤慨地説道：

此時男子多化爲婦人，側行俯立，好語巧笑，乃得立于時。不然，則如海母目蝦，隨人浮沉，都無眉目方稱盛德。

由于知縣這樣一個小官多少能够知道一些民間疾苦并引起自己的同情，因此他對朝廷和政治措施的不滿也日益强烈了。朱翊鈞是一個横征暴斂、貪得無饜的皇帝，當時捐税重重，而且還派了許多宦官爲專使到全國各地去開礦，勒索敲詐，種種弊端不一而足。當這一種礦使來到遂昌的時候，湯顯祖寫了一首《感事詩》：

中涓鑿空山河盡，聖主求金日夜勞。賴是年來稀駿骨，黄金應與築臺高。

此外，如他在一五八八年大災荒時所寫的幾首詩中像「精華豪家取，害氣疲民受」的句子，以及他後來所寫的以「聞都城渴雨，時苦攤税」爲題的七絶：

五風十雨不爲褒，薄夜焚香沾御袍； 當知雨亦愁抽税，笑語江南申漸高。

都是對統治階級的露骨的諷刺。

這樣，自然要引起當局更大的不滿，他只得在一五九八年晉京上計之後引咎辭職，回到自己的家鄉。 這原是以退爲進，準備等到一個適當的時機重新出來做一番事業。 不料一六〇一年考查官員治績時，雖然有李維楨等人替他力争，結果還是正式免職了。

在他晚年二十多年的家居生活中，由于他的《牡丹亭》等戲曲的盛行以及其他文學工作的成就，使他成爲當時文學界的中心人物之一。 他爲同時代許多作家的詩文集寫過題詞、序記之類的東西。 他不僅從事戲曲創作，而且親自參加導演。 那時正是外來的海鹽腔開始在江西風行，據他的統計，當時他的家鄉一帶已有職業演員一千多人，而他自己就是這個蓬勃的戲曲運動的領袖。 可是另一方面，由于政治上的失意，佛、道兩家對他的影響也愈來愈大了。 一六一四年，當他六十五歲的時候，如同晚年的白居易曾經做過的一樣，他和友人結了一個名爲栖賢蓮社的佛會。他在死前一年寫的遺書中，要求子女以外的人不要哭他，不用虛僞的祭文，不請和尚，不必厚葬。 他已經在莊子和釋迦的教義中得到歸宿。

他逝世于一六一七年。 他的著作除了《紫簫記》和《玉茗堂四夢》——《紫釵記》、《牡丹亭》、《邯鄲記》、《南柯記》等傳奇外，據《明史藝文志》所載，還有《玉茗堂文集》十五卷、《詩》十六卷。在他逝世五年之後，韓敬編刊了他的詩文集。我們現在所能看到的是《玉茗堂文》十六卷、《尺牘》六卷、《賦》六卷、《詩》十八卷。卷數增加而文章有失落，已不是原來的面目了。

三

《紫簫記》是湯顯祖在戲曲——傳奇方面的處女作。它寫在一五八三年在南京供職之前，可能這是他和友人謝九紫、吴拾芝、曾粵祥等的合作。

《紫簫記》根據唐人小説《霍小玉傳》的人物加以渲染而成。新婚的才子李益和佳人霍小玉在游華清宫時拆散了。霍小玉拾到紫玉簫，得以和丈夫重聚。不久，李益考取狀元，到邊境軍隊去做官。霍小玉在家裏很想念他，在一個七夕的晚上她的丈夫回家了。

整個戲曲是平鋪直敘的描寫，和當時流行的才子佳人的戲曲一樣，没有新的内容。

它的曲文也像當時文士的傳奇一樣，完全是詞藻的堆砌。華麗的形式和貧乏的内容成爲一個顯明的對照。

例如第二十四齣「送别」的第五支〔北寄生草〕：

這淚呵漫頰垂紅縷，嬌啼走碧珠；冰壺迸裂薔薇露，闌干碎滴梨花雨，鮫盤濺濕紅綃霧。——層波淚眼别來枯！這袖呵斑枝染盡雙璚筋！

五十幾個字只寫了一個人流泪。這種句子可以用來描寫任何一個「佳人」。冗長而駢四儷六的説白同樣不能適應人物的個性和劇中的情景。穿插進去的以妓女换馬的情節，以及才子因《神女賦》、《高唐賦》……而唤起某種感情的描寫都是典型的文士之筆。

和它同時代的著作《野獲編》説：

湯義仍之《紫簫》，亦指當時秉國首揆，才成其半，即爲人所議，因改爲《紫釵》。

他自己在《紫釵記題詞》裏也説：《紫簫記》「未成而是非蜂起，訛言四方」。但是在現存的《紫簫記》裏看不出任何諷刺的痕迹。也許這確是没有根據的「訛言」，也許有些部分已經加以删改，現在我們無法判斷。

如果以現在所能看到的《紫簫記》而論，作者在這裏并没有顯出自己的特色，這是一個不成熟的作品。

大約在一五八三年到一五九一年之間，當湯顯祖在南京供職的時候，他把《紫簫記》改寫成爲《紫釵記》。從兩者的人物、部分情節和許多曲文的相同之處看來，《紫簫記》裏值得保留的東西可以説都被保留下來了。

然而《紫釵記》的內容和《紫簫記》很不相同。《紫簫記》的故事大都出于作者的想像，而《紫釵記》則除了團圓的結尾外，基本上是依據《霍小玉傳》改編而成的。只是「墮釵燈影」這一齣的情節是唐人小説裏所没有的。它的出現和霍小玉的比較成功的描寫表示了作者的戲曲（傳奇）的創作才能的向前發展。

由于「墮釵燈影」的插入，黄衫客在李益、霍小玉初次相見的時候就出場了。從此他就像一個主導的力量支配着劇情的發展，使得他最後的出面干涉一點也不覺得突兀。而且在仕女游樂的元宵，插入忽來忽去的黄衫客一羣人，本身也是很有風趣的一個場面。

「凍賣珠釵」正面刻劃了霍小玉的癡情，「玉工傷感」則從旁人的描寫更進一層引起我們對她的同情。這種細節描寫使得霍小玉的形象能够比較突出。

霍小玉的相當生動的形象在《紫簫記》裏是找不到的。它可以看做作者在創造典型杜麗娘以前的一個準備。

不像普通傳奇對生角的尊重、側重生角的描寫，他把生角寫得很平常，而把女主角寫得特别生動可愛。這是《紫釵記》的特點，也是後來《牡丹亭》的特點。這和作者對社會的態度有關係。既然他對那些正統派的士大夫、官僚看不上眼，他當然不會把他們描寫成可敬可愛的人物。

湯顯祖傳奇中影射時事并加以諷刺的特征，在《紫釵記》裏可以看出來了。新科狀元李益因爲不去參見盧太尉，就被派到邊境的軍隊裏去供職。這是唐人小説裏没有寫到的。以這一個情節和湯顯祖因觸忤執政而不得中進士的事對照起來看，可以説這是湯顯祖第一次把他對時事的不滿反映在傳奇裏面。

如上所述，湯顯祖在後來傳奇中所表現的特色已經在《紫釵記》裏露出了一些萌芽。到此，湯顯祖爲他的《牡丹亭》的創作已經經歷了一個必要的學習與準備的階段。

四

《牡丹亭》是湯顯祖對中國文學的最重大的貢獻。如果湯顯祖此外没有别的作品，《牡丹亭》也一樣足以使他的盛名永垂不朽。

湯顯祖在一五九八年寫了一篇自序，《牡丹亭》大概在這一年開始刊行。它的創作年代則可能要早一些。

《紫簫記》和《紫釵記》結束了他的戲曲上的學習與摸索的階段；此後十幾年的社會閱歷和政治鬥争則加深了他對生活的認識。《牡丹亭》是湯顯祖在藝術和思想同時臻于成熟的中年時期的作品。這時没有像他在寫作《邯鄲記》和《南柯記》的晚年一樣具有明顯的消極的傾向。

杜麗娘的優美的形象是湯顯祖在傳奇《牡丹亭》中的一個光輝的創造。好像一朵小花從階台下面探出頭來，由于得不到充分的陽光而顯得纖弱一樣，杜麗娘在封建思想之下蘇醒過來了，然而等待她的仍是重重的壓制——她的多愁善感，正是這種矛盾的産物。

杜麗娘是太守的小姐。爲了她的教育，把老學究陳最良請來做她的老師。她應該成爲具有三從四德的賢妻良母。可是，結果是恰得其反，熱烈的詩歌唤醒了她的生命。「驚夢」所顯示出來的是一個多麼晶瑩可愛的靈魂！她偷偷地離開了長年拘束自己的繡房，第一次看見了春天，也是第一次發見自己的生命是和春天一樣美麗。脱口而出的「一生兒愛好是天然」，是她反對庸俗、反對矯揉造作的一個大胆的口號。在這樣的心情中，她和一個青年在夢中幽會了。「尋夢」中〔豆葉黄〕和緊接的〔玉交枝〕兩個曲調，由回憶中的狂喜突然轉到可悲的現實，這一腔無所發泄的熱情在壓制中積聚了更大的力量，它在對一棵梅樹的傾訴中全部表現出來了。極度亢奮之後，又是一陣悲觀：如果活着不能和愛人相會，她願意死後埋葬在梅樹下面。火一樣的對于愛情的渴望耗盡了她的生命，而她的目的并没有實現。

通過杜麗娘之死，作者揭露了在封建社會的重壓下年青一代被摧殘的歷史。杜麗娘是整個傳奇裏面惟一愛自然、愛生命、愛自由的一個真正的人。正因爲如此，她是傳奇裏面惟一注定要毁滅的人。或者是改變她的愛好，或者是被毁滅，兩者必居其一。其實，只要她的志趣改變一下，她很可以像她的母親一樣在將來做一位賢淑的夫人。但是杜麗娘對自己始終是忠實的。「這般花花草草由人戀，生生死死隨人願，便酸酸楚楚無人怨！」（「尋夢」：〔江兒水〕）——這是她對自己説的幾乎聽不見的聲音，然而却是何等堅決！她的意思是説：「如果要愛就愛，要生就生，要死就死，那麽人生還有甚麽痛苦呢？」我們知道這一句話在三個世紀以後的「五四」時代，還是需要一些勇氣才能大聲説出來的。

《牡丹亭》具有極大的思想的力量，因爲它不以反對封建婚姻制度作爲自己惟一的重要任務。它以當時形成中的個性解放思想作爲與封建思想對立的一種力量而出現，而且使它在傳奇裏占了上風。作者把個性解放思想的體現者杜麗娘安置在没有其他人物可以比擬的優越的地位。在她的身邊，派來教育他的陳最良與爲她驅病的石道姑是鬼魅一樣的人物。所有善良與美麗的東西都屬于杜麗娘。整個傳奇只有杜麗娘一個人没有受到作者的嘲笑和諷刺。是的，别的反封建的戲曲的肯定人物的思想也是屬于個性解放的范疇的；但是它們很少特别寫到他們的思想。在杜麗娘，則是她的思想似乎比行動還要重要一些。雖然湯顯祖關於她的外貌和行動的描寫也是很成功的，但是《牡丹亭》所特有的魅人之處却在于描寫杜麗娘的感情和理想的那些片段。我們覺得杜麗娘的外貌和行動也很美、很動人，這固然是由于直接描寫的結果，但這也是她的精神面貌使我們發生聯想的緣故。她爲反抗封建婚姻制度而死亡，但是更確當地説，她是爲了堅持某種理想而犧牲的。换句話説，《牡丹亭》的巨大的思想的力量就在于杜麗娘所堅持的那種理想——那種强烈地愛自然、愛生命、愛自由的以個性解放爲主要内容的反封建思想。這是整個作品的生命所在。

正是這種思想使得杜麗娘不甘于死亡，在死亡後找到她的愛人，終于起死回生和她的愛人團聚。湯顯祖在《題詞》中説:「如麗娘者,乃可謂之有情人耳。情不知所起,一往而深。生者可以死,死可以生。生而不可與死,死而不可復生者,皆非情之至也。」我們知道這種抽象的超現實的「情」在宇宙中并不存在,但是在作者的時代,却是有積極意義的。因爲這是對高談「性」與「命」的理學的反抗,它成爲杜麗娘用來進行反抗鬥争的支持力量之一。

湯顯祖主要不以杜麗娘的父親,而以老學究陳最良作爲正統思想的代表而出場,正是爲了更集中地揭發這種違反人性的假道學的庸俗可笑。以這一點説,第七齣「閨塾」,即現在上演的《春香鬧學》,是很值得注意的。它的潑刺和富于戰鬥性,可以和《西廂記》的「拷紅」比美。作者以生動的形象向我們證明:在春香所代表的莊嚴的人的面前,陳最良的假道學顯得如何自慚形穢!充滿于戲曲的熱嘲冷諷的氣氛正是爲了這一個目的而服務的。六十年來「從不曉得傷過春,從不曾游過花院」而自鳴得意的陳最良是不必説,連柳夢梅、韓子才和杜麗娘的父親,在一出場作者就把他們和他們的遠祖柳宗元、韓愈、杜甫相連而開了玩笑。雖然戲曲中有些笑謔的某些地方在今天看起來不見得很好,如對「石女」的嘲笑,但是裏面還是有嚴肅的東西在的。「石女」成親不也是暴露了「父母之命、媒妁之言」的婚姻制度的不合理嗎?對于敵對事物和敵對思想的由衷的鄙視和嘲諷的態度,正是作者自己是和人民站在一起的一種驕傲的自覺,和整個戲曲的以個性解放爲主的反封建精神是分不開的。

個性解放思想與中世紀正統思想的鬥争決定了整個戲曲的發展。作爲一個典型，杜麗娘是和陳最良這種正統思想的代表者相對抗的；然而兩種不同的思想體系的矛盾也在杜麗娘身上得到反映。因此，杜麗娘這一個典型是在整個戲曲的發展中成長的。儘管「步香閨怎便把全身現」（「驚夢」）：（步步嬌）這一種少女的嬌羞和矜持在她身上顯得怎樣魅人，它却是被束縛的痕迹。她甚至在夢中也不能和一個不相識的青年説話。這一切都是非常真實的描寫。她不僅要和她四周的一切作反抗，而且要和自己的軟弱性相鬥争。當她和春香在一起時，這一點就顯得更加明顯。她和春香都不喜歡陳最良，然而春香那副大胆嘲笑的樣子，她又確實無法同意。身份不僅要她遵守一定的禮貌，而且也限制了她的思想。然而在愛情的驟雨中，像一棵小樹一樣，她是成長得多麽迅速啊！在「寫真」這一齣，她再也不能抑制自己了，她驕傲地把心事告訴了春香：她已經有一個心上的人了。到了這裏，她的性格經歷了一個很大的發展。

湯顯祖不僅在整個戲曲的結構和典型的成長中揭發了個性解放思想與中世紀正統思想的矛盾；而且他寫得最精彩的幾齣戲都能寫出兩種思想、兩種勢力的鬥争。舉一個例子，現在上演的《游園》、《驚夢》原來是一齣戲，《驚夢》是《游園》之後的必然發展。如果《游園》是以獨唱抒寫她的精神生活，那末《驚夢》是以夢中行動更大胆地把它展開。在這樣一個劇情的高峯之後，緊接着的是太守夫人出場，把女兒數説了一頓。這是整個戲曲的矛盾在單獨一齣戲中的具體而微的表現。但是作爲戲曲《牡丹亭》的生命的反對傳統思想的斗争，在後半本就没有像前半本那樣强烈地發展下去，這是它的一個缺點。

好像哥德的《少年維特的煩惱》一樣，《牡丹亭》曾經風行一時，使那個時代的青年——尤其是青年婦女受到極大的感動。有人讀了這本書而自殺，也有人演了這本戲過度傷心而死。它之所以具有這樣激動人心的藝術力量，不僅是由于積極浪漫主義的主題思想，而且還由于它極其忠實地反映了那一個時代的青年婦女的苦悶。明代的貴族、顯宦并不隱蔽他們的淫亂的性生活，但是當時婦女所受的封建禮教的束縛却比它以前的任何一個時代都要嚴重。宋儒建立的貞操節烈的觀念没有來得及深入當代社會，元代蒙古族的占領者對婦女的壓迫是殘酷的，但是不像明代一樣特别加强對她們的精神迫害。《明史》所收的節女、烈女傳比《元史》以上的任何一代至少要多出四倍以上。從這個悲慘的事實可以見出當時婦女生活的一斑。明代的皇帝和后妃又積極提倡「女德」，親自編刊了幾種婦女道德的教科書，以虐殺她們的精神生活。戲曲中杜麗娘奉命讀書正是當時中、上流社會的風氣。在嚴厲的閨禁之下，一個少女連午睡和游花園都是不道德的。好像冒險一樣，她偷偷去游了一次，就遭到責備。然而更大的苦悶是：「則爲我生小嬋娟，揀名門一例、一例裏神仙眷」（「驚夢」：〔山坡羊〕）——門當户對的封建婚姻制度耽誤了她們的青春。正是因爲湯顯祖不假掩飾地道出了青年婦女的心事，所以「《牡丹亭夢》一出，家傳户誦，幾令《西廂》減價」。當時青年婦女在《牡丹亭》裏看見了自己的命運，把它當作她們自己的戲曲。這裏有一件耐人尋味的事實：它的流傳到現在的一種版本，吴吴山三婦合評本是由三位女人評注出來的。

《牡丹亭》曾對當時政治提出批評。戲曲中安撫杜寶對李全作亂束手無策，只有賄通了李全的「娘娘」之後，才招降了他。杜寶却因此立了大功，陞爲「掌管天下兵馬知樞密院事」的高官。這使人聯想到當時内閣張居正竭力支持邊將王崇古、吴兑、方逢時、鄭洛等利用三娘子招降俺答的事件。這些將軍確是因此而做到兵部尚書之類的大官。戲曲中陳最良對李全的娘娘説：「但是娘娘要金子都來宋朝取用，因此叫做討金娘娘。」他又答應打一副金做的頭盔送去（第四十七齣：「圍釋」）。并不偶然，《明史·吴兑傳》就有「贈以八寶冠、百鳳雲衣、紅骨朵雲裙，三娘子以此爲兑盡力」的記載。

雖然利用三娘子以招降俺答的事件，本身是無可厚非的。《明史》曾有比較公正的論斷，「自是邊境休息……數千里軍民樂業，不用兵革，省費什七。」（《王崇古傳》）但在湯顯祖身上却可以看出他一貫對執政不滿的態度，他是和反對派東林黨站在一條戰綫上的。

《牡丹亭》還對當時的考試制度提出批評。它寫柳夢梅是一個「劫墳賊」，他趕不上考試，依靠和主試官的一面之交才得請准補考，結果却是狀元及第。中狀元之後却又找不着他，他被吊起來拷打了。此外，「一見真寶，眼睛火出；説起文字，俺眼裏從來没有」則是它對主考官的描寫。考試制度是鞏固封建統治的武器之一，對它的輕視和諷刺，當然也是對封建制度的一個打擊。

《牡丹亭》牽涉到當時政治的主要就是上述兩個事件。對它們的評價和看法，有必要在這裏稍稍説明一下。

在戲曲中影射某人某事的作風在明代開始流行起來。它導源于評論界的一種不良的習氣，他們總是以闡述某戲曲是否影射某人某事作爲自己的任務。高則誠創作《琵琶記》的意圖當然不是爲了諷刺一個名叫「王四」的負心漢，但是這個説法却曾經很流行，而且講得頭頭是道。其結果是把《琵琶記》本身的思想性藝術性置于不論，這種批評當然對誰也没有用處。這是最壞的一種，因爲根本是牽强附會。關于《牡丹亭》，也有過一種説法，以爲它是爲諷刺王錫爵的女兒曇陽子而寫的。這同樣是出于虚構。他們最大的錯誤是不把劇中人物當作一個典型來研究，而去「發見」劇中人物與某一個實際人物的關係，其結果是大大貶低或者歪曲了文學的效用。

另外一種説法，本身是有根據的，但却是片面的。例如以上所指，《牡丹亭》的確可能對招降俺答事件和考試制度有過指斥。但是我們是不是僅僅指出了這一些關係就算了呢？顯然不是，因爲找得出這種關係的作品不一定好，正如找不出這種關係的戲曲不一定不好一樣。我們不能因爲劇中的某人某事對當時現實有關係，就認爲這是整個戲曲的現實主義精神之所在。如果作品裏寫到的是無關緊要的或者僅僅是個人的，這就不是我們所説的現實主義。寫到的現實是有社會意義的，然而不是借生動的形象表現出來的，這也不是我們所説的現實主義，至少不是好的現實主義作品。如我們所曾經分析，《牡丹亭》所指斥的政治事件是有一定的社會意義的，因而也是作品的現實主義精神的一個表現；但是它們不是作品裏面最主要的最成功的現實主義的表現，正如表現它們的形象——陳最良、李全及其「娘娘」、杜寶等不是作品裏最主要最成功的形象一樣。

但是另一方面我們不應該忽視它們在整個作品中的作用。第一、這兩個批評裏面所包含的對邊將（封建統治階級）及封建考試制度的鞭撻，對作品的反封建的主導思想起了呼應作用，它們和整個作品的戰鬥方向是一致的。湯顯祖對當時政治事件的隱約的指斥以及觸處可見的諷刺的光芒形成了《牡丹亭》的一個特色。在他的筆下，甚至關于陰司判官的描寫也可以用來揭發官場的黑暗（見第二十三齣「冥判」）。第二、爲了劇情的開展以及舞臺上熱場和冷場的調劑，考試和戰爭幾乎是每個傳奇都有的。然而千篇一律，都寫不出甚麽意思，它們在整個戲曲中是多餘的。考試這一齣，許多傳奇就索性以「照常」兩個字把它省略了。《牡丹亭》則能把考試與戰爭都寫得有意思，都能對主題的開展有所幫助。這是它的一個成功之處。

作爲論述《牡丹亭》的結束，讓我們也來談談它的曲文和説白。它的曲文没有比《紫釵記》樸素得多，但是它們是運用得這樣巧妙，可以和白話一樣自如地用來寫景和抒情。例如「驚夢」中最有名的〔皂羅袍〕曲子：

原來姹紫嫣紅開遍，似這般都付與斷井頽垣。良辰美景奈何天，賞心樂事誰家院！恁般景致，我老爺和奶奶再不提起。（合）朝飛暮卷，雲霞翠軒；雨絲風片，烟波畫船——錦屏人忒看的這韶光賤！

除了第一、二和最後一句外都是駢對的句子，還受到嚴格的曲律的限制，然而它們所描寫的春日的園林使人如親歷其境一樣，而且我們不自覺地也以杜麗娘的心緒在感受着周圍的一切。文字的絢爛多彩和它所描寫的客觀世界是一致的，它所具有的那種魅人的力量只有在韻文裏才能做到。在整個文人創作的明代傳奇裏面，它的曲文的完美達到了不可超越的高度。如果説在文字的外貌，別的作家還可以和它比一下妍醜；只要看一看内容，他們就只得在《牡丹亭》之前自愧不如。值得我們注意的，《牡丹亭》裏還出現了一些比較淺易的句子。如「尋夢」的〔懶畫眉〕：

最撩人春色是今年。少甚麼低就高來粉畫垣，原來春心無處不飛懸！（絆介）哎，睡荼蘼抓住裙衩綫，恰便是花似人心好處牽。

這不比元曲難懂。在這裏，杜麗娘的心事和她周圍的景色一起傳達出來了。「情景交融」是湯顯祖在《牡丹亭》曲文裏的一個最大的成功。依靠景色的烘托，他可以揭示出杜麗娘内心深處的秘密而又無損于她的身份。可見這些描寫也是出色地爲典型創造而服務的。

説白在《牡丹亭》也有很大的改進。駢四儷六的句子減少了，除了個别場合之外，它們似乎是有目的地當作諷刺之用，第十七齣「道覡」中石道姑的説白是一個例子。在駢文説白減少的同時，生動的白話説白相應地增加起來。試以第三十二齣的「冥誓」爲例。鬼魂杜麗娘對愛人吐露了自己的身世，不料他回頭一問：「呀，前任杜老先生陞任揚州，怎麽丢下小姐？」這個問題真是難以回答，杜麗娘輕輕接了一句：「你剪了燈！」巧妙地岔開去了。這種富有戲劇性的傳神的心理描寫甚至在話劇裏也是算得很成功的。雖然這在《牡丹亭》裏并不是多見的，但是它和《紫釵記》以前的説白相比，確是不可同日而語了。

五

除了《牡丹亭》之外，湯顯祖的比較重要的作品就是《邯鄲記》。他的五種傳奇中，它的曲文算得最樸素。

主角盧生的歷史是封建時代大官僚從起家發迹直到死亡的歷史。作者有聲有色地描寫了他的煊赫的氣勢，他的彪炳的功業——「開了三百里河路，打過了一千里邊關」，做了二十年當朝首相，進封趙國公，食邑五千户，官加上柱國太師，子子孫孫一齊高升，真是懿歟盛哉！可是他飛黄騰達以前的本來面目是怎樣的呢？盧生是一個不得志的窮書生。一位闊小姐以送官法辦逼迫他成婚。她給盧生以金錢去買通司禮監高力士和滿朝勛貴，因此一舉狀元及第。第六齣的下場詩就是作者對他——也是對當時考試制度的又一次諷刺：

開元天子重賢才，開元通寶是錢財；若道文章空使得，狀元曾值幾文來！

然後靠了天曉得的鹽和醋的妙法得了開河的功勞，靠了一個偵探得了開邊的功勞——一句話，以兒戲得功，扶摇直上。我們知道湯顯祖所依據的唐人小説《枕中記》并没有這些諷刺性的刻劃，顯而易見，湯顯祖是借此吐露出他對當時政治的憤懣；在他看來，這種功業和氣勢是一文不值的。

湯顯祖不僅揭示了他的骯髒的升官的歷史，而且以「雜慶」和「極欲」兩齣戲的直接描寫，「友嘆」的側面描寫暴露了大官僚的無恥和淫佚。盧生雖然到死還是受到皇帝的恩寵，但是一會兒惦念着身後的加官贈謚和史書記載，一會兒想着兒子的功名，他比任何一個普通人還要死得可憐。在我們看來作者所否定的并不是人生一般，而僅僅是像盧生一樣的那種大官僚的一生。這是邯鄲一夢的消極的題材所包涵的積極的因素。

如我們所分析，批評當時政治是《牡丹亭》的内容之一。這一個内容發展成爲《邯鄲記》的主題思想。《邯鄲記》不用和當時現實政治暗合的一些劇中人物和事件的描寫來達到揭露和鞭撻的目的，它采取了更成功的更高級的藝術手法——它把當時政治現實中醜惡的應該被否定的東西集中到一個典型身上。自然，這不是説它就没有描寫和當時政治現實暗合的一些人物和事件。例如，第二十九齣「生寤」裏盧夫人説的一句話：「誰想聽了個官兒，他希求進用，獻了個采戰之術。」這使我們想起朱見深時代（一四六五——一四八七）「洗鳥御史」倖進賢和他所討好的首相萬安的故事。更多的事實可能和張居正相關。劇中盧生和高力士的關係很像張居正和司禮太監馮保相勾結的情況。「一病三月，重大事機詔就床前請決。皇上恩禮異常，至遣禮部官各宫觀建醮禳保」，（「友嘆」）也是隱約地指垂死的張居正而説的。但是盧生既不是萬安，也不是張居正。他不是任何人的影射，而是集中反映當時大官僚的醜惡生活的一個典型。

《南柯記》和《邯鄲記》一樣是人所共知的出世思想的題材，所不同的是它没有像《邯鄲記》一樣寫出積極的内容來。

它和《牡丹亭》一樣以愛情爲主要内容。如果説左派王學的思想解放運動對《牡丹亭》的愛情的處理曾起了積極的影響，那末晚年時期的佛老思想對《南柯記》的影響是消極的。「一往之情，則爲所攝」（《南柯記題詞》）——人與蟻（瑶芳公主）可以因情而合，看起來似乎和《牡丹亭》的戰勝死亡的愛情是相同的；可是前者是生活的人的感情，後者則是一個抽象的觀念。所以接下去并不是男和女的結合，而是「情了爲佛」（同前），淳于棼和瑶芳公主一起升天。「浮世紛紛蟻子羣」，正如最後一齣的下場詩所説，作者在《南柯記》裏對人生所持的看法就是如此。

爲内容所決定，它的曲文不及《邯鄲記》簡潔有力，初期作品的艷詞麗句的文字游戲又重新出現了，雖然比較恬淡了一些，因爲它是和佛經的一些字眼纏夾在一起的。

從各方面看來，《南柯記》是湯顯祖的名副其實的衰老時期的作品。

（刊《浙江師範學院學報》第一期）

譚正璧

湯顯祖戲劇本事的歷史探溯

一 引言

湯顯祖是中國古典戲曲史上由簡陋的宋元戲文進展而爲體制比較完整的明代傳奇以來的第一個偉大戲劇作家。他雖然也應過舉，中過進士，做過官，充過軍，但他始終不爲權勢所屈服，始終不曾有過政治野心，只是一心傾向于人民，深愛人民所愛好的藝術——戲劇，站在人民立場，爲人民所愛好的藝術而寫作。因而在明代諸戲劇作家中，他是個堅持真理，不隨流俗，最能懂得愛與憎，最能發揮戲劇的效用的偉大人民戲劇作家。

關于這個偉大的人民作家的一切，他的生平，他的著作，他的作品的分析和批評，他對人民的貢獻，……近來已有不少人在研究，在介紹，而且報紙刊物上已發表過很多篇幅的文章。爲了避免不必要的重複，我這篇短文暫時不談這些，只談談湯氏戲劇作品中的本事來源，及其給予後來作品的影響，作一次歷史探溯。

二　《紫簫記》

《紫簫記》的本事來源，男女主角的姓名雖與《紫釵記》相同，故事的輪廓也有相似之處，但由于其他人物幾乎完全不同，故不能説是全出于蔣防《霍小玉傳》。但它雖不全據《霍小玉傳》，而裏面幾個《霍小玉傳》所没有的人物，如花卿、石雄、尚子毗、尚綺心、嚴遵美、杜黄裳、郭貴妃、郝玭、閻朝、杜秋娘等等，幾乎全都是歷史上的真實人物。花卿以歌妓鮑四娘换取郭小侯的紫叱撥名馬，乃借用唐人《纂異記》（亦見《太平廣記》卷三百四十九引）所載開成中鮑生用家妓四弦换取韋生名馬事，與花卿無涉。而花卿乃是西川節度使崔光遠的部將，曾經幫助崔光遠平定梓州刺史段子章的變亂，正史上雖然失載其人，然而數見于大詩人杜甫的詩歌中，當然確有其人無疑。石雄爲徐州人，但正史没有提到他的字號，曾爲天德防禦副使兼朔州刺史，引兵直擣烏介營帳，迎還太和公主，官至檢校兵部尚書。尚子毗正史上作尚婢婢，確姓没盧，名贊心才，羊同國人，世爲吐蕃首相，爲人寬厚，略通書記，不喜仕進，贊普强迫他出來做官。尚綺心亦有其人，名尚綺心兒，但和尚子毗不説有叔侄關係。嚴遵美與馬存亮、西門季元確都是憲宗時候的太監，都以「忠謹」見稱，遵美歷官左軍容使，年至八十餘而死。杜黄裳的字號、里籍亦全與正史所載同，他在公元八〇七年（元和二年）以檢校司空同中書門下平章事爲河中、晉絳節度使，封邠國公。郭貴妃確爲郭子儀的孫女，郭曖的女兒，乃是郭曖娶升平公主所生，後來生子爲穆宗，因尊爲皇太后。又唐憲宗確有女太和公主，嫁回鶻崇德可汗。以上均見舊、新《唐書》。劇載杜黄裳還朝，要郝毗、閻朝爲留後，且對二人説，郝將軍築臨涇之塞，西戎不敢近邊，吐蕃王爲鑄一金人，及以名字怖止兒啼，閻將軍獨守沙州，十年不下，也都是實事。攻沙州的即是尚綺心。閻朝後來因朝廷疑心他謀反，致被毒死。郝毗却爲朝廷召還，徙爲慶州刺史。亦皆見于《唐書》。杜秋娘原名叫秋，「娘」乃當時對婦人敬稱。她是宗室李錡的妾，善唱《金縷衣》曲。錡叛國被誅，她没入宫中，爲漳王的保母。因她曾爲李錡訴冤，所以晚唐詩人們多作詩贊美她，見《太平廣記》卷二百七十五引《國史補》及《本事詩》（今本《本事詩》無此文），據《南部新書》，那麽她又名杜仲陽。

《紫簫記》現在所見的本子，只是全劇的前半。未完部分，作者在晚年時曾經續寫過。大概仍舊没有寫完，作者就去世了，因此給他第三個兒子開遠把「續成《紫簫》殘本，及詞曲未行者悉焚棄之」。此説出錢謙益《列朝詩集小傳》丁集中；錢氏是根據作者次子大耆的話寫的，當然很可靠。但是後人由于未讀《紫簫記》原書，或雖是讀過而没有注意《紫簫記》「家門大旨」，因此斷爲「今存本《紫簫記》并非首尾不全，只是未定之稿」，即博學如鄭振鐸氏，亦曾主此説。他既誤認開遠所焚棄的「續成《紫簫》殘本」爲即今行之上半部，因而説：「《紫簫》今存，并未被焚。」（《插圖本中國文學史》一一五一頁，新版八五六頁）又説：「《紫簫》未出時物議沸騰，疑其有所諷刺，他遂刊行之以明無他……所謂『未成』，并非首尾不全，實未經仔細修煉布局之謂。」（同書一一六一——一一六二頁，新版八六二頁）鄭氏所作《插圖本中國文學史》，向稱爲近人所作同類書中的「權威」，到現在仍爲學者所重視，所以這裏必須爲之辯正。實則只要讀一讀《紫簫記》「家門大旨」，這一誤會便可涣然冰釋：

〔鳳凰臺上憶吹簫〕李益才人，王孫愛女，詩媒十字相招。喜華清玉琯，暗脱元宵。殿試十郎榮輝，參軍去七夕銀橋。歸來後，和親出塞，戰苦天驕。嬌嬈，漢春徐女，與十郎作小，同受飄摇。起無端貝錦，賣了瓊簫。急相逢天涯好友，幸生還一品當朝，因緣好，从前癡妒，一筆勾消。

李十郎名標玉簡，霍郡主巧拾瓊簫。
尚子毗開圍救友，唐公主出塞還朝。

據「家門大旨」來看，今存的《紫簫記》只寫到「參軍去七夕銀橋」，其餘自「歸來後」以後，都已被焚棄，或是仍然没有全部寫完。而這我們現在不能見到的部分，也不全是《霍小玉傳》所有，幾乎全是作者另外創造的。故事背景，都是歷史真事；不過以李益作爲主角而已。這段故事所寫，主要的乃是吐蕃王用尚子毗的政策，請求與唐朝和親，因是李益奉命送太和公主出塞，後來吐蕃變叛，爲石雄擊敗，把公主迎回，李益也以功官至丞相。中間雖曾因一度娶妾與小玉發生裂痕，小玉且窮至賣簫以維生活，但終于也像《紫釵記》一樣，終于獲得團圓偕老。但《曲海總目提要》卷六《紫簫記》提要引，作尚子毗出山後，奉命與唐通好，杜黄裳、李益引兵出塞，千里不見敵，才朝旨召還，而尚子毗亦至長安，與現行本所敍不同。又説鮑四娘住尚冠里别院，「尚冠里」三字也不見于現行本中。因此我頗疑心《曲海總目提要》作者或見過續作殘本。而這個殘本，可能是給開遠焚棄之外的一個副本。

三 《紫釵記》

《紫釵記》的本事幾乎全據唐人蔣防所作《霍小玉傳》，而于終場小玉與十郎重逢，改爲氣絶復蘇，夫婦仍得團圓。蔣傳寫小玉氣絶後，還有十郎就婚盧氏，忽患妒疾，因而三娶皆不如意，與此大異。總之，蔣傳中的十郎，是個無用書生，負心人物，而劇中却把他寫成一個爲國抗禦外侮的參軍，忠誠于愛情的才子，雖然幾乎中了當朝權勢的奸謀，但終于得黄衫客的援助而夫婦重圓。這可能出于文士愛才子的同情心理，因而把十郎母親所主盧家表妹的婚姻，易爲豪門權勢的强逼入贅，以示十郎的幾乎負心，全因勢力不敵而出于無可奈何。劇中元夕相逢，墮釵留情，是劇作者添出的重要關目，劇名就是從這産生的。時代人物，也有與蔣傳不同之處：蔣傳作故事發生于唐代宗大曆中（七六六—七七九），此作唐憲宗元和十四年（八一九），相差了四五十年。鮑十一娘改作鮑四娘，劉濟改作劉公濟。婢女原有浣沙、桂子兩人，此略去桂子不提。小玉賣釵，係賣與延先公主，得價十二萬，此則賣與盧太尉，得價百萬。其餘如盧氏之父爲太尉，出鎮孟門，王哨兒爲十郎夫婦傳信，盧太尉延媒勸贅，强閉十郎于府中，小玉賣釵盧府，盧太尉借此遣假鮑三娘僞稱小玉已改嫁，李益參軍玉門關外，獻計招降大小河西……都爲蔣傳所無。但李益從軍關外及作《望京樓》詩與屏上題詩，雖爲蔣傳所無，却見于正史《唐才子傳》及李益詩集中，全部是實事。又，李益的密友韋夏卿，見于蔣傳，而也實有其人，他字雲客，杜陵人，累官檢校工部尚書東都留守，遷太子少保，新、舊《唐書》都有傳。

近人甓齋編的《紫玉釵》劇本，就是據湯作改編的。新近閩劇演出的《紫玉釵》據説是據湯作及閩劇傳統劇目《紫玉釵》所改編，本事幾全同湯劇，但特别强調唐代統治階級門第制度的森嚴，青年無辜的犧牲于門第與愛情的矛盾之下，而結果仍恢復了蔣傳的十郎與小玉終于不得團圓偕老的悲劇。兩人重會後，十郎仍爲盧府劫去，而小玉終于氣絶不再復蘇。這樣改，正打破了明人傳奇的團圓常套，也就是打破了舊傳奇的公式化，確是改得很好的。滇劇也有《霍小玉》，但不知内容如何。

在清朝乾隆、嘉慶年間，有吴江人潘炤，是當時名詩人袁枚、張問陶的朋友，寫過一部《烏闌誓》傳奇，也是根據蔣防《霍小玉傳》的。據他自序，乃是他爲《紫釵記》補缺而作。但劇中本事，全同蔣傳，惟增出李益與霍小玉乃是爲織女所降謫的牧童及絡絲娘轉生一節，却爲蔣傳所無。又蔣傳謂書誓言的烏絲闌絹係小玉家中舊藏，而此劇改爲織女所贈。又小玉死後，即爲織女救活，將返魂香變作靈槎，送小玉至江淮，爲易元所救，後來得與李益團圓。看「家門始末」，似盧氏也出場，正如蔣傳所寫，是因疑被出，然後小玉得與十郎重圓的。曲詞平常，并且還有蹈襲《牡丹亭》、《長生殿》的痕迹。

四　《牡丹亭》

《牡丹亭》本事來源，在過去有過種種不同的推測，甚至還有肯定它是影刺當時某人某事的。影射當時人事并非不可能，也不一定全是捕風捉影，因爲中國文人向有這種風氣，詩文小説裏都曾有過。但這不是作品本事的主要來源。而且相似的資料盡多，究竟也不如作者自説的可靠。過去許多「紅學」家對《紅樓夢》本事所作的種種「索隱」，幾乎全都是白費，可以從中吸取教訓。此劇的本事，作者在《題詞》中明明説是：「傳杜太守事者，彷佛晉武都守李仲文、廣州守馮孝將兒女事，予稍爲更而演之。至于杜守收考柳生，亦如漢睢陽王收考談生也。」作者自己説得這樣清楚，爲什麽定要别尋來源呢？即有更相似處，也可能出于偶然的巧合，决比不上作者自説的可靠、正確。李仲文、馮孝將、談生事都出于唐以前的鬼神志怪書中，都可查《太平廣記》：李仲文事見《太平廣記》卷三百十九引《法苑珠林》，馮孝將事見《太平廣記》卷二百七十六引《幽明録》，談生事見《太平廣記》卷三百十六引《列異傳》，都敍少女亡魂與少年書生幽媾，但李仲文及睢陽王女均未能復生，獨馮孝將之子馬子與徐玄方之亡女夢中遇合後，徐女後得開棺復活，與馬子成爲夫婦。而談生以睢陽王女所贈珠袍，在市上出售，爲睢陽王認出是女兒之物，以談生爲掘坟賊，捕獲拷問，卒認爲婿，正與劇中杜安撫見了麗娘春容，而以柳夢梅爲劫坟賊，把他吊打一樣。

劇中插入的金人收買李全與楊氏騷擾淮揚乃是南宋時真事，宋人周密《齊東野語》卷九李全條敍述甚詳。《宋史》卷四百七十六及四百七十七《叛臣傳》，亦全敍李全與楊氏擾亂淮揚，聲勢浩大，連海上亦有他們部衆，當地文武官吏無可如何，直到後來金爲元滅，才爲宋帥趙範、趙葵所討滅。楊氏乃山東大盜楊安兒之妹，稱「小姐姐」，亦稱「四娘子」，及統兵後，稱爲「姑姑」，善使梨花槍，自稱天下無敵手，李全也不能控制她。李全給破滅後，她逃歸山東，又過了幾年才被消滅。《齊東野語》載她曾降過南宋，因功賜金，封楚國夫人。後來由于南宋政策變更，要剿除她，她又逃往海州。可見劇中所敍，都與真事不很有什麽距離。

此劇作于一五九八年（明神宗萬曆二十六年）之前，而在此以前，中明世宗嘉靖時進士的晁瑮所著《寶文堂書目》卷中「子部什類」中已有《杜麗娘記》。《寶文堂書目》「子部什類」所著録的大都爲話本與傳奇文，今人孫楷第氏斷爲大部分當作于嘉靖隆慶以前（一五七二前），那麽劇本與傳奇文誰先誰後，是個很有值得注意的問題。今存明季刊本《燕居筆記》卷九下層的《杜麗娘慕色還魂》，清初刊本同書卷八的《杜麗娘牡丹亭還魂記》，因國内都無傳本，不知是否即《寶文堂書目》所録的《杜麗娘記》。只是看了題目，可見内容可能全與劇本相同。但劇本如作于傳奇文之後，那麽湯氏《題符》中「傳杜太守事者」一語，可能即指傳奇文；但《寶文堂書目》作者却没有見到《牡丹亭》傳奇，這倒可以確定，否則它的樂府類書目中不會不收入的。

《牡丹亭》是「四夢」中最常見演出的一種，但它一出世就有人删改原作，如沈璟、吕天成、臧懋循都是。作者的「余意所至，不妨拗折天下人嗓子」一語，就是爲反對沈璟改作的《同夢記》而説的。他對其他的改本也都反對。到了明末，馮夢龍也把它删改成《風流夢》。删改的情况是：「柳夢梅説夢一段，移至第八折内，在麗娘夢後，才改名夢梅。二夢暗合，似有關目。至二十六折夫妻合夢，柳生、麗娘各説一夢，與前照應，亦與原稿婚走不同。梅花觀中小道姑，改爲侍兒春香，因小姐夭亡情願出家，與石道姑侍奉香火，亦似關目緊凑。餘則删繁就簡，移商换羽，大同小異。」（《曲海總目提要》卷九）又將李全、楊氏助金侵宋一事全部删掉，不知何故。但這是違反了原作者的意旨的，當是由于改作者忽視了原作的思想性的緣故。

明末松江人范文若所作《范氏三種曲》（今全存）中，有《夢花酣》傳奇，係寫宋代書生蕭斗南與謝女蒨桃夢魂媾合，後來蒨桃于兵亂中死去，游魂在道觀中仍與蕭生相會，三年後借馮翠柳屍體還陽，與蕭生結成夫婦。此劇開首就寫蕭生模繪夢中人像，作爲全劇重要關鍵。作者在自序裏也説：「微類《牡丹亭》，而幽奇冷豔，轉折姿變，自謂過之。」其實不但「微類」，簡直全是模仿，而是一部深受《牡丹亭》影響的作品。同時宜興人吴炳所作《粲花别墅五種》(今亦全存)中,有《畫中人》傳奇,亦爲模仿《牡丹亭》的作品,寫廣陵人庾啓與鄭瓊枝有姻緣之分,華陽真人贈以美人圖,叫他對她唤拜,瓊枝生魂遂與庾生相會。她的真身得病而死,棺停寺中,庾生啓棺而瓊枝復活,兩人遂成夫婦。此故事造意似出自《牡丹亭》的「叫畫」,但姻緣由于一幅畫像,女子死而和書生幽媾,然後開棺復活而成婚配,那麽三劇竟同一輪廓。吴氏本是一位刻意學習湯氏的戲劇作家,那麽《畫中人》的模擬《牡丹亭》,自更無足爲奇了。

五 《南柯記》

《南柯記》本事來源,全出唐人李公佐所作《南柯太守傳》。宋人陳翰的《大槐宫記》,即節略李傳而成,故内容亦相同。李傳的二友人,劇中作溜二、沙三。李傳的右相武成侯段公,本有姓無名,劇中作段功,而段功乃元明間南詔大理的酋長名,即郭沫若氏所作歷史劇《孔雀胆》中的男主角,當時實有其人。又李傳率衆拒檀蘿兵于瑶台城的乃周弁,以輕敵敗績;劇中則作淳于棼爲金枝公主作瑶臺城避暑,檀蘿國四太子欲奪公主爲妻,起兵圍城,淳于棼親自率兵解圍,而周弁乃派往壍江守禦的,以酒醉爲敵人所敗。李傳淳于棼在禪智寺與孝感寺相遇的女子,除瓊英、靈芝夫人、上真仙子三人外,尚有一人,而講座所獻金鳳釵乃此女所舍,水犀盒子乃上真仙子所舍,劇中却都作瓊英代金枝公主所舍。又因天象示譴而上表,李傳係云「國人」，劇中屬之右相。此外若契玄禪師五百年前造下業債，金枝公主係因受驚病重而死，淳于棼與右相因議公主葬地互相争執，瓊英和上真仙子、靈芝夫人與駙馬淫亂，以及法師建水陸道場淳于棼燒指發願，度檀夢、槐安、老父、公主等并昇天界，法師指點淳于棼，立地成佛等，都爲李傳所無，而全是劇中增出的。第八齣「情著」寫契玄禪師在孝感寺講經，淳于棼向之參禪，瓊英代金枝公主舍金釵、犀盒求超度一段。其中禪師所唱曲文，乃將《法華經》中的《普門品》全部譜入。

宋人羅燁《醉翁談録》所録「靈怪」話本中，有《大槐王》一目，不知是否即演《南柯太守傳》，也不知與湯劇有無影響關係。略前于湯氏，有上虞人車任遠所作雜劇「四夢」，其中亦有《南柯夢》，亦演《南柯太守傳》事。相傳自湯氏「四夢」出而車氏「四夢」遂堙没不彰，僅《蕉鹿夢》因被刊入《盛明雜劇》二集中，而得流傳到現在。但湯氏是否看到過車作《南柯夢》？作品是否受到它的影響？湯氏自己没有説起，我們現在已讀不到車作，當然更無從説起了。

六　《邯鄲記》

《邯鄲夢》的本事，全據唐人沈既濟《枕中記》，亦間用元人雜劇中故事。此外，也有影射某人某事之説。沈記中吕翁有姓無名，此劇作吕洞賓，而且增入吕洞賓先度何仙姑在山門掃花，何仙姑成正果後，須另找掃花的替身，因而在邯鄲道上遇到盧生以引起全個故事。沈記中的蕭嵩與裴光庭，及劇中增出的權相宇文融，都是實有其人。三人在新、舊《唐書》中都有傳，而且同時爲相。蕭嵩爲梁武帝的後裔，裴光庭爲前朝丞相裴行儉之子，武三思之婿，也全合歷史事實。這三個人雖同時爲相，但互相排擠，各不相容。劇中敍蕭裴二人出于宇文門下，則并非實事。崔氏織錦成回文詩一事，乃借用唐會昌中邊將張揆防戎十餘年不歸，妻侯氏綉回文作龜形詩進獻政府一事（見《太平廣記》卷二百七十一及《唐詩紀事》卷七十八引《抒情詩》），但侯氏所作爲詩而劇中則爲《菩薩蠻》詞。沈記開通河道八百里，劇中作二千八百里。至于鑿潭通漕，皇帝東巡，歌女迎駕，牙盤上食全段事實，都是明皇時陝州太守韋堅事，見于新、舊《唐書・韋堅傳》中。記中及劇中吐蕃將攻陷瓜沙，節度使王君㚟被殺，皇帝遣盧生出征，盧生用反間計殺吐蕃丞相，因而大破敵軍，據新、舊《唐書》，却都是蕭嵩事。但悉那邏《唐書》作悉諾羅恭禄，是將而非相，熱龍莽作燭龍莽布支，名字都稍有不同。（《曲海總目提要》以盧生用小番作反間，乃借用宋人种世衡使王嵩間野利事，曾查《宋史・种世衡傳》實不甚相似，當以移用蕭嵩事較近真實。）

向以《枕中記》本事爲出于《搜神記》（亦見《幽明録》）楊林事，而楊林事却出于佛經《大莊嚴經論》。此種情況，可能是彼此襲用，也可能是偶然相合，總之與宗教思想有關則可以斷言。宋人《醉翁談録》所録話本「神仙」類中有《黄粱夢》一目，明人晁瑮《寶文堂書目》亦有《黄粱夢》，未知是一是二，今已難考。根據《枕中記》而作的宋元戲文與元人雜劇，却有主角不同的兩類：馬致遠等合作的《開壇闡教黄粱夢》雜劇，易呂翁爲雲房，易盧生爲呂洞賓，夢中所遇亦不同，佚名的戲文《呂洞賓黄粱夢》（《見南詞敍録》），書雖失傳，顧名思義，内容當與雜劇相同。另有佚名的《呂翁三化邯鄲店》，谷子敬的《邯鄲道盧生枕中記》二雜劇，則本事全同《枕中記》。但呂洞賓乃唐文宗開成時人，後于開元時百餘年，《枕中記》的呂翁，不可能是呂洞賓，因此很有人指湯劇以呂翁爲呂洞賓是不合歷史真實。但這不是問題。因爲戲曲與小説一樣，不同于歷史，它們爲了增强作品的思想性或藝術性，是可以這樣做的。而且這在戲劇作品中已是慣例，也不能獨責某一個作者。

略前于湯氏的車任遠所作雜劇「四夢」中，亦有《邯鄲夢》，已失傳，不知湯作是否受其影響，也不知劇中仙人是呂翁還是呂洞賓。同時又有蘇漢英（一作元雋）所作《呂真人黄粱夢境記》傳奇（有《古本戲曲叢刊》初集影繼志齋本），亦寫雲房度呂洞賓事，疑是戲文的改作。

清人蒲松齡的傳奇文集《聊齋志異》中有一篇《續黄粱》，是摹仿《枕中記》的作品，但不知作者看到過湯氏的《邯鄲記》没有。這篇傳奇文通過主角曾孝廉的夢中經歷，暴露了封建統治階級的種種醜惡行爲，抨擊了他們剥削和壓迫人民的罪行，因此它較《枕中記》更有積極意義，而和湯劇的主題精神倒是很相似的。

七　結言

根據上面所探溯出的湯氏戲劇本事的歷史來源，可見作者對于歷史上抵禦外侮的民族英雄却特別崇仰而特別加以表揚。這當然是與他自己所處時代的歷史背景分不開的，這也就是湯氏戲劇所以被估價爲有現實意義的偉大作品的原因之一。一般人都但知他的戲劇本事多取資于六朝小説，唐人傳奇，而没有注意到他所引用的歷史事實有着特殊意義。這一點，別人很少注意過。我在這裏所以要特別提出來，是要用來表明探溯一個戲劇作家的作品本事的歷史來源，不是件無用的事。

（《戲劇研究》一九六〇年第一期）

改編

臧懋循

玉茗堂傳奇引

臨川湯義仍爲「牡丹亭四記」，論者曰：「此案頭之書，非筵上之曲。」夫既謂之曲矣，而不可奏於筵上，則又安取彼哉？且以臨川之才，何必減元人，而猶有不足於曲者，何也？當元時所工北劇耳，獨施君美《幽閨》、高則誠《琵琶》二記聲調近南，後人遂奉爲椠矱，而不知《幽閨》半雜贋本，已失真多矣。即《天不念》、《拜新月》等曲，吴人以供清唱，而調亦不純，其餘曲名莫可考正；故魏良輔止點《琵琶》板而不及《幽閨》，有以也。《琵琶》諸曲頗爲合調，而鋪敍無當，如「登程」折、「賜宴」折，用末浄丑諸色，皆涉無謂。陳留洛陽相距不三舍，而動稱萬里關山；中郎寄書高堂，直爲拐兒紿誤，何繆戾之甚也。至曲每失韻白，多冗詞，又其細矣。今臨川生不踏吴門，學未窺音律，豔往哲之聲名，逞汗漫之詞藻，局故鄉之聞見，按亡節之絃歌，幾何不爲元人所笑乎？予病後一切圖史悉已謝棄，閒取「四記」，爲之反覆删訂；事必麗情，音必諧曲，使聞者快心而觀者忘倦，即與王實甫《西廂》諸劇並傳樂府可矣。雖然，南曲之盛無如今日，而訛以沿訛，舛以襲舛，無論作者，第求一賞音人不可得。此伯牙所以輟絃於子期，而匠石廢斤於郢人也。刻既成，撫之三嘆！

（《負苞堂集》卷三）

紫簫記

述評

沈德符

萬曆野獲編

又聞湯義仍之《紫簫》，亦指當時秉國首揆，纔成其半，即爲人所議，因改爲《紫釵》。（《萬曆野獲編》卷二十五）

徐復祚

花當閣叢談

昔蘇子瞻《無鹽》諸詠，李定、舒亶輩指爲謗訕朝政，而《詠檜》一詩，王珪直以爲不臣，欲服上刑。非宋裕陵神聖，寧有免法？吁，可畏哉！近王弇州作《巵言》，作别集，湯臨川作《紫簫記》，亦紛紛不免於豬嘴關。乃知古人制作必藏名山大川，有以也。

（《花當閣叢談》）

祁彪佳

明曲品（豔品）

湯顯祖《紫簫》：工藻鮮美，不讓《三都》、《兩京》。寫女兒幽懽，刻入骨髓；字字有輕紅嫩緑，閲之不動情者，必世間癡男子。先生稱禹金《玉合》並其沈麗之思，減其濃長之累。然則此曲有曼衍處，先生亦自知之矣。向傳先生作酒、色、財、氣四劇，有所譏刺，是非頓起，作此以演之；又爲部長吏抑止，僅成半帙而罷，然已得四十三齣。十郎塞上初歸，會於牛女之夕，亦可作結體，正不忍見小玉憔悴一段耳。願知音者亟附紅牙。

（《遠山堂明曲品劇品校録》）

曲海總目提要

紫簫記

明湯顯祖撰。內中情節，言霍小玉觀燈至華清宫，拾得紫玉簫，故以爲名。與《紫釵》同演李益、霍小玉事，而關目迥别。《紫釵》全據《霍小玉傳》，此則略引正面，點綴生情，插入唐時人物，不拘年代先後，隨機布置，以示遊戲神通。略云：李益，字君虞，隴西人，前朝相國揆子。母辛氏，狄道夫人。按史：李益故宰相揆之族子，非其子也。李揆係出隴西，爲冠族。肅宗時，同中書門下平章事。德宗時，尚書左僕射。元和中，益入京應舉，正及殿試，吐蕃陷隴西數郡，抄至咸陽，細柳屯兵，暫停臚唱。此係增飾。十四年正月朔旦，是日立春，天下朝覲官員、應制士子，俱入雲龍門太極殿朝賀，朝畢之後，光禄賜宴，值友花卿、石雄、尚子毗相訪。劇云：花卿，字敬定，曾授西川節度，今陞驃騎將軍。按綱目：上元二年四月，梓州刺史段子璋反，討平之。段子璋驍勇，東川節度使李奂奏替之。子璋舉兵襲奂于綿州，奂敗奔成都。子璋自稱梁王，陷劍州，西川節度使崔光遠與奂共攻斬之。《唐書》崔光遠、高適傳，皆云光遠討平子璋。然考杜甫詩：「成都猛將有花卿，學語小兒知姓名，用如快鶻凌風生，見賊惟多身始輕。子璋髑髏血模糊，手提擲還崔大夫。李侯重有此節度，人道我卿絶世無。既稱絶世無，天子何不喚取守成都！」是卿乃光遠部將，殺子璋者實出花卿手。子璋既平，乃復奂官，故云重有此節度也。唐史不載花卿，杜詩可補其缺。此劇云西川節度，是以卿既殺子璋，當擢節度耳。時西川節度即光遠，繼光遠者高適也。石雄、尚子毗見後。益留與飲，共作元日試筆詩，四人各賦絶句。石、尚先別。適教坊子弟迎春還，邀入勸酒，教坊請益作人日詞、元宵曲。教坊供奉急用新詞。霍王府内人日登高，益爲作《宜春令》。皇帝御前元宵設宴，益爲作《探春燈》詞。益爲立譜二調。花卿即邀益於新正相過，令侍姬鮑四娘侑觴，益有「開簾風動」之詩，鮑翻作「開簾風動」之曲。李益詩：「開簾風動竹，疑是故人來。」益本傳云：「貞元末，名與宗人賀相埒，每一篇成，樂工爭以賂求取之，被聲歌，供奉天子。至《征人》、《早行》等篇，天下皆施之圖繪。」此劇兩段，蓋採此義鎔鑄成之。飲次，見郭小侯戲馬彈鵰，要之共醉。劇云：汾陽郭鋒，郭曖之子，世號小侯。姊貴妃，生太和公主。按史《郭子儀傳》：子曖，字曖。以太常主簿尚昇平公主。女爲憲宗妃，生穆宗。子四，曰鑄、釗、鏦、銛。又《后妃傳》：憲宗懿安皇后郭氏，汾陽王子儀之孫。父曖。元和元年册貴妃，穆宗尊爲皇太后。又《公主傳》：憲宗定安公主，始封太和，下嫁回鶻崇德可汗，會昌三年來歸。劇内所敍皆實。小侯名鋒，以曖四子皆金字傍耳。卿見小侯紫叱撥馬，心甚愛之。命鮑唱歌，小侯亦大悦。卿欲得駿騎，立功邊陲，乃以四娘與易；罷酒，使四娘從小侯歸。按唐人作「愛妾換馬」詩甚多。本用章、鮑二生事，具見《太平廣記》。甚至裴晉公度，送白尚書居易一馬，侑以詩云：「君若有心求逸足，我還留意在名姝。」白知其意有所屬，答詩云：「不辭便送君家去，臨老何人與唱歌？」蓋樊素善歌，裴所屬者樊也。鮑四娘見蔣防《霍小玉傳》。謂卿之伎，本無所據。卿蓄歌者，則實有因。杜甫《贈花卿》詩：「錦城絲管日紛紛，半入江風半屬雲。此曲祇應天上有，人間能得幾回聞！」或以花卿爲伎名，或以花卿爲花敬定，言其所蓄歌舞之盛耳。是時霍王之姬鄭六娘，有女小玉，年已二八，王於人日在望春臺登高，命奏新曲，適唱李益詞，有「日輪中逐日人忙」句，王忽感動，入華山修仙。改鄭姬曰浄住，賜小玉紅樓一座，寶玉十橱，從所封邑爲霍姓，令鄭自擇婿贅之。他姬杜秋娘有志出家，令住金飆門外西王母觀中，度爲女道士。按史：惟高祖子有霍王，順宗弟無封者。鄭姬小玉，見蔣防《傳》中。賜樓以下逐段情節，俱與《紫釵》各異。杜秋非霍王姬，本李錡之妾，善唱《金縷衣》；錡叛，没入宮中，爲漳王傅姆，後歸江南，吴江有唤渡亭，是其遺跡，杜牧之作杜秋詩，敘其事最詳。李商隱云「杜牧司勳字牧之，清秋一首杜秋詩」是也。劇言住西王母觀者，取唐人詩「願隨仙女董雙成，王母前頭次第行」之意。科白中霍王問云，李益甚嫉妬。宮臣跪奏有兩個李益，大李益現今在朝官職，小李益纔舉博學宏詞，有妬疾的是大李益。按史：君虞少癡而忌尅，世謂妬爲李益疾，時又有庶子李益同在朝，故世言文章李益以辨云。是妬本君虞，劇爲解嘲耳。鮑四娘至郭宅，心念花卿，時時涕泣，小侯乃送鮑居尚冠里别院中。鄭六娘聞，即延請教小玉歌唱。益知鮑獨居，乘暇訪鮑，鮑與言小玉之才美，許爲作媒。小玉慮益誑以爲妾，且攜歸隴西。婢櫻桃頗慧，僞作鮑女，探益無妻，且以隴西隔絶，無有歸志，遂爲益攜九子金龍鏡、三珠玉燕釵二物爲聘。益於是入贅於紅樓。花卿、石雄、尚子毗並來賀喜。白云，鮑語櫻，你是霍府鄭櫻桃。據《小玉傳》不載櫻桃姓，蓋因石虎時有鄭櫻桃，借此巧合耳。李商隱詩：「何緣古樂府，惟有鄭櫻桃。」時值元宵佳節，敕賜燒燈，憲宗在華清宮，令教坊踏歌，共奏李益元宵《探春燈》曲，嘆爲才子。劇云，帝問曲詞何人所作，對云，隴西進士李益。帝嘆曰，真才子也。令嚴穿宮將名字黏在御風屏上。按玄宗聞李嶠《汾水歌》，嘆曰，李嶠真才子也。今移作李益。賜宴文武羣臣既畢，令嚴遵美傳云都下士女，無論貴賤道俗，俱得至華清宮玩燈，晝丙夜，金吾不呵止，以稱與民同樂之意。白云，北院副使嚴遵美，先出馬存亮門下，後與西門季元同掌掖庭。按史：唐世中人以忠謹稱者，馬存亮、西門季元、嚴遵美三人。遵美歷左軍容使，年八十餘。益與小玉觀燈，已過三鼓，金吾静街，萬衆諠擾，小玉與益相失，獨步華清宮門首，惟恐隻身問途，難免多露之譏。拾得紫玉簫一枝，持躲殿西頭以俟，清宮内監遵美見而詰之，奏送郭妃審問，具陳本末。命以銷金寶燭四籠，送歸本宅，即以所拾楊妃紫簫賜之。有詔獎益博學宏詞，小玉智能衛潔。小玉於長秋謝恩，而益于嗣霍王府附呈謝本，按此俱是增飾，名劇《紫簫》以此。未幾殿試榜發，擢益狀元，授翰林供奉。上任五日，著往朔方參丞相杜黄裳軍事。按史：同輩行稍稍進顯，益獨不調，鬱鬱去遊燕。劉濟辟置幕府，進爲營田副使。憲宗雅知名，召爲秘書少監，集賢殿學士；太和初，以禮部尚書致仕。是益未嘗登第，其出仕亦不應至元和十四年。《杜黄裳傳》：裳字遵素，京兆萬年人。擢進士第。郭子儀辟佐朔方。子儀入朝，使主留事。憲宗擢門下侍郎。平夏剪齊滅蔡復兩河，自黄裳啓之。元和二年，以檢校司空同中書門下平章事，爲河中晉絳節度使，封邠國公。劇中所敘皆實，但未嘗節度朔方也。石雄中武狀元，經略吐蕃。花卿外擢節度西川。尚子毗奉旨歸國。按《石雄傳》：雄，徐州人。家寒不知其先所來，嘗爲天德防禦副使，兼朔州刺史。擣烏介帳，迎太和公主還，進豐州防禦使，累官檢校兵部尚書。雄之官績，在文宗武宗時，與花卿相去懸絶。作者以其迎歸公主事，故云經略吐蕃，以相映帶耳。劇中雄字子英。雄傳未載其字。益爲三人餞行，即赴朔方，抵受降城外。黄裳送居屬國署中。益詩：「回樂峰前沙似雪，受降城上月如霜。」此其實事也。吐蕃贊普與中書令尚綺心議，欲引兵入寇。綺心以叔子毗歸國，言朔方之地，黄裳節鎮，李益參軍，老謀英斷，不可摇撼；隴西石雄少年英雄，難以争鋒，計惟花卿在西川，年已篤老，不如羸師匿馬，徙帳西行，先發大將論恐熱攻打松州，乘其間隙。李商隱代作杜工部蜀中離席詩：「雪嶺未歸天外使，松州猶駐殿前軍。」此因借引花卿，故并借此相影射。贊普見子毗，請爲決策。子毗力勸和親，贊普乃使子毗奉命通好，黄裳與益引兵出塞，千里不見敵，具奏吐蕃不敢窺邊。朝旨召還，而子毗亦至鑾邸。小玉方與母六娘及杜秋娘等穿針乞巧，值益於是日還京，恰當牛女佳節，復相歡聚云。按《吐蕃傳》：尚婢婢，姓没盧，名贊心牙，羊同國人。世爲吐蕃貴相，寬厚，略通書記，不喜仕，贊普彊官之。劇以婢婢名未雅，故改爲子毗也。白云，俺到中國，多隱居崐崙山下，不婚不宦。史稱紫山直大羊同國，古所謂崐崙者也。白又述綺心語云，子毗歸去羊同，築室崐崙山下，贊普要用他時，須待秋深親聘，方來赴命。白又云，子毗語云，本姓没盧，名贊心牙，羊同國人，備觀丘索之書等語，俱與史合。贊普打圍相訪，强授節度使，許以同行，亦與彊官之語相合。但婢婢本無作侍子交花卿李益事，此係增飾。吐蕃中書令尚綺心兒，嘗圍鹽州不能拔，又攻沙州，十一年得其城；其後吐蕃會盟，尚綺心兒比歲獻金盎銀治。史未嘗言綺心婢婢爲叔侄也。婢婢與尚恐熱累相攻伐。白言子毗與論恐熱異同，亦與史合。穆宗長慶元年，與吐蕃議和，大理卿劉元鼎爲盟會使，劇内和親本此。　劇載杜黄裳還朝，委郝玼、閻朝爲留後，且語二人云，郝將軍築臨涇之塞，西戎不敢近邊，吐蕃爲鑄一金身，及以名怖止兒啼，閻將軍獨守沙州，十年不下，皆是實事。按史：郝玼不記其鄉里，貞元中，爲臨涇鎮將，説節度使馬璘，城臨涇以扼西戎，璘不聽，及段佑代節度，玭又説佑，詔城臨涇爲行原州，以玭爲刺史戍之，自是蕃人不敢過臨涇。玭在邊三年，獲敵必刳剔，蕃人道其名以怖啼兒，遷涇原行營節度使，封保定郡王。贊普嘗等玭身鑄金像，令于國曰，得生玭者，以金玭償之。朝廷畏失名將，徙爲慶州刺史。閻朝，沙州都知兵馬使，尚綺心兒攻沙州，刺史周鼎遣朝行視水草，朝執鼎縊殺之，自領州事。城守者八年，出綾一端，募麥一斗。又二歲，糧械皆竭，登城而呼曰，苟毋徙他境，請以城降。綺心兒許諾，於是出降，自攻城至是凡十一年。後疑朝謀變，置毒殺之。　杜牧之杜秋詩：「金階露新重，閒捻紫簫吹。」此題之來歷也。

（《曲海總目提要》卷六）

《曲海總目提要》，係董康據《樂府考略》批比纂録而成，印行於一九二八年。《樂府考略》編成於康熙年間。

魯　迅

稗邊小綴

《霍小玉傳》出《廣記》四百八十七，題下注云蔣防譔。防字子徵（《全唐文》作微），義興人，澄之後。年十八，父誡令作《秋河賦》，援筆即成。于簡遂妻以子。李紳即席命賦《鞲上鷹》詩。紳薦之，後歷翰林學士中書舍人（明凌迪知《古今萬姓統譜》八十六）。長慶中，紳得罪，防亦自尚書司封員外郎知制誥貶汀州刺史（《舊唐書・敬宗紀》），尋改連州。李益者，字君虞，係出隴西，累官右散騎常侍。太和中，以禮部尚書致仕。時又有一李益，官太子庶子，世因稱君虞爲「文章李益」以別之，見《新唐書》（卷二百三）《李益傳》。益當時大有詩名，而今遺集零落，清張澍曾裒集爲一卷，刻《二酉堂叢書》中，前有事輯，收羅李事甚備。《霍小玉傳》雖小説，而所記蓋殊有因，杜甫《少年行》有句云：「黄衫年少宜來數，不見堂前東逝波。」即指此事。時甫在蜀，殆亦從傳聞得之。益之友韋夏卿，字雲客，京兆萬年人，亦兩《唐書》（舊一六五、新一六二）皆有傳。李肇（《國史補》中）云：「散騎常侍李益少有疑病。」而傳謂小玉死後，李益乃大猜忌，則或出于附會，以成異聞者也。明湯海若嘗取其事作《紫簫記》。

（《唐宋傳奇集》）

吴梅

紫簫記跋

此即《紫釵》原本。臨川懼禍，先付剞氏，明無與於時相。實未成之書也。記中情節，較《紫釵》更爲叢雜；而詞藻穠麗，幾字字嘔心鏤腎以出之，故頗多晦澀語及費解語。第十六齣小玉就四娘學歌，將《太和正音譜》宫調總論，逐一數説，並未道着詞家肯綮。於此見若士非十分知音者。

阮圓海謂若士不能度曲，據此，非譌言也。且其中〔折桂令〕一曲，末一句用「厭的聽聞」（原文云：展纖蛾怯的輕寒，彈着春衫，略攏雲鬟，無人處向曉窗圓夢，暗損嬋娟，被人兒早扢了翠眉窩粉，被人兒早奚落了臂上檀痕，玉軟花眠，枕障爐烟，小鸚哥刮絮厭的聽聞），與上文「寒山」協韻，實是不妥。通闋平仄句法，完全不合律度，方知陳浦雲謂若士少作多不協調，亦非刻論。余僅僅愛其詞而已。此記止有毛刻，無他本可較。臨川晚年，欲重續此曲，未果。歿後零星詞曲稿本，悉被三子開遠焚去，此記即在劫中。殊可惜矣。

（《霜厓曲跋》卷三，載《新曲苑》）

演　唱

謝廷諒

范長倩招飲竟日，李聞伯適至，洗盞更酌，復歌紫簫。賦此

擢桂通襟洽，依蘭染馥多。青雲能自致，白雪向誰歌？長倩有《春雪篇》。燕市鶯花遶，吴門雁影過。向來臨海嶠，頻自眄羊何。

其　二

倚棹問玄廬，追歡竟日餘。如印芳願愜，休汝宦情疏。范婿于徐請告在舍。鵲起堪投袂，蛟懷欲著書。看君垂幙處，夕秀曜前除。

其　三

百年嵇吕駕，千里范張期。乘月陶深契，分風送遠離。清尊浮湛酌，芳佩渥華

滋。坐上題紈扇，殷勤贈所思。

其 四

眷我同門友，離羣入夢頻。維舟聯郭泰，驚坐揖陳遵。舞忭歡逢故，□殘轉調新。何人爲此曲，有客動心神。

其 五

彩服歡如昨，銀筝手自調。國中憐和寡，城北聽歌饒。歌兒出徐。鶴倚蘇門嘯，鸞和弄玉簫。雷雷仍自喜，觀樂更聞韶。

（《薄游草》）

紫釵記

述評

沈際飛

題紫釵記

《紫釵》之能，在筆不在舌，在實不在虛，在渾成不在變化。以筆爲舌，以實爲虛，以渾成爲變化，非臨川之不欲與於斯也；而《紫釵》則否。小玉愚，李郎怯，薛家姬勤，黄衫人敢，盧太尉莽，崔韋二子忠，筆筆實，筆筆渾成，難言其乖於大雅也。惟詠物評花，傷景譽色，穠縟曼衍，皆《花間》、《蘭畹》之餘，碧簫紅牙之拍。自古閲今，不必癡於小玉，才於李郎，婉於薛姬，而皆可有其端委，有其托喻。此《紫釵記》所以止有筆有實有渾成耳也。臨川自題曰：「案頭之書，非臺上之曲。」案頭書與臺上曲果二……（下闕）

（《獨深居本紫釵記》）

柳浪館

紫釵記總評

一部《紫釵》都無關目，實實填詞，呆呆度曲，有何波瀾？有何趣味？臨川判《紫簫》云：「此案頭之書，非臺上之曲。」余謂《紫釵》猶然案頭之書也，可爲臺上之曲乎？

傳奇自有曲白介諢，《紫釵》止有曲耳，白殊可厭也；諢間有之，不能開人笑口；若所謂介，作者尚未夢見在，可恨可恨！

凡樂府家，詞是肉，介是筋骨，白諢是顏色。如《紫釵》者，第有肉耳，如何轉動？却不是一塊肉屍而何？此詞家所大忌也，不意臨川乃亦犯此。

元之大家，必胸中先具一大結構，玲玲瓏瓏，變變化化，然後下筆，方得一齣變幻一齣，令觀者不可端倪，乃爲作手。今《紫釵》亦有此乎？

或曰：「子謂《紫釵》有曲白而無介諢，大非元人妙技。向嘗見董解元《西廂》，亦有曲白而無介諢者也，此又何説？」曰：「臨川序中已言之矣，是案頭之書，非臺上之曲也；雖然，亦不可概論。如董解元《西廂》，姿態横生，風情迭出，試檢《紫釵》，亦復有此否？不過詩詞富麗，俗眼遂爲其所瞞耳。曾讀過江曲子，知辨臨川與董解元天淵處也。」

（《紫釵記》，載《古本戲曲叢刊初集》）

柳浪館，袁宏道中郎所居。此即其別署，抑爲他人托名，有待證實。

王彦泓

閑事雜題（九首，録第八）

偶向燈前製錦鞋，半窗梅影下瑶階。良宵不厭熏香坐，爲聽蕭郎讀《紫釵》。

（《疑雨集》）

祁彪佳

明曲品（豔品）

湯顯祖《紫釵》：先生手筆超異，即元人後塵，亦不屑步。會景切事之詞，往往悠然獨至；然傳情處太覺刻露，終是文字脱落不盡耳。故題之以「豔」字。

（《遠山堂明曲品劇品校録》）

曲海總目提要

紫釵記

明湯顯祖作。傳奇中始末皆本唐蔣防所撰《霍小玉傳》。但傳奇至李益與霍小玉重逢而止，以劍合、釵圓、節鎮、宣恩作收場，益就婚盧氏事不及也。劇中情迹甚多，而釵圓最要，故標題曰《紫釵》云。《野獲編》云：湯義仍之《紫簫》，亦指當時秉國首揆，纔成其半，即爲人所議，因改爲《紫釵》。義仍，顯祖字也。《舊唐書》云：李益，肅宗朝宰相揆之族子，登進士第，長爲詩歌。貞元末，與宗人李賀齊名。每作一篇，爲教坊樂人以賂求取，唱爲供奉歌辭。其《征人歌》、《早行篇》，好事者畫爲屏幛，「迴樂峯前沙似雪，受降城外月如霜」之句，天下以爲歌辭。然少有癡病，而多猜忌，防閑妻妾，過於苛酷，而有散灰扃户之譚聞于時，故時謂妒癡爲李益疾，以是久之不調，而流輩皆居顯位。益不得意，北游河朔，幽州劉濟辟爲從事，常與濟詩，而有「不上望京樓」之句。憲宗雅聞其名，自河北召還，用爲秘書少監，集賢殿學士。自負才地，多所凌忽，爲衆不容，諫官舉其幽州詩句，降居散秩，俄復用爲秘書監，遷太子賓客，集賢學士，判院事，轉右散騎常侍。太和初，以禮部尚書致仕卒。《霍小玉傳》云：大曆中，隴西李生名益，年二十，以進士擢第。其明年，拔萃。俟試於天官。夏六月，至長安，舍于新昌里。生門族清華，少有才思，麗詞佳句，時謂無雙，先達文人，翕然推伏。每自矜風調，思得佳偶，博求名妓，久而未諧。長安有媒鮑十一娘者，故薛駙馬家青衣也，折券從良，十餘年矣。性便僻，巧言語，豪家戚里，無不經過，追風挾策，推爲渠帥，嘗受生誠托厚賂，意頗得之。經數月，生方閒居舍之南亭，申未間，忽聞叩門甚急，云鮑十一娘至，攝衣從之，迎問曰：「鮑卿今日何故忽然而來？」鮑笑曰：「蘇姑子作好夢也未？有一仙人，謫在下界，不邀財貨，但慕風流，如此色目，共十郎相當矣。」生聞之驚躍，神飛體輕，引鮑手且拜且謝曰：「一生作奴，死亦不憚。」因問其名居，鮑具説曰：「故霍王小女，字小玉。王甚愛之。母曰净持，即王之寵婢也。王之初薨，諸弟兄以其出自賤庶，不甚收録，因分與資財，遣居於外，易姓爲鄭氏。人亦不知其王女，資質穠豔，一生未見，高情逸態，事事過人，音樂詩書，無不通解。昨遣某求一好兒郎，格調相稱者，某具説十郎，彼亦知有十郎名字，非常歡愜。住在勝業坊古寺曲，甫上東閒宅是也。已與他作期約，明日午時，但至曲頭覓桂子，即得矣。」鮑既去，生便備行計，遂令家童秋鴻，於從兄京兆參軍尚公處假青驪駒、黃金勒。其夕，生澣衣沐浴，修飾容儀，喜躍交并，通夕不寐，遲明，巾幘，引鏡自照，惟恐不諧也。徘徊之間，至于亭午，遂命駕疾驅，直抵勝業。至約之所，果見青衣立候，迎問曰：「莫是李十郎否？」即下馬，令牽入屋底，急急鎖門，見鮑果從内出來，遥笑曰：「何等兒郎，造次入此？」生調誚未畢，引入中門。庭間有四櫻桃樹，西北懸一鸚鵡籠。見生入來，鳥語曰：「有人入來，急下簾者！」生本性雅淡，心猶疑懼，忽見鳥語，愕然不敢進。逡巡，鮑引浄持下堦相迎，延入對坐。年可四十餘，綽約多姿，談笑甚媚。因謂生曰：「素聞十郎才調風流，名下固無虚士。某有一女子，顔色不至醜陋，堪配君子。頻見鮑十一娘道意旨，今便令永奉箕帚。」生謝曰：「鄙拙庸愚，不意顧盻。倘蒙採録，生死爲榮。」遂命酒饌，令小玉自堂東閤子中出來，生即拜迎。但覺一室之中，若瓊林玉樹，互相照曜，轉盻精彩射人。既而延坐母側。母謂曰：「汝嘗愛念『開簾風動竹，疑是故人來』，即此十郎詩也。爾終日吟想，何如一見！」玉乃低鬟微笑，細語曰：「見面不如聞名，才子豈能無貌！」生遽起連拜曰：「小娘子愛才，鄙夫重貌，兩好相映，才貌相兼。」母女相顧而笑。遂舉酒數巡。生起，請玉歌唱，初不肯，母固强之，發聲清亮，曲度精奇。酒闌及暝，鮑引生就西院憩息，閒庭邃宇，簾幕甚華。鮑令侍兒桂子浣紗與生脱靴解帶。須臾玉至，言敍温和，辭氣宛媚。解衣之際，態有餘妍，低幃暱枕，極其歡愛。生自以爲巫山洛浦不過也。中宵之夜，玉忽流涕，謂生曰：「妾本娼家，自知非匹。今以色愛，托其仁賢。但慮一旦色衰，思移情替，使女蘿無托，秋扇見捐。極歡之際，不覺悲生。」生聞之，不勝感嘆，乃引臂替枕，徐謂玉曰：「平生志願，今日獲從，粉身碎骨，誓不相捨。夫人何發此言？請以素縑，著之盟約。」玉因收淚，命侍兒櫻桃，褰幄就燭，授生筆硯。玉管絃之暇，雅好詩書，筐箱筆研，皆王家之舊物，遂取繡囊，出越姬烏絲闌素段三尺，以授生。生素多才思，援筆成章，引喻山河，指誠日月，句句懇切，聞之動人。誓畢，命藏于寶篋之内。目爾婉孌相得，若翡翠之在雲路也。如此二歲，日夜相從。其後年春，生以書判拔萃登科，授鄭縣主簿；至四月，將之官，便拜慶於東洛，長安親戚多就筵餞，時春物尚餘，夏景初麗，酒闌賓散，離思縈懷，玉謂生曰：「以君才地名聲，人多慕景，願結婚媾者，固亦衆矣。況堂有嚴親，室無冢婦，君之此去，必就佳姻，盟約之言，徒虚語耳。然妾有短願，欲輒指陳，永委君心，復能聽否？」生驚怪曰：「有何罪過？忽發此辭。試説所言，必當敬奉。」玉曰：「妾年始十八，君纔二十有二，逮君壯實之秋，猶有八歲，一生歡愛，幸畢此期，然後妙選高門，以求秦晉，亦未爲晚，妾便捨棄人事，剪髮披緇，夙昔之願，於此足矣。」生且愧且感，不覺涕流，因謂玉曰：「皎日之誓，死生以之，與卿偕老。猶恐未愜素志，豈敢輒有二三，固請不疑。但端居相待，至八月，必當卻到華州，尋使奉迎，相見非遠。」更數日，生遂訣别東去。到任旬日，求假往東都覲親。至家旬日，太夫人已與商量表妹盧氏，言約已定。太夫人素嚴毅，生逡巡不敢辭讓。盧亦甲族也，嫁女于他門，聘財必以百萬爲約，不滿此數，義在不行。生家素貧，事須求丐，便托假故，遠投親知，歷涉江淮，自秋及夏。生自以孤負盟約，大愆回期，寂不知聞，欲斷其望，遥托親故，不遺漏言。玉自生逾期，數訪音信，虚詞詭説，日日不同；博求師巫，遍詢卜筮，懷憂抱恨，周歲有餘，羸卧空閨，遂成沉疾。雖生之書題竟絶，而玉之想望不移，賂遺親知，使通消息，尋求既切，資用屢空，往往私令侍婢，潛賣篋中服玩之物，多托於西市寄附鋪侯景先家貨賣。曾令侍婢浣紗，將紫玉釵一隻詣景先家貨之。路逢内作老玉工，見浣紗所執，前來認之曰：「此釵吾所作也。昔歲霍王小女，將欲上鬟，令我作此，酬以萬錢，我嘗不忘。汝是何人？從何而得？」浣紗曰：「我小娘子，即霍王女也。家事破散，失身於人。夫婿昨向東都，更無消息，悒怏成疾，今將二年。令我賣此，賂遺於人，以求音信。」玉工悽然下泣曰：「貴人男女，失機落節，一至於此。我殘年向盡，見此盛衰，不勝傷感！」遂引至延先公主宅，具言前事，公主亦爲之悲嘆良久，給錢十二萬焉。時生所定盧氏女在長安，生既畢于聘財，歸還鄭縣。其年臘月，又請假入城就親。潛卜静居，不令人知。有明經崔允明者，生之重表弟也，性甚長厚。昔歲嘗與生同飲於鄭氏之室，盃盤笑語，曾不相間。每得生信，必誠告於玉，玉常以薪蒭衣服，資給於崔，崔頗感之。生既至，崔具以誠告玉。玉恨嘆曰：「天下寧有是事乎？」遍托親朋，多方召致，生自以愆期負約，又知玉疾候沈綿，慙耻忍割，終不肯往。晨出暮歸，欲以迴避。玉日夜涕泣，都忘寢食，期一相見，竟無因由，寃憤益深，委頓牀枕。自是長安中稍有知者，風流之士，共感玉之多情，豪俠之倫，皆怒益之薄行。時已三月，人多春遊。益與同輩五六人，詣崇敬寺玩牡丹花，遞吟詩句。有京兆韋夏卿者，生之密友，時亦同行，謂生曰：「風光甚麗，草木榮華。傷哉鄭君，銜寃空室，足下棄置，實是忍人！」嘆讓之際，忽有一豪士，衣輕黄紵衫，挾朱彈，風神俊美，衣服輕華，從後潛行而聽之，俄而前揖益曰：「公非李十郎者乎？某族本山東，姻連外戚，雖乏文藻，心嘗樂賢，仰公聲華，常思覯止。今日幸會，得覩清揚，某之敝居，去此不遠，亦有聲樂，足以娛情。妖姬八九人，駿馬十數匹，惟公所欲。但願一過！」生之儕輩共聆斯述，更相嘆美。因與豪士策馬同行，疾轉數坊，遂至勝業。生以近鄭之所止，意不欲過，便托事故，欲迴馬首。豪士曰：「敝居咫尺，忍相棄乎？」乃挽挾其馬，牽引而行。遷延間，已及鄭曲。生精神恍惚，鞭馬欲迴。豪士遽命奴僕數人，抱持而進，疾走推入車門，便令鎖却。報云：「李十郎來也。」一家驚泣，聲聞于外。先此一夕，玉夢黄衫丈夫抱生來，至夕，使玉脱鞋。驚悟而告母，因自解曰：「鞋者，諧也；夫婦再合。脱者，解也；既合而解，亦當永訣。由此徵之，必遂相見，相見之後，當死矣。」凌晨，請母粧梳，母以其久病，心意惑亂，不甚信之。黽勉之間，彊爲粧梳；粧梳纔畢，而生果至。玉沉綿日久，轉側須人，忽聞生至，欻然自起，更衣而出，恍若有神，遂與生相見，含怒凝視，不復有言，羸質嬌姿，如不勝致。時復掩袂，還顧李生。感物傷人，坐皆歔欷。頃之，有酒餚數十盤，自外而來，一坐驚視，遽問其故，悉皆豪士之所致也。因遂陳設，相就而坐。玉乃側身轉面，睨視生良久，遂舉杯酒酹地曰：「我爲女子，薄命如斯；君是丈夫，負心若此！韶顔穉齒，飲恨而終。慈母在堂，不能供養，綺羅絃管，從此永休。銜痛黄泉，皆君所致。李君李君，今當永訣。我死之後，必爲厲鬼，使汝妻妾，終日不安。」乃引左手握生臂，擲杯於地，長慟號哭，數聲而絶。母乃舉屍寘於生懷，令喚之，遂不復甦矣。生爲之縞素，旦夕哭泣甚哀，將葬之夕，生忽見玉繐帷之中，容貌妍麗，宛若平生，着舊石榴裙、紫襠襠、紅緑帔子，斜身倚帷，手引繡帶，顧謂生曰：「愧君相送，尚有餘情，幽冥之中，能不感嘆！」言畢，遂不復見。明日，葬于長安御宿原。生至墓所，盡哀而返。後月餘，就禮於盧氏，傷情感物，鬱鬱不樂。夏五月，與盧氏偕行，歸於鄭縣。至縣旬日，生方與盧氏寢，忽帳外叱叱作聲。生驚視之，則見一男子，年可二十餘，姿狀温美，藏身暎幔，連招盧氏，生惶遽走起，遶幔數匝，倏然不見。生自此心懷疑惡，猜忌萬端，夫妻之間，無聊生矣。或有親情，曲相勸諭，生意稍解。後旬日，生復自外歸，盧氏方鼓琴于床，忽見自門拋一斑犀鈿花合子，方圓一寸餘，裏有輕綃，作同心結，墜於盧氏懷中。生開視之，見相思子二，叩頭蟲二，發殺觜一，驢駒媚少許。生當時憤怒叫吼，聲如豺虎，引琴撞擊其妻，詰令實告。盧氏亦終不自明。爾後往往暴加捶楚，備諸毒虐，竟訟于公庭而遣之。盧氏既出，生或侍婢媵妾之屬，暫同枕席，便加妬忌，或有因而殺之者。生嘗游廣陵，得名姬曰營十一娘者，容態潤媚，生甚悦之，每相對坐，嘗謂營曰：「我嘗於某處得某姬，犯某事，我以某法殺之。」日日陳説，欲令懼己，以肅清閨門。出則以浴斛覆營於床，周迴封署，歸必詳視，然後乃開。又蓄一短劍甚利，顧謂侍婢曰：「此信州葛溪鐵，唯斷作罪過頭。」大凡生所見婦人，輒加猜忌，至于三娶，率皆如初焉。唐蔣防撰。元夕相逢，墮釵留意，是添出以作前後關目。鮑十一娘改作四娘。浣紗桂子，略去桂子不用。盧氏未載其父，太尉之官，孟門之鎮，計哨訛傳，延媒勸贅，婉拒强婚，緩婚收翠，皆是添出。買釵本延先公主，今即作太尉，謂以誑生，言小玉别嫁，棄賣此釵，且捏出鮑三娘，以爲四娘之姊。益參朔方軍，赴玉門關外，《小玉傳》與《舊唐書》皆無。然集中受降城詩，乃是邊外之作，似有其事也；與玉門亦遠。折柳寄屏，飛書款檄，曲盡情景。傳中與盧婚，是太夫人所主，此亦略去。劉濟，此添公字。益與小玉事在大曆中，今云元和十四年，亦異。

（《曲海總目提要》卷六）

焦循

劇説

卓珂月有《新西廂》，其自序云：崔鶯鶯之事以悲終，霍小玉之事以死終，小説中如此者不可勝計，乃何以王實甫、湯若士不能脱傳奇之窠臼耶？余讀其傳而慨然動世外之想，讀其劇而靡然興俗内之懷，其爲風與否，可知也。《紫釵記》猶與傳合，其不合者止「復甦」一段耳，然猶存其意。《西廂》全不合傳，若王實甫所作，猶存其意；至關漢卿續之，則本意全失矣。

（《劇説》卷二）

西溪山人

吳門畫舫録

沈素琴，居城内麗娃鄉。淡粧素服，不事鉛華，粗識字，喜誦唐人詩句。對客無寒温語，惟借扇頭書約略讀之，可以想其風趣矣。有某生僑寓金閶，與姬交綦密，席間歌玉茗傳奇「折柳」一闋，生以事傷薄倖，止之。姬曰：「君誠多情。然小玉賫恨無窮，正使人人鑒此情癡，則死將不朽。且彼自薄命，於十郎何尤！」生默然無以應。嗟乎，紫玉誰憐，黄衫何處？姬殆古之傷心人與！

（《吳門畫舫録》）

西溪山人，姓氏不詳。《吳門畫舫録》成於嘉慶乙丑年（一八〇五）。

捧花生

畫舫餘譚

《河樓絜別》院本一折，秋槎在都門寄余點訂，蓋其去秦淮時爲韻仙作者。情文委宛，全摹玉茗堂「折柳」筆。（《畫舫餘譚》）

《畫舫餘譚》成於嘉慶戊寅（一八一八）年。

梁廷枏

曲　話

《紫釵記》最得手處，在觀燈時即出黄衫客，下文「劍合」自不覺突。而中「借馬」折避却不出，便有草蛇灰綫之妙。稍可譏者，有「門楣絜別」矣，接下「折柳陽關」，便多重疊，且墮惡套；而「款櫢」折兩使臣皆不上場，亦屬草率。若士之才，不可一世。而《紫釵》一記，亦長於北而短於南。

（《曲話》）

劉世珩

玉茗堂紫釵記跋

《紫釵記》本名《紫簫》，搬演《霍小玉傳》。舊傳玉茗作酒、色、財、氣四犯，當時以語涉諷刺，幾罹於禍，作此以揜之，僅存半本而罷，其後乃足成之。以記中有紫玉釵，更名《紫釵》，梓之明無所與於時也。會稽陳浦雲棟論曲云：「《燕子箋》盛行一時，品其高下，尚不能並玉茗少作之《紫簫》。」今觀此記刻意琱琢，備極穠麗，奇彩騰躍，謂是少作，當無疑誼。玉茗填詞，皆滿心而發，肆口而成，不屑斷斷協律，多强譜以就詞。沈詞隱貽書規之，玉茗听然笑曰：「余意所至，不妨拗折天下人嗓子！」不朽之業當日早已自定。是曲驚才絶豔，壓倒元人，言南曲者奉爲圭臬，文章之工詎必繩趨尺步耶？惜原刻本不可得。臧晉叔刻本改削泰半，往往點金成鐵。如《佳期議允》折，「三學士」曲首句，玉茗原文云，「是俺不合向天街倚暮花」，正得元人渾脱之意；晉叔改爲「這是我不合向天街事遊耍」，强協格調，自謂勝玉茗，而於文字竟全無生動之氣。抑知元文之妙，政可解不可解；如此改法，豈非黑漆斷紋琴乎？葉懷庭譏其爲孟浪漢，文律曲律皆非所知，不知蘊没元人幾許佳曲，大氐面目全非，以《紫釵記》爲尤甚耳。近世流傳，唯毛子晉集《六十種曲》所刻本，尚非難致。且子晉時去玉茗未遠，其本或佳；而張鴻卿雲逵舊藏之竹林堂本，頗有遠勝毛刻者。今據兩本曲詞，證之以葉懷庭譜，復取各本比勘釐定，加以圈點，間採臧本賓白、畫圖、批語，標明吴興臧晉叔評。剖析同異，捨短用長，因文審曲，不以曲害文，俾音律網盭薾髮，舉三百數十年之枝梧蔽翳一掃而空之，玉茗可作，庶勉附知音之末矣乎！吾友吴癯盦梅跋臧刻《紫釵記》有云，玉茗宫調舛誤，音韻乖方，不知凡幾。《牡丹》、《邯鄲》、《南柯》，有鈕、雷諸子爲之訂譜而未能盡善，晉叔取四種而盡酌之，則案頭場上皆稱便利，唯喜揜人美，不無小疵。究其所詣，亦足並轡玉茗，此持平之論也。夫以瑕能揜瑜，不惜磨瑜以去瑕，是則臧氏之失，非余所敢徇也。臧則精礱宫律，不失其爲可傳；唯其可傳，爲能湮没前人之本真，使後人不復深考。而余之校訂此本愈不容已焉。僅以完清暉公案傳「四夢」佳刻云爾。宣統甲寅穀雨節梅溪釣徒劉世珩識於楚園。

（《玉茗堂紫釵記》，載《彙刻傳劇》）

劉世珩，字葱石，號楚園。安徽貴池人。《彙刻傳劇》刻成於民國八年（一九一九）。

吴　梅

小玲瓏山館舊藏紫釵記跋

臨川《紫釵》，穠麗已極，而宫調音韻，時多乖舛，要其才大，不屑拘拘繩尺，所謂不顧捩盡王下人嗓子也。懋循斟酌之，綫索脈絡，較有端倪，葉懷庭譏其爲孟浪漢，未免太過。辛亥十二月長洲吴梅識。

晉叔删改「四夢」曲，余久未得見，《納書楹》譏爲孟浪漢，以爲無足取者耳。及得此本，乃知不然。臨川宫調舛誤，音韻乖方，不知凡幾。《牡丹》、《南柯》、《邯鄲》有鈕、雷諸子爲之訂譜，而未能盡善。晉叔取四種而盡酌之，則案頭場上，皆稱便利；惟喜掩人美，不無小疵。究其所詣，亦足並轡奉常。懷庭所以譏誚者，以晉叔所改，就音律以定文；懷庭製譜，則就文以定律，改過曲爲集曲，變引子作正曲，懷庭亦未能自解也。要皆爲臨川功臣，可斷言者。辛亥季冬老朧吴梅識。

人天大夢寄詞章，一曲氍毹淚萬行。身後是非誰管得，吴興晉叔沈吴江。

半山詩法超流俗，玉茗詞華邁古賢。十載茂陵聽風雨，而今低首兩臨川。老朧。

（《小玲瓏山館舊藏紫釵記》）

原書藏美國國會圖書館。跋文據劉修業《古典小説戲曲叢考·玉茗新詞四種》轉録。

暖紅室刊紫釵記跋

臨川《紫釵記》，搬演《霍小玉傳》，刻意雕琢，「四夢」中最稱穠麗，即一詩一詞，亦葱蒨幽豔，仙露明珠，未足方斯朗潤也。通本未經點拍，遂有清真音律未諧之病。吳興臧晉叔删削泰半，雖文遜意仍，而配置角目，點竄詞句，頗合户工之嘌唱。乾隆中，長洲葉懷庭，取原本重加釐訂，就文律曲，酌定旁譜，而《紫釵》始成完璧矣。若士舊槧不易搜訪。今楚園先生重刻此曲，全書體制一遵汲古、竹林兩本，分配角色則從臧本，萃集衆長，成此善刻。余復效鈕少雅《格正還魂記》例，援據《大成宫譜》爲之分别正襯，考訂曲牌，又舉毛本、葉譜，依律互勘，句梳字櫛，多所證明。讎校既竟，用述厓略。第二折，韋崔二人登場，原本未通名氏，今於〔賀聖朝〕下，各述己名，庶清眉目。第四折〔祝英臺〕第四支云，「知麽，俺爲你高情，是處閒停踏」，按换頭格律，尚脱一句，今作「知麽，我也曾，爲你高情，是處閒停踏」。第十三折〔醉翁子〕云，「怕寒宫桂影高」，誤填六字句，今作「怕蟾宫桂晚」。第十九折〔山花子〕云，「倚空同長劍天山外」，失協一韻，今作「天外山」。第四十七折〔下山虎〕云，「覷不上青苔面」，下文脱四字一句，今作「覷不上青苔面，要他枉然」。始各合體格。此概依臧本者也。又第四折〔祝英臺〕第四支後白文「姿質穠豔」，誤作「資糧」，第二十一折〔滴溜子〕云，「人中選出神仙」，「選」誤作「遠」。第二十三折〔畫眉序〕第三支云，「翠翹花勝」，「勝」誤作「滕」。第三十折〔滚繡球〕下，脱漏〔倘秀才〕一曲及科白數語。第五十一折〔高陽臺序〕第四支云，「趁靈心袖籠輕翦，翦下斷紅偷送」，誤移「翦」字於「送」下。第五十三折〔一撮棹〕云，「鞋兒夢酒家錢」，「錢」誤作「釵」；「儘人間諸眷屬」，「諸」誤作「諧」。今一一釐正。此概依毛本者也。臨川天才飈發，放筆成文，往往逸宫度之外，而與舊譜不能强合。葉懷庭改作集曲，精心配置，妙造自然。又如第六折〔雁過江〕，原作〔江兒水〕，第七折〔三鳥集高林〕原作〔啄木公子〕之類。凡今刻曲牌，與原本不同者，皆若士捩嗓處，懷庭改作集曲，大有見地。至辭句脱譌處，並經其補綴者，亦復不少。如第七折〔三鳥集高林〕云，「瓊枝透紫」原作「透紫瓊枝」；第三十一折〔錦衣香〕云，「和你同上飛樓」，原脱「和你同上」四字之類。凡今刻文句較原本增多一二字，或移易上下者，皆玉茗舛律處，亦爲懷庭所補正。此又概依葉譜者也。間亦有鄙意是正者，如第十六折〔月上海棠〕云，「三寸蓮」，原作「蓮三寸」，是失韻且不諧平仄矣。第十八折〔長拍〕云，「吉日又良辰，醉你箇狀元紅，浪桃生暈」二語，律以句法，一應五字，一應九字，而以一字領頭；今於「日」「紅」二字下加兩方格，則句讀合矣。又「臨上馬御酒三杯喧盡，滿六街塵香風細，妒煞遊人」三句，諸刻皆以「喧」字置「盡」字下，緊接下文遂成「喧滿六街塵」句，而與長拍格律大相刺謬，今爲改正，則「滿六街塵香風細，妒煞遊人」云云，案諸板式，不爽分寸矣。

他若曲詞有不合式而無可校補者，極加方格，以存曲牌之舊，不敢妄增一字，爲悉心校補，以期盡善。又記中諸賺曲，率與本宫不符，則不敢强分正賺。閲三月之久，乃得卒業，心之所嗜，並自忘其譾陋焉。猶憶十七八歲時，輒喜度曲，歌「渭水陽關」之句，心折其藻績之工，而又與《曇花》、《玉玦》以餖飣爲能者迥異。今得致師摩壘，盡心力於其間，哀樂中年，正賴絲竹陶寫，是楚園之貺我者多也。因書其顛末如此。乙卯孟冬長洲吴梅校畢並識。

（據《彙刻傳劇·紫釵記》及《戲曲》第三輯《霜厓敍跋校録》）

紫釵記跋

《紫釵》原名《紫簫》。相傳臨川欲作酒、色、財、氣四劇。《紫簫》，色也；暗刺時相。詞未成而訛言四起，然實未成書。因將草稿刊布，明無所與於時事，遂得解。此記即將《紫簫》原稿改易，臨川官南都時所作。通本據唐人《霍小玉傳》，而詞藻精警，遠出《香囊》、《玉玦》之上。「四夢」中以此爲最豔矣。余嘗謂：工詞者，或不能本色，工白描者，或不能作豔詞。惟此記穠麗處，實合玉溪詩、夢窻詞爲一手；疏儁處，又似貫酸齋、喬孟符諸公。或云刻畫太露，要非知言。蓋小玉事非趙五娘、錢玉蓮可比，若如《琵琶》、《荆釵》筆法，亦有何風趣？惟記中舛律處頗多。緣臨川當時尚無南北宫譜，所據以填詞者，僅《太和正音譜》、《雍熙樂府》、《詞林摘豔》諸種而已。不得以後人之律，輕議前人之詞也。且自乾隆間《葉譜》出世後，《紫釵》已盛行一時。其不合譜處改作集曲者，十有六七。其聲別有幽逸爽朗處，非尋常洞簫玉笛可比。然則謂此詞不合律者，僅皮相之評耳。試讀臧晉叔刪改本，律則合矣，其詞何如？（卷二）

幽闉記跋

《驛會》〔銷金帳〕六支，情文差勝。顧湯若士《紫釵》「女俠輕財」折，即依據此折。持較此曲，若分霄壤，不止出藍而已也。（卷二）

踏雪尋梅跋

明人作劇，未必一一收束。如《玉簪》之耿衙女，《紫釵》之盧太尉，皆未當場歸結。此等處不必吹求矣。（卷一）

紅梅記跋

「殺妾」折〔繡帶兒〕曲，按格少末二句，與《玉簪記》之〔難提起〕，《紫釵記》之〔金杯小〕，同犯一病。蓋明中葉詞人，皆以〔繡帶兒〕爲〔素帶兒〕，沿《南西廂》「酬韻」折之譌也。

（《霜厓曲跋》，載《新曲苑》）

顧曲麈談

論南曲作法

南曲套數，至無一定。然自梁伯龍《江東白苧》詞後，其聯絡貫串處，又似有一定不可更改之處。大抵小齣可以不拘……大齣則全套曲牌，各有定次，前後聯串，不能倒置。……作者順其次序，按譜填之，不可自作聰明，致有冠履倒易之誚。惟用同牌曲四支，與换頭並用者，則「尾聲」可以不用矣。《琵琶》中如「規奴」之〔祝英臺〕四支，「梳妝」之〔風云會〕、〔四朝元〕四支，「登程」之〔甘州歌〕四支，及《紫釵》中「插釵」之〔綿搭絮〕四支皆是也。

論作劇法

填詞者當知優伶之勞逸，如上一折以生爲主脚，下一折再不可用生脚矣；上一折以旦爲主脚，則下一折亦不可用旦脚矣。他脚色亦然。此其故有二也：一則優伶更番執役，不致十分過勞；二則衣飾裙釵，更换頗費時間，設使前後二折，同是一脚色任之，衣飾服御無一更换，猶可勉强而行，倘若必須更换，則萬萬來不及者。……文人填詞，能歌者已少，能知此理者，非曾經串演不能，故尤少也。往讀名家傳奇，此失獨多。湯若士之《紫釵記》，徐榆村之《鏡光緣》，更多是病，此所以不能通常開演也。

作曲時，若做此等拗句，更宜加倍烹鍊，而後出之以自然。……或曰：「既須烹鍊，又云自然。二事不相類，何能并用爲一法乎？」曰：「君嘗讀『四夢』乎？《紫釵記》通本皆用此法也。第一折之『椒花媚早春，屠蘇偏讓少年人，和東風吹綻了袍花襯』。又云：『眉黄喜入春多分，酒冷香銷少個人。』字字烹鍊，字字自然也。蓋烹鍊者筆意，自然者筆機。意機交美，斯爲妙句。若只顧烹鍊，乃至語意晦塞，是違填詞貴淺顯之道矣，又安足取哉！」

（《顧曲麈談》）

王季烈

螾廬曲談

《玉茗四夢》，排場俱欠斟酌。《邯鄲》、《南柯》稍善，而《紫釵》排場最不妥洽，蓋

《紫釵》爲《紫簫》之改本，若士祇顧存其曲文，遂至雜糅重叠，曲多而劇情反不得要領。今日《紫釵》中祇有「折柳陽關」一折登之劇場，其餘均無人唱演，蓋實不能演也。明人臧晉叔於「四夢」均有改本，但臧之意在整本演唱，故於各曲芟削太多，不無矯枉過正之嫌。兹譜就《紫釵》中選十四折，加以節改。如「議婚」折，原本鮑四娘先見小玉，小玉私允婚事，後乃見净持，净持更喚小玉共議姻事，兹改爲鮑四娘先見净持，後喚小玉出見四娘，共議姻事，似乎比原本情節，得婚姻之正。「就婚」折，原本有鮑與小玉同登鳳簫樓望十郎一段；試思閨閣處女，於將嫁時，方嬌羞匆急之不暇，豈有肯與媒人登高遠望新郎之理？兹亦删去之，不惟情節較合，於搬演亦較便利。「邊愁」折，原本首列〔一江風〕四支，其第二、三、四支，即分述沙似雪、月如霜與征人望鄉情事，而其後〔三仙橋〕之第二、三支，亦復如是，未免叠床架屋。兹將〔一江風〕四支并作一支，則前者係總舉，後者係分敍，庶幾蹊徑稍異；且〔一江風〕、〔三仙橋〕，均係慢曲，節去三支，歌者方可勝任也。又「釵圓」一折，原本共有引子四支，過曲十六支，〔不是路〕四支，尾聲及〔哭相思〕三支，如此長劇，南曲中實所罕覯，雖非一人所唱，而其中慢曲居多，安得此銅喉鐵舌以歌之？兹將前半悉删去，僅留商調一套，而前半劇情另填〔二郎神慢〕二支以包括之，方合套數之格式，歌者亦可勝任矣。此非輕議古人，好爲妄作，實於搬演之道，不得不如此耳。《紫釵》尚有一病，則屢屢用賺是也。賺者，各宮皆有之，亦名〔不是路〕，用之排場改變移宮换羽之際，最爲相宜。如《金雀記》之「喬醋」折，其〔太師引〕爲安仁得書驚訝情事，〔江頭金桂〕

方是「喬醋」正文，不妨改换宫調，則中間文鸞遠來一節，用賺以聯絡之，最爲相宜。《風箏誤》之「逼婚」折，〔桂枝香〕爲韓琪仲與戚補臣初會情事，長拍以下爲韓無從拒絶獨自懊惱情事，則中間「逼婚」正文，亦不妨用賺。惟全部傳奇中用賺者，以一折爲宜。一折中用賺，亦不宜過二支。《紫釵》則全部用賺者四折，而「托媒」、「議婚」二折相連，皆用賺。「釵圓」折用賺至四支之多，皆於曲律排場欠考究也。

（《螾廬曲談》）

侯外廬

論湯顯祖紫釵記和南柯記的思想性

——從歌頌自然情景的「春天」到政治傾向的「烏托邦」

一　《紫釵記》裏的正義神和大地的春天

湯顯祖的「四夢」都是十六世紀具有時代代表性的傑出的詩劇。從思想性方面來講，「四夢」有其共同的精神，既有控訴、抗議的一面，即他所説的「有譏」；也有夢想、理想的一面，即他所説的「有托」。從藝術性方面來講，「四夢」的新詞清歌各有獨特的形象塑造，表現出藝術思維的豐富多彩。

本文想探索一下《紫釵記》和《南柯記》的進步的思想性及其藝術思維所表現出的不同特點。和科學的抽象理論思維有區別，藝術思維在于通過典型情節和典型人物的塑造而反映典型環境是怎樣的一種圖景。在典型人物方面有愛恨的兩面，在典型環境方面有美醜的兩面。成功的時代作品之所以成爲歷史的一面鏡子，在于揭露兩種歷史圖景的矛盾，進而加劇這種矛盾，并尋求歷史前途的答案。作者認爲《紫釵記》和《南柯記》都具有這樣的創作的雄心，但從藝術思維所集中表現出的典型環境看來，它們又各有其中心。這即是說，《紫釵記》裏的典型環境更集中于象徵性的自然的「春天」，或争取「春天」來臨的鬥争；而《南柯記》則更集中于呼喚光明的社會，或争取理想世界的出現。

不可否認，湯顯祖創作的鬥争方式是幻想或夢想，但我們應該歷史主義地研究這樣的鬥争方式所藴含着的現實批判的積極内容。

湯顯祖指的「夢」當然是幻想，即和當時現實世界相對立的另一種社會圖景。然而「幻想是弱者的抗議」，這就不能不使他感到在現實世界中的無能爲力，而追尋到神的世界，并塑造了一種神來反對另一種神。用湯顯祖自己的形象語言，這即是「若吾豫章之劍，能干斗柄、成蛟龍，終不能已世之亂！」（《玉茗堂全集》文集卷四《李超無問劍集序》）用他的理論思維的語言講來，這即是「今古不同，人道遠，天道邇」。（《玉茗堂全集》尺牘卷二《慰浙撫王公》）

在湯顯祖的詩文中，特别是在他的曲作中，他幻想出的兩種神是對立的。一種神被裁塑爲「花神」的形象，另一種神被裁塑爲「錢神」的形象。前一種神是美的，後一種神是醜的；前一種神是美好世界的接種者，後一種神是萬惡世界的作弄者。

「花神」是什麽樣的使者呢？

例如在《牡丹亭》中，當杜麗娘唱完「想幽夢誰邊？和春光暗流轉，遷延！這衷懷那處言？淹煎！潑殘生除問天」的時候，來了惜玉憐香的「花神」。這花神説：

催花御史惜花天，檢點春工又一年，蘸客傷心紅雨下，勾人懸夢彩雲邊。（《牡丹亭·驚夢》）

當杜麗娘離魂的時候，「花神」數説了他司管的幾十種花草，説道：

這花色花樣都是天公定下來的，小神不過遵奉欽差。（《牡丹亭·冥判》）

最後花神送杜麗娘回轉陽世。從上面所塑造的「花神」的職能看來，他不但是天工開物的自然魅力，而且是檢點春工或欽送生意的使者。

「花神」又是怎樣的形象呢？請看湯顯祖在《紫釵記》裏描繪的伴隨春天來臨的花神：

椒花媚曉春，柏葉傳芳醖。願花神作主，暗催花信，靈池凍釋浮魚陣，上苑陽和起雁臣。（《紫釵記·春日言懷》）

花裏喚神仙，幾曲園林芳徑轉。正春心滿眼，桃李能言，鋪翠陌平莎茸嫩，拂畫檐垂楊金偃。（《紫釵記·花院盟香》）

再看在西風緊催花殘的時節，湯顯祖用怎樣的詞句呼喚「花神」和春神：

一會兒精靈，一會兒昏暈。花神！多則是殘紅送了春？東君（春神）！你早辦名香爲返魂！（《紫釵記·劍合釵圓》）

湯顯祖甚至把佛祖還點綴成了「花神」的代理者，例如在《紫釵記》「花前遇俠」一齣所描寫的寺院景象：

色到空門也著花，佛桑春老散香霞。
僧家亦有芳春興，鼻觀偷香色塵映，試看清池與明鏡，何曾不受花枝影？

在這樣花香春滿的寺觀裏，牡丹有大紅、桃紅、粉紅、紫紅的百十餘種，可插供佛的有「醉楊妃」、「肉西施」，有「觀音面」、「佛頭青」，正是生香世界錦斕斑，佛座竟聞香世界。這和佛教徒口裏「鏡花水月」的幻覺就完全不同了。在湯顯祖用綺麗的筆墨把佛寺形容成了花宮之後，最後點畫出了「花神」：

司花疑與根別染，依約傍九霞仙洞，誰分許精神萬點，長則是花王出衆！

還魂：

在象徵懂得萬枝須生意的豪俠口中，「花神」可以使人間的失魂散魄的倩女

好不盛的牡丹也！羯鼓催敲一捻痕，豔高堪領百花尊，紅羅一尺春風髻，翠袖三生日暮魂！

其次，再看一下湯顯祖塑造的「錢神」。

他的詩句有「窮鬼錢神不耐真」之句，這已經表現出人間不平世界在天上的折射。例如在《紫釵記》中，説到「願花神作主，暗催花信」，立刻就在春光彌漫世界的時候，蔑視了和「花神」對立的「錢神」：

你内材兒抵直的錢神論。

這裏只從全文中斷章摘取了一句話，這一句話中的三個字是容易被讀者忽略的，那

就是「錢神論」。按《錢神論》是晉代成公綏和魯褒的傑作。據《全晉文》卷一一三，《錢神論》有這樣的名言：

> 錢之所祐，吉無不利……由是論之，可謂神物。無位而尊，無勢而熱，排朱門，入紫闥。錢之所在，危可使安，死可使活；錢之所去，貴可使賤，生可使殺。故忿諍辯訟非錢不勝，孤弱幽滯非錢不拔，怨仇嫌恨非錢不解，令問笑談非錢不發。洛中朱衣，當途之士，愛我家兄，皆無己已；執我之手，抱我終始，不計優劣，不論年紀，賓客輻輳，門常如市。諺云：錢無耳，可闇使，豈虛也哉？又曰：有錢可使鬼，而況于人乎？子夏云：「死生有命，富貴在天。」吾以死生無命，富貴在錢。何以明之？錢能轉禍爲福，因敗爲成，危者得安，死者得生。性命長短，相祿貴賤，皆在乎錢，天何與焉？

這樣對污濁世界鞭撻的異端理論，可以和《資本論》引用的莎士比亞「金子」的詩句對看。《錢神論》無疑是後代人不敢繼承的思想，而湯顯祖卻大膽地用藝術的語言把這一掌握人們貴賤富貴生死壽夭的惡神打落，反過來歌頌了和它對立的正義神——花神。

我們再看一下湯顯祖通過怨女的歌聲怎樣咒駡着錢神：

> 一條紅綫，幾個開元（指錢）。濟不得俺閑貧賤，綴不得俺永團圓！他死圖個

子母連環，生買斷俺夫妻分緣！你没耳的「錢神」聽俺言（按此句没耳的錢神引自《錢神論》）：正道錢無眼，我爲他疊盡同心把淚滴穿，覷不上青苔面，俺把他亂灑東風，一似榆莢錢！

俺心中人近人心遠，説教他心放心邊。他錢堆裏過好日，俺釵斷處惜華年！……若得他心香轉作迴心院，抵多少買賦千金這酒十千。（《紫釵記·怨撒金錢》）

上面湯顯祖鄙視并咒罵的錢神是隔斷他所理想的「春天」的大「神物」，而花神才是「春天」的使者，我以爲花神在理論上是一種泛神論，即大地隙縫的花木裏到處寄存着的一種笑神。不少詩人描寫花是大地的微笑，和這裏可以印證。

《紫釵記》的藝術思維往往借助于這種神話魅力的運用。但我們不應當單純從神話觀點來評價這一作品，須進一步發掘他的藝術思維的主題。

《紫釵記》的本事取材于霍小玉與李益的戀愛故事。劇中的反面人物是豪貴盧太尉，他是當朝第一人家，他依仗着權勢這樣一種錢神，爲所欲爲，「欲作江河惟畫地，能迴日月試排天」！（《紫釵記·哭收釵燕》）他是李益、霍小玉花辰春日的拆散者。有兩句詩集中地勾勒出這個封建統治人物的典型性格：

人從有「理」稱君子；自信無「毒」不丈夫！（《紫釵記·權嗔計貶》）

作威作福的毒手和道德教條的理學原來是文武出手的統治者的全能。

劇中又有一個正面人物，是爲了李益、霍小玉愛情而「相看不平拔劍」的更續危絃的豪俠，這個人物形象在「花前遇俠」、「劍合釵圓」兩齣裏突出地描寫出他是花神在人世間的代言人。例如：

惜樹怕拿修月斧，愛花須築避風臺。（《紫釵記·花前遇俠》）

英雄眼，偶然蘸上你紅絲綻，爲誰羈絆，爲誰羈絆。（《紫釵記·劍合釵圓》）

呼喚春天、歌頌春天是《紫釵記》藝術思維的主題，春天的逝去與再臨，是隱伏在全劇之中的一根紅綫。

全劇的開始就在「立春之日」，如李益所唱：

願花神作主，暗催花信！

報閑庭草樹青回嫩，和東風吹綻了袍花襯。問「東君」，上林春色，探取一枝新。（《紫釵記·春日言懷》）

由「問取碧桃芳信」，引出與霍小玉的遇合，春光逐漸舒展，如曲辭所説，是「春色今宵正顯」，以至于「花院盟香」一折的「春心滿眼，桃李能言」，「偷眼豔陽天，帶朝雲暮雨鮮」，春色已經滿至十分。

然而「極歡之際，不覺悲生」，李益誤入功名利禄之途，去洛陽赴試，與小玉作别，這時「春色黯」、「春興闌珊」，作爲錢神的地下代言人的盧太尉便在舞臺上出現了。從劇中「春闈赴洛」一齣以後，春天的消息變化了。「英豪，你趁着春水船兒天上坐了！」（《紫釵記・春闈赴洛》）下面轉入「春愁」、「春困」、「斷送春歸去」，發展至春恨——「恨鎖着滿庭花雨，愁籠着蘸水烟蕪」。（《紫釵記・折柳陽關》）這樣，「春事早休」，又折入「驚秋」。在「淚展銀屏」一齣中便出現了悲秋的黯淡圖景：

舉頭驀見雁行單，無語秋空頻倚闌，寒花蘸雨班，應將我好景摧殘！

以至于：

秋風遠信雁鴻低，春色天邊鶯燕疑！（《紫釵記・計哨訛傳》）

花神呢？他不見了。光明被黑暗所淹没，這即所謂「花神！多則是殘紅送了春」，「多則是人歸醉後，春老吟餘」，以致「想住春樓，畔花無主」！

爲什麽有這樣黑暗的長夜呢？湯顯祖也曾用非形象的語言來表述，即：「説得個儒冠誤」，「禮數困英雄」。但這是在藝術思維的夾縫裏的詩句，而大量的樂章却是期待着幻想着解除「羈絆」，使深秋寒冬的殘景變成了春迴魂還的美景，或者説把「人間第一不平事」用劍砍斷，「平消萬古嗔」。湯顯祖在這裏還是請來了花神。從「花前遇俠」一齣以後作爲轉折點，藝術思維又回到了「翦裁春工」的名花送香的世界。下面摘録幾句春迴的消息：

宫袍荏苒花間意，倩東風盡日傳送。嫣然宜笑花片裏，指痕上粉香彈動，趁靈心袖籠輕翦，翦下斷紅偷送。無限恨，斷魂欲語，兀自幽香遥送！（《紫釵記·花前遇俠》）

在人間的細小情節的裁剪中，雖然夾雜着拔劍相助、起死返魂的神秘人物，但主題更集中于普遍的理想，即春神送香，花神回春。

這就是湯顯祖藝術思維裏從殘紅斷魂到再生春天的夢想。如果説湯顯祖的《紫釵記》還停留在歌頌春天并挽回春天的自然美景，點畫平等自然的夢想，那麽到了《南柯記》的藝術思維就顯然向前發展了。這即是説，後者更富于政治的傾向性，而夢想出社會平等的烏托邦。

二 《南柯記》的政治傾向及其烏托邦

作者在《湯顯祖〈牡丹亭還魂記〉外傳》一文中，曾前後有幾處提到：傑出的作家湯顯祖的夢想或理想是期待一種他所能理解的「平等」世界或樂土，如果把他時常强調的所謂「神農之教」翻譯成近代語言，即是没有貧困、没有疾苦的世界。這些，在湯顯祖的文章和曲作中自然并不如近人的文字那樣一目了然，但是正因爲這樣，才要求我們對待遺産進行仔細解剖，進而探討他在「筆墨之外」的「有譏有托」的曲意。我想，這不至于斷章取義吧？因爲時代不同，近代人從商品交换所理解的平等觀念和啓蒙人物從倫理出發對平等的不切確的理解也是不同的。

本來，在中國古代，孟子便把「有爲神農之言者」斥爲邪説，但被孟子責斥的許行却具有古代式的所謂「比而同之」的平等思想。這是從許行的簡短言論（被論敵所曲解後的材料）中可以看出來的，并没有直接的許行的話可以爲我們作依據。湯顯祖一再引述并誇張的「神農之教」，顯然是「異端」思想的路徑，和上節所引述的《錢神論》是一個途徑。

中世紀的烏托邦思想，不論農民起義所根據的道理如《太平經》，或者如一些異端思想家所根據的理想，如晉代的鮑敬言、魯褒，宋元之際的鄧牧，不少是和佛道有關係的。到了明代的泰州學派，如王艮提出平均鹽場的理想，何心隱描繪了合族均平生活的圖案，但他們的思想中也有仙佛的糟粕。批判地對待遺産，正是要剥除他們的宗教糟粕成分，而擷取出他們的民主成分。湯顯祖是泰州學派的支系，自然要受其先行者的影響。從這裏我們就容易理解湯顯祖的文章和曲作爲什麽在大量佛道的烟幕中一再大膽地引用了魯褒的《錢神論》和「神農之教」。如果説在《紫釵記》

中多借助于「花神」的魅力，那末在《南柯記》中則多乞求于「神農之教」的亡靈。

我們對于思想家，要如馬克思所指示的，必須區别他們文章中的「正文」和「注脚」，何者爲其時代精神的反映，何者爲其思想的主導方面或積極方面。有的思想家、作家，在正文的積極方面表現出了歷史的進步傾向，但在注脚中却又存在着不少落後的糟粕，如宗教之類和傳統的庸俗低級趣味。湯顯祖在他所處的時代局限之下也是這樣。

「平等」思想，按其嚴格的意義來講，是近代歷史的産物，是「商品等價交换關係的反映」（列寧語），而從廣義來講，也有古代式的、中世紀式的以至資本主義萌芽時期的平等觀念。因此，有從生活權和生存權方面表現出的平均主義觀念，有從慈善角度表現出的萬年樂土的平均理想，有從剥削與被剥削的殘酷關係而根據政治角度（還不是經濟的）表現出的平等理想。這些都屬于歷史上的民主性的精華，即平等的思想。一方面，我們對于這樣的進步思想決不能和十九世紀的烏托邦社會主義混同起來；另一方面，我們對于中國封建時代末期的某些思想家，從其在一定的程度上而論，不能説不具有十六世紀的莫爾等人的思想因素。因爲在莫爾等人的烏托邦中，雖然用一個基本的圖案來描述他們的夢想的平等世界，但是也還主張保留清廉官吏、家長制、等級制以至肯定奴隸的法律。

湯顯祖的「平等」的理想大體上是幻想着人們在生活上、生存上的一種平等觀念。他從以下的幾個方面論證這種理想：

一、反對權貴豪强的草菅人命，而尋求使農民在生活權利方面可以安樂的藥方。這一點在他的文集中是到處可以尋獲的。例如在《趙子瞑眩録序》中就比較明顯。文中盛稱趙仲一的政治措施。當時「豪右受民所寄田，失税而移責單細民。民有田不能深治，饑則徙而他之，田益以蕪，賦益以逋」。（《玉茗堂全集》文集卷三）趙仲一和豪右進行了一系列的鬥争。結果得隱田數千頃以活民。貴人毁樹一株，補償十株。湯顯祖把這種均田活民的政治，稱爲醫國醫天下的良藥方。這樣的藥物，他借用道學家的術語，説成是真正的「道心」，實在的「性善」。然而這裏却展開了鬥争。湯顯祖認爲，這種良藥如果真正能「受藥則性善矣」，即是説人民有了生活權，人們就達到性善的條件，因而人民惟恐趙仲一離開他們；反之，權貴豪右却把這種良藥誣蔑成「霸藥」，惟恐趙仲一在官，因此用種種奸計陷害他而去官。後來趙仲一只能利用詩歌表達他的理想，湯顯祖稱這種詩歌是「情致所極」的真人情。

湯顯祖這樣的進步思想，有時得出了「羞富貴而尊賤貧，悦臯壤而愁觀闕」（《玉茗堂全集》文集卷二《睡庵文集序》）的結論，更同情農民的勞動：「貴游之家，去四民之業而好狗馬聲伎……其利于養也，不如農民之業。」（《玉茗堂全集》文集卷二《易象通序》）

二、湯顯祖承受柳宗元的思想傳統，從柳宗元「生人之意」和「厚人之生」説，發抒出他自己的「貴生説」。按柳宗元在《與楊晦之第二書》中提出了「伊尹以生人爲己任」（《柳河東先生集》卷三十三），在《貞符》中提出了「生人之意」（《柳河東先生集》卷一），在《罵尸蟲文》中提出了「大道顯明，害氣永革；厚人之生，豈不聖且神歟！」（《柳河東先生集》

卷十八）湯顯祖的貴生説，也提到生人的害氣，他説「精華豪家取，害氣疲民受」（《玉茗堂全集》詩集卷三《疫》）。他在答復平昌爲他立生祠的信中，多露出「天下太平」的一些理想，歸結到良牧使民富、使民安的一些實例。在《蘄水朱康侯行義記》中更説明大儒大俠惟患天下之人「有生而無食」，以天下人之温飽爲己任。在《貴生書院説》中説「形色即是天性……大人之學起于知生」，進而「知天下之生」（《玉茗堂全集》文集卷十）。因此，他的詩句有：「天地孰爲貴？乾坤只此生。海波終日鼓，誰悉貴生情！」（《玉茗堂全集》詩集卷十三《徐聞留別貴生書院》）

柳宗元從「厚人之生」的理論能够達到的社會思想，是一種從人道主義出發的均貧富的平均主義，這在《答元饒州論政理書》中説得比較詳細，其内容雖然只從均賦役方面論斷，還承認富室是不可以否定的，但實質上是反對富豪吏胥的剥削而傾向于貧富均平的思想，他説：「……若皆得實而故縱以爲不均，何哉？孔子曰：『不患寡而患不均，不患貧而患不安。』今富者税益少，貧者不免于捃拾以輸縣官，其爲不均大矣！非惟此而已，必將服役而奴使之，多與之田而取其半，或乃出其一而收其二三。主上思人之勞苦，或減除其税，則富者以户獨免，而貧者以受役卒輸其二三與半焉。是澤不下流而人無所告訴，其爲不安亦大矣。夫如是，不一定經界，覈名實而姑重改作，其可理乎？」（《柳河東先生集》卷三十二）湯顯祖也時常提到「窮鬼錢神」的矛盾，深嘆人民「底春歌已斷，涉夏餓殊永」、「心蘇流殣積，色沮俘庸騁」（《玉茗堂全集》詩集卷三《飢》），以至達到「天下嚚嚚」、「將恐裂」的危機。因此，他感到「持平理而論天下」大事，成了當時俗人眼裏的「大戾」。他說的「天下事有損之而益者」，即是一種平均主義的理想。

湯顯祖說，柳宗元的「《種樹傳》最顯，技微而義大」。他説他自己「通物不如槖駝」，即承認從生人之意的自然觀到社會思想不如柳宗元講的顯著。究竟通物理以至通事理在意義上重大到怎樣的性質呢？請看《種樹郭槖駝傳》的原文：

……能順木之天，以致其性焉爾！凡植木之性，其本欲舒，其培欲平，其土欲故，其築欲密。……則其天者，全其性（生）得矣。……聞者曰：以子之道移之官理可乎？駝曰：我知種樹而已，官理非吾業也。然吾居鄉，見長人者好煩其令，若甚憐焉，而卒以禍。旦暮吏來而呼曰：官命促爾耕，勗爾織，督爾獲，蚤繅而緒，蚤織而縷，字而幼孩，遂而鷄豚，鳴鼓而聚之，擊木而召之，吾小人輟飱饔以勞吏者，且不得暇，又何以蕃吾生而安吾性耶？故病且怠。若是，則與吾業者其亦有類乎？問者嘻曰：不亦善夫！吾聞養樹得養人術，傳其事以爲官戒。（《柳河東先生集》卷十七）

這就可以知道，所謂「技微而義大」，其義是指從天道到人性的平等觀。但柳宗元的蕃生安性的均平思想，是一種可望而不可及的夢想。這在湯顯祖的「神農之教」的描寫中也可以看出來。所謂「一曰食」，是人民的生活權，「一曰藥」，是人民的生命權，在封建制社會要求這樣的没有貧困、没有疾苦的境地，顯然是進步的思想家所追求的平等思想的時代特徵。然而這樣的理想，在湯顯祖最後也不能不説是「虛幻」，他指出：「一壽二曰富（即神農之教藥和富的另一講法），常疑斯言否？末路始知難，速貧寧速朽！」（《玉茗堂全集》詩集卷十三《貧老嘆》）

三、湯顯祖是泰州學派的支系。泰州學派以百姓日用的男女飲食之欲以及生產致富爲人心之私，標立其宗旨，從而在人性不齊的天然關係中得出了他們的社會觀點的自然發展的個性説，進而得出了反對貧富貴賤的天命論，主張遂人生欲的平等觀。這在湯顯祖的理論中也有表現，他在一篇《感官籍賦》中，暴露了封建制社會的貧富榮辱的矛盾和不合理現象，暴露了等級制度之下人們有金玉與糞土之懸殊境遇，以致「智愚勇怯于斯乎盡鋭，貧富侈嗇于是乎交賒」。他的理論是這樣：

> 散之人有十等，合之天無二日。天其平也不平；人則不一也而一。不平謂何，有一有多。（《玉茗堂全集》賦集卷二）

這樣講來，人生是不齊的（如智愚勇怯、貧富侈嗇），然而天道原來是平的（如損多益少、損有餘補不足）。人們在不一之中却可以一之，可以通過他所謂的貴生説的實現，或如他尊崇的豪散財産的俠風，使上下尊卑、大小多少趨于平均安樂。當然，這種夢想的「等形骸」的道理是幼稚的，然而他的不滿于「榮悴軒輊」的理想則是可貴的。

湯顯祖的這種理想雖然在《紫釵記》裏有所表露，如一再表述了打抱不平的思想，但更突出地却表現在《南柯記》曲作中。

《南柯記》是依據唐代李公佐的《南柯太守傳》故事推演而成的傳奇（或云本陳翰《大槐宫記》）。曲中主人翁叫做淳于棼，此人性格是「不拘一節，累散千金，養江湖豪浪之徒，爲吴楚游俠之士」。後來他落魄到只知飲酒散愁，往來于江湖。他有一天睡在大槐樹下，夢中到了一個樹國，叫做「大槐安國」。這是土穴底層的螻蟻世界，有螻蟻國王，有螻蟻國母、公主和官吏，有螻蟻人民。據劇作説，這裏别是一處天地，「生之者衆，萬取千，千取百，衆即成王。臭腐轉爲神奇，真乃是明則動，動則變，變則化。……故所謂『均無貧，和無寡，安無傾』」。這裏是太平世界，「國中天無陰雨之兆，地無行潦之侵。有禮有法，國中無漏網之鯨；無害無災，境外有玄駒之馬。」（《南柯記・樹國》）淳于棼夢中在這個理想國，被選爲金枝公主瑶芳的駙馬。英雄合配嬋娟，在一曲桃源裏，樂奏洞天深遠。不久，淳于棼又被封爲南柯郡太守，在職二十年。最後因爲右丞相的讒言，調他回京作了左丞相。這時公主已經死去，又謡傳他權位甚高，不利于國王。他百無聊賴，忍受不了那樣境遇，被送回人世間。淳于棼在槐樹下醒來，才發現是自己所追尋的夢景。故事的中心思想是湯顯祖筆下的淳于棼在南柯郡治下的平等社會的圖景，這裏詳細分析一下。

在第二十四齣「風謡」中，集中地表露出湯顯祖的理想國或烏托邦。從紫衣官到了南柯郡境所描寫的景象看來，是這樣富庶揖讓的美好世界：

青山濃翠，綠水淵環，草樹光輝，鳥獸肥潤。但有人家所在，園池整潔，檐宇森齊。何止苟美苟完（按指富庶），且是興仁興讓（按指和平的教化）。街衢平直，男女分行。但是田野相逢，老少交頭一揖。

這樣一幅太平世界的桃源樂土，正是湯顯祖的「神農之教」的實驗場。人民百姓怎樣歌唱南柯郡的「平等」世界呢？怎樣捧香頌揚淳于棼呢？請看：

一、農民們歡歡喜喜唱頌道：「征徭薄，米穀多，官民易親風景和！老的醉顏酡，後生們鼓腹歌。你道俺捧靈香因甚麽？」

二、士人們唱頌道：「行鄉約，製雅歌。家尊五倫人四科。因他俺切磋，他將俺琢磨！你道俺捧靈香因甚麽？」

三、婦女們唱頌道：「多風化，無暴苛，俺婚姻以時歌伐柯。家家老小和，家家男女多。你道俺捧靈香因甚麽？」

四、商人們也來歌頌：「平税課，不起科，商人離家來安樂窩！關津任你過，晝夜總無他。你道俺捧靈香因甚麽？」

從上面的歌兒看來，南柯郡的人民享受着沒有貧困、沒有疾苦的安樂太平的生活，這就是湯顯祖的「神農之教」的美化世界。再請看紫衣官和這羣商人們的對話：

紫衣官　你又不是這境内人民，保他（指淳于棼）則甚？

商人　淳于爺到任二十年，人間夜户不閉，狗足生毛。便是俺們商旅，也往來安樂，知恩報恩。

紫衣官　前面一伙老的、一伙秀才、一伙婦女，都捧着香往那裏去？唱些甚麽？

商人　你是不知。這南柯郡自這太爺到任以來，雨順風調，民安國泰。終年則是游嬉過日，口裏都是德政歌謡。各鄉村多寫着太爺牌位兒供養。則這是大生祠……碑上記他行過德政，二十年中，便一日行一件，也有七千二百多條，言之不盡。

紫衣官　奇哉奇哉！真個有這等得民心的官府！（《南柯記·風謡》）

這樣，南柯郡正是夜不閉户、路不拾遺的太平社會了。當然，湯顯祖也有仙佛的幻想，在「玩月」一齣中，爲公主築了什麽「瑶臺」，有這樣的仙景的形容：

生　嬌波！倚瑶臺，新鏡磨，嵌青天，人負荷！

雜　消多！幾陣微風，一莖清露，半縷殘霞，淡寫明抹。稱道你洞府仙人，清涼無暑，愛弄娑婆！

合　好大槐安團圓桂影，今夜滿南柯！

然而湯顯祖同時也把這樣的仙界與俗界對立起來，諷刺了以孔子之道的禮教統治國家的傳統，即他在文章中所反對的僞道學家的「理」世界。例如郡太守和公主的對話是這樣：

生　齊家治國，只用孔夫子之道，這佛教全然不用。

旦　奴家一向不知怎生是孔夫子之道。

生　孔子之道，君臣有義，父子有親，夫婦有别，長幼有序，朋友有信。

旦　依你説，俺國裏從來没有孔子之道，一般立了君臣之義，俺和駙馬一般夫婦有别，孩兒們一樣與你父子有親，他兄妹們依然行走有序，這却因何？

生　（笑介）説是這等説！便與公主流傳這經卷罷了。（《南柯記・玩月》）

湯顯祖夢想的烏托邦既然是這樣的太平樂土，能否説是没有貧困、没有疾苦的世界呢？我的答覆是肯定的。莫爾的《烏托邦》和康帕内拉的《太陽城》也描繪了一種平等社會的景象，但其中有宗教，有家長制，反對離婚，有神權政治的原則，也有對外戰争的設防和服役，更有嚴重的刑罰，如恩格斯所指出的，烏托邦不得不借助于外力來實現自己的幻想。但是他們的理想國的進步思想成分，被人們所稱道的，是基于一種人道主義的「使生活愉快而安樂」的理想，是免除貧困和欺壓的人權思想。湯顯祖的理想國也有他的所謂上下尊卑、局限于傳統的法律秩序以及由上而下改變世界的一些糟粕，也借助于外力的神功，但是我們也要擷取其中進步的理想成分，這即是父老們所歌頌的「百姓家安户樂，海闊春深」。

所謂烏托邦，是一種善良的願望所幻想出的社會圖景，這樣夢想光明的將來，在一定的歷史條件之下是一種鬥争方式。然而我們要知道，「幻想是弱者的抗議」，離現實的歷史還遠。在「卧轍」一齣的惜别中便顯示出夢想只是夢想，實際上不過是「點綴春風好面顏」，最後以一場幻景了之。湯顯祖描寫的衆父老卧轍堅留淳于棼而留不住的情景，就説明了烏托邦是難以實現的。下面抄兩段唱詞：

衆父老　腦頂香盆，天也麼天，天留住俺恩官！……

坐泣介　（父老呵！難道我捨的？）朝庭怎敢違欽限！俺二十年在此，教我好不回還！

父老　俺男女們思量，二十載恩無算，怎下的去心離眼！……俺只得倒卧車前，淚斕斑手攀闌！

衆　衆父老擁住駿雕鞍，衆男女拽住繡羅襴。

生泣介　車衣帶斷情難斷！這樣好民風留着與後賢看！……

衆泣介　留不得！只早晚生祠中跪祝贊！

我以爲，這樣的筆墨是深刻的。湯顯祖描寫大家在哭泣聲中，只能呼天降靈，也即是他所謂的「人道遠，天道邇」，因此，最後只好把「情難斷」的理想的世界「留着與後賢看」而已。這倒是一種合乎情理的（或邏輯的）歷史的憧憬。這種手法，好像比《烏托邦》和《太陽城》的手法更高明些。

與此同時，我們也必須指出，湯顯祖的佛道觀念是很濃厚的，這些糟粕在《南柯記》的開場和結尾都很顯著，又比《太陽城》的神權原則更虚幻了。

總之，在歷史的進程中還没有先進階級來實現其歷史任務的時代，夢想的追求雖然帶有一些胡話，但是夢想的政治傾向却是顯明的。這樣具有政治傾向的偉大的理想在當時還是罕見的，而且在湯顯祖的藝術思維的發展過程中也是逐步達到的高峯。

（原載《新建設》一九六一年第七期）

改編

沈璟

新釵記

《傳奇彙考標目》乙本著録。註云「係紫釵記改本」。始志於此，以待研究。

失名

紫玉釵（福建俗曲）

（上引撲娥燈）天生一片熱心腸，常把他鄉作故鄉。蹤跡好同萍水合，黄衫馬上姓名揚。（白）俺黄衫客便是。浪跡江湖，了無牽掛。因往長安覽勝，路逢霍王府中侍女浣紗，細訴（下闕）

（《中國俗曲總目稿》）

《紫玉釵》（福建俗曲）共二頁半，爲鉛印本。《中國俗曲總目稿》（劉復、李家瑞編輯，刊於一九三二年），二五八頁著録開首二行，以見内容之一斑。「下闕」係「資料」編者所注，用以表示尚有未刊之曲文。

演唱・演員

祁彪佳

棲北冗言

崇禎壬申，六月廿一日，赴田康侯席。田家園宛曲華整。予小憩山亭上。吴儉育繼至，小酌，閱戲。党于姜、傅潛初、劉訒韋、郭太薇相繼至，觀《紫釵》劇，至夜分乃散。

（《祁忠敏公日記》）

瞿有仲

即席贈澹生仙史（録一首）

山斷雲垂波蹙銀，聞君原是舊東鄰。臨川豔曲應憐霍，歌《紫釵》。淮海新詞合識秦。沉醉金卮情放誕，索題團扇語悲辛。襄王席上從來夢，雲雨空勞作賦臣。

（《同人集》卷六）

瞿有仲，字有仲。江蘇常熟人。陳瑚門人。有詩作載陳瑚輯《從游集》中。

鐵津山人　問津漁者　石坪居士

消寒新詠

徐才官，慶寧部，小旦，吴人。比海棠鸚鵡。最妙者：「題詞」（《療妬羹》）、「折柳」（《紫釵》）、「喬醋」（《金雀記》）。

（《消寒新詠》）

《消寒新詠》係聚蘇、揚、安慶諸藝人之萃者，加以題評。始於乾隆甲寅（一七九四）冬至，成於乙卯（一七九五）春分。

李斗

揚州畫舫録

李文益，丰姿綽約，冰雪聰明，演《西樓記》于叔夜，宛似大家子弟。後在蘇州集秀班。與小旦王喜增串演《紫釵記》「陽關折柳」，情致纏綿，令人欲泣。王喜增，姿儀性識特異于人。詞曲多意外聲，清響飄動梁木。（《揚州畫舫録》）

李斗，字艾塘，又字北有。江蘇儀徵人。有《永報堂集》。《揚州畫舫録》成於乾隆乙卯（一七九五）。

衆香主人

衆香國

李蘭官，字香谷，現在三慶部。香谷肌膚瑩潔，人以白牡丹目之，每發一言，輒嫣然笑。蓋天真爛漫，雕飾全無，能於誠實中見其慧者。聞其演「陽關折柳」、「喬醋」諸齣，俱有可觀，惜乎未之見也。

（《衆香國》）

《衆香國》成于嘉慶十一年（一八〇六）。

四不頭陀

曇　波

福壽，名延禧，姓朱氏，字蓮芬，年十八，吴縣人。垂髫時，其兄挈之來京。兄故業優，强之學，遂工南北曲，顧雅愛自喜，讀唐賢小詩，尤善行楷。色藝與諸名優埒，而神氣清朗，吐屬雋永則過之。……其度「折柳」、「茶敍」、「偷詩」、「驚夢」諸曲，俱妙絶。余曾各繫以詞，附載於後。

賀新涼　折柳

唱到陽關曲。看卿卿，風情争似，霍家小玉。一片柔腸千載憾，都倩歌喉吐出。且休説，開簾動竹。祇須這杯中別酒，已魂銷，橋畔垂楊緑。長此聽，杜鵑哭。　蓮卿何事織眉曲？豈憐他，才郎棄舊，女郎無福？從古好花容易瘵，防爾亦如秋菊。嘆淪落，供人娱目。便有黄衫來作合。早聲聲，痛徹青燈屋。試回想，棄膏沐。

浪淘沙　驚夢

斷腸《牡丹亭》，此曲難聽。梅邊淡白柳邊青。争似麗娘歡會處，豔夢剛醒。　知否會幽冥，小像通靈。倩卿眉宇現娉婷。幾度鈎人魂魄去，如醉湘醽。

翠玉，字黛仙，年十四，姓陳氏，安慶人。六七歲時，讀《毛詩》甫成誦，以貧故就商，已而偕其母兄來京師。其兄美玉，舊有聲春臺部，黛仙遂習其藝。……一日見其演「折柳」一齣，冶豔絶倫。同甫尤劇賞之。屢招余飲。蓋初次登場，即爲識曲者所傾倒者如此。

（《曇波》）

《曇波》作於咸豐二年（一八五二）。作者姓名、生平不詳。

蜃橋逸客　兜率宫侍者　寄齋寄生

燕臺花史

琳仙，纏綿。折柳依依唱晚風，送君腸斷五花驄。旁人祇道愁如海，那解魂銷一曲中。「折柳」最甚。（《燕臺花史》）

《燕臺花史》成於咸豐九年（一八五九）。

藝蘭生

評花新譜

佩春喬蕙蘭，字紉仙，又字鄭薌。年十三。隸三慶、四喜兩部。丰神綽約，顧影寡儔，度曲甚佳。惜不輕易登場。只見其「折柳」一齣，纏綿繾綣，一往情深，令人想見霍小玉送別時也。性温和，耽詩史，尤工楷法簪花妙格，秀勁可玩。……麋月樓主贊曰：「争許情移海上琴，又從絃外得遺音。花潭千尺盈盈水，共此青蓮一片心。」

春馥錢桂蟾，字秋菱，吴人。隸三慶部。清揚婉孌，秀色可餐。善崑劇。其演「折柳」、「思凡」諸齣，氣韻嫻静，獨出冠時。工書法，筆意似趙王孫，丐題者踵相接也。麋月樓主贊曰：「江左風流不易逢，神情魏玠最雍容。人間乍聽湘靈瑟，數遍青青江上峯。」

（《評花新譜》）

《評花新譜》成於同治十一年（一八七二）。藝蘭生，浙江吴興人。姓名不詳。麋月樓主爲譚獻（復堂）別署。

邗江小遊仙客

菊部羣英

寶善主人陳芷衫，名潤官，小名磬笙，外號小辮子。本京人。原籍安徽。壬子生，唱崑生兼武生。工隸書。善畫蘭飲弈。出春華。清馥徐阿福之婿。擅演「看狀」（蘇公子）、「折柳」（李益）。

聞憙主人曹福壽，正名服疇，號韻仙。本京人。辛亥生。唱崑旦。善畫蘭。擅演《昭君》（王嬙）、「折柳」（霍小玉）、「遊園驚夢」（杜麗娘）。

來福，姓何，號玉珊。行八。淮安人。丙辰生。隸三慶、春臺。唱崑旦。擅演「思凡」（趙尼）、「折柳」（霍小玉）……

李芳，姓周，號馨秋。本京人。戊午生。隸三慶、四喜。唱崑生。擅演「佳期」（張珙）、「折柳」（李益）、「游園驚夢」（柳夢梅）。

綺春主人時小福，正名慶，號琴香，別號贊卿，小名阿慶。蘇州人。丙申生。唱旦。兼崑亂。善飲弈。出春福。本師清馥徐阿福。擅演「挑簾裁衣」（潘金蓮）、「折柳」（霍小玉）。

景龢主人梅巧玲，正名芳，號慧仙，又名雪芬。蘇州人。原籍泰州。壬寅生。掌四喜部。唱旦。兼崑亂。工隸書，精鑒金石。出醇和。本師福盛楊三喜。名生陳金爵之婿。擅演「思凡」（趙尼）、「定情賜盒」、「絮閣」、「小宴」（楊貴妃）、「折柳」（霍小玉）。

多雲姓鄭，名連福，號桐秋。本京人。原籍蘇州。庚申生。隸四喜。唱丑兼鬍子生、崑生。前淨香鄭蓮桂之子。擅演「折柳」（李益）、「敍茶問病」（潘必正）、「游園驚夢」（柳夢梅）。（《菊部羣英》）

《菊部羣英》刊於同治十二年（一八七三）。

張肖傖

燕塵菊影録

顧芷蓀，四喜部崑小生，亦兼崑旦。與時小福、余紫雲同班。善演「喬醋」之潘岳，「折柳」「陽關」之李益，兼擅鼓板。

程繼仙，程長庚之孫。幼隸榮椿班。唱小生，藝兼文武崑亂，造詣頗深。王楞仙後，繼仙首可稱述。繼仙面色雖未見英挺，而態度卓然可觀。……《奇雙會》、「琴挑」、「折柳」等曲，亦灑脱不俗。念白之外，尤工笑聲。

韓世昌，來自田間。唱崑旦。爲老友趙逸叟所賞。逸叟朝夕爲之校正字音，稱其温和知禮。平時訥於應對，而抹粉登場，獨能淡宕閒神，丰致可人。「折柳」、「陽關」、「刺虎」、「刺梁」、「思凡」、「瑶臺」、「小宴」皆不惡。

（《燕塵菊影録》）

張肖傖。武進人。《燕塵菊影録》刊於民國十五年（一九二六）。

還魂記

述評

王驥德

曲律

識字之法，須先習反切。蓋四方土音不同，其呼字亦異，故須本之中州。而中州之音，復以土音呼之，字仍不正。惟反切能該天下正音。只以類韻中同音第一字切得不差，其下類從諸字，自無一字不正矣。至於字義，尤須考究；作者往往誤用，致爲識者訕笑。如梁伯龍《浣紗記》〔金井水紅花〕曲「波冷濺芹芽，濕裙靫」，靫字，法用平聲。然靫，箭袋也。若衣衩之衩，屬去聲。唐李義山《無題詩》「八歲偷照鏡，長眉已能畫。十歲去踏青，芙蓉作裙衩」，足爲明證。此其失亦自陳大聲散套〔節節高〕之「蓮舟戲女娃，露裙衩」始。然伯龍不獨《浣紗》，散套〔歸仙洞〕「荆棘抓裙衩」又爾。近日湯海若《還魂記》〔懶畫眉〕：「睡荼蘼抓住裙衩綫」，亦以「衩」字作平音，皆誤。

引子，須以自己之腎腸，代他人之口吻。蓋一人登場，必有幾句緊要説話。我設以身處其地，摸寫其似。却調停句法，點檢字面，使一折之事頭，先以數語該括盡之，勿晦勿泛，此是上諦。……近惟《還魂》「二夢」之引，時有最俏而最當行者，以從元人劇中打勘出來故也。

撇道，北人調侃説「脚」也。湯海若《還魂記》末折「把那撇道兒搭，長舌揸」，是以「撇道」認作顙子也。誤甚。

戲劇之道，出之貴實，而用之貴虚。《明珠》、《浣紗》、《紅拂》、《玉合》，以實而用實者也。《還魂》「二夢」，以虚而用實者也。以實而用實也，易；以虚而用實也，難。《還魂》「二夢」，如新出小旦，妖冶風流，令人魂消腸斷；第未免有誤字錯步。

臨川之於吴江，故自冰炭。吴江守法，斤斤三尺，不欲令一字乖律，而毫鋒殊拙。臨川尚趣，直是横行，組織之工，幾與天孫争巧；而屈曲聱牙，多令歌者齚舌。吴江嘗謂：寧協律而不工，讀之不成句，而謳之始協，是曲中之工巧。曾爲臨川改易《還魂》字句之不協者。呂吏部玉繩（鬱藍生尊人）以致臨川，臨川不懌，復書吏部曰：「彼惡知曲意哉！余意所致，不妨拗折天下人嗓子。」其志趣不同如此。鬱藍生謂臨川近狂而吴江近狷，信然哉！

詞隱《墜釵記》，蓋因《牡丹亭記》而興起者。中轉折儘佳，特何興娘鬼魂别後更不一見，至末折忽以成仙會合，似缺針綫。余嘗因鬱藍之請，爲補入二十七齣二舅指點修煉一折，始覺完全。今金陵已補刻。

孫比部諱如法，字世行，别號俟居。吾郡之餘姚人。……雅精字學，喜校讎，自經史諸子而外，尤加意聲律。詞曲一道，詞隱專釐平仄，而陰陽之辨，則先生諸父大司馬月峯公始扶其竅。已授先生，益加精覈。嘗悉取新舊傳奇，爲更正其韻之訛者，平仄之舛者，與陰陽之乖錯者，可數十種，藏於家塾。……又與湯奉常爲同年友。湯令遂昌日，會先生謬賞余《題紅》不置。因問先生：「此君謂余《紫簫》何若？」(時《紫釵》以下俱未出。)先生言：「嘗聞伯良豔稱公才而略短公法。」湯曰：「良然。吾兹以報滿抵會城，當邀此君共削正之。」既以罷歸不果。故後《還魂記》中「驚夢」折白有「韓夫人得遇于郎，曾有《題紅記》」語，以此。

(《曲律》)

張大復

梅花草堂筆談

予于歌無所入，但徵聲耳。然聽《還魂傳》，唯恐其義之不晳；聽《西廂》、《拜月》，則按節了然；豈初盛盛初之説乎？湯先生自言，此案頭之書，非房中之曲。而學語者，輒有當行未當行之解，此真可笑也。諸君會歌于元越西第，酒醒後，耳中猶自作響。（卷六）

顧民服約飲，孟長王爾瞻攜兩生侍酒，吹簫度曲甚歡。未幾沉醉辭去。而李生歌益酣，惜所憶《杜女還魂傳》不什一。孟長云：「自有此傳，遂令古今學步，不免蹣跚。」某笑曰：「言及此，已是娬媚。」

王怡菴教人度曲：閒字不須作腔；閒字作腔，則賓主混而曲不清。又言：諧聲發調，雖復餘韻悠揚，必歸本字；此宇宙間不易之程，非獨一家事也。王在長安，薄遊營妓間，戲演張敏員外，識者絶倒。諸部聞之，競相延致，至馬足不得前，斯豈無挾而然耶？然諸部政不知此劇其一班耳。擅場事故在《崔徽傳》，予嘗叩之，兩頤翕翕自動，稽談阮笑，誰不自喜。周旋竟日，絶不及《牡丹傳》。予問故。曰：「政復難，然難處最佳。」又問難處，逡巡久之，曰：「叠下數十餘閒字，着一二正字，作麽度。」予笑曰：「難，難政復佳。」

俞娘，麗人也。行三。幼婉慧。體弱，常不勝衣，迎風輒頓。十三，疽苦左脅。彌連數月，小差而神愈不支。媚婉之容，愈不可偪視。年十七夭，當俞娘之在床褥也，好觀文史。父憐而授之，且讀且疏，多父所未解。一日，授《還魂記》，凝睇良久，情色黯然。曰：「書以達意，古來作者多不盡意而止。如『生不可死，死不可生。皆非情之至』，斯真達意之作矣。」飽研丹砂，密圈旁注，往往自寫所見，出人意表。如「感夢」一齣云：「吾每喜睡，睡必有夢；夢則耳目未經涉，皆能及之。杜女故先我着鞭耶？」如斯俊語，絡繹連篇。顧視其手迹，遒媚可喜，當家人也。某嘗受册其母，請秘爲草堂珍玩。母不許，曰：「爲君家玩，孰與其母寶之，爲吾兒手澤耶。」急急令倩録一副本而去。俞娘有妹，落風塵中。標格第一，時稱仙子。而其母私于某曰：「恨子不識阿三。」吾家所録副本，將上湯先生。謝耳伯願爲郵，不果上。先生嘗以書抵某：「聞太倉公酷愛《牡丹亭》，未必至此。得數語入《梅花草堂》，並刻批記，幸甚。」又虞山錢受之，近取《西廂》公案，參倒洞聞、漢月諸老宿，請俞娘本戲作《傳燈録》甚急，某無以應也。「世間好物不堅牢，彩雲易散琉璃脆。」斯無足怪。不朽之業，亦須屢厄後出耶！挑燈三嘆，不能無憾

於耳伯焉。(以上卷七)

(《梅花草堂筆談》)

【附】

錢謙益　張元長墓誌銘

君諱大復,字元長。世家蘇之崑山。……君嘗語余:「莊生、蘇長公而後,書之可讀可傳者,羅貫中《水滸傳》、湯若士《牡丹亭》也。」若士遺余書曰:「讀張元長『先世事略』,天下有真文章矣。」蓋文章家之真賞如此。

(《初學集》卷五十四)

潘之恒

墐　情

余既讀湯義仍《牡丹亭還魂記》,尤賞其序。夫結情於夢,猶可回死生,成良緣,而況其搆而離,離而合以神者乎。自《牡丹亭》傳奇出,而無情者隔世可通。此一竇也,義仍開之,而天下始有以無情死者矣。自幻影閣心應之意乎,而情搆者千里必合。此一竇也,嫣然玄龍開之,而天下始有以不離情死者矣。雖然,情重者非謂其溺也；謂其溺而不能以想超也。夫玄龍與嫣然，情似不能以一日離矣；今離且三年，若未嘗一日離者，而情愈密，固結愈堅，豈非遥呼者其應漸近，神遇者其形不睽，則二人之想成，可以上昇爲仙，而胡溷濁之足以攖也。則向之病義仍者，不知情緣性生者也。而余之詬嫣然者，不知神以想化者也。情至是而益難言矣，非太上之忘情者，吾誰與爲歸依乎？即後所陳詩，淺之乎其言情矣，然於實則未有爲之先者。故命曰《墐情》。吾固未見乘馬之入夫鼠穴也，悟者宜自超之，不然又增一迷障矣，詩何以觀焉。

（《亘史·雜篇》卷二）

潘之恒，字景升。歙人。别署天都逸史冰華生。生萬曆間。有《金閶草》等。

沈德符

萬曆野獲編

湯義仍《牡丹亭夢》一出，家傳户誦，幾令《西廂》减價。奈不諳曲譜，用韻多任意處，乃才情自足不朽也。

頃黄貞甫汝亨以進賢令内召還。貽湯義仍新作《牡丹亭記》，真是一種奇文。未知於王實甫、施君美如何，恐斷非近日諸賢所辨也。

（《萬曆野獲編》卷二十五）

茅元儀

批點牡丹亭記序

《玉茗堂樂府》，臨川湯若士所著也。中有《牡丹亭記》，乃合李仲文、馮孝將兒，睢陽王、談生事而附會之者也。其播詞也，鏗鏘足以應節，詭麗足以應情，幻特足以應態，自可以變詞人抑揚俯仰之常局，而冥符于創源命派之手。雉城臧晉叔，以其爲案頭之書而非場中之劇，乃删其采，剉其鋒，使其合于庸工俗耳。讀其言，苦其事怪而詞平，詞怪而調平，調怪而音節平，于作者之意漫滅殆盡，并求其如世之詞人俯仰抑揚之常局而不及。余嘗與面質之，晉叔心未下也。夫晉叔豈好平乎哉？以爲不如此，則不合于世也。合于世者必信乎世，如必人之信而後可，則其事之生而死，死而生，死者無端，死而生者更無端，安能必其世之盡信也？今其事出于才士之口，似可以不必信，然極天下之怪者皆平也。臨川有言：「第云理之所必無，安知情之所必有耶？」我以不特此也，凡意之所可至，必事之所已至也。則死生變幻不足以言其怪，而詞人之音響慧致反必欲求其平，無謂也。家季爲校其原本，評而播之，庶幾知其節、知其情、知其態者哉；然亦必知其節、知其情、知其態者，而後可與言矣。

（《牡丹亭》，載《古本戲曲叢刊初集》）

茅　暎

茅元儀，字止生。明末吴興人，有《石民渝水集》。

題牡丹亭記

説者曰：詩三百篇變而爲樂府，樂府變而爲詞，詞又變而爲曲；逮至曲而詩亡矣。不知詩之亡也，亦音不叶律，辭不該洽，情不極至，而徒爲嘽緩靡曼之響耳。余幼讀季札之觀樂，子野之覘楚，與夫開皇大業房中清夜諸曲，識者每於此窺治忽，心竊領之；繼而進秦七，揖柳郎，而登清照，心又竊豔之；因彙《金荃》、《蘭畹》諸集，遴較諸名家合作爲《詞的》一刻。爰考九宫十三調，以旁及于曲，使曲不掩詞，詞不掩樂府，去三百篇又豈遠也？但南音北調不啻充棟，而獨有取於《牡丹亭》一記何耶？吾以家弦而户習，聲遏行雲，響流洪水者，往哲已具論。第曰傳奇者，事不奇幻不傳，辭不奇豔不傳；其間情之所在，自有而無，自無而有，不魄奇愕眙者亦不傳；而斯記有焉。夢而死也，能雪有情之涕；死而生也，頓破沉痛之顔；雅麗幽豔，燦如霞之披而花之旖旎矣。論者乃以其生不踏吴門，學未窺音律，局故鄉之聞見，按無節之弦歌，幾爲元人所笑，不大難爲作者乎！大都有音即有律，律者法也，必合四聲，中七始而法始盡；有志則有辭，曲者志也，必藻繪如生，顰笑悲涕而曲始工。二者固合則並美，離則兩傷；但以其稍不諧叶而遂訾之，是以折腰齲齒者攻於音，則謂夷光南威不足妍也，吾弗信矣。試考元以曲取士，猶分十二科，豈非兼才難而作者之精神難昧乎！余於帖括之暇，間爲數則，附之《唾香集》後，并刻兹記，非敢謂咀宫嚼徵，以分臨川前席；酒後耳熱，聊與知者，行歌拾穗，以自快適耳。

牡丹亭記凡例

一、南曲向多宗匠，無論新聲；第事涉玄幻，語臻葩雅，恐《牡丹亭》一記，不唯遠軼時流，亦當並轡往哲。昔賢既已嘔心，今世何無具眼？因特梓之，與有情人，相爲拈賞。

一、曲每以儐白輳調，舊本混刻，不唯昧作者苦心，亦大失詞家正脈。今悉依寧菴先生《九宫譜》訂正。

一、臧晉叔先生删削原本，以便登場，未免有截鶴續鳬之嘆。欲備案頭完璧，用存玉茗全編，此亦臨川本意，非僕臆見也。臨川尺牘自可考。

一、晉叔評語當者亦多，故不敢一概抹殺，以暝前輩風流。僕不足爲臨川知己，亦庶幾晉叔功臣。

（《牡丹亭》，載《古本戲曲叢刊初集》）

茅暎，字遠士。明末吴興人。有《唾香集》。

陳繼儒

牡丹亭題詞

吾朝楊用修長於論詞，而不嫻於造曲。徐文長《四聲猿》能排突元人，長於北而又不長於南。獨湯臨川最稱當行本色。以《花間》、《蘭畹》之餘彩，創爲《牡丹亭》，則翻空轉换極矣。一經王山陰批評，撥動髑髏之根塵，提出傀儡之啼哭。關漢卿、高則誠曾遇如此知音否？張新建相國嘗語湯臨川云：「以君之辯才，握麈而登皐比，何渠出濂、洛、關、閩下？而逗漏於碧簫紅牙隊間，將無爲青青子衿所笑！」臨川曰：「某與吾師終日共講學，而人不解也。師講性，某講情。」張公無以應。夫乾坤首載乎《易》，鄭衛不删於《詩》，非情也乎哉！不若臨川老人括男女之思而托之於夢。夢覺索夢，夢不可得，則至人與愚人同矣；情覺索情，情不可得，則太上與吾輩同矣。化夢還覺，化情歸性，雖善談名理者，其孰能與於斯！張長公、次公曰：「善。不作此觀，大丈夫七尺腰領，畢竟罨殺五慾甕中。」臨川有靈，未免叫屈。

（《晚香堂小品》卷二十二）

王思任

批點玉茗堂牡丹亭詞敍

火可畫，風不可描；冰可鏤，空不可斡。蓋神君氣母，別有追似之手，庸工不與耳。古今高才，莫高於《易》。《易》者，象也；象也者，像也。其次則五經遞廣之，此外能言其所像人亦不多。左邱明、宋玉、蒙莊、司馬子長、陶淵明、老杜、大蘇、羅貫中、王實甫，我明王元美、徐文長、湯若士而已。若士時文既絶，古文、詞、詩歌、尺牘，玄貴浩鮮，妙處夥頤。然稟胎江右，開乳六朝，赬糟粉肉，饗屧板袍之意，時或有之。至其傳奇靈洞，散活尖酸，史因子用，元以古行，筆筆風來，層層空到。即若士自謂一生「四夢」，得意處惟在《牡丹》。情深一敍，讀未三行，人已魂銷肌栗；而安頓齣字，亦自確妙不易。其款置數人，笑者真笑，笑即有聲；啼者真啼，啼即有淚，嘆者真嘆，嘆即有氣。杜麗娘之妖也，柳夢梅之癡也，老夫人之輭也，杜安撫之古執也，陳最良之霧也，春香之賊牢也，無不從筋節竅髓，以探其七情生動之微也。杜麗娘雋過言鳥，觸似羚羊，月可沈，天可瘦，泉臺可瞑，獠牙判髮可狎而處；而「梅」、「柳」二字，一靈咬住，必不肯使劫灰燒失。柳生見鬼見神，痛叫頑紙；滿心滿意，只要插花。老夫人眢是血描，腸鄰斷草；拾得珠還，蔗不陪檗。杜安撫摇頭山屹，强笑河清；一味做官，半言難入。陳教授滿口塾書，一身襶氣；小要便益，大經險怪。春香眨眼即知，錐心必盡；亦文亦史，亦敗亦成。如此等人，皆若士玄空中增減朽塑，而以毫風吹氣生活之者也。然此猶若士之形似也。而其立言神指：《邯鄲》，仙也；《南柯》，佛也；《紫釵》，俠也；《牡丹亭》，情也。若士以爲情不可以論理，死不足以盡情，百千情事，一死而止，則情莫有深於阿麗者矣。況其感應相與，得《易》之咸；從一而終，得《易》之恒。則不第情之深，而又爲情之至正者。今有形一接，而即殉夫以死，骨香名永，用表千秋，安在其無知之性不本於一時之情也？則杜麗娘之情，正所同也，而深所獨也，宜乎若士有取爾也！至其文冶丹融，詞珠露合，古今雅俗，泚筆皆佳。沛公殆天授，非人力乎！若夫綽影布橋，食肉帶刺，冷哨打世，邊鼓撾人，不疼不癢處，皆文人空四海、墳五嶽，習氣所在，不足爲若士病也。往見吾鄉文長批其卷首曰：「此牛有萬夫之稟。」雖爲妒語，大覺頫心。而若士曾語盧氏。

李恒嶠云：「《四聲猿》乃詞場飛將，輒爲之唱演數通。安得生致文長，自拔其舌！」其相引重如此。予不知音律，弟𪓐以文義測之，雖不能爲周公瑾，而猶不致如馬子侯。僭加評校，以復兩張、新湯之請，便即交付一語。若士見改竄《牡丹》詞者，失笑一絶：「醉漢瓊筵風味殊，通仙鐵笛海雲孤。總饒割就時人景，卻愧王維舊雪圖。」持此作偈，乞韋馱尊者永鎮此亭。天下之寶，當爲天下護之也。天啓癸亥陽生前六日，譃菴居士王思任題於清暉閣中。

（著壇刻《清暉閣批點牡丹亭》卷首）

著壇

湯義仍先生還魂記凡例

一、是刻悉遵玉茗堂原本，間有删改，非音旁，則標額，雖屬山陰解牛，亦爲臨川存羊。凡時本或疏於校讎，如柳浪館；或謬爲增減，如臧吴興、鬱藍生二種；皆臨川之仇也。

一、批不取多取要，點不取濫取當。世人耳熟口頌，不辨瑕瑜，輒稱佳妙，不知臨川亦自有露習氣處，如不攻其瑕，將并埋其瑜，即字評字點，總屬缺陷。吾師精於點評，而復嚴於删改。臨川有靈，當默饋心血數斗。

一、曲争尚像，聊以寫場上之色笑，亦坊中射利巧術也。臨川傳奇，原字字有像，不於曲摹像，而徒就像盡曲，人則誠愚。帥惟審曾云：「此案頭之書，非場上之曲。」本壇刻曲不刻像，正不欲人作傳奇觀耳。

一、凡刻書，序跋俱寬行大草，令覽者目眩，縱饒名筆，亦非雅觀。故諸序悉照本内行格。

一、本壇原擬並行「四夢」，迺《牡丹亭》甫就本，而識者已口貴其紙，人人騰沸；因以此本先行海内。同調須善藏此本，俟三「夢」告竣，彙成一集。佳刻不再，珍重珍重。

一、校書如拂几塵，如掃落葉。是曲校過付鈔，鈔後復校；校過付刻，刻後復校。時則經年，勞非一手。其間魯魚帝虎之類，搜核殆盡，庶不負玉茗堂苦心，清暉閣慧眼。區區後學，亦不失爲兩先生功臣也。

一、翻刻乃賈人俗子事，大足痛恨，遠自之客，或利其價之稍減，而不知其紙板殘缺，字畫模糊，批點遺失。本壇獨不禁翻刻，惟賈者各認原板，則翻者不究自息矣。

（著壇刻《清暉閣批點牡丹亭》卷首）

著壇，王思任門人。姓名不詳。疑即王思任序中之「兩張」，陳繼儒序中之「張長公、次公」。

沈際飛

牡丹亭題詞

數百載以下筆墨，摹數百載以上之人之事，不必有，而有則必然之景之情，而能令信疑，疑信，生死，死生，環解錐畫；後數百載而下，猶惚惚有所謂懷女思士、陳人迂叟，從楮間眉眼生動。此非臨川不擅也。臨川作《牡丹亭》詞，非詞也，畫也；不丹青，而丹青不能繪也；非畫也，真也；不啼笑而啼笑，即有聲也。以爲追琢唐音乎，鞭箠宋調乎，抽翻元劇乎？當其意得，一往追之，快意而止。非唐，非宋，非元也。柳生騃絶，杜女妖絶，杜翁方絶，陳老迂絶，甄母愁絶，春香韻絶，石姑之妥，老駝之勩，小癩之密，使君之識，牝賊之機，非臨川飛神吹氣爲之，而其人遁矣。若乃真中覓假，呆處藏黠，繹其指歸，□□則柳生未嘗癡也，陳老未嘗腐也，杜翁未嘗忍也，杜女未嘗怪也。理於此確，道於此玄，爲臨川下一轉語。震峯沈際飛書於獨深居。

（獨深居本《牡丹亭》）

吴從先

小窗自紀

湯若士《牡丹亭序》云：「夫人之情，生而不可死，死而不可生者，皆非情之至。」又云：「事之所必無，安知情之所必有？」情之一字遂足千古，宜爲海内情至者驚服。（《小窗自紀》）

吴從先，字寧野，號小窗。吴江人。萬曆諸生。著有《小窗自紀》等。

鄭元勳

花筵賺序評語

曲祖元人，謂其無移宫入商之紊耳。若協律矣，而更加香豔，豈不更佳？此《還魂記》之遜《西廂》而凌《拜月》也。優人苦其文義幽深，不易入口，至議爲失律，冤矣。

（《媚幽閣文娱》）

夢花酣題詞

《夢花酣》與《牡丹亭》，情景略同，而詭異過之。余嘗恨柳夢梅氣酸性木，大非麗娘敵手，又不能消受春香侍兒，不合判入花叢繡簿。……文人之情如釋氏法羽流術，苦行既成，自能驅使人鬼，此道力，非魔力也。情不至者，不入于道，道不至者不解于情，當其獨解于情，覺世人貪嗔歡羡俱無意味，惟此耿耿有物，常舒卷於先後天地之間。嗚呼！湯比部之傳《牡丹亭》，范駕部之傳《夢花酣》，皆以不合時宜而見情耶，道耶？所謂寓言十九者非耶？

（《影園詩稿》）

鄭元勳，字超宗。揚州人。萬曆癸未（一五八三）進士。有《影園詩稿》等。

張琦

衡曲麈譚

近日玉茗堂《杜麗娘劇》非不極美，但得吴中善按拍者調協一番，乃可入耳。惜乎摹畫精工，而入喉半拗，深爲致慨。若士兹編，殆陳子昂之五言古耶？

（《吴騷合編》）

臨川學士旗鼓詞壇。今玉茗堂諸曲，争膾人口。其最者，《杜麗娘》一劇，上薄風騷，下奪屈、宋，可與實甫《西廂》交勝。獨其宫商半拗，得再調協一番，辭調兩到，詎非盛事與？惜乎其難之也。

（《衡曲麈譚》）

武林張琦，字楚叔，别號騷隱居士。明萬曆、崇禎間人。與其弟旭初輯刻《吴騷》，共成三集。《衡曲麈譚》論述玉茗，載《作家偶評》中。兩本不同，今并存之。

徐士俊

添字昭君怨　和湯若士韻弔杜麗娘

魂逐鶯娘燕姐，身似柳衰梅謝。梅心柳眼更舒花，只因他。　畫裏人兒無那，夢裏人兒兩個。挑燈絮絮話偏多，夜如何！

（《晤歌》，載《古今詞統》）

葉小鸞

又題美人遺照

繡帶飄風裊暮寒，鎖春羅袖意闌珊。似憐並蒂花枝好，纖手輕拈仔細看。
微點秋波溜淺春，粉香憔悴近天真。玉容最是難摸處，似喜還愁却是嗔。
花落花開怨去年，幽情一點逗嬌烟。雲鬟綰作傷春樣，愁黛應憐玉鏡前。

又繼前韻

凌波不動怯春寒，覷久還如佩欲珊。只恐飛歸廣寒去，卻愁不得細相看。

若使能回紙上春，何辭終日喚真真。真真有意何人省？畢竟來時花鳥嗔。

紅深淺翠最芳年，閒倚晴空破綺烟。何似美人腸斷處，海棠和雨晚風前。 坊刻《西廂》、《牡丹亭》二本，前有鶯鶯、杜麗娘像，此前後六絶俱題本上者。「只恐飛歸廣寒去，卻愁不得細相看。」何嘗題畫，自寫真耳。一慟欲絶！湯義仍云：「理之所必無，安知非情之所必有？」稗官家載再生事，固不乏也。忽忽癡想，尚有還魂之事否乎？

（《返生香》，載《午夢堂全集》）

葉小鸞，字瓊章。吴江葉紹袁天寥之女。崇禎五年（一六三二）卒，年方十七。有《返生香》詩文集。批語爲紹袁所題。

徐樹丕

識小録

若士文章，在我朝指不多屈，出其餘緒爲傳奇，驚才絶豔；《牡丹亭》尤爲膾炙。

往歲聞之文中翰啓美云：「若士素恨太倉相公，此傳奇杜麗娘之死而更生，以況曇陽子；而平章則暗影相公也。」按曇陽仙迹，王元美爲之作傳，亦既彰彰矣。其後太倉人更有異議云：曇陽入龕後復生，至嫁爲徽人婦。其説曖昧不可知，若士則以爲實然耳。聞若士死時，手足盡墮，非以綺語受惡報，則嘲謔仙真亦應得此報也。然更聞若士具此風流才思，而室無姬妾，與夫人相莊至老，似不宜得此惡報；定坐嘲謔仙真耳。

（《識小録》卷四，載《涵芬樓秘笈》）

徐樹丕，字武子，號活埋庵主人。長洲人。明季諸生。有《識小録》、《埋庵集》等。

王世貞《弇州山人四部稿續稿》卷七十八《曇陽大師傳》略云：師姓王氏，父學士荆石，母朱淑人夢月輪墜于床而孕，名曰桂。許字徐景韶，年十七，將嫁，師乃洒掃淨室，奉觀世音像，願長齋受戒。禪居三月，會景韶病死，以訃來。師縞服草屨，别築一土室居之。夜夢至上真所，香烟成篆書善字，有朱真君令師吸之，命名燾貞，號曇陽。醒即却食，唯進桃杏汁液，首挽雙髻。已而丹成，並不復進諸果。嘗築茅齋于僻地，榜曰恬澹觀。閱五年道有成，請謁徐郎墓，酹畢，遂于享室東隅，以一氈據地而坐，不復移足，亦不令有所蓋覆。九月二日問學士龕成否，重九吾期也。世貞促載龕至日，即氈所爲高坐，召世貞等之稱弟子者及女弟子各有誨語，忽袖刀割右髻于几曰：「吾以上真度，不獲死，遺蜕未即朽，不獲葬，此髻所以志也，爲我啓徐郎窆而祔之。」時年二十三。

又曰：「吾左髻曇陽風小仙，吾行甚逍遥，諸觀者亦羡之耶？則胡不早回首？」遂入龕出所書遺教及辭世歌偈，復命女僮傳語：「吾曇鸞菩薩化身也。」左手結印執劍，右手握麈尾，立而瞑。觀者數萬人，莫不贊嘆。傳凡萬一千九百八十二言，與麗娘事絶不相似。

湯傳楹

閒餘筆話

夜坐閱《牡丹亭》，因憶比來所傳：世上演《牡丹亭》一本，若士在地下受苦一日。未知人語鬼語，意甚不平。竊謂才如臨川，自當修文地府，縱不能遇花神保護，亦何至摧殘慧業文人，令受無量怖苦，豈冥途亦妒奇才耶？內子嘗旁語曰：「當係臨川不幸，遇着杜太守、陳教授一般人作冥判耳。」予笑頷之，徐曰：「若令我作判官，定須覓一位杜小姐，判送絪緼司矣。」

（《湘中草》卷六，載《西堂全集》）

湯傳楹，字卿謀。江蘇吴縣人。明末諸生。有《湘中草》。

黎遂球

顧修遠選庚辰房書序

近文之變亦有宜救。有如規式先輩，神氣索然，雖復裙襦發冢，衣冠叔敖，然孔姓尼字，子雲所譏，後生爲之，徒滋傲怠；又若狂禪膺古，以示慧博，字不出於《五經》，事既遠於《左》、《策》，而多好旁溢，體裁不倫。記湯臨川傳奇有云「宋書生不熟大明律」，傳爲善謔。今則以孔、孟述漢、晉事，能無類此？

（《蓮鬚閣文鈔》卷九，載《廣東叢書》）

遂球於《辟寒異書序》中復引「宋書生不熟大明律」語以諷時文。語見《牡丹亭》「秘議」齣。顯祖熟知當時文風，作此諢語，實有所謂。

祁彪佳

明劇品

孟稱舜《花前一笑》（北五折）：唐子畏以傭書得沈素香，此正是才人無聊之極，故作有情癡。然非子若傳之，已與吴宫花草同烟銷矣。此劇結胎於《西廂》，得氣於《牡丹亭》，故觸目俱是俊語。

（《遠山堂明曲品劇品校録》）

支如增

小青傳

自杜麗娘死，天下有情種子絶矣。以吾所聞小青，殆麗娘後一人也。小青讀《牡丹亭》詞，嘆曰：「人間亦有癡於我，豈獨傷心是小青！」悲夫，真情種也。爰作《小青傳》。小青者，武林某生姬也。家廣陵，名玄玄，字小青。其姓不傳。姬幼隨母學，母本閨塾師，所遊多名閨，故得博覽圖書，妙解聲律，兼精諸技，每當閨秀雲集，茗戰手語，姬隨變酬答，人人自失。十齡時遇一老尼，口授心經，一過輒成誦。尼曰：「是兒早慧福薄，乞隨予作弟子。即不許，毋令識字，可三十年活。」母難之。十六，歸生。生之婦奇妒。姬曲意下之，終不悦。偶隨婦遊天竺，婦問：「西方佛無量，世多專禮大士者何？」姬曰：「以慈悲故耳。」婦知諷己，笑曰：「吾當慈悲汝。」乃徙之孤山別業。誡曰：「非吾命郎至，不得入；非吾命郎手札至，亦不得入。」姬往，生亦不甚相顧。姬悽惋無已。有某夫人者，時從姬學奕，絶憐愛之，而姬性好書，向生索取不得，數從夫人處借觀。間賦小詞自遣。對佳山水，有所得輒作小畫。生聞之，每索卒不與。姬又好與影語，斜陽花際，烟空水清，輒臨池自照。對影絮絮如問答。女奴窺之，輒止。但見眉痕慘然，故嘗有「瘦影自臨春水照，卿須憐我我憐卿」之句，悲哉！妬婦庸奴，都無可語，徒向《牡丹亭》説夢耶。一日從婦登樓船，某夫人亦在座。時同遊女伴見兩堤間遊冶少年馳騎，俱指顧相謔。姬獨淡然凝坐，或俯清流轉眄而已。某夫人曰：「昔太白舉杯邀月，對影三人，惟太白之影可與太白飲，亦惟小青之影可與小青對耶？」時婦已醉卧。姬頻覘婦，低語夫人曰：「太白仙才，小青怨女，故自不類。三間大夫索知己不得，索之雲中之湘君；妾又索湘君不得，索之水中之影耳。」夫人曰：「子悲憤無聊，政類三間，生亦類楚懷王，顧不知誰爲上官大夫也。」姬默然。夫人曰：「以三間之才，游諸侯，何國不容，而自令若此，太史公憾之矣。」姬曰：「此三間之爲三間也。」夫人乘間向姬曰：「此舟有樓，汝伴我同登。」比登樓遠眺，顧左右無人，撫姬背曰：「好光景！可惜虛過章臺柳，亦倚紅樓盼韓郎走馬，而子作蒲團空觀耶？」姬曰：「賈平章劍鋒可畏也。」夫人曰：「子誤矣，平章劍鈍，女平章利害耳。」少選，從容諷曰：「子既閑儀則，多技能，而風流綽約復爾，豈當墮羅剎國中。吾非女俠，力能脱子火坑。頃言章臺柳，子非會心人耶？天下豈少韓君乎！且彼婦即善遇子，子終向黨將軍帳下作羔酒侍兒乎！」姬曰：「夫人休矣。妾幼夢手折一花，隨風片片着水，命止此矣！夙業未了，又生他想。彼冥朝姻緣簿，非吾如意珠，再辱奚爲？徒供羣口畫描耳。」夫人點首長嘆，相顧良久，泣下沾衣，徐拭淚還座。夫人向宗戚每談及之，無不咨嗟太息云。自後夫人從宦遊，姬益寥闃，遂感疾。婦命醫來，仍遣婢捧藥至。姬詳諭。婢出，擲藥床頭，泣曰：「吾即不願生，亦當以浄體皈依，作劉安鷄犬，豈以一杯鴆斷送耶？」乃貽書某夫人曰：「關頭祖帳，回隔人天；官舍良辰，當非寂度。馳情感往，瞻睇慈雲；分燠噓寒，如依膝下；縻身百體，未足云酬。姊姊姨姨無恙！猶憶南樓元夜，看燈諧謔，姨指畫屏中一憑欄女曰：『是妖娃兒倚風獨眄，恍惚有思，當是阿青。』妾亦笑指一姬曰：『此執拂狡鬟，偷近郎側，將無似姊。』於時角彩尋歡，纏綿徹曙，寧復知風流雲散，遂有今日乎！逞者仙槎北渡，斷梗南棲，狺語哮聲，日焉三至。漸乃微辭含吐，亦如尊旨云云，竊揆鄙衷，未見其可。夫屠肆菩心，餓狸悲鼠，此直快其換馬，不敢辱以當壚。去則弱絮風中，住則幽蘭霜裏，蘭因絮果，現業誰深。若便祝髮空門，洗粧浣慮，而豔思綺語，觸緒紛來，正恐蓮性雖胎，荷絲難殺，又未易言此也。乃至遠笛哀秋，孤燈聽雨，雨殘笛歇，謖謖松聲，羅衣壓肌，鏡無乾影，朝淚鏡潮，夕淚鏡汐，今兹鷄骨，殆復難支，疾灼肺然，見粒而嘔，錯情易意，悦憎不馴，老母姊弟，天涯問絶。嗟乎，未知生樂，焉知死悲？憾促懽淹，無乃非達！妾少受天穎，機警靈速，豐兹嗇彼，理詎能雙？然而神爽有期，故未應寂寂也。至其淪忽，亦匪至今。結褵以來，有宵靡旦，夜臺滋味，諒不殊斯。何必紫玉成烟，白花飛蝶，乃謂之死哉！或軒車南返，駐節維揚，老母惠存，如妾之受。阿秦可念，幸終垂憫。疇昔珍贈，悉令見殉；瑶鈿繡衣，福星所賜，可以超輪消劫耳。小六娘先期相俟，不憂無伴。附呈一絶，亦是鳥死鳴哀。其詩集小像，托陳媪好藏，覓便馳寄。身不自保，何有於零膏冷翠乎。他時放船堤下，探梅山中，開我西閣門，坐我緑陰床，髣生平於響像，見空帷之寂颺，是耶？非耶？其人斯在！嗟乎夫人，明冥異路，從此永辭。玉腕珠顔，行就塵土，興言及此，慟也如何！」書成未達。疾益甚，水粒俱絶，日飲粒汁少許。然明妝冶服，擁襆欹坐，雖數暈絶，終不蓬垢偃卧也。忽一日語老媪曰：「傳語冤業郎，覓一良畫師來。」師至；命寫照。寫畢，攬鏡熟視，曰：「得吾形矣，未得吾神也。姑置之。」師易一圖進。姬曰：「神是矣，丰采未流動也。昔杜麗娘自圖小像，恐爲雨爲雲飛去，丰采流動耳。」乃命師且坐，自與老媪扇茶鐺，或檢圖書，或整衣褶，或代調丹碧諸色，縱其想會。久之，命寫圖。圖成，極妖纖之致。笑曰：「可矣。」取供榻前，爇名香，設梨汁奠之曰：「小青小青，此中豈有汝緣分耶！」撫几而泣，淚雨潸潸下，一慟而絶，年纔十八耳。時萬曆壬子歲也。哀哉！人美於玉，命薄於雲，瓊蕊優曇，人間一現，欲求如杜麗娘牡丹亭畔重生，安可得哉！日向暮，生踉蹌來，披帷視之，則容光藻逸，衣態鮮好如生前，不覺長號頓足。既檢遺詩及像，又一緘，即前寄某夫人稿也。讀之，敍致惋痛。生狂叫曰：「吾負卿矣！」嘔血數升。婦聞恚甚，趣索圖，生詭以第一圖進。立焚之。又索詩；詩至，亦焚之。廣陵散從茲絶矣。悲夫！楚焰誠烈，何不以紀信誑之？則罪不在婦又在生耳。猶幸第二圖，其姻婭有購得之者。而姬臨卒時，以花鈿數事，贈聞媼之小女，襯以二紙，偶爲好事者所見，則皆姬手迹，字亦漫滅。細閲之，得九絶句，一古詩、一詞，殆詩草也。然題亦不可考。嗟夫，姬信情種，命題亦當有致。惜乎其不可考也。雖然，詩且不全，何有於題！而更有遊姬別業者，於壁間拾殘箋數寸許，有字云：「數盡懨懨深夜雨，無多也，只得一半工夫……」亦姬遺墨，蓋《南鄉子》詞而未全，李易安工爲情語不逮也。而世所傳僅此，并寄某夫人一絶及一緘耳。嗟乎，麗娘幀首數言，便足千古，亦何必盡吐奇葩，供人長玩耶。不然，脱小青臨卒，不以花鈿贈人，而彼畫師寫照，落筆便肖，則遺照殘箋，且盡歸妬婦劫火，又安得桃花一瓣流出人間也哉！

（《媚幽閣文娱》）

支如增，字美中，號小白，又號硯亭。浙江嘉善人。崇禎三年（一六三〇）副榜。有《硯亭小品》。

小青有無其人，不可知。傳其事者，尚有陳翼飛、無名氏之《小青傳》（小説），徐翽

（士俊）之《小青孃情死春波影》，胡士奇之《小青傳》，來鎔（集之）之《挑燈閒看牡丹亭》（雜劇），吴炳之《療妬羹》（傳奇）等。「冷雨淒風不可聽，挑燈閑看《牡丹亭》。世人亦有癡於我，豈獨傷心是小青！」此絶句相傳爲小青所題，諸作多引用之，其中以吴劇《題曲》最爲人所稱述。

衛　泳

悦容編

女人識字，便有一種儒風。故閲書畫，是閨中學識。……如宫閨傳，《列女傳》，諸家外傳，《西廂》，玉茗堂《還魂》、「二夢」，雕蟲館《彈詞六種》，以備談述歌詠。間有不能識字，暇中輒爲陳説，共話古今奇勝，紅粉自有知音。

（《悦容編》，載《昭代叢書》）

衛泳，字永叔，號懶仙。明末長洲人。有《悦容編》、《古文小品冰雪攜》等。

賀貽孫

詩筏

「凜凜歲云暮」一篇，皆夢境也。「凜凜歲云暮，螻蛄夕鳴悲。涼風率已厲，游子寒無衣。錦衾遺洛浦，同袍與我違。獨宿累長夜，夢想見容輝。」前七句，夢前之因也。至第八句方入夢。遂有「良人惟古歡，枉駕惠前綏。願得常巧笑，攜手同車歸」四句，夢中歡聚，一段空喜。最妙在「既來不須臾，又不處重闈」二句，倏忽變態，遽失前景，在夢中尚不免匆遽，亦安往而不得匆遽也。「眄睞以適意，引領遥相睎」二句，夢中送癡，無聊已極。結云「徙倚懷感傷，垂涙沾雙扉」，則醒後憶夢，情愈迫而景愈難堪矣。段段空幻，不獨爲少陵夢太白二詩之祖，且開湯臨川《牡丹記》無限妙思。

（《詩筏》，載《水田居全集》）

周亮工

因樹屋書影

湯義仍《牡丹亭》劇初出，一前輩勸之曰：「以子之才，何不講學？」義仍應聲曰：「我固未嘗不講也！公所講性，我所講情。」王渼陂好爲詞曲，客謂之曰：「太上立德，其次立功，其次立言，公當留心經世文章。」渼陂應聲曰：「公獨不聞『其次治曲』耶！」一時戲語，頗見兩公機鋒。

天街兩畔槐木，俗號槐衙；曲江池畔多柳，亦號柳衙。見《中朝故事》。湯義仍玉茗傳奇「弄鶯簧到柳衙」，本此。

（《因樹屋書影》）

「弄鶯簧赴柳衙」，見《牡丹亭》「幽媾」。

李　漁

閒情偶寄

湯若士，明之才人也。詩文尺牘儘有可觀；而其膾炙人口者，不在尺牘詩文，而在《還魂》一劇。使若士不草《還魂》，則當日之若士，已雖有而若無，况後代乎？是若士之傳，《還魂》傳之也。……近日雅慕此道，刻欲追蹤元人、配饗若士者儘多，而究竟作者寥寥，未聞絶唱。

曲文之詞采，與詩文之詞采非但不同，且要判然相反。何也？詩文之詞采，貴典雅而賤粗俗，宜蘊藉而忌分明；詞曲不然，話則本之街談巷議，事則取其直説明言。凡讀傳奇而有令人費解，或初閲不見其佳，深思而後得其意之所在者，便非絶妙好詞；不問而知爲今曲，非元曲也。元人非不讀書，而所製之曲，絶無一毫書本氣；以其有書而不用，非當用而無書也；後人之曲，則滿紙皆書矣。元人非不深心，而所填之詞，皆覺過於淺近，以其深而出之以淺，非借淺以文其不深也；後人之詞，則心口皆深矣。無論其他，即湯若士《還魂》一劇，世以配饗元人，宜也。問其精華所在，則以「驚夢」、「尋夢」二折對。予謂二折雖佳，猶是今曲，非元曲也。「驚夢」

首句云：「裊晴絲吹來閒庭院，搖漾春如綫。」以游絲一縷，逗起情絲。發端一語，即費如許深心，可謂慘淡經營矣。然聽歌《牡丹亭》者，百人之中有一二人解出此意否？若謂製曲初心並不在此，不過因所見以起興，則瞥見游絲，不妨直説，何須曲而又曲，由晴絲而説及春，由春與晴絲而悟其如綫也？若云作此原有深心，則恐索解人不易得矣。索解人既不易得，又何必奏之歌筵，俾雅人俗子同聞而共見乎？其餘「停半晌，整花鈿，没揣菱花，偷人半面」，及「良辰美景奈何天，賞心樂事誰家院」、「遍青山，啼紅了杜鵑」等語，字字俱費經營，字字皆欠明爽。此等妙語，止可作文字觀，不得作傳奇觀。至如末幅「似蟲兒般蠢動，把風情搧」，與「恨不得肉兒般團成片也，逗的箇日下胭脂雨上鮮」；「尋夢」曲云「明放着白日青天，猛教人抓不到夢魂前，是這答兒壓黄金釧匾」，此等曲則去元人不遠矣。而予最賞心者，不專在「驚夢」「尋夢」等折，謂其心花筆蕊，散見於前後各折之中。「診祟」曲云：「看你春歸何處歸，春睡何曾睡？氣絲兒，怎度的長天日」，「夢去知他實實誰，病來只送得箇虚虚的你。做行雲，先渴倒在巫陽會」，「又不是困人天氣，中酒心期，魆魆的常如醉」，「承尊覰，何時何日，來看這女顔回」？「憶女」曲云：「地老天昏，没處把老娘安頓」，「你怎撇得下萬里無兒白髮親」，「賞春香還是你舊羅裙」。「玩真」曲云：「如愁欲語，只少口氣兒呵」，「叫的你噴嚏似天花唾，動凌波，盈盈欲下，不見影兒那」。此等曲則純乎元人，置之《百種》前後，幾不能辨。以其意深詞淺，全無一毫書本氣也。（以上卷一）

曲譜者，填詞之粉本，猶婦人刺繡之花樣也。描一朵，刺一朵；畫一葉，繡一葉，拙者不可稍減，巧者亦不能略增。然花樣無定式，儘可日異月新；曲譜則愈舊愈佳，稍稍趨新，則以毫釐之差，而成千里之謬，情事新奇百出，文章變化無窮，總不出譜內刊成之定格。是束縛文人，而使有才不得自展者，曲譜是也；私厚詞人，而使有才得以獨展者，亦曲譜是也。使曲無定譜，亦可日異月新，則凡屬淹通文藝者，皆可填詞，何元人我輩之足重哉！「依樣畫葫蘆」一語，竟似爲填詞而發。妙在依樣之中，別出好歹，稍有一綫之出入，則葫蘆體樣不圓，非近於方，則類夫匾矣。葫蘆豈易畫者哉。明朝三百年，善畫葫蘆者，止有湯臨川一人。而猶有病其聲韻偶乖，字句多寡之不合者。甚矣，畫葫蘆之難！而一定之成樣不可擅改也。（卷二）

凡作傳奇，不宜頻用方言，令人不解。近日填詞家，見花面登場，悉作姑蘇口吻，遂以此爲成律，每作净丑之白，即用方言。不知此等聲音，止能通於吴越，過此以往，則聽者茫然。傳奇，天下之書，豈僅爲吴越而設？至於他處方言，雖云入曲者少，亦視填詞者所生之地。如湯若士生於江右，即當規避江右之方言，粲花主人吴石渠生於陽羡，即當規避陽羡之方言。

科諢之妙，在於近俗；而所忌者又在於太俗。不俗則類腐儒之談，太俗即非文人之筆。吾於近劇中，取其俗而不俗者，《還魂》而外，則有《粲花五種》，皆文人最妙之筆也。《粲花五種》之長，不僅在此。才鋒筆藻可繼《還魂》；其稍遜一籌者，則在氣與力之間耳。《還魂》氣長，《粲花》稍促；《還魂》力足，《粲花》略虧。雖然，湯若士之「四夢」，求其氣長力足者，惟《還魂》一種。其餘三劇，則與《粲花》比肩。使粲花主人及今猶在，奮其全力，另製一種新詞，則詞壇赤幟，豈僅爲若士一人所攫哉。所恨予生也晚，不及與二老同時，他日追及泉臺，定有一番傾倒，必不作妒而欲殺之狀，向閻羅天子掉舌，排擠後來人也。（卷三）

填詞之設，專爲登場。登場之道，蓋亦難言之矣。詞曲佳而搬演不得其人，歌童好而教之不得其法，皆是暴殄天物。此等罪過與裂繒毁璧等也。方今貴戚通侯，惡談雜技，單重聲音，可謂雅人深致，崇尚得宜者矣。所可惜者，演劇之人美，而所演之劇難稱盡美；崇雅之念真，而所崇之雅未必果真。尤可怪者，最有識見之客，亦作矮人觀場。人言此本最佳，而輒隨聲附和，見單即點，不問情理之有無，以致牛鬼蛇神，塞滿氍毹之上。極長詞賦之人，偏與文章爲難；明知此劇最好，但恐偶違時好，呼名即避，不顧才士之屈伸，遂使錦篇繡帙，沈埋瓿甕之間。湯若士之《牡丹亭》、《邯鄲夢》，得以盛傳于世，吴石渠之《綠牡丹》、《畫中人》，得以偶登于場者，皆才人僥倖之事，非文至必傳之常理也。若據時優本念，則願秦皇復出，盡火文人已刻之書，止存優伶所撰諸抄本，以備家絃户誦而後已。傷哉，文字聲音之厄，遂至此乎！（卷四）

（《閒情偶寄》）

李漁，字笠鴻，又字笠翁。浙江蘭谿人。生於萬曆三十九年（一六一一），卒於康熙十八、十九年（一六七九—一六八〇）間。有《笠翁十種曲》、《笠翁一家言》等。

毛先舒

詞曲

曲至臨川，臨川曲至《牡丹亭》，驚奇瓌壯，幽豔淡沲，古法新製，機杼遞見，謂之集成，謂之詣極。音節失譜，百之一二；而風調流逸，讀之甘口，稍加轉換，便已爽然。雪中芭蕉，政自不容割綴耳。「不妨拗折天下人嗓子」，直爲抑臧作過矯語。今唱臨川諸劇，豈皆嗓折耶？而世之短湯者，遂謂其了不解音；又有劣手，鋪詞全乖譜法，借湯自解，擬托後塵。臏里之形，政資一噱。又如使事造語，不求盡解，托寄諧諢，故作迂癡，皆神化所至，匪夷之思。乃有苦駁開棺謂是明制律例，入宋不合者。此類頗多。抑又從騃人談夢，不足道矣。

（《詩辯坻》卷四，載《毛稚黄十四種》）

與李笠翁論歌書

蓋惟元人于曲，宫譜精確，近代漸已混淆。而湯義仍《牡丹亭》尤甚。臧晉叔改之，雖失本來，却頗上口。義仍遂有「假饒割就時人景，不是王維舊雪圖」之誚。余謂以文章論，則晉叔爲臨川之罪人；若以音律論，則晉叔乃古人之功臣也。《南柯》亦然。後人愛臨川原本文字之妙，遂不用臧本，而必以原文入歌，新巧益開，古法逾遠，日長月滋，板存腔變，何可道也。

（《韻白》，載《毛稚黄十四種》）

毛先舒，字稚黄，初名騤，字馳黄。清初仁和人。有《毛稚黄十四種》。

尤　侗

艮齋雜説

臨川黎瀟雲語予：「内江有一女子，自矜才色，不輕許人。讀湯若士《牡丹亭》

而悦之，徑造西湖訪焉。願奉箕帚。湯以年老辭。姬不信，訂期。一日，湯湖上宴客，往觀之，則皤然一翁，傴僂扶杖而已。姬嘆曰：『吾生平慕一才子，將托終身。今老醜若此，此固命也。』遂投水而死。惜哉，亦可憐矣！霍小玉云：『才子豈能無貌？』予亦云：『名士何可無年！』」

（《艮齋雜説》卷五，載《西堂全集》）

奏對備忘録題跋

癸酉七月十二日。上問：「你蘇州尤侗還在麽？」撰奏：「尚在；但年已老。日以禪誦爲事，亦留心理學，多有著述。」上諭：「他的『臨去秋波』時文甚好，正好説禪。」撰奏：「古尊宿有將《西廂》畫在方丈壁上，亦是此意。如一本《牡丹亭》全與禪理相合，世人見不能到，即作者亦不自知也。」上首肯久之。靈巖釋超揆恭紀。

（《艮齋倦稿》卷十四，載《西堂全集》）

「癸酉」爲康熙三十二年（一六九三）。「上」指清帝玄燁。

朱彝尊

静志居詩話

義仍填詞，妙絶一時；語雖斬新，源實出于關、馬、鄭、白。其《牡丹亭》曲本尤極情摯。人或勸之講學，笑答曰：「諸公所講者性，僕所言者情也。」世或相傳云刺曇陽子而作，然太倉相君實先令家樂演之，且云：「吾老年人近頗爲此曲惆悵。」假令人言可信，相君雖盛德有容，必不搬演之于家也。當日婁江女子俞二孃酷嗜其詞，斷腸而死。故義仍作詩哀之云：「畫燭摇金閣，真珠泣繡窗；如何傷此曲，偏只在婁江！」又《七夕答友》詩云：「玉茗堂開春翠屏，新詞傳唱《牡丹亭》。傷心拍遍無人會，自掐檀痕教小伶。」其後又續成《紫簫》殘本，身後爲仲子開遠焚棄。詩終牽率，非其所長。

（《明詩綜》）

劉本沛

後虞書

陳蘭修，即濟遠族姑，郡守遵凡公之孫女，孝廉瞿曇谷之妻，臨桂伯稼軒公之家婦也。善山水，能詩。有與夫唱和田園詩及《湯若士牡丹亭牌譜》，皆奇絶。

（《後虞書》，載《虞陽説苑乙編》）

劉本沛，字雨若，别號逋髯，安徽歙縣人。諸生。生萬曆康熙間，有《自怡集》。瞿曇谷，名玄錫，式耜子。

《昭代叢書》有徐震《牡丹亭骰譜》一卷，以其相類，姑録其序、跋於後。

此小六娘篋中故物也。昔小青與素素寒夜擲色，拈及《牡丹亭》句，各出一致，燈燼便睡。似未了公案，後傳示小六娘，六娘撫掌曰：「妙哉！意而意者也。鳳窠鴛社，妙妓少尼，定有解人。慎勿落俗子腐儒牙縫。」嗟嗟，二小已矣，聞素素尚在人間，梓以發拊形屬影之感。秀先序。

小青詩文，流傳膾炙，疑者猶以爲妃青儷白；特支小白所自寓，本無其人。至於小六娘，不過一見諸尺牘。流水瓣桃，何由復留此雪鴻爪印。其爲文人僞托，大略可知。第同撰之素素，作序之秀先，名彰姓晦，里居莫考，抑又何爲胸中耿耿？不知何日始剖晰無疑耶？存此一重公案，以俟解人云爾。乙未夏日，震澤楊復吉識。

胡介祉

格正還魂記詞調序

湯臨川先生所著傳奇，文情兼美；其膾炙人口者，以《牡丹亭》爲最。祇以不便於歌，遂受呂玉繩改竄，大非先生本意。蓋先生以如海才，拈生花筆，興之所發，任意所之，有浩瀚千里之勢，未嘗不知有軼於格調之外者，第惜其詞而不之顧也。茲本則金閶逸士鈕少雅勘正定本，余得之於虎丘市肆中，披閱之次，驚喜無已。買之而歸，細讀一過，心目豁然。始知古人學問精密，考訂詳明，一開未有生面，用作後進津梁，其功誠偉矣哉。少雅負雋才，放浪詩壇酒社間，而於聲調之學，老而彌篤，終始不衰；平日所著審音辨律之書頗多，但以世無知己，且非人不傳，成後輒自焚之，故世之耳逸士之名者甚少，其書之失傳者亦多也。余之得此本也幸甚，然不敢秘爲家珍，用以公諸宇內，遂加校核付刊，臨川、少雅其無憾矣。時康熙歲在甲戌花朝，自娱主人循齋胡介祉題。

（《格正還魂記詞調》，載《彙刻傳劇》）

胡介祉，字循齋，號茨村，又號自娱主人。山陰人。著有《廣陵仙傳奇》、《隨園詩集》等。

洪　昇

長生殿例言

棠村相國嘗稱予是劇乃一部鬧熱《牡丹亭》，世以爲知言。予自惟文采不逮臨川，而恪守韻調，罔敢稍有逾越。蓋姑蘇徐靈昭氏爲今之周郎，嘗論撰《九宫新譜》，予與之審音協律，無一字不慎也。

（《長生殿》卷首）

洪昇，字昉思，號稗畦。浙江錢唐人。生於順治乙酉（一六四五），卒於康熙甲申（一七〇四）。有《稗畦集》及《鬧高唐》、《孝節坊》諸劇。其《長生殿》傳奇爲我國戲曲史上重要作品之一。初行世時，吴人（舒鳧）徐麟（靈昭）爲之評點。其所爲論，昉思以爲「發予意所涵藴者實多」。中有涉及「四夢」者凡十餘處，摘録如後，亦可略見玉茗之影響於稗畦者。

「春睡」折云：閒談中寫出關目，曲家解此者，惟玉茗與稗畦耳。「疑讖」折云：北套本無下場詩，作者效臨川集唐，故皆有詩也。「偷曲」折〔雙赤子〕云：按沈譜以此曲及下〔畫眉兒〕三曲，作〔赤馬兒〕四曲，今正之。又按「數聲恍然心領」，本止單句，乃〔畫眉兒〕之首句，非二調尾句也。今姑從俗。再查《南柯夢》以此四句題作〔蠻兒犯〕，不知何本。臧晉叔改本《南柯》，改〔畫眉兒〕三曲作〔拗芝麻〕，尤謬。「合圍」折〔越調紫花撥四〕套云：此套本之《邯鄲》。首曲題作〔絳都春〕，次曲題作〔混江龍〕。臨川音律頗多逾越，于本調不甚相協。今人改唱作此調，並更曲名。是折效之，未有律調確據也。「密誓」折云：改古詞數字，便極工穩。臨川而後，罕見其匹。「私祭」折云：此與《牡丹亭》祭杜麗娘同用一調。「覓魂」折云：臨川「冥判」純是駕虛羅列，此折語語摭實，如游絲百丈，獨裊晴空。然工力亦相當。「重圓」折〔江兒水〕云：此劇月宮重圓與《牡丹亭》朝門重合，俱是千古奇事。合于曲内表而出之。

孔尚任

桃花扇評語

傳歌齣總批　此折蘇教湯若士南曲，妙文也。

逃難齣眉批　《牡丹亭》死者可以復生，《桃花扇》離者可以復合，皆是拿定情根。

（《桃花扇》卷首）

「湯若士南曲」指《牡丹亭》「游園」齣中〔皂羅袍〕、〔好姐姐〕曲文。孔氏謂《桃花扇》中評語「忖度予心，百不失一」。《荀學齋日記》謂評語實出于孔氏之手。

與王歙州

足下多才，肯賜以長言，如臨川譜「四夢」，雖夢之好惡有别，然皆足以警難醒之人也。

（《湖海集》卷十三）

孔尚任，字季重，又字聘之，號東塘，號岸塘。山東曲阜人。順治戊子（一六四八）生，康熙戊戌（一七一八）卒。有《湖海集》。以《桃花扇》傳奇著名於世。

宋　犖

觀桃花扇傳奇漫題六絶句（録第六）

新詞不讓《長生殿》，幽韻全分玉茗堂。泉下故人呼欲出，旗亭樽酒一霑裳。

（《西陂類稿》卷十七）

宋犖，字牧仲，號漫堂。河南商丘人。康熙間累官至吏部尚書。有《西陂類稿》。

王　苹

桃花扇題辭（七首，録第七）

玉茗青藤欲比肩，石渠俎豆在臨川。濃香絶豔知多少，不及興亡扇底傳。

（《桃花扇》卷首）

王苹，清初歷城人。

林以寧

還魂記題序

昔元稹欲亂其表妹而不得，乃作《會真記》誣其事。金人董解元、元人王實甫先後譜曲以傳之。稹此文，正當令中使批頰。而《西廂》所譜之曲，董則聯綴方語，王亦捃摭舊詞，原非有奇文雋味，足以益人，徒使古人受誣而俗流惑志，最無當於風雅者也。小慧之人妄牽禪理，又指爲文章三昧。夫宗門語録，隨處單詞片言，皆可借轉法華，而行文闔闢通變之機，發于天地之自然，非藉巴人下里然後可悟其旨趣者也。治世之道莫大于禮樂，禮樂之用莫切于傳奇。愚夫愚婦每觀一劇，便謂昔人真有此事，爲之快意，爲之不平，于是從而效法之。彼都人士誦讀聖賢，感發之神有所不及。君子爲政，誠欲移風易俗，則必自删正傳奇始矣。若《西廂》者，所當首禁者也。予持此説已久，顧嘗念曹孟德欲誅一妓，以善歌留之，教他妓有能爲其歌者，乃殺之。今玉茗《還魂記》，其禪理文訣，遠駕《西廂》之上，而奇文雋味，真足益人神智，風雅之儔所當躭玩，此可以燬元稹、董、王之作者也。書初出時，文人學士案頭無不置一册，惟庸下伶人，或嫌其難歌。究之善謳者，愈增韻折也。當時玉茗主人既有以自解，而世之文人學士，反覆申之者尤多；世乃其珍此書，無復他議。然而批郤導窾，抉發藴奥，指點禪理文訣，以爲迷途之津梁，繡譜之金針者，未有評定之一書也。今得吴氏三夫人本，讀之妙解入神，雖起玉茗主人于九原，不能自寫至此。異人異書，使我驚絶。嗟乎！自有天地以來，不知幾千萬年，而乃有玉茗之《還魂》；《還魂》之後，又百年餘，而乃有三夫人之評本，自古才媛不世出，而三夫人以傑出之姿、間鍾之英，萃于一門，相繼成此不朽之大業，自今以往，宇宙雖遠，其爲文人學士，欲參會禪理，講求文訣者，竟無以易乎。閨閣之三人，何其異哉！何其異哉！予家與吴氏世戚，先後覩評本最蚤，既爲驚絶，復欣然序之。蓋杜麗娘之事，憑空結撰，非有所誣，而托于不字之貞，不礙承筐之實，又得三夫人合評表彰之，名教無傷，風雅斯在。或尚有格而不能通者，是真夏蟲不可與語冰，井蛙不可與語天，癡人前安可與之喃喃説夢也哉！甲戌春日同里女弟林以寧拜題。

（《吴吴山三婦合評牡丹亭還魂記》）

林以寧，字亞清。錢唐人。與馮嫻、顧姒等合刻《蕉園五子集》。

吴人　談則　錢宜

還魂記序

吴人初聘黄山陳氏女同，將昏而没。感於夢寐，凡三夕，得倡和詩十八篇；人作《靈妃賦》頗泄其事，夢遂絶。有邵媪者，同之乳媪也，來述同没時，泣謂媪必詣姑所，説同薄命，不逮事姑，嘗爲姑手製鞵一雙，令獻之。人私叩同狀貌服飾，符所夢。媪又言，同病中猶好觀覽書籍，終夜不寢，母憂其茶也，悉索篋書燒之，僅遺枕函一册，媪匿去，爲小女兒夾花樣本，今尚存也。人許一金相購，媪欣然攜至，是同所評點《牡丹亭還魂記》上卷，密行細字，塗改略多，紙光冏冏，若有淚跡。評語亦癡亦黠，亦玄亦禪，即其神解，可自爲書，不必作者之意果然也。惜下卷不存，對之便生於邑。已取清溪談氏女則，雅躭文墨，鏡奩之側必安書簏。見同所評，愛玩不能釋，人試令背誦，都不差一字。暇日仿同意補評下卷，其杪芒微會，若出一手，弗辨誰同誰則。嘗記人十二歲時，偕衆名士集毛丈稚黄齋，客偶舉臨川「恨不得肉兒般團成片」語爲創獲，人笑應曰：「此特衍詩義耳。詩不云乎，聊與子如一兮。」遂解衆頤。諸子虎男載之《橘苑雜紀》。今視二女評，人説直糟魄矣。則既評完，鈔寫成帙，不欲以閨閣名聞於外，間以示其姊之女沈歸陳者，謬言是人所評。沈方延老生徐丈野君譚經，徐丈見之，謂果人評也，作序詒人。于時遠近聞者轉相傳訪，皆云吴吴山評《牡丹亭》也。則又没十餘年，人繼取古蕩錢氏女宜。初僅識毛詩字，不大曉文義。人令從崐山李氏妹學，妹教以《文選》、《古樂苑》、《漢魏六朝詩乘》、《唐詩品彙》、《草堂詩餘》諸書，三年而卒業。啓篋，得同、則評本，怡然解會，如則同本時。夜分燈炧，嘗欹枕把讀。一日，忽忽不懌，請於人曰：「宜昔聞小青者，有《牡丹亭》評跋，後人不得見，見『冷雨幽窗』詩，凄其欲絶。今陳阿姊評已逸其半，談阿姊續之，以夫子故，掩其名久矣，苟不表而傳之，夜臺有知，得無秋水燕泥之感。宜願賣金釧爲鍥板資。」意甚切也，人不能拂，因序其事。吴人舒鳧書。

坊刻《牡丹亭還魂記》，標玉茗堂元本者，予初見四册，皆有譌字，及曲白互異之句，而評語率多俚陋可笑。又見删本三册，唯山陰王本，有序，頗雋永，而無評語。又吕、臧、沈、馮改本四册，則臨川所譏割蕉加梅，冬則冬矣，非王摩詰冬景也。後從嫂氏趙家得一本，無評點，而字句增損，與俗刻迥殊，斯殆玉茗定本矣。爽然對翫，不能離手，偶有意會，輒濡毫疏注數言，冬釭夏簟，聊遺餘閒，非必求合古人也。《還魂記》賓白，間有集唐詩，其落場詩則無不集唐者。元本不注詩人姓氏，予記憶所及，輒爲注之。至于詩句中多有更易字者，如「莫遣兒童觸瓊粉」作「紅粉」，「武陵何處訪仙鄉」作「仙郎」，雖于本詩意刺謬，既義取斷章，兹亦不復批摘也。

右二段，陳阿姊細書臨川序後空格七行内，自述評注之意，共二百四十字。碎金斷玉，對之黯然。談則書。

向見《牡丹亭》諸刻本，「詰病」一折無落場詩，獨陳阿姊評本有之，而他折字句亦多異同，靡不工者，洵屬善本。每以下卷闕佚，無從購求爲怏怏。適夫子遊苕霅間，攜歸一本，與阿姊評本出一板所摹。予素不能飲酒，是日喜極，連傾八九瓷杯，不覺大醉。自晡時睡至次日，日射帳鈎，猶未醒。鬥花賭茗，夫子嘗舉此爲笑噱。放時南樓多暇，仿阿姊意評注一二，悉綴貼小箋，弗敢自信矣。積之累月，紙墨遂多。夫子過泥予，廷許可與姊評等埒，因合抄入苕溪所得本内，重加裝潢，循環展覽，笑與忭會，率爾題此，談則又書。

同語二段，則手鈔之，復自題二段于後。後以評本示女甥，去此二頁，摺疊他書中，予弗知也。没後點檢不得，思之輒增悵惘。今七夕曬書，忽從《庚子山集》第三本翻出，楮墨猶新，呹然獨笑。又念同孤冢蘿香，奄冉十三寒暑，而則戢身女手之卷，亦已三度秋期矣。悵望星河，臨風重讀，不禁淚潸潸下也。吴山人記。

此夫子丁巳七月所題，計予是時才七齡耳。今相距十五稔，二姊墓樹成圍，不審泉路相思，光陰何似？若夫青草春悲，白楊秋恨，人間離别，無古無今。兹晨風雨凄然，牆角緑萼梅一株，昨日始花，不禁憐惜，因向花前酹酒，呼陳姊談姊魂魄，亦能識梅邊錢某同是斷腸人否也？細雨積花蕊上，點滴如淚，既落復生，盈盈照眼，感而書此。壬申晦日錢宜記。

夫子嘗以《牡丹亭》引證風雅，人多傳誦。談姊鈔本采入，不復標明，今加「吴曰」别之。予偶有質疑，間注數語，亦稱「錢曰」，不欲以蕭艾云云亂二姊之蕙心蘭語也。若序首所注，則無庸識别焉。宜又書。

吴人　錢宜

還魂記或問

或問吴山曰：「《禮》：『女未廟見而死，歸葬于女氏之黨，示未成婦也。』子于陳未取也，而評《牡丹亭》，概稱三婦，何居？」曰：「廟見而成婦，謂子婦也，非夫婦之謂也。女之稱婦，自納采時已定之，而納徵則竟成其名。故納采辭曰，吾子有惠貺室某；室者，婦人之稱。納徵則曰，徵者成也；至是而夫婦可以成也。《禮》：『取女有吉日，而女死壻齊衰而弔，既葬而除之；夫死亦如之。』女之可夫，猶壻之可婦矣。夫何傷於禮與？」

或曰：「曲有格，字之多寡、聲之陰陽去上限之，或文義弗暢，衍爲襯字。限字大書，襯字細書，俾觀者了然，而歌者有所循。坊刻《牡丹亭記》往往如此。今于襯字何概用大書也？」曰：「元人北曲多襯字，概用大書，南曲何獨不然。襯字細書，自吴江沈伯英輩始斤斤焉，古人不爾也。予嘗聞歌《牡丹亭》者，『裊晴絲吹來閒庭院』，格本七字，而歌者以『吹來』二字作襯，僅唱六字，具足情致神明之道，在乎其人。況玉茗元本皆大書，無細書襯字也。」

或謂：「《牡丹亭》多落調出韻，才人何乃許邪？」曰：「古曲如《西廂》：『人值殘春蒲郡東，才高難入俗人機。』『值』字、『俗』字，作平則拗。《琵琶》支、虞、歌、麻諸韻互押，正不失爲才人。若斷斷韻調，而乏斐然之致，與歌工之乙尺四合無異，曷足貴乎？」曰：「子嘗論評曲家，以西河大可氏《西廂》爲最。今觀毛評，亟稱詞例。《牡丹亭》韻調之失，何不明注之也？」吴山曰：「然。不嘗論説書者乎？意義訛舛，大家宜辨，若一方名、一字畫，偶有互異，必旁收羣籍，證析無已。此博物者事，非闔閣務矣。聲律之學，韻譜具在，故陳未嘗註，談亦仿之。予將取所用音調、故實、方語、詩、詞、曲并語有費説者，學西河『論釋』例別爲書云。」

或問曰：「有明一代之曲，有工于《牡丹亭》者乎？」曰：「明之工南曲，猶元之工北曲也。元曲傳者無不工，而獨推《西廂記》爲第一。明曲有工有不工，《牡丹亭》自在無雙之目矣。」

或曰：「子論《牡丹亭》之工，可得聞乎？」吴山曰：「爲曲者有四類：深入情思，文質互見，《琵琶》、《拜月》其尚也；審音協律，雅尚本色，《荆釵》、《牧羊》其次也；吞剥方言讕語，《白兔》、《殺狗》之流也；專事雕章逸辭，《曇花》、《玉合》之亞也。」案頭場上，交相爲譏，下此無足觀矣。《牡丹亭》之工，不可以是四者名之，其妙在神情之際。試觀記中佳句，非唐詩即宋詞，非宋詞即元曲，然皆若若士之自造，不得指之爲唐、爲宋、爲元也。宋人作詞，以運化唐詩爲難，元人作曲亦然。「商女後庭」出自牧之，「曉風殘月」本于柳七，故凡爲文者，有佳句可指，皆非工于文者也。

或曰：「賓白何如？」曰：「嘻笑怒駡，皆有雅致，宛轉關生，在一二字間。明戲本中故無此白，其冗處亦似元人，佳處雖元人弗逮也。」

或問：「坊刻《牡丹亭》本：『婚走』折，舟子又有『秋菊春花』一歌；『淮警』、『禦淮』二折，有『箭坊』『鎖城』二諢；何此本獨無也？」曰：「舟子歌乃用唐李昌符《婢僕詩》，其一章云，『春娘愛上酒家樓，不怕歸遲總不憂，推道那家娘子卧，且留教住要梳頭』，言外有春日載花，停船相待之意。二章云，『不論秋菊與春花，箇箇能噇空腹茶，無事莫教頻入庫，一名閒物要些些』，則與舟子全無關合。當是臨川初連用之，後于定本削去。至以『賤房』爲『箭坊』，及『外面鎖住李全，裏面鎖住下官』諸語，皆了無意致，宜其并從芟柞也。」

或問：「《記》中雜用哎喲、哎也、哎呀、咳呀、咳也、咳咽諸字，同乎，異乎？」曰：「字異，而義略同；字同，而呼之有輕重疾徐，則義各異。凡重呼之，爲厭辭，爲惡辭，爲不然之辭；輕呼之，爲幸辭，爲嬌羞之辭；疾呼之，爲惜辭，爲驚訝辭；徐呼之，爲怯辭，爲悲痛辭，爲不能自支之辭。以此類推，神理畢見矣。」

或曰：「《牡丹亭》集唐詩，往往點竄一二字以就己意，非其至也。」曰：「何傷也。孔孟之引詩有更易字者矣。至《左傳》所引，皆非詩人之旨，引詩者之旨也。」曰：「落場詩皆集唐，何但注而不標也？」曰：「既已無不集唐，故玉茗元本，不復標集唐字也。落場詩不注爨色，亦從元本。」

或云：「若士集詩，腹笥乎？獺祭乎？」曰：「不知也。雖然，難矣。陳于上卷未注三句，談補之；談于下卷亦未注一句，錢疏之。予涉獵于文，既厭翻檢，而錢益覩記寡陋，唐人詩集及《類苑》、《紀事》、《萬首絶句》諸本，篇章重出，名氏互異，不一而足。錢偶有所注，註漏實多，它如『來鵠』或云『來鵬』，『崔魯』一作『崔櫓』；『誰能譚笑解重圍』，皇甫冉句也，譌刻劉長卿；『微香冉冉淚涓涓』，李商隱詩也，謬爲孫逖；不勝枚舉，皆不復置辨。覽者無深摭掎焉。」

或問：「若士復羅念菴云『師言性，弟子言情』，而《還魂記》用顧况『世間只有情難説』之句，其説可得聞乎？」曰：「人受天地之中以生，所謂性也。性發爲情而或過焉，則爲欲；書曰『生民有欲』是也。流連放蕩，人所易溺。《宛丘》之詩，以歌舞爲有情，情也而欲矣。故《傳》曰：『男女飲食，人之大欲存焉。』至浮屠氏以知識愛戀爲有情，晉人所云『未免有情』，類乎斯旨。而後之言情者，大率以男女愛戀當之矣。夫孔聖嘗以好色比德，詩道性情，《國風》好色，兒女情長之説，未可非也。若士言情，以爲情見于人倫，倫始于夫婦，麗娘一夢所感，而矢以爲夫，『之死靡忒』，則亦情之正也；若其所謂因緣死生之故，則從乎浮屠者也。王季重論玉茗『四夢』：《紫釵》，俠也；《邯鄲》，仙也；《南柯》，佛也；《牡丹亭》，情也。其知『四夢』之旨矣。」

或者曰：「死者果可復生乎？」曰：「可，死生一理也，聖賢之形，百年而萎，同乎凡民。而神常生于天地，其與民同生死者，不欲爲怪以惑世也。佛老之徒則有不死其形者矣。夫强死者尚能厲，況自我死之，自我生之，復生亦焉足異乎？予最愛陳女評《牡丹亭題辭》云：『死可以生，易；生可以死，難。引而不發，其義無極。』夫恒人之情，鮮不謂疾疹所感，溝瀆自經，死則甚易；明冥永隔，夜臺莫旦，生則甚難。不知聖賢之行法俟命，全而生之，全而歸之，舍生取義，殺身成仁，一也。孔子曰：『朝聞道，夕死可矣。』又曰：『原始反終。』故知死生之說，死不聞道，則與百物同澌菸耳。古來殉道之人，皆能廟享百世，匹夫匹婦凛乎如在。死邪生邪？實自主之。陳女茲評黯與道合，不徒佛語涅槃、老言谷神也。」

或又曰：「臨川言理之所必無，情之所必有。理與情二乎？」曰：「非也，若士言之而不欲盡也。情本乎性，性即理也；理貫天壤，彌六合者也。言理者莫如六經，理不可通者，六經實多。無論玄鳥降生，牛羊腓字，其跡甚怪。即以夢言，如商賚良弼，周與九齡，孔子奠兩楹，均非情感。《周禮》掌夢獻夢，理解傅會，左氏所紀，益荒忽不倫已。然則世有通人，雖謂情所必無理所必有，其可哉？」

或問：「若士言夢中之情何必非真，何謂也？」曰：「夢即真也。人所謂真者，非真也，形骸也。雖然，夢與形骸未嘗貳也。不觀夢搆而精遺，夢擊躍而手足動摇乎？形骸者，真與夢同，而所受則異。不聲而言，不動而爲，不衣而衣，不食而食，不境而無所不之焉。夢之中又有夢，故曰，天下豈少夢中之人也。」

或稱：「評論傳奇者，類作鄙俚之語，以諧俗目。今《牡丹亭》評本，文辭雅雋，恐觀者不皆雅人，如卧聽古樂也。」曰：「是何輕量天下也。天下不皆雅人，亦不絶雅人；正使萬俗人譏不足恨，恨萬俗人賞，一雅人譏耳。」

或曰：「子所謂鈔入苕溪本者，嘗見之矣。陳評上卷，可得見乎？」吴山悄然而悲，喟然而應之曰：「癸丑之秋予館黄氏，鄰火不戒，盡燔其書，陳之所評，久爲二塵。且所謂苕溪本者，今亦亡矣。」曰：「何爲其亡也？」曰：「癸酉冬日，錢女將謀剞劂，録副本成，日暮微霰，燒燭焫酒，促予撿校，漏下四十刻，寒氣薄膚，微聞折竹聲，錢謂此時必大雪矣，因共出。推窗見庭樹枝條集玉堆粉，予手把副本臨風狂叫，竟忘室中燭花爆落紙上，烟達簾外，回視熛熛然，不可嚮邇。急挈酒甕傾潑之始熄，復簇爐火然燈，酒縱横流地上，漆几焦爛，燭臺融錫，與殘紙煨燼團結不能解。因嘆陳本既災，而談本復罹此厄，豈二女手澤，不欲留于人世？精靈自爲之耶？抑有鬼物妒之耶？殘釭欲灺，雪光易曉，相對淒然。久之，命奴子坎牆陰梅樹旁，以生絹包燼團瘞之，至今留焦几志予過焉。」

或曰：「女三爲粲，美故難兼。徐淑、蘇蕙，不聞繼嫓，韋叢、裴柔，亦止雙絶。子聘三室，而秘思妍辭，後先相映，樂乎？何遇之奇也，抑世皆傳子評《牡丹亭》矣。一旦謂出三婦手，將無疑子爲捉刀人乎？」吴山曰：「疑者自疑，信者自信，予序已費辭，無爲複也。且詩云，人知其一，莫知其他，其斯之謂矣。予初聘陳，曾未結褵，天閼不遂；談也三歲爲婦，炊臼遽徵；錢復清瘦善病，時時卧牀，殆不起。余又好遊，一年三百六十日，無幾日在家相對，子以爲樂乎否也？」

右「或問」十七條，夫子每與坐客談論所及，記以示予，因次諸卷末。是日晚飯時，予偶言言情之書都不及經濟。夫子曰：「不然，觀《牡丹亭》記中『騷擾淮陽地方』一語，即是深論天下形勢，蓋守江者必先守淮，自淮而東，以楚泗、廣陵爲之表，則京口、秣陵得以遮蔽，自淮而西，以壽廬、歷陽爲之表，則建康、姑熟得襟帶長江，以限南北，而長淮又所以蔽長江。自古天下裂爲南北，其得失皆在於此。故金人南牧，必先騷擾其間，宋家策應，亦以淮揚爲重鎮，授杜公安撫也。非經濟而何？」因顧謂兒子向榮曰：「凡讀書一字一句，當深繹其意，類如此。」甲戌秋分日錢宜述。

錢宜

還魂記補白

甲戌長夏晒書，撿得舊竹紙半幅，乃陳姊彌留時所作斷句，口授妹書者。夫子云：「陳殁九年後，得諸其妹婿。妹亦亡二年矣。」竹紙斜裂，止存後半，猶有殘缺，逸者蓋多也。因鍥夫子《還魂記或問》上方空白，感其「昔時閒論《牡丹亭》」之句，附録於此，俾零膏賸馥，集香奩者猶得采摭焉。第一行「北風吹夢」四字，二行「却如殘醉欲醒時」七字，是末句也。以後皆一行二十一字，一行七字相間，凡九首。三行下闕二字，其文云：「也曾枯坐閱金經，不斷無明爲有形。及到懸崖須□□，如何煩惱轉嬰寧？」按闕文疑是「撒手」二字。次云：「屧子裁羅二寸餘，帶兒折半裹猶疏。情知難向黄泉走，好借天風得步虚。」次云：「家近西湖性愛山，欲遊孃却駡癡頑。湖光山色常如此，人到幽扃更不還。」次云：「簇蝶臨花繡作衣，年年不著待于歸。那知著向泉臺去，花不生香蝶不飛。」次云：「盡檢香奩付妹收，獨看明鏡意遲留。算來此物須爲殉，恐伺人間復照愁。」次云：「耶孃莫爲女傷情，姊嫁仍悲墓草生。何似女身猶未嫁，一棺寒雨伴先塋。」次云：「看儂神欲與形離，小婢情多亦淚垂。金珥一雙留作念，五年無日不相隨。」次云：「日角渦斜痰滿咽，涓涓情淚滴紅縣。傷心趙嫂牽衾語，多半啼痕是隔年。」次云：「昔時閒論《牡丹亭》，殘夢今知未易醒。自在一靈花月下，不須留影費丹青。」又按：陳姊《南樓集》載補陳姊遺詩闕文一首云：「北風吹夢欲何之，簾幕重重只自垂。一縷病魂銷未得，却如殘醉欲醒時。」予亦有補句云：「北風吹夢斷還吹，一枕餘寒心自疑。添得五更消渴甚，却如殘醉欲醒時。」自顧形穢，難免續貂之誚矣。

本篇刊《或問》上方，題目爲編者所加。

還魂記紀事

甲戌冬暮，刻《牡丹亭還魂記》成，兒子校讎譌字獻歲畢業。元夜月上，置浄几于庭，裝褫一册，供之上方，設杜小姐位，折紅梅一枝貯膽瓶中；然燈，陳酒果爲奠。夫子听然笑曰：「無乃大癡！觀若士自題，則麗娘其假托之名也，且無其人，奚以奠爲？」予曰：「雖然，大塊之氣寄于靈者，一石也，物或馮之；一木也，神或依之，屈歌湘君，宋賦巫女，其初未必非假托也，後成叢祠。麗娘之有無，吾與子又安能定乎？」夫子曰：「汝言是也，吾過矣。」夜分就寢。未幾，夫子聞予嘆息聲，披衣起，肘予曰：「醒，醒。適夢與爾同至一園，彷彿如所謂紅梅觀者，亭前牡丹盛開，五色間錯，無非異種。俄而一美人從亭後出，豔色眩人，花光盡爲之奪，意中私揣，是得非杜麗娘乎？汝叩其名氏居處，皆不應，迴身折青梅一丸撚之。爾又問，若果杜麗娘乎？亦不應，銜笑而已。須臾大風起，吹牡丹花滿空飛攪，餘無所見。汝浩嘆不已，予遂驚寤。」所述夢，蓋與予夢同，因共詫爲奇異。夫子曰：「昔阮瞻論無鬼而鬼見，然則麗娘之果有其人也，應汝言矣。」聽麗譙紞如打五鼓，向壁停燈未滅。予亦起，呼小婢簇火瀹茗，梳掃訖，亟索楮筆紀其事。時燈影微紅，朝暾已射東牖。夫子曰：「與汝同夢，是非無因。麗娘故見此貌，得無欲流傳人世邪？汝從李小姑學尤求白描法，盍想像圖之？」予謂恐不神似，奈何？夫子乃强促握管，寫成，并次記中韻繫以詩。詩云：「蹔遇天姿豈偶然，濡毫摹寫當留仙。從今解識春風面，腸斷羅浮曉夢邊。」以示夫子，夫子曰：「似矣。」遂和詩云：「白描真色亦天然，欲問飛來何處仙。閒弄青梅無一語，惱人殘夢落花邊。」將屬同志者咸和焉。錢宜識。

（《吴吴山三婦合評牡丹亭還魂記》）

吴人，原名儀一，字舒鳧，號吴山。錢唐人。與洪昇友善，昇作《長生殿》，嘗爲之點校。陳同，字次令。談則，字守中，著有《南樓集》。錢宜，字在中。

馮 嫻

還魂記像跋

或謂水墨人物昉自李伯時，非也。晉魏協爲《列女圖》，吴道子嘗摹之以勒石，則已是白描法矣。龍眠墨筆仕女，仿也，非昉也。予與吴氏三夫人爲表妯娌，嘗見其藏有韓冬郎偶見圖四幅，不設丹青，而自然逸麗，比世所傳宋畫院陳居中摹崔麗人圖，殆于過之。惜其不署姓名，或云是吴中尤求所臨。今觀錢夫人爲杜麗娘寫照，其姿神得之夢遇，而側身斂態，運筆同居中法，手搓梅子，則取之偶見圖第一幅也。昔人論管仲姬墨竹梅蘭，無一筆無所本，蓋如此。乙亥春日馮嫻跋。

（《吴吴山三婦合評牡丹亭還魂記》）

馮嫻，字又令。錢唐人。《跋》前有圖，題曰「麗娘小照」。

李　淑

還魂記跋

吴山四哥聘陳嫂，取談嫂，皆蚤夭。予每讀其所評《還魂記》，未嘗不泫然流涕，以爲斯人既没，文采足傳，而談嫂故隱之，私心欲爲表章，以垂諸後。四哥故好游，談嫂没十三年，朱弦未續，有勸之者，輒吟微之「取次花叢懶回顧，半緣修道半緣君」之句，母氏迫之，始復取錢嫂，嘗與予共事筆硯。詶花歗月之餘，取二嫂評本參注之，又請於四哥，賣金釧，雕板行世。予偶憶吴郡張元長氏《梅花草堂二談》載：「俞娘，行二，麗人也。年十七夭。當其病也，好觀文史。一日見《還魂傳》，黯然曰：『書以達意，古來作者多不盡意而出，若生不可死，死不可生，皆非情之所至，真達意之作矣。』研丹砂旁注，往往自寫所見，出人意表。如『感夢』折注云：『吾每喜睡，睡必有夢，夢則耳目未經涉，皆能及之。杜女故先吾著鞭耶？』如斯俊語絡繹連篇，其手迹遒娟可喜。某嘗受冊其母，請秘爲草堂珍玩，母不許，急倩録一副本，將上湯先生，謝耳伯願爲郵；不果上。虞山錢受之近取《西廂》公案，參倒洞聞、漢月諸老宿，請俞娘本戲作《傳燈録》甚急，某無以應也。」由此觀之，俞娘之注《牡丹亭》也，當時多知之者，其本竟泅没不傳。夫自有臨川此記，閨人評跋不知凡幾，大都如風花波月，飄汩無存。今三嫂之合評獨流布不朽，斯殆有幸有不幸耶？然《一談》所舉俞娘俊語，以視三嫂評註，不翅瞠乎？則不存又何非幸耶？合評中詮疏文義、解脱名理，足使幽客啓疑，枯禪生悟，恨古人不及見之，洵古人之不幸耳。錢嫂夢覩麗娘，紀事寫像詠詩，又增一則公案。予亦樂爲論而和之，并識其後，自幸青雲之附云。玉山小姑李淑謹跋。

（《吴吴山三婦合評牡丹亭還魂記》）

李淑，字玉山。有詩集。其和詩云：「因夢爲圖事邈然，牡丹亭畔一逢仙。可知當日懷春意，猶在青青梅子邊。」

顧　姒

還魂記跋

《牡丹亭》一書，經諸家改竄以就聲律，遂致元文剥落，一不幸也；又經陋人批點，全失作者情致，二不幸也。百餘年來，誦此書者如俞娘、小青，閨閣中多有解人，又有賦害殺婁東俞二娘者，惜其評論，皆不傳于世。今得吴氏三夫人合評，使書中文情畢出，無纖毫遺憾；引而伸之，轉在行墨之外，豈非是書之大幸耶？文章有神，其足以垂後者，自有後人與之神會。設或陳夫人評本殘缺，無談夫人續之；續矣，而秘之篋笥，無錢夫人參評，又廢手飾以梓行之；則世之人能誦而不能解，雖再閱百餘年，此書猶在塵霧中也。今觀刻成，而麗娘見形于夢，我故疑是作者化身矣。同里女弟顧姒題。

（《吴吴山三婦合評牡丹亭還魂記》）

顧姒，字啓姬。錢唐人。

洪之則

還魂記跋

吴與予家爲通門；吴山四叔，又父之執也。予故少小以叔事之，未嘗避匿。憶六齡時僑寄京華，四叔假舍焉。一日論《牡丹亭》劇，以陳、談兩夫人評語，引證禪理舉似大人，大人嘆異不已。予時蒙穉無所解，惟以生晚不獲見兩夫人爲恨。大人與四叔持論每不能相下。予又聞論《牡丹亭》時，大人云：「肯綮在死生之際，記中『驚夢』、『尋夢』、『診祟』、『寫真』、『悼殤』五折，自生而之死；『魂遊』、『幽媾』、『歡撓』、『冥誓』、『回生』五折，自死而之生。其中搜抉靈根，掀翻情窟，能使赫蹏爲大塊，隃麋爲造化，不律爲真宰，撰精魂而通變之。」語未畢，四叔大叫嘆絶。忽忽二十年，予已作未亡人。今大人歸里，將於孤嶼築稗畦草堂爲吟嘯之地；四叔故好西方止觀經，亦將歸吴山草堂，同錢夫人作龐老行徑。他時予或過夫人習静，重聞緒論，即許拈此劇參悟前因否也？因讀三夫人合評而書其後。同里女侄洪之則謹識。

（《吴吴山三婦合評牡丹亭還魂記》）

洪之則，字止安。《長生殿》作者洪昇之女。

宋長白

柳亭詩話

湯義仍有《哭婁江女子詩序》，略曰：「婁江女子俞二娘，年十七，未適人，酷嗜《牡丹亭傳奇》，批註其側，幽思苦韻，有痛於本詞者，憤惋而終。周明行中丞言王相國嘗出家樂演此劇曰：『吾老年人頗爲此曲惆悵。』王宇泰亦曰：『乃至俞家女子好之至死，情之於人甚哉！』」詩曰：「畫燭搖金閣，真珠泣繡窗，如何傷此曲，偏只在婁江！」臨川「四夢」，首推《還魂》，俞氏女豈即阿麗現身耶？批之註之，可無憾于王維舊雪圖矣。

吴山三婦評，梓行於浙，而俞二娘之批註失傳。

（《柳亭詩話》）

曲海總目提要

還魂記

明湯顯祖所作。柳夢梅與杜麗娘夢中相遇於牡丹亭，本無此事。顯祖作傳奇四種：《牡丹亭》、《邯鄲夢》、《紫釵》、《南柯》；相傳謂之「四夢」。此記尤爲人所指名。其大略見《漢宫春》詞云：「杜寶黄堂，生麗娘小姐，愛踏春陽。感夢書生折柳，竟爲情傷；寫真留記，葬梅花道院淒涼。三年上，有夢梅柳子，於此賦高唐。果爾回生定配，赴臨安取試，寇起淮揚。正把杜公圍困，小姐驚惶。教柳郎行探，反遭疑激惱平章。風流況，施刑正苦，報中狀元郎。」標目云：「杜小姐夢寫丹青記。陳教授說下梨花鎗。柳秀才偷載回生女。杜平章吊打狀元郎。」首尾粗具於此。其「驚夢」、「尋夢」、「寫真」、「悼殤」、「冥判」、「拾畫」、「玩真」、「幽媾」、「冥誓」、「回生」、「折寇」、「鬧宴」、「硬拷」、「圓駕」等折，流傳衆口，莫不豔稱。皆係虛空結構。自序云：「傳杜太守事者，彷彿晉武都守李仲文、廣州守馮孝將兒女事。予稍爲更而演之。杜守收考柳生，亦如睢陽王收考談生也。」然其言外或別有寄寓。顯祖，江西臨川人。萬曆十一年癸未進士。官禮部主事。上書劾首輔申時行，謫徐聞典史，稍遷遂昌知縣。二十七年大計奪官。顯祖頗多牢騷。所作傳奇，往往托時事以刺貴要。初隆慶時，總督王崇古招俺答來降，封爲順義王，其妻三娘子，封忠順夫人。由是邊督之缺，爲時所慕。自方逢時、吴兑以後，其權愈重，稱曰經略，流俗相傳，有七省經略之稱。侍郎鄭洛，保定安肅人也，心欲得之。廣西人蔣遵箴爲文選郎中，聞鄭女甚美，使人謂曰：「以女嫁我，經略可必得也。」鄭以女嫁之，果得經略。而其女遠别。洛妻痛哭詬洛，洛亦流涕。女至粵，不久而卒。張居正爲首輔，聞之笑曰：「範溪（洛别號也）涕出而女於吴。」杜安撫者，蓋指洛爲經略也。洛家近畿，而杜陵最近長安，曰去天尺五，故以爲比也。嶺南柳夢梅者，遵箴廣西人，柳州在廣西，故云柳，又曰嶺南也。夢梅譏杜寶云：「你衹哄得楊媽媽退兵」者，洛等前後爲經略，皆接納三娘子。三娘子能箝制俺答，又能約束蒙古，故以平得李半譏之也。陳最良語李全妻云：「欲討金子，皆來宋朝取用。」時吴兑等以金帛結三娘子。兑遺以百鳳裙等服飾甚衆，洛亦可知，故云然也。柳夢梅姓名中有兩木字，時丁丑狀元沈懋學、庚辰狀元張懋修、癸未榜眼李廷機，皆有兩木字。丁丑、庚辰，顯祖下第，癸未又不得翰林，故暗藏此以譏之也。苗舜賓爲識寶使臣者：黄洪憲爲戊子北闈主試官，取中七人，被劾。内中鄭材即鄭洛之子，蘇人李鴻，又申時行之婿；又有屠大壯者有富名，文字中用一囡字，巢士弘者有美名，時人謂之巢嬌。物論沸騰，衆共指斥。雖有王衡、董其昌之才，爲第一第二，而不能壓服。洪憲由此回籍，不復補官，故借此以譏之也。黄字抽出數筆，是爲苗字。李鴻宰相之壻，又以夢梅影射也。脣紅齒白，指巢嬌也。苗舜賓問戰、守、和三策，柳夢梅答能戰而後能守，能守而後能和。宋時雖曾有此語，然其影借者：萬曆年間，日本平秀吉攻陷高麗，神宗遣將劉綎、李如松等往救，時有沈惟聘往來日本，爲秀吉請封，令其入貢。兵部侍郎李頤上疏，進戰、守、封三策，言能戰而後能守，能守而後能封。其立説卻與此語正相合也。「索元」一折，借用彭時事：正統十三年戊辰，狀元彭時，傳臚不到，初命錦衣衛拿，尚書胡濴奏改令錦衣衛尋，蓋與此合。記中李全及妻楊氏，實有其人。楊善梨花槍，全敗被殺。楊氏諭鄭衍德曰：「二十年梨花鎗，天下無敵手。今事勢已去，撑柱不行，我欲歸漣水，汝等請降可乎？」衆曰：「諾。」翌日楊氏絶淮而去。後全所據州悉平。楊氏竄歸山東，又數年而斃。詳具《宋史》。然楊實未降也。《法苑珠林》：「晉時武都太守李仲文，在郡喪女，年十八，權假葬郡城北。有張世之代爲郡，男字子長，年二十，夢一女自言前府尹子，今當更生，心相愛樂，故來相就。如此五六夕，忽然晝現，衣服薰香殊絶，遂爲夫婦。寢息，衣皆有袴，如處女。後仲文遣婢視女墓，因過世之婦相問。入廨中，見此女一隻履，在子長牀下，取之啼泣。呼言發塚，歸以示仲文，驚愕，遣問世之：『君兒何由得亡女履耶？』世之呼問兒，具陳本末，發棺視之，女體已生肉，顔姿如故，惟右脚有履子。長夢女曰：『我此得生，今爲所發，自爾之後，肉爛不得生矣。』泣涕而别。」又：「東晉馮孝將，廣州太守，兒名馬子，年二十餘，獨宿廐中。夜夢一女子，年十八九，言：『我是北海太守徐元方女，不幸早亡。出入四年，爲鬼所枉殺。案生録當年八十餘，聽我更生，要當有依憑，方得活。又應爲君妻，能從所委，見救活否？』馬子答曰：『可。』因與尅期。至期，牀前有頭髮，正與地平，令人掃去，愈分明；遂屏左右發視，漸見頭面，已而形體皆出。馬子便令坐對榻上，陳説語言，奇妙非常。遂與寢息。每戒云：『我尚虚。』問何時得出？答曰：『出當待本生日。』遂往廐中。女計生日至，具教馬子出己養之方法。馬子從其言。至日，以丹雄鷄一隻，黍飯一盤，清酒一升，祭訖，掘棺開視，徐徐抱出，著氈帳中，以青羊乳汁瀝其兩眼，始開口咽粥，積漸能語。一期之後，顔色肌膚氣力悉復常。乃遣報徐氏，下禮聘爲夫婦。生二男：長男元慶，嘉禾初爲秘書郎，小男敬度，作太傅掾。」《列異傳》：「談生四十無婦，夜半讀書，有女子可十五六，姿顔服飾，天下無雙，來就生爲夫婦。自言我與人不同，勿以火照我，三年之後方可照。生一兒，二歲。夜伺其寢照之，腰上生肉，腰下但有骨。婦覺曰：『君負我。何不能忍一歲也？大義永離，暫隨我去。』生隨入華堂。以一珠袍與之，裂取生衣裾，留之而去。後生持袍詣市，睢陽王家買之，得錢千萬。王曰：『是我女袍，此必發女墓。』乃收拷之。生具以實對。

王視女冢完如故，發視之，得衣裾。呼其兒，類王女。乃召談生以爲壻，表其兒爲侍中。」

（《曲海總目提要》卷六）

史震林

西青散記

鳳歧嘗謂余曰：「才子罪業勝於佞臣。佞臣誤國害民，數十年耳；才子製淫書，傳後世，熾情欲，壞風化，不可勝計。近有二女，並坐讀《還魂記》，俱得疾死。一少婦看演雜劇，不覺泣下。此皆緣情生感，緣感成癡，人非木石皆有情，慧心紅粉，繡口青衫，以正言相勸，尚或不能自持，況導以淫詞，有不魂消心死者哉？……」

（卷二）

轉華夫人，即安定君，歙西豐溪吴比部之内子程恭人也。名瓊，字飛仙，同郡休甯率溪人。幼見董華亭《書畫眼》一編，遂能捷悟；及長，書畫算弈，無不精敏，論事評理，微妙獨絶，其神解所徹，文字象數，皆塵秕也。玉勾詞客嘗恨情多，夫人則謂：自古以來，有有法之天下，有有情之天下。唐詩云，「不與王侯與詞客，知輕富貴重清才」，才之可愛，甚於富貴，由情之相感，歡在神魂矣。……嘆世人批書，非嘷囈，則隔搔；即貫華，知耐菴未至。錢塘三婦，知開闢數千年，始有《牡丹亭》，顧其所批，略於「左繡」，試味玉茗「通仙鐵笛海雲孤」一絶，應思寓言既多，暗意不少，須教節節靈通。自批一本，出文長、季重、眉公知解之外，題曰《繡牡丹》。雨冷香温，爛然成帙，毫分五色，肌擘理分。大概悉依原本。將「驚夢」折「蟾宫折桂，崔徽期約」等俗字删去六十餘字，然後言：「杜麗之人，形至瓌秀，心至纏綿，眼至高遠，智至强明，志至堅定。習聞强鳳歸鴉，已有内決於心，不服賢文之意，休道暗隨？『幽媾』折『莫不是人家彩鳳暗隨鴉』一句，固已明明註出，不容等閒藉口。其云『但思莫負』者，母本懷者鳳，而遷就者鴉也；『有些僥倖』者，得夢中之鳳已足，於博地之鴉無羨也；『願都似咱』者，寧與夢中之鳳偕死，不與博地之輩俱生也。藉令夢嫁非偶，神魂亦必不從，况乎一例恒流，肯擬將身拚與；正以人生至黷，難緩而不可再之事，焉忍付之異類？『幽情誰見』，猶云『紅絲繫後死生休』，將佳人見耶，不佳人見耶？佳人難得，不佳人，則化石人間莫爲女矣。『好無人見』，謂懷而幽怨之人，非謂人非人輩。『夢想誰邊』，先以己身，化爲阿壻，種種形好，視悉端正也。固非緑綺幽絃、芳年越禮、黄花妙句、晚景貽譏者所得擬焉。若乃息嬀無言，樂昌啼笑，是何説歟。又作者嘗言，文章妙處，皆在紋縐間。察其關捩之處，玉茗以爲才貌絶世之夫，應配才貌絶世之婦，誰不謂然。然雖春腸遥斷，不問其他，而茫茫天涯，才貌絶世之婦，不得而知也，往往隨一例名門以去耳；暗隨者又以鴉承乏焉，尤極慘已。必如杜氏，持之以志，召之以夢，懷之以死，覓之以魂，庶兩美其必合矣。春卿一生，最有造化，以貌則有水鏡之麗娘，以才又有碧眼之苗老，人所得一已足者，彼顧雙擅焉。殆亦幻戲所有，而實境所無也。我佳人可以無嘆也。木爲生意，人貴青春，是矣。何獨取於柳乎？柳枝何詠乎爾？曰：柳也者，天地之柔情也，忽眠忽起，最善抽思，縱遠飄空，一根萬緒，化爲飛絮，尚遍房櫳者也，真才子也。吾獨以爲：但實其節，亦可變梢雲之竹；知斂其氣，亦可變歲寒之松也；春卿之志誠是也。梅奚取？曰：雨肥紅綻，汗潮微酸，笑笑美懷，風風潤粉，舉似香肌，無能逾此，芙蓉至豔，當波霞裳耳。木之貞氣，春之正態也。既尊梅矣，又統領以牡丹，何也？梅非肯隸牡丹者也，既貪冷秀孤芳，又認嫣紅姹紫，情不已雜乎？牡丹又奚取諸？曰：身樹出於內典，牡丹摘自《西廂》，屬肝魂事，故有花神，生之理也。識神入胎，仙聖由此；實造物之毒人，非伉儷者之蟣教也。若無牡丹，則無梅、柳也；況用情於梅、柳者！」玉勾詞客曰：「么荷其舊譜也。既已得花三昧，起色勝解，將愛水根，作香世界，則煙絲醉軟，荒草成窠，蝴蝶門安，斷紅逕接，欺人不解，誘蠹思春，犬腹羊胞，如遊園觀。彼但栖神一處，觸眼嘲吟，寧復顧性海歸香，鮮花供佛哉。復謂微塵妙色，現廣博圓滿之身；晉代宮妝，有衞種長白之嗜；虁持天地，亦若生酥，人趣偏佳，莫先形肉。無奈莊姜死後，風人殉之。此後才人但寫形肉，無不呆鈍者。脂著雨，玉生烟，寫肉鮮奇，自玉茗始；蝴蝶門，牡丹亭，寫形巧麗，亦自玉茗始。古則枚皐《嫚賦》、魏世《笑書》，今則用修《鸚嘗》、羨門《情外》，决不舍花衣粉版，甜口咋人，弄影簾中，溜音紗外，鸞圓燕剪，繪狀圖聲，而別有輕筆淺墨，可以粉碎丁香，雙描夢影。其自號爲無涯浪士、有憶情生，豈不以理之所必無，情之所必有也？袁中郎云：『好好色不真者，其惡惡臭必僞。』玉茗詩：『但念中郎思欲飛，佳人遲暮難重會。』亦急索解人之意夫。轉華之批，則多取成句代己意，出奇無窮，而轉語掀翻大藏，蓋不僅從世間文字來也。」

玉勾詞客詩：「悟得色空枯木似，百千億色奈吾何。」蓋詠澡盆也。轉華夫人因以四句，釋《牡丹亭》色情難壞之意云：「何自有情因色有，何緣造色爲情生。如環情色成千古，豔豔熒熒畫不成。」（卷四）

（《西青散記》）

史震林，字公廣，號悟岡。江蘇金壇人。乾隆丁巳（一七三七）進士。有《西青散記》、《華陽散稿》等。

吴震生

刻才子牡丹亭序

唐詩云：「知音知便了，俗流那得知？」錢虞山云：「拍肩羣瞽説文章，詞壇無復臨川叟。」《才子牡丹亭》者，刻《牡丹亭》即刻批語，方知其爲才子之書，刻《牡丹亭》不刻此批，便等視爲戲房之書也。有此批而後知《牡丹亭》之作於才子，則世間他本，皆不得謂之才子《牡丹亭》也。臨川别駕既得此批，繕寫裝潢，適有名班過撫，生旦皆女，因新玉茗堂而設祭焉，陳此批几筵之上，令優演唱。我一貧士，則何爲而刻之也？起於憤乎世之無知改作者。嘗見有妄男子將《玉茗四夢》盡行删改，以便演唱；齮齕批註其上，覺原本頗多贅言，且于調有出入，又精繡其板以悦衆目，遂使普天下耳食庸人只知删本，而不復問原本。豈知爾於「四夢」二字，不解其意，故敢如此。爾果有小聰明，何不另自成書，而必妄改古人耶？夫「四夢」，才子之書，非優師作也。才子則豈以曲調之小誤論也？吾於書攤得此破碎抄本，既代古人轉恨爲快，安敢以吝阿堵故不急刻之。即如聖嘆《西廂》，亦有删改其「慟哭」二篇者，以爲語多重叠。汝知聖嘆之筆得自《華嚴》，其妙正在重叠乎？亦是精板廣印，以誤庸人，致令原本漸就湮滅。閻浮世間，可惱之事寧復有過於此者，不止如升菴之跋新刻《水經》與《世説》矣；故并著之。聖嘆所批已屬其賞，孰知金批之外，又有此等批法。不但于才色之事入微，復用芥子納須彌法，特寓大言于小言之中，使偶觀經史、欠伸思睡者，即俳諧而詣勝地，挾曲一部，腹已果然。用作詩文，總非凡料，又奚翅《夷堅志》中飲食藥餌，恣口所需而已。識者賞之，亦可以知世間妙人妙事、妙理妙文，真不可測度，無有窮盡也。湯卿謀夜坐閲《牡丹亭》，因憶比來所傳世上演《牡丹亭》一本，若士在地下受苦一日，頗爲不平。其婦丁從旁語曰：「當是遇着陳、杜輩作判耳。」——使見此批，又不知云何！（卷首）

笠閣批評舊戲目

玉茗情禪，而曲調則多聱牙，吴中老伶師加以剪裁垛叠之功，方可按拍。即「冥判」之「混江龍」，與原調全不相合，才雖茂美，音律徑庭。《邯鄲》「打番」，亦名「混江」，尤風馬牛。時流竟以爲定格，依而填之，大可噴飯。

（《才子牡丹亭》）

讀曲歌（十首，録第三）

牡丹亭

歡似倒栽柳，儂似玉樹花。生死死復生，因留此兩家。（卷首）

適閲牡丹亭再疊二首

人間别闢牡丹村，蝴蝶門前溪水温。不是仙郎空到得，神傷往刻月邊痕。

狂情已厭故山霞，野興閒尋異國花。現有枯楊欺雪蕊，如何我至便無家。（卷三）

（《無譜曲》，載《笠閣叢書》）

《刻才子牡丹亭序》題笠閣漁翁作。據《太平樂府》（又名《玉勾十三種》）、《笠閣叢書》、《西青散記》及《才子牡丹亭》批語，知笠閣漁翁即吴震生。震生，字祚榮、長公，號可堂、又翁、弱翁、中湖、武封、玉勾詞客。安徽歙縣人。乾隆丁巳（一七三七）進士。有《太平樂府》、《笠閣叢書》等。

程瓊

批才子牡丹亭序

湯撫州序其所批《西廂記》云：「余守病家園，傲骨日峭。朝語官箴，輒嗽松風吹去；高人韻士，忙開竹户迎來。兼喜穠文豔史，時時游戲眼前，或剪或裁，或聯或合，欲演爲小説而未暇。歐公之後，又有作《五代史》者。于五史所無者千餘卷皆編入，鳩聚散逸，聯綴改定，除其冗長，掇其精華，以廣異聞，竊謂詳盡亦未易哉！兹崔張一傳，微之造業于前，實甫續業于後，人靡不信其事爲實事。余，人信亦信，讀之評之，好事者輒以旦暮不能自必之語，直欲公行海内。冤哉，毒哉，陷余以無間罪獄也！」嗟乎！事之所無，安知非情之所有？其作《還魂記》，有「自掐檀痕教小妹，通仙鐵笛海雲孤。假饒改就時人意，不是王維舊雪圖」、「畫閣摇金燭，珍珠泣繡窗。如何傷此曲，偏只在婁江」、「何自爲情死？悲傷必有神。一時文字業，天下有心人」句。自言王相國書來云：「吾一老人，近頗爲此曲惆悵。」又俞二娘者酷嗜之，蠅頭細字批註其側，幽思苦韻，有過于本詞者，年十七死。族先輩吴越石家伶，妖麗極吴越之選，其演此劇，獨先以名士訓義，次以名工正韻，後以名優協律。武封夫子觀其所訓，始知玉茗筆端，直欲戲弄造化。往往向余道諸故老所談説，余喜其儁妙，輒付柔毫。亦南梁王筠，少好觀書，雖遇見瞥觀，皆即疏記，後重省覽，歡興彌深。陳眉公意親則登，不拘代次。迹同斯筆，罔問雅俗。意既爲搜僻之助，又作癡種子歸依，率夜一折，分五色書之，不止昔人滿卷胭脂字也。燈昏據案，神悴欲眠則已。即多拾瀋攘遺，要由暗解神悟，方知窮情寫物，自有幽思顯詞，雖爲玉茗才人取諸國土，莊嚴此土，信筆所至，可成自書，正不必盡與作者膚貌相屬。然幻珍變錯，在此書溷潔爲蕪，則爲至多，在俞娘輩即約獲博，則爲至少。紗窗緑洞，焚香矜賞，如此相守，亦復何恨耶？崔浩所云，閨人筐篋中物；蓋閨人必有石榴新樣，即無不用一書爲夾袋者，剪樣之餘，即無不願看《牡丹亭》者。閨人恨聰不經妙，明不逮奇，看《牡丹亭》，即無不欲淹通書史，觀詩詞樂府者。然知識甚欲其廣，卷帙又必甚畏其多，即無不欲得縮地術，將亘古以來有意趣事、有思路語，聚于盈寸一編者。我請借《牡丹亭》上方，合中國之子、史、百家、詩、詞、小説爲糜以餉之。凡人著書，必有本願。文都憲之孫女曰：「良卿以姑韓氏喜讀書，爲撰《北齊演義》。我恨形壽易盡，不能與後來閨秀少作周旋，願得爲酒翰事姑之媚媳以娱之。彭繡衣女性嗜酒，嘗結女社談經濟，我又請得爲揮觥鼓掌之豪伴以悦之。莫謂不似丹唇皓腕中拈出，嫌爲嚼飯之餧也。」辛稼軒詞：「如十三女兒學繡，一枝枝不教花瘦。」作者當年「鴛鴦繡出從君看」，批者今日「又把今針度與人」矣。其本非通人以理相格者，無論即或心有同然矣。思及翻刻之費，不肯捐金百數爲前人傳名，則故加駁削移爲己有，不知暗銷神秘，則心精湮没，含靈其悲。載筆君子，惡傷其類，多生以來，與彼何仇，必欲摧之，比于武事，亦秉心之不淑云。或曰：「爾依諸人所訓，將褻喻一一註明，使好名男女從此以後不敢説《牡丹亭》做得好，豈非禍作者耶？」答曰：「渠若竟因好名，忍説《牡丹亭》做得不好，則其人之尚僞，亦復何足與談。使猶稍存本心，畢竟説《牡丹亭》做得好，是我批得舛謬，必又有好事者欲存此批，使後人無復如是之舛謬；則批雖舛謬，可無廢矣。」阿傍識。

（《才子牡丹亭》）

據《西青散記》及《才子牡丹亭》批語，推知此序爲程瓊所作。瓊字飛仙，號轉華。安徽歙縣人。吴震生妻。有《雜流必讀》。

曹 霑

紅樓夢第二十三回　西廂記妙詞通戲語　牡丹亭豔曲警芳心

這裏黛玉見寶玉去了，聽見衆姐妹也不在房中，自己悶悶的。正欲回房，剛走到梨香院牆角外，只聽見牆内笛韻悠揚，歌聲婉轉，黛玉便知是那十二個女孩子演習戲文。雖未留心去聽，偶然兩句吹到耳朵内，明明白白一字不落道：「原來是姹紫嫣紅開遍，似這般，都付與斷井頹垣……」黛玉聽了，倒也十分感慨纏綿，便止步側耳細聽，又唱道是：「良辰美景奈何天，賞心樂事誰家院……」聽了這兩句，不覺點頭自嘆，心下自思：「原來戲上也有好文章，可惜世人只知看戲，未必能領略其中的趣味。」想畢，又後悔不該胡想，躭悞了聽曲子。再聽時，恰唱到：「只爲你如花美眷，似水流年……」黛玉聽了這兩句，不覺心動神摇。又聽道：「你在幽閨自憐……」等句，越發如醉如癡，站立不住，便一蹲身坐在一塊山子石上，細嚼「如花美眷，似水流年」八個字的滋味。忽又想起前日見古人詩中，有「水流花謝兩無情」之句；再詞中又有「流水落花春去也，天上人間」之句；又兼方才所見《西廂記》中「花落水流紅，閑愁萬種」之句；都一時想起來，湊聚在一處。仔細忖度，不覺心痛神馳，眼中落淚。

（《紅樓夢》）

曹霑，字夢阮，號雪芹、芹溪、芹圃。滿洲正白旗包衣旗籍。生於康熙五十四年至雍正二年之間（一七一五—一七二四），卒於乾隆二十八年（一七六三）。著有《紅樓夢》。

王昶

孤鸞　曇陽仙子祠

靈旗香火，是小閣伶仃，仙姝婀娜。夙世塵緣罷，事驗三生果。風前六銖衣薄，尚依依，鬟雲偏左。應與西池南鶴，待平分仙座。　記瑯琊小傳曾親作，想稽首飛鸞，宛同薩埵。竟趨飆車去，見畫圖流播。弇州《四部稿》有《曇鸞大師紀》，尤求有《白日升天圖》。落花久經夢斷，又臨川，誤傳珠唾。試看名賢往昔，著詩篇唱和。湯若士有花妖木客之曲，論者囂然。《竹垞詩話》已力辨之。而吴梅村、陳確菴皆有過曇陽道院詩，並無譏諷，則其爲誣罔無疑。予撰《太倉州志》，石君中丞時在安徽寄書來辨，故今祠中聯額爲中丞手迹也。

（《琴畫樓詞》）

王昶，字琴德，號蘭泉。江蘇青浦人。乾隆十八年（一七五三）進士。有《春融堂集》等。

趙　翼

陔餘叢考

湯若士演《牡丹亭》劇，有石道姑白話一段，全用《千字文》語打諢，其實亦有所本。《太平廣記》引《啓顔録》有祭社語云：「社官三老等竊聞政本於農，當須務兹稼穡，若不雲騰致雨，何以税熟貢新？聖上臣伏戎羌，愛育黎首，能閏餘成歲，律吕調陽。某等並景行維賢，德建名立，遂乃肆筵設席，祭祀烝嘗，鼓瑟吹笙，絃歌酒讌，上和下睦，悦豫且康，禮别尊卑，樂殊貴賤。酒則川流不息，肉則似蘭斯馨，非直菜重芥薑，兼以果珍李柰，莫不矯首頓足，俱共接杯舉觴。豈徒戚謝歡招，信乃福緣善慶。但某索居閒處，孤陋寡聞，雖復屬耳垣墻，未曾攝職從政，不能堅持雅操，專欲逐物意移：憶肉則執熱願涼，思酒則骸垢想浴，老人則飽飫烹宰，某乙則饑厭糟糠，欽風則空谷傳聲，仰惠則虚堂習聽。倘蒙仁慈隱惻，庶有濟弱扶傾，希垂顧答審詳，望感渠荷滴瀝，某等即稽顙再拜，終冀勒碑刻銘，但知悚愧恐惶，實若臨深履薄！」據此則唐人已有以此爲戲者，臨川特仿爲之耳。

（《陔餘叢考》卷二十二）

趙翼，字耘崧，號甌北。江蘇陽湖人。乾隆辛巳（一七六一）進士。有《甌北詩鈔》、《廿二史劄記》、《陔餘叢考》等。

袁　棟

書隱叢説

《睽車志》曰：「有士人寓跡三衢佛寺，忽有女子夜入其室，詢其所從來，輒云所居在近。士人惑之。自此比夜而至。居月餘，乃曰：『妾乃前郡倅馬公之女，小字絢娘，死于公廨，叢塗于此。今將還生，君可具斤鍤，夜密發棺，當如熟寐，君但呼我小字，當微開目，放令就寢，既寤，即復生矣。再生之日，君之賜也。』士人如其言，果再生。且曰：『此不可居矣。』辦裝遁去。其後馬倅來衢，遷葬此女，視殯有損，棺空無物，大驚。聞官，莫知所以。有一僧默疑數歲前士人，物色訪之，得之湖湘間。士人先孑然，復疑其有妻子，問其所娶，則云馬氏女也。因逮士人，問得妻之由。女曰：『可并以吾書寄父。』父遣老僕往視，女出與語，問家人良苦，無一遺誤。士人略述本末，而隱其發棺一事。馬亦惡其涉怪，不復終詰；亦忌見其女，第遣人問勞之而已。」湯若士《牡丹亭》乃全用其事。

焦循、俞樾亦持此説。引述此事後，《劇説》謂「柳生、杜女始末全與此合，知《玉茗四夢》皆非空撰，而有所本也」。《茶香室叢鈔》則云：「絢娘即麗娘，但姓不同耳。」

演戲脚色，初止爨弄參鶻，元時院本用五人：一曰副净，古謂之參軍；一曰副末，古謂之蒼鶻；一曰引戲；一曰末泥；一曰孤裝。《元人百種曲》中，有正末、沖末、副末、老旦、正旦、卜兒、外、净、丑，又有俫兒、孛老、搽旦、孤。湯若士《牡丹亭》用八人：末，生，外，老旦，旦，貼，丑，净；今則用十人：一外，一末，二生，三旦，三净。

湯若士《牡丹亭》傳奇中有花神。雍正中李總督在浙時，于西湖濱立花神廟，中爲湖山土地，兩廡塑十二花神，以象十二月。陽月爲男，陰月爲女，手執花朵，各隨其月；其像坐立欹望不一，狀貌如生焉。都中都城隍廟儀門塑十三省城隍像，撫州紫府觀真武殿有六丁六甲神，六丁皆爲女子像。西湖之花神，其亦仿此意歟？今演《牡丹亭》傳奇者，亦增十二花神焉。

（《書隱叢説》）

徐時作《棻堂節録》有類似記載。

袁棟，字國柱，一字漫恬。吴江人。乾隆監生。有《書隱叢説》、《漫恬詩抄》等。

黄圖珌

看山閣集閒筆

宋尚以詞，元尚以曲，春蘭秋菊，各茂一時。其有所不同者：曲貴平口頭言語，化俗爲雅；詞難於景外生情，出人意表。字字清新，筆筆芳韻，方爲絶妙好辭，其聲諧、法嚴處，不過取平仄二聲，較曲而有平、上、去、入，有開、發、收、閉，有陰、陽、清、濁，有呼、吸、吐、茹，審五音之精微，協六律於調暢，務在窮工辯别，刻意探求，稍有錯誤，致不叶調，如玉茗之《牡丹亭》，詞雖靈化，而調甚不工，令歌者低眉蹙目，有礙於喉舌間也。蓋曲之難，實有與詞倍焉。

（《看山閣集閒筆》，載《中國古典戲曲論著集成》）

黄圖珌，字容之，别號蕉窗居士。江蘇松江人。康熙卅九年（一七〇〇）生，有《看山閣集》及《雷峯塔》等傳奇。

鄭燮

濰縣署中與舍弟第五書

憶予幼時行匣中，惟徐天池《四聲猿》、方百川《制義》二種，讀之數十年，未能得力，亦不撒手，相與終焉而已。世人讀《牡丹亭》而不讀《四聲猿》，何故？

（《板橋集》）

鄭燮，字克柔，號板橋。揚州興化人。乾隆丙辰（一七三六）進士，以畫知名。

李調元

雨村曲話

湯義仍《紫釵》四記，中間北曲驟驟乎涉其藩矣；獨音韻少諧，不無鐵綽板唱「大江東去」之病。南曲絕無才情，若出兩手，何也？

玉茗四種：《還魂記》，《爛柯記》，《邯鄲夢》，《紫釵記》。以《還魂》爲第一部，俗呼《牡丹亭》，句如「雨絲風片，烟波畫船」，皆酷肖元人。惜其使才，于韻脚所限，多出以鄉音，如「子」與「宰」叶之類。其病處在此，佳處亦在此。

（《雨村曲話》卷下）

劇話

《武林舊事》載宋雜劇每一甲有八人者，有五人者。「甲」，猶「班」也。五人，蓋院本之製。八人爲班，明湯顯祖撰《牡丹亭》猶然；多至十人，乃近時所增益。

（《劇話》卷上）

李調元，字羹堂，號雨村。四川綿州人。乾隆廿八年（一七六三）進士。有《童山詩集》、《曲話》等。

蔣宗海

石榴記傳奇序

昔湯玉茗撰《還魂記》，頗得意「弔打」一折。

（《石榴記》）

蔣宗海，字春震。江蘇丹徒人。生康熙、乾隆間。

江　熙

掃軌閒談

王文肅家居，聞湯義仍到婁東，流連數日不來謁，徑去，心甚異之，乃遣人暗通湯從者，以觀湯所爲。湯於路日撰《牡丹亭》，從者亦日竊寫以報。迨湯撰既成，袖以示文肅，文肅曰：「吾獲見久矣。」湯内慚，謬曰：「吾本撰《四夢記》，此其一也；

餘尚有三。」文肅急欲索觀，乃一日夜撰成焉。聞湯于小樓手拍口誦，書吏數十人不給。（《掃軌閒談》）

江熙，字蘊明。常熟人。生康熙、乾隆間。有《掃軌閒談》。

王應奎

柳南隨筆

王實甫《西廂記》，湯若士《還魂記》，詞曲之最工者也。而作詩者入一言半句於篇中，即爲不雅；猶時文之不可入古文也。馮定遠嘗言之，最爲有見。此亦不可不知。（卷三）

《牡丹亭》詞曲，有「雨絲風片」之語。而新城《秦淮雜詩》中用之，亦是一敗闕。嘗聞康熙間雁門有盧制府，以限韻春閨題屬諸名士賦之；而傅徵君青主山，李太史天生因篤，以蓋頭「雨絲風片，烟波畫船」爲曲中語，遂一笑而罷。夫詞曲不可入詩，

余前已言之，觀於傅、李兩公，而鄙言愈信。然則新城秦淮之作，其亦難免後人之指摘矣。（卷五）

（《柳南隨筆》）

王應奎，字東溆，江蘇常熟人。生康熙、乾隆間。有《柳南隨筆》。

快雨堂

冰絲館重刻還魂記敍

世有見玉茗堂《還魂記》而不嘆其佳者乎？然欲真知其佳，且盡知其佳，亦不易言矣。風雲月露，天之才也；山川花柳，地之才也；詩詞雜文，人之才也。此三才者，亘古至今而不易，推遷變化而弗窮。《還魂記》，一傳奇耳，乃薈天地之才爲一書，合古今之才爲一手！以爲禪，則禪宗之妙悟靡不入也；以爲莊、列，則莊、列之詼誕靡不臻也；以爲騷、選，則騷、選之幽渺，靡不探也；以爲史，則史家之筆削靡不備也；以爲詩，則詩人之温厚靡不藴也；以爲詞，則詞人之縟麗靡不抒也；以爲曲，則度曲家之清濁高下、宫商節族，靡不極其微妙，中其窾郤也。噫，觀止矣！予童子時，愛讀此記，讀之數十年，自恨於其佳處尚有未能悉者。冰絲館居士與余同好，取清暉閣原本編較重刊，務存玉茗舊觀，不敢增删隻字。至於愜目賞心，莫能自割，輒於原評之外略綴數言，另署冰絲館、快雨堂之名以别之，冀與讀《還魂記》者少作周旋焉。顧《還魂記》博奥淵微，評跋豈能盡闡，仍待讀之者自爲領取而已。快雨堂敍。

（《冰絲館刻牡丹亭》）

快雨堂，姓名不詳。《冰絲館本牡丹亭》刻於乾隆末。

冰絲館

重刻清暉閣批點牡丹亭凡例

一、《牡丹亭》傳奇，以詩人忠厚之旨，爲詞人麗則之言，句必尖新，義歸渾雅。高東嘉爲曲聖，湯玉茗爲曲仙；洵樂府中醇乎醇者。是編悉依原刻，或有一二字句似乎失檢之處，則謹遵乾隆四十六年進呈訂本；此外不敢妄有增删，幸識者鑒之。

一、是劇刻本極多，其師心改竄，自陷於庸妄如臧晉叔輩，著壇已明斥之矣。

近世又有三婦評本，識陋學膚，妄自矜詡，具眼者諒能别白；但其中校訂字句，紕繆處固多，可采處亦或間有。是編於可采處必加纂録，且爲標出簡端。至乖謬特甚者，亦予拈出。瑕瑜不掩，葑菲可收，意在發揮古人，不與評家較量長短也。

一、集唐詩注出作者姓名，三婦本頗爲有功，今采補之。

一、山陰之評，著語不多，幽微畢闡，俾臨川心匠躍然楮墨間，觀止矣，無以加矣。然細流土壤，或補高深，爝火桔槔，或資明潤；快雨、冰絲各有所見，不必與古强同也。弗揣固陋，附綴數言，然必注明某某加圈，某某加評，使古人廬山真面與管蠡私臆，了了分明，庶閲者知所決擇。

一、山陰自謂不知音律，以文義測之，此實語，非謙詞也。然文各有體，既已填詞，即當以曲律爲文律矣。是編參考曲律，不厭詳明，俾曲律彰而文律倍顯。非敢增益山陰，仍是發揮玉茗云爾。

一、玉茗博極羣言，微獨經史子集，奥衍閎深，即至梵筴丹經，稗官小説，無不貫穿洞徹。間有一二僻書難字，偶爲儉腹所知者，亦爲拈出。此外掛漏尚多，專望海内博物君子惠我弗逮。

一、玉茗所署曲名，因填詞時得意疾書，不甚檢核宫譜，以故譌舛致多，然被之管弦，竟無一字不合，且無一音不妙；益服玉茗之神明於曲律也。近日吴中葉氏《納書楹譜》，考訂極精，爰另爲鋟板行世。是刻曲名，且仍舊貫，即宫調亦不復補注焉。

一、著壇不取繡像，然左圖右書，自古有之，今爲增補。

一、著壇校字，自謂功臣，然魯魚之誤，依然不少。甚矣校書之難也。是刻於文義灼有關係，或諸家互異，折衷一是者，特爲標出簡端。其間明係傳刻之譌，校對時偶然失檢者，但予改正，不復標明；厭繁瑣且不欲暴己長也。

（《冰絲館刻牡丹亭》）

冰絲館，姓名不詳。

石韞玉

吟香堂曲譜序

湯臨川作《牡丹亭》傳奇，名擅一時。當其脱稿時，翌日而歌兒持板，又翌日而旗亭已樹赤幟矣。然而年來舞榭歌臺，工同曲異，而卒無人引其商而刻其羽，致使燕筑銷瑟，妙處不傳，亦詞人之恨事也。今雲章馮丈，取臨川舊本，詳註宫商，點定節拍，譜既就，索序於余。余生平愛讀傳奇院本，心竊許《牡丹亭》爲第一種。每當風月良宵，手執一卷，坐衆花深處，作洛生詠，餘音鏗然，縹緲雲霄，則起謂人曰：

「此中自有佳趣，何必冷雨幽窗，致令其聲不可聽乎？」今觀此本，凡佳人才子，輕憐愛惜之致，以及嬉笑怒駡，里巷褻媟之語，與夫歡娱愁苦之音，靡不傳神於栩栩之中，設使九京可作，臨川當亦首肯，微特僕擊節嘆賞爲無窮也。往昔讀元人「鴛鴦繡出，金針不度」之句，心常恨恨。兹則鴛鴦出拍，字按板隨，腔如鸑鳳之鳴，如流鶯之囀，此真會心人與。異日者廿四橋邊，二分明月，聽玉人吹簫之處，恍若身入廣寒宫中，聆霓裳羽衣一曲也。

（《吟香堂曲譜》）

石韞玉，字執如，號琢堂。長洲人。乾隆庚戌（一七九〇）進士。有《獨學廬全集》。《吟香堂曲譜》，馮起鳳撰，刊於乾隆年間。

顧公燮

消夏閒記

雲間陳眉公入泮，即告給衣頂，自矜高致。其實日奔走於太倉相王錫爵長子緱山（名衡）之門，適臨川孝廉湯若士在座，陳輕其年少，以新構小築命湯題額，湯書

「可以棲遲」，蓋譏其在衡門下也。陳卿之，自是王相主試，湯總落孫山，王歿後始中進士。其所作《還魂記》傳奇，憑空結撰，污衊閨闥；内有陳齋長即指眉公。與唐元微之所著《會真記》，元王實甫演爲《西廂》曲本，俱稱填詞絶唱。但口孽深重，罪千陰譴。昔有人遊冥府，見阿鼻獄中拘繫二人甚苦楚，問爲誰，鬼卒曰：「此即陽世所作《還魂記》、《西廂記》者，永不超生也。」宜哉！

（《消夏閒記摘鈔》卷下，載《涵芬樓秘笈》）

顧公燮，乾隆吴郡諸生。有《消夏閒記》、《致窮奇書》若干卷。

楊復吉

三婦評牡丹亭雜記跋

臨川《牡丹亭》數得閨閣知音，同時内江女子因慕才而至沈淵。玆吴吴山三婦復先後爲之評點校刊，豈第玉簫象管出佳人口已哉！近見吾鄉某氏閨秀又有手評本，玉綴珠編不一而足。身後佳話洵堪驕視千古矣。丙申長夏震澤楊復吉識。

（《三婦評牡丹亭雜記》，載《昭代叢書》）

夢闌瑣筆

聞諸故老言：湯若士爲王文肅主試江西所得士，後知其未婚，屬意焉，欲以曇陽子妻之。文肅復命後，即膺命他出。時眉公在塾課曇陽子，因屬其倈若士謁見時，觀其人品學問可妻與否。迨若士來見，以口語相失，力沮其事。故若士銜忿，有《牡丹亭》之作。——未知信否？

（《夢闌瑣筆》，載《昭代叢書》）

楊復吉，字列歐，號慧樓。震澤人。乾隆乙未（一七七五）進士。道光年間續輯《昭代叢書》。

吴翌鳳

鐙窗叢録

「玉茗堂開春翠屏，新詞傳唱《牡丹亭》。傷心拍遍無人會，自掐檀痕教小伶。」

此湯義仍先生句也。義仍填詞妙絶古今。《牡丹亭》院本,相傳爲刺曇陽子而作。《弇州四部稿》有《曇陽子傳》,稱其得道仙去。(《鐙窗叢録》第二册,載《涵芬樓秘笈》)

吴翌鳳,字伊仲,號枚菴、漫士。安徽休寧人。乾隆諸生。有《與稽齋叢稿》、《東齋勝語》等。

曾廷枚

西江詩話

臨川「四夢」,掩抑金元,而《牡丹》爲最;然非知音,未易度也。故詩云:「傷心拍遍無人會,自掐檀痕教小伶。」因思局促轅下者,不知輪扁斲輪,有不傳之妙。(《西江詩話》)

曾廷枚,字香墅,江西南城人。生乾隆、嘉慶間。有《瓣香山房詩集》、《西江詩話》等。

熊璉

蝶戀花　題挑燈閒看牡丹亭圖

門揜黄昏深院宇，窗裏孤燈，窗外芭蕉雨。萬種低徊無可語，蟲聲四壁諒如許。　怪底臨川遺恨譜，死死生生，看到傷心處，薄命情癡同是苦，古來多少聰明誤！

一幅秋光愁萬頃，妙手空空，畫出當時景。獨坐攤書清夜永，淚珠低落雲鬟冷。　紙上芳魂憐玉茗，疑幻疑真，夢裏淒涼境。是否亭亭噓欲醒？夕陽曾見桃華影。

（《澹僊詞抄》）

熊璉，字商珍，號澹仙。江蘇如臯熊大綱之女，生乾隆、嘉慶間。有詩詞行世。

舒　位

書四絃秋樂府後

玉茗才華勝竹枝，一聲宛轉迴含思。（卷二）

論曲絶句十四首，並示子雲孝廉（録第十首）

玉茗花開别樣情，功臣表在納書楹。等閒莫與癡人説，修到泥犂是此聲。（卷十四）

（《缾水齋詩集》）

舒位，字立人，號鐵雲。大興人。生乾隆、嘉慶間。有《缾水齋詩集》、《缾笙齋修簫譜》等。

清涼道人

聽雨軒筆記

初三日，松秀部復於慈相寺前演《牡丹亭》。予按：湯若士此曲，率皆海市蜃樓，憑空架造，讀其卷首自序，已明言其故矣。然余昔游嶺表，道出南安，聞府署中杜麗娘之梳裝臺猶在焉，見府署後石道姑之梅花觀尚存焉。又若實有其事者。……嗚呼！天地本一幻境，古今來真憑足據之事皆與傳奇小説等也，而兹則附會假借，以實傳奇小説之言，則竟以幻爲真矣。語云，傳聞不實，流爲丹青，蓋此之謂。

（《聽雨軒筆記》卷二）

《聽雨軒筆記》成於乾隆辛亥（一七九一）年。作者姓徐，名字、生平不詳。

陸繼輅

江西船不施窗，小有風雨，即終日暗坐，戲書遣悶

青山窺客若爲容，盡日孤篷竹影紅。攜得布帘成底用？只遮曙色不遮風。

雨絲風片過蘇臺，手拓文窗四面開。除是臨川老詞客，烟波曾見畫船來。

（《崇百藥齋文集》）

陸繼輅，字祁孫。陽湖人。嘉慶五年（一八〇〇）舉人。有《崇百藥齋文集》。劇作有《洞庭緣》等。

焦循

劇說

明人南曲多本元人雜劇，如《殺狗》、《八義》之類，則直用其事。玉茗之《還魂

記》，亦本《碧桃花》、《倩女離魂》而爲之者也。（卷二）

相傳臨川作《還魂記》，運思獨苦。一日，家人求之不可得；遍索，乃卧庭中薪上，掩袂痛哭。驚問之，曰：「填詞至『賞春香還是舊羅裙』句也。」

吾友談星符，名泰，江寧人，乾隆丙午舉人。深于音律之學。生平愛《牡丹亭》，詳爲注釋。嘗語余曰：「『冥判』一齣，用胡判官。蓋釋典中，八月判官姓胡，杜小姐八月死，故用此也。」（以上卷五）

（《劇説》）

錢　泳

履園叢話

乾隆庚辰一科進士，大半英年。京師好事者，以其年貌，各派《牡丹亭》全本脚色，真堪發笑。如狀元畢秋帆爲花神，榜眼諸重光爲陳最良，探花王夢樓爲冥判，侍郎童悟岡爲柳夢梅，編修宋小嵒爲杜麗娘，尚書曹竹墟爲春香。同年中每呼宋爲小姐，曹爲春香，兩公竟應聲以爲常也。更有奇者，派南康謝中丞啓昆爲石道姑，漢陽蕭侍御芝爲農夫；見二公者，無不失笑。

（《履園叢話》卷二十一）

題曲目新編後

昔金壇、王罕皆太史，選時蓺以訓士子，謂之八集。八集者何？啓蒙、式法、行機、精詣、參變、大觀、老境、别情之謂也。試以傳奇、雜劇證之：如《佳期》、《學堂》，啓蒙也；《規奴》、《盤夫》，式法也；《青門》、《瑶臺》，行機也；《尋夢》、《叫畫》，精詣也；《掃秦》、《走雨》，參變也；《十面》、《單刀》，大觀也；《開眼》、《上路》、《花婆》，老境也；《香兒》、《慘覩》、《長亭》，别情也。余以爲成、宏、正、嘉搭題、割裂可廢也，而傳奇不可廢也；淫詞、豔曲、小調、新腔可廢也，而雜劇不可廢也。

（《曲目新編》，載《中國古典戲曲論著集成》）

錢泳，字梅溪。江蘇無錫人。《履園叢話》成於道光五年（一八二五）。

楊懋建

夢華瑣簿

凌仲子在揚州局修曲譜，又定金、元、明人南北曲，論定別裁。於本朝獨推洪昉思《長生殿》爲第一；而明曲雅不喜玉茗堂。且謂「四夢」中以《牡丹亭》爲最下，其中北曲尚有疏快之作，南曲多不入格；至於「驚夢」、「尋夢」諸齣，世人所瓣香頂禮者，乃幾如躍冶之金矣。余於曲學未涉藩籬，固未敢奉一先生之説遽定指歸也。

鄉會試場後，各園及堂會必演王名芳連中三級，花面演説題解，以爲笑樂，未免侮聖人之言。案此體自漢、魏、六朝人已有之，假借同音用資談柄。玉茗堂尤擅此長。其最佳者《牡丹亭》「閨塾」齣，杜麗娘上場賓白云：「酒是先生饌，女爲君子儒。」匡鼎解頤，可稱無上妙品。

（《夢華瑣簿》）

楊懋建，字掌生，號爾園，別署蕊珠舊史。廣東梅縣人。道光辛卯（一八三一）舉人。有《夢華瑣簿》、《長安看花記》、《丁年玉筍志》等。

梁紹壬

兩般秋雨盦隨筆

湯玉茗文章鉅公，「四夢」之成，特其游戲，乃猶以《牡丹亭》口業，相傳永墮泥犂，况下此者乎？

（《兩般秋雨盦隨筆》卷四）

梁紹壬，字應來，浙江錢唐人。《兩般秋雨盦隨筆》成於道光十七年（一八三七）。

周縉

桃谿雪傳奇敍

夷考南北曲雜劇，創自元人。由明迄今，代有作者。其始古意猶存，未嘗不一軌于正，殆其後新聲日競，妖冶之態登諸氍毹，靡曼之音叶諸簫管；蓋自《會真》、

《還魂》諸劇出，而燕溺淫僻之風遍于海宇，人心幾何其不熄，世教焉得而不衰？此迂曲之儒所由發憤太息，欲盡取其書投之水火而卒莫之挽者，則以無人焉，正其本而清其源故也。此吾所爲不能無望于黄子也。

（《桃谿雪》，載《韻珊外集》）

周縉，字竹弁。蘇州人。序作於道光丁未年（一八四七）。

姚燮

今樂考證

愚谷老人云：「湯若士先生作『四夢』，最後作《牡丹亭》，稱今古絶唱。然於字句間，其增減處未諧於譜，時伶難之，遂有起而删改之者，臨川乃興『不是王維舊雪圖』之嘆。」

徐釚云：「湯若士詞曲小令擅絶一世。所撰《牡丹亭記》、《西廂》並傳。嘗醉後自題云：『玉茗堂開春翠屏，新詞傳唱《牡丹亭》。傷心拍遍無人會，自掐檀痕教小伶。』興致可想見也。」

馮家楨云：「湯若士善南，徐青藤善北。」（《今樂考證》）

梁廷枏

曲　話

《還魂記》云：「轉過這芍藥欄前，緊靠着這湖山石邊。」通曲已膾炙人口，而不知實以喬孟符《金錢記》「我見他恰行這牡丹亭，又轉過芍藥圃，薔薇後」數語爲藍本也。

《石榴記》，如皋黄瘦石（振）作也。詞白都有可觀。「神感」諸折，暗以《牡丹亭》作譜子，至「夢園」折，則明白落玉茗窠臼。顧其自然情韻，即未必青出於藍，而模山範水，庶幾亦步亦趨也。

《牡丹亭》對宋人説《大明律》。……作者故爲此不通語，駭人聞聽。然插科打諢，正自有趣，可以令人捧腹，不妨略一見之。

曲有句譜短促，又爲平仄所限，最難諧叶者，李笠翁謂遇此等處，當以成語了之。是固一説。但强押亦難巧合。如《還魂記》之「烟波畫船」，何嘗不是絶妙好詞，何嘗不平仄諧叶。較《春蕪》之「心愁意慵」等語，豈止上、下床，直是天淵之隔矣。（《曲話》）

趙惠甫

能静居筆記

閲《南西廂》一過。友人好《西廂》者，争以爲《牡丹亭》勝《西廂》，是真不讀書人語，是真不解世情人語。夫情生文，文生情，情不至則文不成；其爲文雖絶麗之作，而其言無所附麗，譬如摶沙作飯，無有是處。雙文之於張生，其始相愛悦而已，中則患難之交，終則有性命之感，然後逾禮越義，以有斯文。其情淳摯深厚，至不可解，淪肌浹髓，耐人曲折尋味，故夫雙文之於張生，不得已也，發於情之至者也；情至而不得遂，將有死生之憂，人實生我，而我乃死之，死之仍不獲於義也，於是有行權之道焉：君子之所寬也。若《牡丹亭》則何爲哉！陡然一夢，而即情移意奪，隨之以死，是則懷春蕩婦之行檢，安有清净閨閣如是者？其情易感，則亦易消，入之不深，則去之亦速，拈題結意，先已淺薄，如此雖使徐、庾操筆，豈能作一好語。今見其豔詞麗句，而以爲彼勝於此，是尚未知人情，安足以言讀書！

（《能静居筆記》）

倪　鴻

桐蔭清話

「裊晴絲，吹來閑庭院」，湯玉茗《牡丹亭》曲語也。近某咏游絲有句云：「誰家柳絮閑庭院，風軟吹來寸寸愁。」或譏其用《牡丹亭》曲中字。余謂游絲詩用《牡丹亭》，亦不妨；因詩與題相稱也。漁洋「十日雨絲風片裏，濃春烟景似殘秋」，又何嘗不用《牡丹亭》耶？（卷一）

湯玉茗《牡丹亭》曲所謂杜麗娘者，聞其墳現在南安郡署之後。方静園先生嘗至其墓，有詩弔云：「從來兒女慣多情，夢本無憑恨竟生，不是春容和淚寫，更誰紙上唤卿卿？湖山石畔牡丹亭，芳址烟籠草自青，地下傷春頭白否，於今梅柳總凋零。」按麗娘本無其人，觀臨川自序可見；即就曲中本事而論，亦不當有墳在南安。

後人好事，遂多附會耳，然自是好題目也。（卷二）

（《桐蔭清話》）

倪鴻，字雲癯。臨桂人。《桐蔭清話》成於咸豐戊午年（一八五八）。

楊錞

重建牡丹亭記

大凡事之廢興有數，而人之棄取不同，各有所見也。署東有牡丹亭，人所共知。及觀郡志，備載古迹，而斯亭不傳。豈以臨川湯氏詞曲一出，爲風化所關，故屏置不録與？殊不知憑空結撰，傳奇家往往有之，究於是亭何尤。且園内樹木離奇，臺池掩映，實爲南郡名勝之區，宜乎湯氏之借景生情也。使必因湯氏之説而附會之，則失之鑿；然必因湯氏之説而擯斥之，亦失之拘。余莅任以來，簿書之暇，偶涉東園。於園之東北隅，得斯亭舊址，訪之里人，據稱從前科第盛時，亭極壯麗。究不知建於何代，毁於何時。是亭之廢也，已有年矣。久欲修葺，因酬費維艱，遲至今歲仲春，始得擇吉鳩工，四閲月而告竣，并爲之記，明非因湯氏之寓言，而爲之實其事也，亦非因人所豔説，而爲之成其美也。誠以有是園，不可無是亭，有是亭何妨有是名。則予之重建斯亭也，不過仍其舊而已。適奉文採訪遺事，因述所見聞，以補入郡志，亦觀風者之責焉。

【附】

牡丹亭楹聯

光照臨川筆　春分庾嶺梅　錢塘許庚身題

闢徑又栽花，想見瑶臺月下　新亭仍舊址，非關玉茗風流　鎮洋楊錞題

（《南安府志補正》卷七）

楊錞，江蘇鎮洋人。進士。同治九年（一八七〇）任南安知府。

楊恩壽

詞餘叢話

程雨蒼孝廉以時文名家。詞學蘇、辛，尤工長調。嘗館余家，談及《玉茗四夢》，頗有微詞。謂：「先生得意者乃《牡丹亭》，而『驚夢』一齣，疵纇尤多。」余與辯論，遂

逐句指斥。至「沉魚落雁鳥驚喧，羞花閉月花愁顫」，雨蒼以「魚雁」下單提「鳥」字，「花月」下單提「花」字，語落邊際。「閒停盼，生生燕語明如翦，嚦嚦鶯聲溜滴圓」，以下二句主聽，說與上三字不貫。此二條，余不能爲先生附會也。昔先生指摘鳳洲文集，鳳洲聞之，笑曰：「湯生標塗吾文，異日亦必有標塗湯生之文者。」信然。

小青詩云：「冷雨悽風不可聽，挑燈閒看《牡丹亭》。世人亦有癡于我，豈獨傷心是小青！」《療妬羹》就此詩意演成「題曲」一齣，包括《還魂》大旨，處處替寫小青心事，確是小青題《牡丹亭》，不是吳江俞二姑題《牡丹亭》也。

〔桂枝香〕杜公名守，陳生宿秀，俏書生小姐聰明，頑伴讀梅香即溜。咏《關雎》好逑，咏《關雎》好逑。春心迤逗，向花園行走，夢綢繆，軟款真難得，纏綿不自由。

〔前腔〕雖則想邊虛搆，也是緣中原有。小花神妒色驚回，老冥判原情寬宥。恨風光不留，恨風光不留。把死生參透，只要與夢魂厮守。甚來由，假際猶擔害，真時怎着愁？

〔前腔〕這是相思證候，誰識箇中機彀？石姑姑禁術無靈，陳教授醫功莫奏。把丹青自勾，把丹青自勾。不在梅邊相就，便在柳邊相遘。下場頭：院草堆墳樹，衙齋改寺樓。

〔前腔〕風聲冬吼，雨情秋溜，似同咱淚點飄零，敢也爲嫦娥僝愁。想情緣未酬，想情緣未酬，湖山鑽透，覓得個風魔消受。叫無休，直叫得：冷骨心還熱，僵魂意轉柔。

〔前腔〕半年幽姤，一言明剖，注重生陽壽還該，歷萬劫情腸不朽。笑拘儒等儔，笑拘儒等儔。生人活口，直認做子虛烏有。漫推求：相府開甥館，天街報狀頭。

〔前腔〕魂還非謬，詞傳可久。若不信拔地能生，可聽説和天都瘦？怕臨川淚流，怕臨川淚流，好趁你殘香餘酒，略寫我慵裝疏繡。數更籌，燭閃搴衣護，窗開翦紙修。

〔長拍〕一任你拍斷紅牙，吹酸碧管，可賺得淚絲沾袖！一聲《河滿》，便潸然四壁如秋。半晌好迷留。是那般憨愛，那般癆瘦。幾陣陰風涼到骨，想又是梅月下悄魂游。若都許死後自尋佳偶，豈惜留薄命自作羈囚！

〔短拍〕便道今世緣慳，來生信斷。假華胥也不許輕游，誰似恁納采挂墳頭，把畫卷當綵球拋授。若未必癡情絶種，可容我偷識夢中愁？

〔尾聲〕從今譜夢傳奇後，添附新詩一首。你可聽説傷心夢裏酬。

或有謂第四支「叫無休」三字無謂者，是殆未見《牡丹亭》原本有「叫畫」一齣，更不識其暗用叫真真典耳。余尤愛「拔地能生，和天都瘦」二句，雖老鴟翁亦不過爾爾。

凡詞曲皆非浪填。胸中情不可説，眼前景不可見者，則借詞曲以咏之。若敍事，非賓白不能醒目也，使僅以詞曲敍事，不插賓白，匪獨事之眉目不清，即曲之口吻亦不合。即如《牡丹亭》寫杜麗娘游園之時，便道「不到園林，怎知春色如許也」，緊接「原來姹紫嫣紅開遍，似這般都付與斷井頹垣」。若不用賓白呼起，則「原來」二字不見精神。此下敘亭館之勝，於陸則「朝飛暮捲，雲霞翠軒」，於水則「雨絲風片，烟波畫船」。而此調尚有三字兩句，若再寫園景，便嫌蛇足。故插賓白云「好景致，老奶奶怎不提起也」，結便以「錦屏人忒看韶光賤」反詰之筆足之。即景抒情，不見呆相。究竟此支詞曲之妙，皆由賓白之妙也。

湯若士居廬甚隘，鷄棲豚柵之旁俱置筆硯。玉茗一樹，高出檐際，茂而不花。譜《牡丹亭》初成，召伶人演之，是夕花大放。自是無歲不開。文章有神，聲音動物，豈偶然哉！

嘗見《感應篇》註：「有入冥者，見湯若士身荷鐵枷。人間演《牡丹亭》一日，則笞二十。」雖甚其辭以警世，亦談風雅者不敢不勉也。先生本王文肅公門下士。文肅中女曇陽子修道有得，一時名士無慮數百人，頂禮稱弟子。豫示化期，飛昇亡夫墓次，萬目共睹；但遺蜕入龕，有蜿蜒相隨同掩，或疑爲蛇所祟耳。數年後，忽有鄞人婁姓，以風水游吴、越間，一妻二子，居處無定。妻慧美，多藝能，且操吴音，蓄貲甚富。捕者疑之，蹤跡頗急。度不可脱，則曰：「我太倉王姓也。」於是譁然「曇陽復生」矣。時文肅父子俱在朝，僅以族人司家事，急召婁夫婦訊之，詭稱「實未死，從龕後穴而逸」。族人向未見曇陽，莫能辨。有老僕諦視良久，忽省曰：「汝非二爺房中某娘乎？」始惶恐伏罪。蓋文肅亡弟鼎爵愛妾竊資以逃者也。執付幹僕，解送京師。婦與幹僕通，乘其醉，攜一雛並要夜竄，莫知所終。當海内轟傳時，先生遽采風影之談，填成豔曲。初不過游戲三昧，不料原本一出，遂有千古後人，讀其詞未嘗不信其事，實爲曇陽之玷。先生官職不顯，畢世沈淪，誠受筆墨之障。蔣心餘瓣香玉茗，私淑有年。《臨川夢》「集夢」一齣，亦以誣衊曇陽爲非，其詞云：「畢竟是桃李春風舊門牆，怎好把帷薄私情向筆下揚？他平生罪孽這詞章！」

（《詞餘叢話》）

楊恩壽，字鶴儔，號蓬海。湖南長沙人。同治庚午（一八七〇）舉人。有《坦園叢書》。所著戲曲有《姽嫿封》等。

鄒弢

三借廬筆談

湯臨川《牡丹亭記》，膾炙人口。相傳揚州有女史金鳳鈿，梅仙云：蘇州人。宋姓。毓仙云：浙江人，不知其姓。父母皆故，弟年尚幼，家素業鹺，遺貲甚厚。鳳鈿幼慧，喜翰墨，尤愛詞曲。時《牡丹亭》書方出，因讀而成癖，至於日夕把卷，吟玩不輟。時女未字人，乃謂知心婢曰：「湯若士多情如許，必是天下奇才，惜不知里居年貌，爾爲我物色之，我將留此身以待也。」婢果托人探得耗，知若士年未壯，已有室；時正待試京師，名藉藉傳人口。即以復鳳鈿，鳳鈿嘿然久之，作書寄燕都達意，有「願爲才子婦」之句。年餘亡覆書，蓋已付洪喬公矣。復修函寄之。轉展浮沉，半年始達。時若士已捷南宮，感女意，星夜來廣陵，則鳳鈿死已一月矣。臨死，遺命於婢曰：「湯相公非長貧賤者，今科貴後，倘見我書，必來相訪，惟我命薄，不得一見才人，雖死目難瞑。我死，須以《牡丹亭》曲殉，無違我志也。」言畢遂逝。若士感其知己，出己資力任葬事，廬墓月餘始返。因理金氏産，并其弟悉載以去。後弟亦成名。——楊雲生爲余述。

（《三借廬筆談》）

鄒弢，字翰飛。江蘇無錫人。《三借廬筆談》成於光緒十一年（一八八五）。

邱煒萲

客雲廬小說話

吾友卅十六梅花館主人嘗與愚言：「《西廂》之妙未過《牡丹亭》、《桃花扇》、《長生殿》，若其謬處，吾弗信也。」愚驟聆之，不得其解，繼而釋然。蓋《西廂》之謬，全在有此副好筆墨，何題不可爲，何必於崔、鄭二人已爲枯骨夫妻，爰復重翻舊案，加以惡聲耶？若《牡丹亭》賓白雖不及《西廂》之跳脱變换，而詞曲之清新韶麗，殆不歉之。《桃花扇》則取其情節確實，描寫淋漓，語語沉着，爲一代興亡所繫，詞曲稍涉鋪排，要不没其風骨。《長生殿》意存敦厚，力據上游，已是可取；其數十折中，只摘其最纏綿懇摯者誦之，輒令人欲唤奈何，一往情深而不可遏。故與其進也，苟以《桃花》、《長生》之真情，儷之《牡丹》之艷曲，何必《西廂》始爲知音乎？惜也聖嘆不存，未能一進而請益之。

（《小説戲曲研究卷》，載《晚清文學叢鈔》）

此則原載光緒廿三年（一八九七）之《菽園贅談》。作者生平不詳。

浴血生　解脱者

小説叢話

《西廂記》「驚豔」折：「顛不剌的見了萬千，這般可喜娘罕曾見。」金聖嘆批云：「言所見萬千，亦皆絶豔，然非今日之謂也。」釋義：「顛不剌：顛，張生自指；不剌，元時北方助語詞。又或以爲外方所貢美女名。」又徐文長以「顛不剌」解作不輕狂。至《牡丹亭》「圓駕」折：「見了俺前生的爹即世嬤，顛不剌悄魂靈立化。」《長生殿》「彈詞」折：「顛不剌、懵不剌撇不下心兒上。」俱作「顛倒」解。

聲音之道，入人最深，而每唱亡國感時之什，尤不禁怦然心動。其佳者，《牡丹亭》「折寇」〔玉桂枝〕云：「問天何意？有三光不辨華夷，把腥羶吹换人間，這望中原做了黄沙片地。」《桃花扇》「誓師」〔二犯江兒水〕云：「協力少良朋，同心無弟兄。都想逃生，漫不關情，讓江山倒像設着筵席請。」《長生殿》「駡賊」〔上馬嬌〕云：「平日家張着口將忠義談，到臨危翻着臉把富貴貪。早一齊兒摇尾受新銜，把個君親仇敵當作恩人感。咱，只問你蒙面可羞慚？」《桃谿雪》「旅病」〔繡帶兒〕云：「承平日看駿馬高車馳騁，誰知無益蒼生；遇烽烟未戰先逃，賊來但有空城。」臨川悽惋，雲亭

沈痛，洪曲熱駡，黄曲冷嘲，而洪曲尤極痛快淋漓之致，直使千古老奸一齊褫魄！（以上浴血生，以下解脱者）

男女兩異性相感，心理學上之大則也。故文學一道，無論中西，皆以戀愛居其强半。此不必爲諱，亦不足爲病也。詩詞寫情之什，佳者不少，然綿鬱沈達，盡情極致，尤莫如曲本之易工，蓋文體使然矣。曲本寫男女之事者什居八九，然真可稱戀愛文學之精華者，亦不過寥寥數部而已，此學問自非易事也。今擇録吾所愛誦者數折：

其寫春懷嬌憨之態者，泰西文學家所謂初戀也，最佳者……《牡丹亭》「驚夢」云：

〔遶陽臺〕夢回鶯囀，亂煞年光遍。人立小庭深院。炷盡沈烟，抛殘繡綫，怎今春關情似去年？

〔步步嬌〕裊晴絲，吹來閒庭院，摇漾春如綫。停半晌，整花鈿。没揣菱花，偷人半面，迤逗的彩雲偏。我步香閨，怎便把全身現！

〔醉扶歸〕你道翠生生，出落的裙衫兒茜，豔晶晶，花簪八寶填，可知我常一生兒愛好是天然。恰三春好處無人見。不提防沈魚落雁鳥驚喧，則怕的羞花閉月花愁顫。

〔皂羅袍〕原來姹紫嫣紅開遍，似這般都付與斷井頽垣。良辰美景奈何天，賞

心樂事誰家院！朝飛暮捲，雲霞翠軒；雨絲風片，烟波畫船。錦屏人忒看的這韶光賤。（中略）

〔山坡羊〕没亂裏春情難遣，驀地裏懷人幽怨。則爲俺生小嬋娟，揀名門一例、一例裏神仙眷。甚良緣，把青春抛得遠。俺的睡情誰見？則索因循靦覥。想幽夢誰邊？和春光暗流轉。遷延，這衷懷那處言？淹煎，潑殘生，除問天！

（《小説叢話》）

浴血生、解脱者，生平不詳。以上兩則，均見光緒卅二年（一九〇六）出版之《小説叢話》。

李慈銘

越縵堂讀書記

牡丹亭　明湯顯祖撰

病漸愈能起，看書數行，便苦心目不繼，因撿湯若士《牡丹亭》閲之。臨川此書，全是楚騷支流餘裔，不得以尋常曲子視之。

（《越縵堂讀書記》八文學）

李慈銘，初名模，字式侯，號蒓客。浙江紹興人。光緒六年（一八八〇）進士。有詩文集及《越縵堂日記》行世。

況周儀

餐櫻廡隨筆

小紅，姜白石侍兒，范文穆所贈也。白石過垂虹詩，有「小紅低唱我吹簫」之句。湯玉茗侍兒亦名小紅，烏程張秋水（鑑）《冬青館甲集過臨川懷玉茗》詩句云：「唯有《牡丹亭》院本，尊前重聽小紅歌。」自註：「小紅，玉茗侍兒。」

（《餐櫻廡隨筆》）

況周儀，又名周頤，字夔笙，號蕙風。廣西臨桂人。光緒五年（一八七九）舉人。有《蕙風詞》等。

王國維

紅樓夢評論

夫優美與壯美，皆使吾人離生活之欲，而入於純粹之知識者；若美術中而有眩惑之原質乎，則又使吾人自純粹之知識出，而復歸於生活之欲。如粔籹蜜餌，《招魂》、《啓》、《發》之所陳，玉體橫陳，周昉、仇英之所繪，《西廂記》之「酬柬」、《牡丹亭》之「驚夢」、伶元之傳《飛燕》，楊慎之贗《秘辛》：徒諷一而勸百，欲止沸而益薪。所以子雲有靡靡之誚，法秀有綺語之訶，雖則夢幻泡影可作如是觀，而拔舌地獄專爲斯人設者矣。故眩惑之於美，如甘之於辛，火之於水，不相並立者也。

吾國人之精神，世間的也，樂天的也。故代表其精神之戲曲小說，無往而不著此樂天之色彩，始於悲者終於歡，始於離者終於合，始於困者終於亨，非是而欲饜閱者之心，難矣。若《牡丹亭》之「返魂」，《長生殿》之「重圓」，其最著之一例也。

（《静庵文集》）

録曲餘談

湯若士《還魂記》，世或云刺曇陽子而作。……然余謂此説不然。若士撰此曲時，正在太倉，正爲文肅而作，又在文肅家居之後，決不作此輕薄事。江熙《掃軌閒談》云：王文肅家居，聞湯義仍到婁東，流連數日不來謁，徑去，心甚異之。乃遣人暗通湯從者，以覘湯所爲。湯於路日撰《牡丹亭》，從者亦竊寫以報。逮成，袖以示文肅。文肅曰，吾獲見久矣。又《静志居詩話》亦云：《牡丹亭》初出，太倉相公實先令家樂演之，且云，吾老年人近頗爲此曲惆悵。合此二書觀之，則刺曇陽之説，不攻自破矣。

無名氏《傳奇彙考》謂：《牡丹亭》言外，或別有寄寓。初隆慶時，總督王崇古招俺答來降，封爲順義王，其妻都三娘子，封忠順夫人。由是總督之缺，爲時所慕。自方逢時、吴兑以後，其權愈重，稱曰經略。侍郎鄭洛，保定安肅人也，心欲得之。廣西蔣遵箴爲文選郎中，聞鄭女甚美，使人謂曰：以女嫁我，經略可得也。鄭以女嫁之，果得經略。而其女遠別。洛妻痛哭詬洛，洛亦流涕。張江陵聞之，笑曰：鄭範溪（洛別字）涕出而女於吴。杜安撫者，蓋指洛爲經略也。嶺南柳夢梅者，遵箴廣西人，故曰嶺南也。柳夢梅譏杜寶云，你衹哄得楊媽媽退兵者，洛等前後爲經略，皆結納三娘子。三娘子能箝制俺答，又能約束蒙古，故以平得李半譏之也。陳最良語李全妻云：欲討金子，皆來宋朝取用。時吴兑以金帛結三娘子，遺百鳳裙等服色甚衆，洛亦可知，故云然。柳夢梅姓名中有兩木字，時丁丑狀元沈懋學、庚辰狀元張懋修、癸未榜眼李廷機，皆有兩木字。柳夢梅對策言能戰而後能守，能守而後能和。宋時雖有此語，然其影借者：高麗之役，兵部侍郎進戰、守、封三策，言能戰而後能守，能守而後能封。與此語正相合也。云云。附會殊切，似屬明人之言。然此記即影射時事，猶其第二義。其大指，則義仍《牡丹亭》自序盡之矣。

義仍應舉時，拒江陵之招，甘於沈滯。登第後，又抗疏，劾申時行。不肯講學，又不附和王、李。在明之文人中，可謂特立獨行之士矣。

（《海寧王静安先生遺書》）

王國維，字静安，又字伯隅，號觀堂。浙江海寧人。生於光緒三年（一八七七），卒於民國十六年（一九二七）。有《觀堂集林》、《静安文集》等。戲曲論著有《宋元戲曲考》、《曲録》等。

劉世珩

玉茗堂還魂記跋

臨川「四夢」，精心結撰，膾炙人口，推《牡丹亭還魂記》。吕棘津《曲品》，謂《還魂》傳杜麗娘事甚奇，而著意發揮。懷春慕色之情，驚心動魄，且巧妙叠出，無境不新，真堪千古矣。《静志居詩話》：「《牡丹亭》曲本尤真摯動人。或傳云刺曇陽子而作，然太倉相君實先令家樂演之，且曰吾老年人近頗爲此曲惆悵。假令人言可信，相君雖盛德有容，必不反演之於家也。」其時傳説不一，而遭後人塗抹，亦以此記爲最甚。觀臨川答凌初成書云：「《牡丹》一記，大受吕玉繩改削，云便吴歌；猶見王摩詰冬景芭蕉，而割蕉加梅焉。」臨川在日已有删改者。臧晉叔所刻「四夢」尤多改竄，沈伯英、馮子猶則並其名亦改之，曰《合夢記》，曰《風流夢》。蓋至是而臨川本色雖存焉者，廑矣。快雨堂冰絲館刻一本，題《重刻清暉閣批點牡丹亭》，乃王謔菴比部所評校，快雨冰絲爲之增補繡像，加以批評圈點，標明清暉閣原本。世稱此本最佳。前有竹林堂刻「四夢」本，其《還魂記》即據王比部清暉閣本刻者。又有吴吴山之三婦——陳同、談則、錢宜評本，於集唐詩注出作者姓名，益見苦心孤詣矣。余正合數本校訂，適得十行二十二字本，白口單邊，介白提行，低一格雙行小字，字體古雅，一無圈點批評，其中插附圖畫，雕鏤精工，詞曲介白，與通行本頗有異同。或疑是臨川原本，惜無序跋可證。冰本增補繡像，全從此本橅出。於詞曲介白，又未依據。快雨堂序言，取清暉閣原本編校重刊，務存舊觀。凡例言是編悉依原刻，或有一二字句似乎失檢之處，則謹遵乾隆四十六年進呈訂本，此外不敢妄有增删云云。以之相校，多所未合。謔菴序且遺其名王思任三字，序後陳仲醇、米仲詔兩家評語，又復失載。眉批並云從三婦本改訂，亦未依據。今刻悉從十行本，扮色間用臧本，圈點合取清暉閣、三婦、快雨冰絲三本；至如繡像畫圖，山荆則謂「四夢」全橅臧圖，當歸一律。十行本之原圖，另橅刻於卷首，使兩存之，得以見冰本所橅之所自焉。評語仍以王比部本爲主，並列其序。書題山陰王思任謔菴評校。此外各家批評，擇其精者採列於眉，著明某某，行邊批注皆照録入。凡與各本不同處，均加按語，標出簡端。復取鈕少雅《格正詞調》附刻於後，藉作校記。其曲牌曲律，恐讀者未必案頭盡人置譜一編，以之比勘有據。鈕譜、葉譜改正，都爲標注，集曲並詳載牌名，悉心讎校。校過付寫，寫後復校；校過付刻，刻後復校；校非一次，時逾三年，始刻成此完本，自信可免割蕉加梅之譏，一無拗嗓聱牙之弊。臨川有知，九京下當亦深許直駕乎快雨冰絲而上，其勿繙刻笑人以賈人俗子事，爲清暉大足痛恨者也。然余之傳「四夢」，首列臨川二傳，傳其史册彈文，使咸知是孝子，是忠臣，是堅貞名節之士，能僅以曲仙稱之耶？從來傳奇家多傳生旦，臨川獨於傳外有己在焉。前人祇知「四夢」本酒、色、財、氣四犯：《南柯》，酒也；《還魂》，色也；《邯鄲》，財也；《紫釵》，氣也。不知《南柯》之契玄，《還魂》之老判，《邯鄲》之純陽子，《紫釵》之黄衣豪客，是皆臨川自謂也。現身説法，固已别具一格，而其醒世苦心，則亦見道之文，豈可以癡人説夢等閒觀之乎哉！光緒三十四年戊申長至，夢鳳主人貴池劉世珩識於京師東安門外西堂子衚衕天禄西堂。

（《玉茗堂還魂記》，載《彙刻傳劇》）

格正還魂記詞調跋

丙午、丁未間，與揭陽曾剛庵參議習經同官部處。剛庵見余校刻《還魂記》，亟以所藏《格正還魂記詞調》一本相貽，鈔寫極工。翻讀一過。題作《按對大元九宫詞譜格正全本牡丹亭還魂記詞調》，無作者姓氏，惟自第二折「言懷」起，疑有訛奪；第十折「虜諜」，並未照進呈本删去，卻改「虜」字爲「邊」字，是在《冰絲館刻還魂記》之前本也。癸丑十一月十六日，恭值崇陵奉安，先期與剛庵同宿梁格莊。剛庵告余，近在廠肆又得一刻本。禮成，返都門，過剛庵潮州館，攜歸上海楚園一校，前本果非完書。此本刻極精緻，標題亦不相同，第一行題「鈕少雅格正牡丹亭上」，第二行小字雙行題「九宫詞譜非詞隱先生之本也」，第三行題「自娱主人藏本」，白口下有「谷園」二字，前有胡介祉序，其缺之「家門」第一折具在。惜刻本尾殘半葉，而鈔本獨完，按語小注間與鈔本不同，鈔本又有勝此刻本處。鈔本「鬧殤」折注「冰本」「鬧」作

「悼」，「僕偵」折注「冰本」「貞」作「偵」； 是以「冰本」校鈔於原本，復稍有改易。 以兩本互爲勘訂，從其善者，則今所刊更有過於原書矣。 按少雅，長洲人，早歲得聞金白嶼、梁少白緒論，於曲律有神悟，憤當時《牡丹亭》詞語割裂太甚，乃爲之格正於原本，不增減一字，獨存廬山面目，允爲後學津梁。 吴門李玄玉編訂《北詞廣正譜》，少雅爲之參酌。 吴江沈伯英《南宫曲譜》，於不收宫調諸曲加三十腔之類，皆未敢點板，少雅斟酌斠讎，亦有《南九宫正譜》之輯，與張心其《南宫譜》並稱，世號鈕張。 其後楊震英曾同莊恪親王編《九宫大成譜》，頗取裁焉。 胡介祉序言得之虎丘市肆中，康熙甲戌刊成。 介祉字循齋，號茨村，又號自娱主人，山陰人，大興籍，官至河南按察使，其陳臬山左時，楊震英亦佐幕中，著有《廣陵仙傳奇》，並輯《隨園曲譜》十二卷，書成未刊。 楊緒序《南詞定律》述之甚詳。 是循齋與少雅有同嗜焉，宜其精鐫此本。 《冰絲館刻還魂記》並據此本校律箸於眉上，而亦未全依此譜。 余刻《還魂記》，取此譜同葉懷庭譜合校，今並以此本附刊於後，藉以作校記云。 甲寅長夏雙忽雷閣道士貴池劉世珩并識。

（《格正還魂記詞調》，載《彙刻傳劇》）

錢静方

小説叢考

「四夢」者:《邯鄲夢》,《南柯夢》,《紫釵記》,《還魂記》。三書均有所本,獨《還魂記》匠心别造,情致具足,反較三書爲勝。蓋爲小説者,往往紀事易而言情難也。《牡丹亭》事,子虛烏有。以杜寶爲工部之孫,夢梅爲柳州之孫,郭駝爲橐駝之孫。工部,柳州,橐駝,信有其人,然不聞杜、柳兩家,其後裔結爲婚媾也。余意杜也、柳也,皆係草木之名,橐駝又係種花能手,此蓋美人香草,藉景言情,非事實也。

(《小説叢考》)

錢静方,青浦人。《小説叢考》刊行於一九一六年。

陳　蘧

曲海總目提要序

「熟讀唐詩三百首，不會吟詩也會吟。」填詞製曲，亦復如是。蓋學詩不必讀仄仄平平仄，即學曲不必讀工尺上四合，但取前人曲本，瀏覽百篇，任用何種自然腔調，信口讀之，但勿讀仄爲平，讀平爲仄，則聲調自能流露，而瑕瑜遂以顯見，擇其善者而從，則前人皆吾良導師也。豈必奉伶工樂伎，北面再拜，學爲應聲蟲哉！東坡《水調》，千古盛稱，但一按其前後字句，正自矛盾；何以能傳，蓋取神韻不在死板直腔中也。《玉茗四夢》，擅場一時；而《牡丹亭》之「冥判」，直是全不相干之一篇散文韻語而已。其他類此，不勝枚舉。所謂熟極而流，出神入化者。正如汪笑儂之《馬前潑水》，豈復能以呆板二六繩之？中庸所謂致曲，大抵類是。蓋由誠形而著其明動變化之功，洵足使人忘其所以，受其感化。

（《曲海總目提要》）

陳蘧，字蝶仙，筆名天虛我生。上海《申報》編輯。浙江紹興人。此序作於一九二八年。

蔣瑞藻

小說考證

《堅瓠集》載明時有一木姓秀才，年少學博，倜儻好義，與其父執杜姓之女有白頭約。女父微有所聞，頗重茂才爲人；然以其屢試不售，思擇配豪門以絶木。女偵知之，遂仰藥死。父檢其囊篋，得美人圖一帙，則女自描之小像也。題詩有「不在梅邊在柳邊」語，蓋隱示木字之意。杜恐醜事宣播，遂草草殮之，而厝於後園之牡丹亭側。數年後，杜就撫軍之職。忽一日，茂才來謁，席間出舊畫一軸求售，展視之，則女之殉葬物也。疑茂才爲竊塚者，撻之不認，遂囚之，并欲送刑部而嚴懲焉。會有送登科録者至，啓視之，第一名乃茂才名，籍貫年歲，皆無少異，不得已而釋之。越月，茂才帥其妻來見杜，以其輕薄也，愈不欲見。事爲杜夫人所聞，私遣婢女窺之，則確爲己女，乃言於杜。翁婿始歸於和好，始知前者女死，皆詐術也。湯玉茗譜《牡丹亭》，未必真有所本；苟其有之，情節最與此事吻合，亦當在此不在彼。曲園引《睽車志》證之，未必然也。

畫裏真真故事，往往見諸詞章，而或不知其所本。按范石湖詩註：進士趙顔，得一軟帳，圖一婦人甚麗。工曰，「余神畫也，此名真真，呼其名百日即應。」顔如其言，遂下步，飲食言語如常。生一兒，友人曰：「此妖也。」真真乃泣曰：「妾南岳地仙，今疑妾，不可住矣。」攜其子卻上軟障，障上圖畫中，即添一孩子。説太離奇，本不足爲典實，然詞家既習用其事，不妨姑妄聽之。或謂湯玉茗《牡丹亭》傳奇，乃暗從此事脱胎者。（《慵慵孱抹》）

（《小説考證》）

小説枝談

《牡丹亭》自「言懷」迄「圓駕」，都五十四齣，洋洋數萬言，誠才大如海；姑勿論作者之難，即把讀亦不易也。乾、嘉、道、咸之際，崑劇盛行。此戲比演全本，今則割裂散漫矣。第一折「言懷」已無人能演。（年來登之紅氍毹上，僅「學堂」、「遊園」等數折，「勸農」、「冥判」已不能見，更無論「離魂」、「拾畫」、「圓駕」矣。）其科白間集唐詩，進場白亦大都集唐元本，惟不注作者姓氏。詩句多更易其字，如「莫遺兒童觸瓊粉，武陵何處訪仙鄉」，作「訪仙郎」。此吴山三婦評語也。吴批本暨元本，均不易得。先君子昔曾以二十金覓得吴批本一，殊可貴也。此外納書楹、吟香堂、遏雲閣等曲譜多收之，而各本字句間有異同。如第三折「學堂」，女郎行上，有襯「我是個」三字者；「你待打這娃，桃李門牆嶮，負荆人唬煞」，有作「我是個嫩娃，怎生禁受恁般毒打」者。「手不許把秋千索拿」句，有於「手」字上襯「你」字者。「遊園驚夢」之

〔醉扶歸〕一闋，「可知我常一生兒愛好是天然」句，有作「可知我一生愛好是天然」者。類此不同處尚多，暇當校而出之。此蓋傳鈔之訛。要之音律一道，一字得失，過於千金。雖小有異同，似於文字無關出入，殊不知顧曲家所争，正在此處也。「冥判」之〔混江龍〕一折，工尺字譜，各本都不全，且有略去此折者。

（《缺名筆記》）

（《小説枝談》）

蔣瑞藻，別號羼提居士。浙江諸暨人。《小説枝談》出版於一九三一年。

姚　華

菉猗室曲話

《詞統》收稼軒《卜算子》四首。第四首末云：「萬一朝廷舉力田，舍我其誰也。」標爲佳句。然此等語，終是稼軒習氣，非詞家上乘。劉龍洲特喜效之，有《西江月》「天時地利與人和」及「燕可伐與曰可」之句。而詞中遂開此派。元曲尤甚。雜劇傳奇中，且以爲出色當行。淺人但讀《西廂》、《還魂記》，遂咤實父、義仍之作爲無上奇妙。豈知此等處，在元劇中，正是習見語耶。

（《菉猗室曲話》卷一）

姚華，字茫父。貴州貴陽人。有《弗堂類稿》。

吴梅

還魂記跋

此劇肯綮在生死之際。記中「驚夢」、「尋夢」、「診祟」、「寫真」、「悼殤」五折，自生而之死；「魂遊」、「幽媾」、「歡撓」、「冥誓」、「回生」五折，自死而之生。其中搜抉靈根，掀翻情窟，爲從來填詞家屐齒所未及，遂能雄踞詞壇，歷千古不朽也。是記初出，度曲家多棘棘不上口，因有爲之删改者。吴江沈寧庵璟首爲筆削，屬山陰吕玉繩轉致臨川。臨川不懌，作小詩一首，有「縱饒割就時人景，卻愧王維舊雪圖」之句。（沈本更名《合夢記》）其後有碩園删定本（刻入《六十種曲》），有臧晉叔删改本，有墨憨齋改訂本（易名《風流夢》，見《墨憨齋十四種》），皆臨川歿後行世。雖律度諧和，而文辭則遠遜矣。又有謂臨川此劇，爲王氏曇陽子作。按王世貞《曇陽大師傳》略云：師姓王氏，父學士荆石，母朱淑人，夢月輪墮床而孕，名曰桂。許字徐景韶。年十七，將嫁。師乃洒掃浄室，奉觀世音像，願長齋受戒。禪居三月，會景韶病死，以訃來。師縞服草屨，别築一土室居之。夜夢至上真所，香煙成篆書善字，有朱真君，令師吸之，命名燾貞，號曇陽。醒即卻食，惟進桃杏汁液，手挽雙髻，已而丹成，並不復進諸果。嘗築茅齋於僻地，榜曰恬澹觀。閲五年，道有成，請謁徐郎墓。酹畢，遂於享室東隅，以一氈據地而坐，不復移足，亦不令有所蓋覆。九月二日，問學士：「龕成否？重九吾期也。」世貞促載龕至。曰：「即氈所爲高坐。」召世貞等之稱弟子者，及女弟子，各有誨語。忽袖刀割髻於几曰：「吾以上真度不獲死，遺蜕未即朽，不獲葬。此髻所以忘也。爲我啓徐郎窆而袝之。」遂入龕，出所書遺教及辭世歌偈，復命女郎傳語：「吾曇鸞菩薩化身也。」左手結印執劍，右手握麈尾，立而瞑。時年二十三。觀者數萬人，莫不贊嘆云云。傳凡萬一千九百八十二言，與麗娘事絶不相類，因節録之，明其無所與也。又朱竹垞云：「義仍填詞，妙絶一時。語雖斬新，源亦出於關馬鄭白。其《牡丹亭》曲本，尤真摯動人。人或勸之講學，答曰：『諸公所講者性，僕所言者情也。』世或傳刺曇陽子而作，然太倉相君，實先令家樂演之，且曰：『吾老年人，近頗爲此曲惆悵。』假令人言可信，相君雖盛德有容，必不反演之於家也。」（《静志居詩話》）據此，則譏刺曇陽之説，不攻自息矣。而蔣心餘《臨川夢》「集夢」折〈懶畫眉〉云：「畢竟是桃李春風舊門墻，怎好把帷薄私情向筆下揚，他平生罪孽這詞章。」未免輕議古人，余甚無取焉。惟記中舛律處頗多，往往標名某曲，而實非此曲之句讀者。清初鈕少雅有《格正還魂》二卷，取此記逐句勘核九宫，其有不合，改作集曲，使通本皆被管絃，而原文仍不易一字，可謂曲學之健將，不獨臨川之功臣也（今爲貴池劉氏刊入《彙刻傳劇》中）。冰絲館校刊此劇，釐正曲牌，校對正襯，未嘗不慘淡經營；以較少雅，實有天淵之别。納書楹訂定歌譜，自詡知音，亦以少雅作爲藍本，有識者自能辨之也。臨川此劇，大得閨閫賞音，小青「冷雨幽窗」一詩，最傳人口，至播諸聲歌，賡續此劇（吴石渠《療妒羹》）。而婁江俞氏，酷嗜此詞，斷腸而死。藏園復作曲傳之（蔣士銓《臨川夢》）。媿美杜女，他如杭州女子之溺死（見西堂《艮齋雜説》），伶人商小玲之歌死（見焦里堂《劇説》），此皆口孽流傳，足爲盛名之累。獨吴山三婦合評此詞，名教無傷，風雅斯在；抉發藴奥，指點禪理，更非尋常文人所能辨矣。（卷二）

三婦合評本還魂記跋

細讀數過，所評僅文律上有中綮語，于曲中毫無關涉。無怪「冰絲本」時加譏諷也。論玉茗此劇者，當以鈕少雅「格正本」爲最，而葉懷庭尚稱妥善。臧晋叔改本亦遠勝碩園。乃此書獨享盛名，亦奇耳。

怡府本還魂記跋

余丙辰《歲除祭書詩》，有「一事平生差得意，案頭六種《牡丹亭》」句。今並此爲七種矣。六種爲：「玉茗原本」、「三婦評本」、「清暉閣本」、「冰絲館本」、「臧晉叔本」、「墨憨齋本」。他如鈕少雅、葉懷庭、馮雲章諸譜，皆不記云。又曰：玉茗以善用元詞名。記中以北詞法填南曲，其精處直駕元人而上之。自有詞家，無人能敵也。吕玉繩、臧懋循以南詞法繩之，又何怪鑿枘也。世人不知玉茗之所自，交口言其舛律，此少雅所以爲之訂譜與？

冰絲館本還魂記跋

臨川《還魂》，同時已有竄改：一爲吕玉繩，「醉漢瓊筵」絶句，即爲吕氏而發，見《玉茗集·與凌初成書》；一爲臧晉叔，即葉懷庭譏爲孟浪漢者。實則爲吳下優人計，則删改本亦頗可用（晉叔將「四夢」全行删削，實有見地。余另有題記）；一爲龍子猶，劇名改作《風流夢》，即世傳墨憨齋本者是也。俗伶所歌「叫畫」一折，即是龍本；知者鮮矣。删改本中以此爲最。余所見者止此。至于刊本之高下，更難論斷。余所藏如汲古、文林、清暉諸本，固以毛本爲最劣，王本最優，然總不及此本之善也。

臨川填詞，信手揮灑，頗多不合宮調。同時吳江沈寧菴，則斤斤銖黍，不少寬假，所刻諸曲，皆分別正襯。寧菴以前，無此格也。冰絲以寧菴之律，校海若之詞，可謂匠心獨苦；雖鈕少雅且不能專美于前矣。（少雅有《格正還魂記》，字字剔腎鏤心，至佳。今爲貴池劉氏刻。）（以上卷三）

桃源景跋

用蒙古語入曲，則此劇所獨有。臨川諸曲，喜以番語協律，實皆沾丐於憲藩也。如第四折〔滾繡球〕曲云「蒙豁是阿堵兀赤」，言蒙古放馬人也；又〔倘秀才〕曲云「哈撒」，言問訊也；云「埽兀」，言坐地也；云「鎖陀八」，言酒醉也；云「孛知」，言舞也。設非自爲詮釋，正不知於意云何。此實曲中壞處。後人不察，遞相祖述，如《邯鄲》之「西諜」，《長生殿》之「合圍」，以及西堂《弔琵琶》之「楔子」，作者紛紛，實非曲家之正宗，特無人爲之拈出而已。……若第一折〔賞花時〕二曲，以數目字湊合成文，自一至十，錯雜見巧。而〔賺煞〕一曲，復自十至一，倒出作句，係游戲手筆，原無深意。湯若士《牡丹亭》效之，亦偶然興到之作。而後人乃云自一至十者爲「小措大」，自十至一者爲「大措小」，不知南九宮譜本無「大措小」之名。此說亦殊無謂。苟讀此劇，當亦爽然自失矣。

畫中人跋

此記以唐小説真真事爲藍本。今俗劇《斗牛宫》即從此演出。蓋因范文若《夢花酣》一記事實欠妥，别撰此本，意欲與臨川《還魂》争勝。觀記中各下場詩，即可知命意所在。十六齣後云「不識爲情死，那識爲情生」；末齣後云「河上三生留古寺，從今重説《牡丹亭》」。是即臨川生而可死，死而可生之謂也。惟細繹詞意，有不僅摹效臨川者。「圖嬌」、「畫玩」、「呼畫」諸折，固是若士化身，可以無論。「拷僮」折絶似《西樓》之「庭譖」，「攝魂」折絶似《紅梅》之「鬼辨」，「再畫」折絶似《幽閨》之「走雨」，「魂遊」折又似《西樓》之「樓會」，余故謂此記爲集大成也。

小桃紅跋

〔混江龍〕增句，以《牡丹亭》「冥判」爲最多，洋洋數百言，於是洪昉思《長生殿》之「覓魂」，蔣心餘《臨川夢》之「説夢」，皆有意顯神通，多至千餘言，實可不必也。（以上卷一）

（《霜厓曲跋》，載《新曲苑》）

顧曲塵談

論南曲作法

今人填曲，率取舊本傳奇，如《西廂記》、《牡丹亭》、《桃花扇》數部作樣本，或取《長生殿》與《倚晴樓七種》者亦有之。余謂《牡丹亭》襯字太多，《桃花扇》平仄欠合，皆未便效法；必不得已，但學《長生殿》尚無紕繆耳。

前曲與後曲聯綴之處，不獨與別宮曲聯絡有卑亢不相入之理，即同宮同調亦有高低不同者。同一商調也，《金梧桐》之高亢與《二郎神》之低抑，相去不可以道里計也。故自來曲家卒未有以此二曲聯爲一套者。《牡丹亭》「冥誓」折所用諸曲，有仙呂者，有黄鐘宮者，强聯一處，雜出無序。《納書楹》節去數曲，始合管弦。以若士之才而疏於曲律如是。甚矣，填詞之難也。

板式緊密處，皆可加襯字；板式疏宕處，則萬萬不可。湯臨川作《牡丹亭》，不知此理，任意添加襯字，令歌者無從句讀。當時凌初成、馮猶龍、臧晉叔諸子爲之改竄，雖入歌場，而文字遂遜原本十倍。此由於不知板也。

論作劇法

吾所謂脱窠臼者，蓋欲一新詞場之耳目也。即論舊劇，元、明以來，從無死後還魂之事。《玉簫女兩世姻緣》亦是投胎换身。自湯若士杜麗娘還魂後，頓使排場一新。且於冥間遊魂「冥誓」一節，又添出許多妙文。是「還魂」一節，若士所獨創也。

用故事，則不可一事蹈虚；用臆造，則一事不可徵實。此則詞家當奉爲科律也。所謂不可一事蹈虚者，蓋既用前人故事，是實有其人實有其事矣。則凡時代、朋舊、輿地、水火、盜賊、刀兵、衣服，及關涉其人一切諸事，皆當鑿鑿可據，塙塙可徵。雖在科諢之間，亦不可杜撰一語，此即實則實到底之謂也。所謂不可一事徵實者，蓋全本既純是臆説，是其人其事已在子虚烏有之列，即使塙考時地，終難取信於人。不若鼓我筆機，使通本可泣可歌，足以爲社會之警鐘，觀場者亦眉飛色舞，不自知心之何以若此之爲愈也。此即虚實到底之謂也。……古今傳奇用故事之最勝者，莫如《桃花扇》，用臆説之最勝者，莫如《牡丹亭》。……《牡丹亭》之杜麗娘，以一夢感情，生死不渝，亦已動人情致。而又寫道院幽構之悽豔，野店合昏之潦草，無一不出乎人情之外，却無一不合乎人情之中。惟虜諜之立馬吴山，李全之鬧兵淮潁，則是確有其事。但此爲本書之輔佐，故不能指爲全書之瑕疵也。二書一實一虚，各極其妙。余每讀其文，輒有季札觀止之嘆。此亦天下之公論也。

一本傳奇，至少須有七八人。説何人宜肖何人，議某事宜切某事，賦風不宜説月，賞花不宜賦草，使所填詞曲賓白確爲此人，爲他人他事所不能移動，方爲切實妙文。詩古文辭總宜貼切，填詞何獨不然。各人有各人之情景，就本人身上揮發出來，悲歡有主，啼笑有根，張三之冠，李四萬萬戴不上，此即貼切之謂也。同場大曲，如〔念奴嬌序〕、〔梁州新郎〕之類，一部中儘有一二公共語，若合婚慶賞諸作，可不具論，其他雖一小引，或一過脈小曲，亦不可草草填去。試看《牡丹亭》老駝口中語，便可知矣。老駝在《牡丹亭》中，是一不甚重要之人。而記中凡涉老駝諸曲，如《訣謁》、《索元》、《問路》等曲，竟無一字輕率者，可見作曲須切題也。《訣謁》曲云：「俺橐駝風味，種園家世，雖不能展脚舒腰，也和你鞠躬盡瘁。」句句是駝背口吻，能移置他人口中否？

曲之佳否，亦且繫於賓白也。如《牡丹亭》「驚夢」折白云：「好天氣也。」以下便接〔步步嬌〕「裊晴絲吹來閒庭院」一曲，可謂妙矣。試思若無「好天氣」三字，此曲如何接得上。又云「不到園林，怎知春色如許」，以下便接〔皂羅袍〕「原來姹紫嫣紅開遍」一曲。試思若無「不到園林」二語，曲中「原來」云云，如何接得上。此皆顯而易見者也。

（《顧曲麈談》）

曲學通論

詞牌諸名，備載各譜。兹所謂體式者，蓋自來沿誤之處，自應辨别而已。每一牌必有一定之聲，移動不得些微。往往有標名某宫某曲，而所作句法，全非本調者，令人無從製譜，此不得以不知音三字諉罪也。（此誤《牡丹亭》最多，多一句，少一句，觸目皆是，故葉懷庭改作集曲。）

「撇道」，北人調侃説脚也。湯海若《還魂記》末折，「把那撇道兒搭，長舌揸」，是以「撇道」認作額子也，誤甚。

至於字義，尤須考究，作曲者偶一誤用，致爲識者訕笑。如梁伯龍《浣紗記·金井水紅花》曲：「波冷濺芹芽，溼裙衩，嬌羞誰訝！」此「衩」字，法當用平。而衣衩之「衩」，屬去聲。李義山詩云：「八歲偷照鏡，長眉已能畫。十歲去踏青，芙蓉作裙衩。」此其明證。於是改作「靫」。「靫」字平聲，合律矣；然「靫」，箭袋也，不可施諸女子之口。作譜者遂强作陰平聲歌之，至今如故也。此其失自陳大聲始。……而湯若士《還魂》「尋夢」折〔懶畫眉〕云：「睡荼䕷抓住裙衩綫。」歌者以去聲叶之，至不合〔懶畫眉〕腔格。

引子，此獨傳奇中有之，若作散套則不必用。蓋一人出場，不能即説出劇中情節，於是假眼中景物，或意中情緒，略作籠蓋詞語，故謂之「引」；言引起下文許多話頭也。……《還魂》、《紫釵》各引，時見警策，此因若士寢饋元詞至深，故有此境。《明珠》引子，常用古人舊詞，或改易一二句（此法明人正多，如湯、沈輩皆有），究不足爲法。

（《曲學通論》）

元劇方言釋略

「衠」，音諄，正也。一味，猶言一物也。曾褐夫散套云，「雖然蔬圃衠畦徑」；《西廂》云，「衠一味風清月朗」，俱作「正」解。入明以來，南詞中不多用此字，惟湯義仍《牡丹亭》「冥誓」折，「衠幽香一陣黄昏月」，頗合元人法。

（《元劇方言釋略》）

王季烈

螾廬曲談

按《睽車志》載：士人寓三衢佛寺，有女子與合，其後發棺復生；遁去，達書於父母，父以涉怪忌見之。又《齊東野語》言：嘉熙間，有宰宜興者，縣齋前紅梅一樹，極美麗華粲。令一夕酒散，花下見一紅裳女子，自此恍然若有所遇。有老卒頗知其事，白曰：「昔聞某知縣之女有殊色，及笄未適人而殂。其家遠在湖湘，因藁葬於此，樹梅以識之。」遂發之。其棺正蟠絡老梅根下，兩和微蝕，一竅如錢，若蛇鼠出入者。啓而視之，顔貌如玉，妝飾衣衾，略不少損，真國色也。令一見爲之心醉，舁至密室，加以茵藉，而四體亦和柔，非尋常僵屍之比。於是日與之接，既而氣息惙然，瘦茶不可治文書。其家憂之，乃乘閒穴壁取焚之。令遂屬疾而死。合此二事，與《牡丹亭》始末胥符。知「四夢」皆有所本，《牡丹亭》亦非憑空結撰；而刺曇陽子之説，不攻自破矣。

（《螾廬曲談》）

任訥

曲諧

亭亭山人陳鍾祥有集《牡丹亭》詞，咸豐壬子楚江舟次跋云：「玉茗堂『四夢』傳奇，膾炙人口；《牡丹亭》尤極幽豔。舟中無事，偶檢原曲句，依譜集成慢詞八闋。」……爲録一首以見例。《風入松》云：「四間何物似情濃，幾點落花風。含情自把春容畫，甚西風吹夢無踪。骨冷怕成秋夢，匆匆爲着誰儂。霧和烟雨不玲瓏。風翦玉芙蓉，情根一點無生債，不分明再不惺松。影隨形風沈露，多嬌多病愁中。」

（《曲諧》）

俞平伯

牡丹亭贊

情生文歟？文生情歟？吾不得而知之矣，吾得而見之矣。安見之？見之於《牡丹亭》也。夫玉茗堂天下之才也，以天下之才遇絶代之文，以絶代之文寫驚人之豔，以驚人之豔遘至情之子，是文生情也。然而春花秋月，鬱起無名，不得此一段至誠無奈之情，迴腸而蕩氣，文章之形安從而定哉？又情先而文後也。吾不得而知之矣，吾見之矣。見之易，知之難也。而見豈易哉？見非易也，得見斯易。所謂緣也耶？自來評《牡丹亭》者輒啾啾唧唧作村婦口氣，令人以叱咤爲快。今有至情至文於此將與天下後世以共見，而天吝其遇乃爾，何哉？是又不獨知之爲難矣。竊觀於文則有盲左，於辭賦則有三閭，於詩則有彭澤，則有杜陵，於詞則有清真，此數子者所拳拳服膺，乃文章百代之師，曠世而一見者也。而《牡丹亭》出，竟以荒遠夢幻之事，俚俗俳優之語，一舉而遂掩前古，蓋其幽微靈秀，姚冶空濛，自成一家，獨有千古，不特昔人屐齒所未嘗到，即後之人亦難仿其顰眉也。夫曲晚近之作，小道也，得《牡丹亭》而與詩古文詞抗顏接席，登臨縱目，指點青螺，下視《西廂》薄矣，元人諸曲傖矣，《琵琶》拙矣，其他紛紛造作皆等諸自鄶，直輿臺耳，烏足數哉，烏足數哉。吾謂《牡丹亭》非他，蓋直接《詩》三百之法乳者也，思無邪之一化身也，是聖賢之心腸也，是豪傑之血氣也，是才子之才佳人之佳，兼此二者之無奈之情也，是能將閨門風雅，情性之本原，宛轉曲折而書之，纏綿低徊而度之，明目張膽地而扮演之者也。寧非天下之才耶？非天下之奇才而能如此耶？觀其自序云云，刺繡金針，不啻已和盤托出，而後賢仍復虛費言詞，不關痛癢，無乃有負作者之心乎？故奮筆起而贊之，夫豈不知《牡丹亭》本不必贊，贊亦不可勝贊耶。讀之可耳。余讀之數十遍，其中數折又歌之數十百遍，有一見而傾倒者，有數遍數十遍之後而漸覺好者，有數百遍而始開口笑者，有至今而茫然者，亦終身讀之而已，贊何爲哉。贊之者何？恨辭也。焉恨之？恨其「明放着白日青天而䁂瞍色眼尋難見」也。

一

或曰，子言何枵然耶？應之曰，否。夫文之至者不可贊，況名言耶？無以，請爲吾子作「真」「正」之《牡丹亭》論。以流俗言之，誨淫書耳，何正之有？荒唐言耳，何真之有？然而不然，淫詞豔曲中有正焉，繆悠恍惚中有真焉，此其所以爲至也；且其正也，其真也，固又明明白白予天下後世以共見者也。見則休耳，不見請强聒子，子且掩耳而疾走也。夫仁者人也，正者正也，盡人之性，盡物之性，此正而不可亂，常而不易者也，内聖外王之法也，而猶未是也，直自然之本然耳。何謂自然之本然？「蟲兒般蠢動」是也，此物之性，即人之性也，此人道也（讀如未通人道之人道），即人之道也，謂爲穢褻非也，謂爲神聖亦非也，此自然之本然，「直」觀之而已矣。故《詩》首稱淑女，而聖帝明王之盛隆，賢人君子之怨悱，所謂洋洋乎雅頌之音者且屈居其下矣。猶憶垂髫讀《論語》：「子謂伯魚曰：『女爲《周南》、《召南》矣乎？人而不爲《周南》、《召南》，其猶正牆面而立也與！』」誠一唱而三嘆有餘味之音也。及年稍長，心嘗病之，不爲「二南」即須鄉壁耶？君子之遠其子歟？聖人之言亦有過歟？二者必居一於此矣，然而皆非也，曾謂循循善誘誨人不倦吾無隱於二三子者，乃獨隱於其天性之至親乎？亦各言其子也，夫何遠之有？是固授受之真，聖哲之微言矣。曲小道也，却接此薪傳，揮寫出洋洋灑灑花花絮絮之文章，謂爲天下之至文寧有所譽耶？以吾言爲譽者，吾不得而知之矣。或曰，食色性也，寧待子言，夸而近誕矣。且以男女之情爲正，則一正而無不正，非特《西廂》正，即《金瓶梅》亦正，何獨《牡丹亭》耶？況「小姐花園訂終身，公子落難中狀元」，汗牛(之)充棟，子寧未之見？《牡丹亭》亦類耳，謂之矮子中長子可也，謬許爲至文，不亦過歟？應之曰，唯，否。吾子之言所謂貌似者也。夫「蟲兒般蠢動」不必爲偉大，豈又待子言耶？姑捨食色之性而言文章。文者機也，言近而指遠，因微而知著，興感無端，因物變化。善夫張惠言之敍《詞選》曰：「其緣情造端，興于微言以相感動，極命風謠里巷男女哀樂，以道賢人君子幽約怨悱不能自言之情，低徊要眇以喻其致，蓋詩之比興，變風之義，騷人之歌則近之矣。」彼男女哀樂之所以總持人性者，非以其偉大也，乃以其卑微也，非以其高遠也，乃以其切近也。《語》曰「能近取譬可謂仁之方也已」，此十五國風之所以冠三百篇也，此乾坤咸恒之所以首上下經也，此《離騷》之所以覼縷美人香草也，此十九首之所以爲古詩之峯極也，此詞家之所以祖《花間》而宗《清真》也，此金聖嘆之所以極口贊美《西廂》也，此《紅樓夢》之所以獨擅場於小說也。彼皆淹通之士絶代之才也，胡不以其書卷學問見解一起拉雜搬入文章之中，顧乃呢呢爾汝，弄粉調脂，不辭身作婦人語哉。吾子尺寸而求之，則不能觀其會通矣，馳騖而忘歸，則忘眉睫之近矣。謂男女之哀樂爲正者，即其所宜然耳，非一正而無不正也，否則古詩雖不必三千，亦正不止三百，夫子何獨以「思無邪」許三百篇耶？更何以獨標「二南」與《關雎》耶？然而正之與不正，邪之與無邪，其區分之大齊蓋亦難言矣。吾固以《牡丹亭》所寫爲得情之正者，將以合於禮法爲正耶？則杜女之遇柳生，一夢，二鬼，三人，皆私遘也，固深不合於禮法者也。將藉近世之説，以常態之戀情爲正耶？則「夢裏逢夫畫邊遇鬼」，又皆愛之變形也。正之與邪何由而定哉？夫正也者，誠敬深厚之至也，誠意敬事深情厚德之總會也。以今語言之，則認真老實直落坦白，皆稍稍近似矣，而未盡也。謔菴之言曰：「况其感應相與，得《易》之咸，從一而終，得《易》之恒，則不第情之深，而又爲情之至正者。今有形一接而即殉夫以死，骨香名永，用表千秋，安在其無知之性不本於一時之情也，則杜麗娘之情正所同也，而深所獨也。」是分言之也。竊謂深之外豈别有所謂正耶？若謂感應相與爲正，則一切之佳期密遇無不正矣。若謂從一而終爲正，則易緄禮憲於情埸矣。貴夫從一而終者，以其自動自發於情性之自然，非以其能墨守先王之法則也。不知有禮而從容中禮者，情深故耳，此《語》所謂「樂而不淫哀而不傷」，逕謂之正可，而非别有正也。謔菴之言猶未善歟。誠敬深厚四德之總名，無以名之，强而名之曰正。正不可説，記曰，正心而誠意，唯誠與正最似，請以誠説正。人間女子傷春之誠有如杜麗娘者乎？春游而感之，感春而夢之，夢春而尋之，尋之而竟殉之矣。丈夫驚豔之誠亦有如柳夢梅者乎？無非拾得一畫耳，而玩之叫之矣，不足而見之矣，見之不知其爲鬼也，及知其爲鬼也，猶不足，遂掘墓而發棺矣。此理之所必無也，情之所必有也，然哉然哉，若士豈欺我哉？愛欲之私，人與一切衆生類也，二子之與吾儕亦類也，出乎其類拔乎其萃，神明通之矣。積一念之誠，輒顛倒死生如彈丸乃爾，較《關雎》之「寤寐反側」，不啻放大數百由旬矣，視其他之閨情宫體雜咏無題，紛紛攘攘，啾啾切切，蓋不堪一吷矣，又豈但大小巫上下牀之别哉？試覽典籍，有以如此正眼法藏觀癡男怨女者乎？殆尟矣有特意作如是觀者乎？亦僅矣。有鴻篇巨著全部如此寫者乎？吾未之見也，還於《牡丹亭》見之耳。夫《牡丹亭》者是能瞪目直視吾人之情性之領會而洞澈之，而又能不彎不曲寫放之者也，是能以芥子示視須彌者也，重以立意之高遠如彼，取譬之切近如此，并此而猶不見，寧止正牆面而立哉！或曰，《西廂》，才子書也，崔、張者，中國才子佳人之典型也，子奈何亦薄之？曰，薄其所薄耳，以薄爲薄耳。彼崔、張者儇狡之徒，豈春卿、阿麗之匹乎？曰，信厚《還魂》薄《西廂》耶？抑厚薄其題材耶？曰厚《還魂》而薄《西廂》也。曰，如吾子之柳、杜、崔、張抑揚論，寧非厚薄其題材歟？請進而一質其究竟。吾子正《牡丹亭》，以《牡丹亭》爲正歟，抑以《牡丹亭》之材料爲正歟？若正《牡丹亭》則吾無間然矣，但觀子立論，輒彼此拉扯，胡遮亂映，説未必圓全。若正《牡丹亭》之人物故事而遂正《牡丹亭》，豈有説乎？曰，有説也。子豈能别題材於著作之外耶？子豈真以題材爲水而著作爲袋耶？抑或反之，水著作而袋題材耶？千萬人之中，《西廂》作者何以獨選崔、張，還當質之金聖嘆，吾不得知之也。若言《還魂》則「杜麗娘之妖也，柳夢梅之癡也，老夫人之輭也，杜安撫之古執也，陳最良之霧也，春香之賊牢也，皆若士元空中增减朽塑，而以毫風吹氣生活之者也」，此人人所共知也，豈可將此等人物及其所作所爲一一剔出之，然後再來談《牡丹亭》歟？魂靈歟，軀殼歟，抑一概念歟？彼一概念之《牡丹亭》又從何而贊之歟？夫著作固非其材料所能盡，而材料之選擇鎔裁實皆著作之分内，彼描寫現實襲用古傳之作且莫不然，况此幻設者乎？讀空幻之文，其中山河塵影歷歷分明，會當以心影觀之。彼柳生之遇杜女得情之正，寧非即作者之心影耶？《牡丹亭》之真面耶？烏得斥爲拉扯。豈必將人物故事著作作家三者寸寸而割之，方得謂之不拉不扯乎？吾未之前聞也。或曰，奈窠臼何？曰，小兒見也。以爲有窠臼，則有窠臼矣；以爲無窠臼，則無窠臼矣。何以明之？心目中有窠臼，則必思擺脱之，此欲擺脱便是一未能忘情於窠臼之證，而一擺脱之中又正爲嶄新窠臼之醞釀。若心目中無窠臼，則遂無窠臼矣，化腐朽爲神奇也。腐朽安得化爲神奇？腐朽即神奇也。非腐朽即神奇，不見腐朽，不見神奇也。何以不見？不得見故。胸次洞然無所容心，如《牡丹亭》作者是也。彼安生分別强作解人者，避俗若浼，而俗每追隨左右之，吾子將旦夕遇之矣。

二

若士自序曰，「自非通人恒以理相格耳，第云理之所必無，安知情之所必有耶」，深切明白矣。讀吾文者，固當以贊爲本文而以其下爲注脚也，或「愚擯勿讀」尤妙也，不説便能盡，多言必多失，故吾在他文中曾發無言爲言之義，而或者輕詆爲晦澀，毋乃稍冤，然則文章得失惟恃寸心耳。要之，上篇雖未是近之矣，以下稍稍歧出，屢回首而行漸遠，及至峯旋路轉，柳暗花明，則又有游子忘歸之概，其亦不可以已乎？而人之言亦可畏也。情之所必有，真也，理之所必無，不實也，真實常言誼通，析言則别，治文學者皆知之矣，今較論真實而贊《還魂》，途至迂且謬也，遂得全吾設喻之美焉。實者何？實也。假如僕今日行途中，見一狗一馬又一狗，其明日紀以詩曰：「黑狗廟門坐，紅牆剥落多。灰衣鞭馬過，白狗對茅窠。」詩固不高，寧不實歟？然未必真。子異日之逛廟也，一不見坐廟門之黑狗，二不見對茅窠之白狗，其時恰有衣灰而鞭馬者過乎？亦難必也。予疇昔之遇偶然也，子今日之不遇亦偶然也，以偶然遇偶然，泛泛乎若水上之鳧與萍也，於是乎有漠漠然。漠漠然者一切誤會與麻煩之本也，子性不幸而躁，直以我爲虚誣矣，子性幸而不躁，至少亦以我爲油腔滑調而作冷眼矣。同一詩句，在我視之，固接于耳目至切近之談也，在子，則甚遥遠之事也。以此「感」動子耶？則子初未曾有此感也。期子以想像追我之感耶？或期子以能受而再生聯想耶？而此感覺張本者又平凡瑣屑，或不具此魅力也。若以情動子耶？則狗也，馬也，我對之未嘗有何情感也，即或有之，亦未嘗寓之於言文也。吾與子，緣未會，其諄諄藐藐之相違之甚，似不足怪也。此實也，非真也。真者何？無往而非真也，人心之所同也，如日星之麗天也，如江河之行地也，人人共見共聞，又不得不見不聞者，是必然也。真也者，又無時而不真也，古人不見今時月，今月曾經照古人，永久是也。如黑狗之坐廟門，白狗之對茅窠，雖爲一瞬之偶見；而白狗之白也，黑狗之黑也，固將與斯民共其久長，苟能以此發爲文章，人且將於一切白之中見白矣，一切黑之中見黑矣，且於一切狗之中見狗矣。「白狗之白黑狗之黑賦」是固奇文也，吾豈得見之耶？·喻耳。白狗之白，黑狗之黑，此鄰乎概念者也，白狗黑狗，嚴確言之，亦概念也，而所謂真，其中有幻，又非概念能盡者也。文心之初，窈窈冥冥，瞳瞳往來，其化實爲真課無責有之狀，頗類哲家所謂概念；及其致也，幻象吐芒，言詞効技，如火如荼明且絢也，如金如玉重而密也，滄海生波其浩瀚也，奇花始胎其隱秀也，予天下後世以見聞之公者，豈一概念而已哉，必不然者也。故哲家概念與個體之判，初學類能識之，而文家之真與實，理即易明，其跡顧難辨也。有不似實而真者矣，有似實而亦真者矣，有似實而不真者矣，有不似實而亦不真者矣，紛總離合，災梨棗者稱綫裝書，費鉛墨者稱洋裝書，禍寫官者稱抄本書，目眵顱昏，窮于披簡，耳食且難，敢言知味。幸往昔名篇，當今巧製，昭昭在人耳目者，往往爲傳真之傑作，其豁人心眸，怡人神智，無過於此，非特一人私淑之而已，雖百世師之可也。若《牡丹亭》者，曲中之翹楚也，善以不實爲真者也，善以淒迷如烟蕪愁豔如花雨之筆，舒兒女之情者也。不但其大關節目，所謂「生生死死隨人願」無是理也；即春卿之一夢非想也，阿麗之再夢非因也，夢之，無是理也；以守禮謹嚴之處子，而於「尋夢」一折，追想幽歡，「那般形現，那般輭綿，有如活現」，亦無是理也；以青春二八之姝不病不痛，竟欲埋骨於荒園梅樹之下，亦無是理也；其時夢一書生耳，不知其名夢梅也，何緣而繾綣於梅哉，更無是理也；柳生以夢一女立梅樹下而名夢梅，是柳本以女而改名也，今書中暗敍杜復以柳故而守梅根，此一梅也，孰先連歟？孰後繫歟？孰因而孰果歟？無始無名，一環流轉，斷斷乎無是理也；柳生「見鬼見神痛叫頑紙」，已稱怪絶，及夫贊玩之頃，畫中人來，乃惘然不識，猜之勿休。可謂怪怪奇奇，奇奇而怪怪矣。……然謂之不實可也，謂之至實亦可也。不實安得謂之至實？真也。真非實，又安得謂之至實？生於實也。真不生於實，又安生耶？故謂真爲至實也，亦謂不實之真爲至實也。人類之生活文化基於實感，以常識言，自明之語不待詮證者也。以實感始止于實感，此生活也，如見飯而吃之，見眠牀而卧之，此人與衆生所共，無所謂文化也；何以須吃須睡，吃了睡了又如何，此念來得突兀，殆人所獨具，文化之始也；及漸進而有吃喝睡眠之哲學，便不見眠牀與飯碗矣，轉而爲吃喝睡眠之文學，於是又是眠牀飯碗矣，但此飯碗非彼飯碗，此眠牀非彼眠牀耳，貌似矣，神非也。如「水精簾裏頗黎枕」，温飛卿之眠牀也，「甚甌兒氣力與擎拳」，杜麗娘之飯碗也，枕頭難道是頗黎，此地却也正須頗黎，飯碗何至於拿不動，但正也不必説拿得動。由實而真，真者無盡實，此哲理也，由實而真而幻，幻者真之化身，此文心也。哲士不盡爲文人，而文人者皆不知名不專業之哲士也，非哲士即非文人也。文之於哲多一彎，只此一彎中便生出種種是非來，所謂幻也。幻似實而非，是攝實而成者，非離實而生者。《牡丹亭》以幻示真，蓋真不可徒示也，以真統實，蓋實獨言之不達，悉數之則不可終也，奇奇怪怪，而絶非志怪之短書也，馳驟乎九天九地，而密接乎人間意也。不實者其跡然，不離實者其意味然也。以二説説之：不離實者何？不反乎實也。杜麗娘窈窕女也，柳夢梅君子人也，杜太守古板之地方官也，家則閥閱也，社會則宗法也，於此而欲大書特書一往而深之情，其不反乎實實難。此若士之所以一托之於夢，再托之於鬼也。使若神異之跡不可詰者然，使若直演志怪傳奇諸小説爲戲文者然，而其神明煥彩有不得遮掩者，與《聊齋》中之狐鬼，妙解人情栩栩在紙，異曲同工，真良工之不得已也。人但知二書之説狐談鬼記夢爲荒唐，而不知若不説狐不談鬼不托之於夢，便愈荒唐矣。若杜麗娘知世間有柳夢梅其人者，便拋父母，背愛婢，別家園，單鎗匹馬奔而去，不愈荒唐耶？使柳夢梅瞥見一女子，便目逆而送之，逾牆而摟之，在昔人視之不一妄人歟？妄人奈何亦言至情歟？夫禮坊情欲之牴午非一日矣，作者不欲言情則已，欲言情安得不有所托哉？居今之世，讀古之文，則視爲冗贅也亦宜。反乎實又奚病？夫言文者所以通人間之情，期於共曉也，「説也，有所反之以取媚也，不媚不信，不信民不從也。」民不從則辭不達矣。欲求辭之達，寧惜筆之曲，心期媚世而世人固不知也，以其事之謬悠也遂從而悠繆之，百口争傳《牡丹亭》之妙，而妙處何在正茫茫也。扶得東來西又倒，信聱者無與于文章之觀也。安得人人而悦之，孟子之言然歟，抑伊索之言歟？或曰，子言有托而逃爲不離實，其奈神怪之本身離實何？且彼短書濫托神怪者衆矣，豈皆不離實乎？曰，神怪本身之離實非所論於古代也，奇奇怪怪何所不有，古之賢者猶不免信之，吾未嘗以若士爲無神論者也。吾説未盡，子曷容我畢其詞乎？不離實者何？幻也，其中有真焉，故不離實也。生必有死實也，死必無生亦實也，死而復生不實之甚者也。辨《牡丹亭》之是否離實，則「還魂」其要領也，得還魂而枝葉舉矣，《牡丹亭》固以「還魂記」名也。作者之詮解亦在此一點，他勿及也。欲明還魂之跡不離實，説甚難也，欲明還魂之味不離實，事甚易也；舍難就易人之情也，吾何獨舍易就難耶？況甚難而又實非耶？理之所必無也，情之所必有也，不獨不牴牾，相關連者也，又不獨相關連，二而一者也，則一之可。蓋不窮寫彼理之必無，則不能暢達此情之必有。作者曰，「生而不可與死，死而不可復生者，皆非情之至也」，其意若曰，不顛倒死生不足與言至情也，以不實爲真實之恉甚明白矣。作者又曰，「嗟夫，人世之事非人世所可盡」，其意豈不曰，欲盡人世之事當求人世以外歟？世事實也，世味至實也，非人世不實也，以非人世明人世，此以不實説真實也。人世之至實，孰有逾于其味者乎？（今言曰人味兒）世味之穠郁，孰有逾于不知所起一往而深之情者乎？（此所謂「世間何物似情濃」）故《牡丹亭》之幻有真也，《牡丹亭》之虚而實也，非一己之私乃天下之公也，豈獨正言若反而已，直不及之正言也，子尚有他惑哉！曰，有。夫世味之真實，聞命矣，但自我觀之，人世之情似皆不如《牡丹亭》所擬之甚也，何好奇眩怪乃爾？豈非鑽入牛角尖中歟？豈非文士之結習歟？吾子爲彼催眠，遂不覺耳。曰，善哉，啓予之談也。設人世男子中真有一柳生，女子中真有一麗娘，則子必日日在瘋人院尋人矣，尚有餘閒來小齋夜話乎？子曷觀夫結婚之禮堂乎？子曷觀夫各地之公園舞場乎？子曷觀夫花前月下鶼鶼鰈鰈我我卿卿之紅男緑女乎？曷觀夫百態千姿之戀愛相乎？子曾觀而察之歟，察而思之歟，思之不得，又重思之，三思之歟？彼豈不皆以至情自命乎？彼豈甘以薄情自待乎？彼豈不以從一而終（今言當異而意不殊）、死生不渝等語爲口頭禪乎？彼豈不曾夢想顛倒於未來之美滿乎？彼幾時坦白認識做愛爲貓兒春，結婚爲愛之墓乎？彼豈不以此男即爲理想之男兒，此女即爲理想之女郎，如「天生一對地産一雙」者乎？吾子苟熟察之，深思之，力行之，仍寂寂無所會則亦已耳，否則安得不翻然憬然而賦歸來乎？個別之情夫豈勝言，乃恒河沙數癡愚愛慕之所積也；之所期也，人人固皆以至情自許而又即以此至情許其眼前之妃匹也，於是纔有所謂做愛，所謂結婚，所謂生男育女也，於是始有所謂人間世也。若子以反我故而曰「我不也」，人人又皆信子之言衆口一詞曰「我不也」，則人倫息而人道盡矣，子寧欲以争此閒氣，遂甘負此等偌大責任乎？吾信子殆決不也，然則聖人之言信無過也，將從何而過《還魂記》哉？曰，信若子言似無過矣，雖然，人世之事乃遠求諸其外何耶？豈真實必待貌不實而明耶？非然也。若彼寫實名作，凡油鹽米菽信手拈來，咸符真實，固未嘗張皇幽眇，乞靈狐鬼也。曰，然則《牡丹亭》胡獨不然？不必如是而如是，亦有説歟？曰，豈一端而已哉？殊途而同歸一致而百慮也。安見其不必耶？一兔在野百人逐之，逐兔所同也，而所以逐兔或異，見兔之方得兔之術無不盡同也。今冥冥中有真焉，其真甚信，既欣欣然若有得矣，於是有以「似實」説者，有以「不似實」説者，億千色相皆不苟作，烏得執一言之，更烏得舉一而廢百耶？且逐兔喻耳，前言戲之耳，逐真豈真如逐兔哉？真也者，恍兮惚兮而中有物，窈兮冥兮而或躍在淵，神光離合，乍陰乍陽，蓋名言有所不能盡，知力有所必不逮也，亦唯其如此也，始竭天下之才情，勇往前赴，至嘔心肝而猶不悔，此固小兒之惡戲，狂者之自經，然而非得已也，諒之可也，責之非也。夫真之爲物體一而用多，其示現也，應觀者之根器而微變其眹，有鄰乎實者，有遠乎實者，深深淺淺，正正奇奇，苟宛轉從之，輒事半而功倍，不從，則事倍而功半，或事百而功不一成。大智若愚，大巧若拙，亦因循乎自然而已。不得不然，不知所以然而然謂之自然。起作者於九原而詢之曰，汝作《牡丹亭》發何心願，用何筆調？更厲聲質之曰，汝究以何理由而用此筆調？彼且茫茫退立，如鄉下人之見大老爺，殆眠裏夢裏都不知所謂理由也，忠於所見之真而已，忠於其所見之人間之情而已。善哉善哉，何其忠也。想人間之情豈有「至」哉，再想，而人間之情豈可以不「至」。故情之至者，必無而實必有也。謂爲有耶，則億兆之中竟無一二能盡其情，非有也；謂爲無耶，則同此億兆莫不有至情之根荄，待彼春風軟，時雨滋，深紅淺白，開遍花花，齊向陽和，呈其姿媚，子獨曰無，寧非無目。難者必曰，乃一般之情非其至者也。曰，子真欲取并州翦，翦取半江水乎？水哉水哉，何取於水也。以膠投漆，以酥拌蜜，彼二物耳，猶相融洽，況乎一物，安有彼此？或盡或不能，多得或少得，形質秉賦之殊，而非情有閒也。夫至情既宜有矣，人人皆欲言而不得矣，我恍若能言，如何而不言；欲言，又如何可言，會當求諸人世外耳。人世豈有外哉，說耳，曲與形容耳。不曲不形容，不足盡所見，則不得謂之忠，既忠矣，安得無曲與形容。怪之，何也？《牡丹亭》之作一必然也，作乎其所不得不作也；其如此寫不如彼寫，亦一必然也，不得不如此寫，又不得如彼寫也。今有迴腸蕩氣之情，鬱之懷抱有年矣，不吐之不快，輕輕啐之亦復不快，只有迴腸蕩氣地吐之乃快，此必然也。人世之事使人世而可盡，則不必求諸其外，使其不可盡也，即欲不求諸其外，其勢亦有所不得，此必然也。故《牡丹亭》遂一托之夢，再托之鬼，三托之迷離。曰荒唐奇幻，曰善於形容，皆隔靴之搔。以幻爲幻無論已，借曰善狀，何善之有，真出於「無奈」「勉强」耳。子若并以此無奈勉强爲善，始善矣，奈已爲《牡丹亭》所迷何？天下事，爽爽快快，能逕而致者，曷不逕致，顧顰眉搔首而賣俏哉。夫顰眉搔首而賣俏決非得已也，諒之可也，責之非也。况姿首未盡劣，而情復可哀耶？此吾所謂必也。必者何？一之謂也，易詞言之，其命定歟？只有一條路可走，是命定也。原夫有形之文章未形以前，已有無形之文章儼然自在，此「法」也，惟大智多情爲能貌法，其技纔如小孩子之描上大人孔乙己，然斯人之出文囿，如白鶴之立鷄羣矣。「文章本天成，妙手偶得之」，還是文生情不錯，吾今知之矣，吾又不得而見之矣。偶得之難，難如伸彩，若而人者，何時始得如遇平生哉？惟描紅之譬竊謂前修未發之祕，願畢其説於吾子。小孩子之描上大人孔乙己，至忠至誠也，滿頭大汗，墨瀋淋漓，一手盡墨，狼狽之極，即忠誠之至也。且彼小孩子耳，居然也會寫上大人孔乙己，寫了，居然大家識得這是上大人，那是孔乙己，似彼忠也誠也猶不足以盡小孩，當曰這小孩聰明也。夫聰明大名，奈何輕以譽小兒，非輕也，宜也。今日已如此，他日或如彼，小孩子之聰明，前程遠大，蘊而未渫，如始胎之奇花也。子不觀夫鍾衛二王乎？（吾友西諦君當爲一例外）假使六朝小兒亦學描紅，則殆無不從描紅中翻過觔斗來，描紅之事其可量耶？抑猶有進者，君以描紅爲難乎？其易也如抄書。劈空懸下一幅文字，明明白白放在那裏，人似不見，見亦不抄，有一人焉偶見而照抄之，於是黎棗踴躍，紙歌墨舞，天人歡喜。其艱窘也如彼，必如彼也，其輕快也又如此，必如此也。知此知彼，可與言《牡丹亭》，爲其可與言也，可與不言，爲其不待言也；不知此，不知彼，言之不喻，不言之亦終不喻也，吾末如之何也已，彼且皆以我爲欺誣也，還讀我書以俟來者如何。臨川子是描紅兒，作抄書匠，一忠實同志也，當其未有《還魂記》也，胸次廓然，長天一碧，俄而纖雲始來，扶寸之閒，若自繾綣，若有哀怨，似乎了了而又不，似乎將合而却離，及其倏然而遂合也，則自然之法實式憑之，如在其上，如在其左右，既洞見之矣，於是莊矜嚴畏如有師保，口誦心惟，手摹筆追，其殆庶乎，而猶未慊也，於是斂絶代之奇才，言人情之舒慘，變獅子音，作女兒態。能守忠也，能變智也，不守烏能變，則聰明畢竟還是渾厚耳。人第賞其文章之奇幻，而不知乃正到極處，真到極處，忠厚到極處使之然。若以奇幻爲奇幻，則造作聰明一妄庸人耳，我輩今日將何從而覰其奇幻哉？彼聖嘆之言誠是也，非之，非也。東坡曰：「作文如行雲流水，行乎其所不得不行，止乎其所不得不止。」夫行雲流水至無定也，然其行其止固有不得不然者，以喻文律，其精嚴氣象又何如耶？故奇幻貌也，遥以爲實，蓋被古人瞞過了也。復《牡丹亭》之曲律不謹，敍述脱略，世輒病之，真焦朋之翔，斥鷃之笑也。曲律會詳另篇，若言敍事輕率，誠有之，然非輕率也，以輕率映彼重大，以不實説實之又一面也。

杜麗娘愛女也，亂命不足聽，官事縱急，無礙歸葬，然竟客葬南安梅花觀中矣，此輕率也。柳生一酸倈，無金無位，無拳無勇，且孤客異鄉，乃謬欲取三年久埋官眷之柩而剖之，又得烏合衆萍水交，若石姑姑癩頭黿之徒而幫之，無邊大事唾手吹灰，此又一輕率也。衡之寫實之律其謬多矣，而不謬也。蓋以情之至大至剛者與事勢遇，固當如摧枯拉朽耳，非事勢之信如枯朽也，以至情較之，不得不若枯朽也。事理賓也，輕筆掃之，情主也，特筆提之，輕重相成，主賓以見，此題旨詞筆通和之論也。曷觀夫《紅樓夢》與其續書，則《牡丹亭》於是乎見。夫以跡言，《還魂》近彼諸續貂也，據八十四回本，黛玉有死之道也，據百十回本，黛玉死矣，續貂者亦欲有情人之成眷屬也，不辭開棺之勞而活黛玉，分明又一《還魂記》矣，乃天下讀者偏真《還魂記》而僞《續紅樓》，咄咄怪哉！豈僅以其文筆之優劣歟？殆非也。蓋《紅樓夢》之黛玉有必死之道，《牡丹亭》之麗娘有必生之情也。黛玉之死必然也，不死不足以盡情也，麗娘之生亦必然也，不生不足以盡情也，生死相反也，而必然之致一也。彼《紅樓夢》者，欲以事勢之至大至剛以訴情性之孤露也，於是黛玉死矣，彼妄庸人安得以《還魂》爲隱身符哉？「誰把鈿筝移玉柱，穿簾燕子雙飛去」，其旨變，則結搆筆法等等無不應之而俱變矣，變乎其所不得不變也。《紅樓》作者以獅子之力，幻出一偌大之家庭，層層羅網，處處荊針，而寶黛二子側身其間，跼天而蹐地矣，相反而相似也。彼續貂者固瞠目未有見也，欲生黛玉，試問黛玉如何而生耶？其病在于失真，不在於失實，以失真而遂失攝實之力以悖乎實，則舉世笑之匆怪也。若夫二者，直當謂之有情之寶典耳，欲説其無礙也便真是無礙，欲説其無奈也便真是無奈，左右游刃無施不適，謂爲天下之至情至文，豈尚有所譽，豈尚有所惑哉？吾子其雒誦《牡丹亭》而熟讀《紅樓夢》也，庶幾乎免於惑。

一九三三年十一月二十二日

（《東方雜誌》第三十一卷第七號）

雜談《牡丹亭・驚夢》

一　關于「游園」一般的看法

習慣上都説「游園驚夢」。游園歌舞雖很美妙，如果單演，則場子太短，戲劇性也不很突出。大家知道「游園」只是「驚夢」的一部分，它的前奏曲，是不可分割，不能獨立的。話雖如此，一般的曲譜都把「游園驚夢」分成兩折了。崑曲中類似這個情形很多，本不足爲奇。現在我們如只説「驚夢」，便好象不連上邊游園似的。但「游園」的不宜獨立，并不僅僅在是否應該遵照原書，或者它缺少些戲劇因素；用這個名稱標題，我就覺得不大妥當。翻成白話就是小姐丫環逛花園。真逛了没有呢？至少，她們并不曾暢游。深一步説，「游園」這個名目不能表現這一場戲的主題，而且還引起若干的誤會。這是基本的。

雖然作者在「閨塾」、「肅苑」兩折上極力渲染將要游春，又在俗稱「游園」的前半段作了許多梳妝打扮的準備，似乎真要大逛而特逛了，我們看到後文的賓白曲子，着筆寥寥。〔皂羅袍〕曲，只是一味的感嘆；〔好姐姐〕曲，看了一些晚開的花，聽了一些鶯聲燕語，如此而已。好象很不過癮。實際上用了虛實互換的筆法；爲下面「驚夢」「尋夢」以至「拾畫」等折留出地步，從章法上説來也是正確的。

他爲什麼要這般寫，當不僅僅有關于筆法或結構的問題，而牽涉到本折的主題思想和主角的性格、心情、環境等等。她在惆悵，而不在歡笑。她是傷春，而不是游春。原文不及備引，只就〔皂羅袍〕一曲略加詮表，作爲一個例子。

開頭她嘆息着：「原來姹紫嫣紅開遍，似這般都付與斷井頹垣。」虛神籠罩，已總攝惆悵情懷的全面了。接着提起古語所謂「良辰美景賞心樂事」來；然而于「良辰美景」，則曰「奈何天」也，于「賞心樂事」，又道「誰家院」也。可見這兒没有啥可賞可樂的。于是接唱：「朝飛暮捲，雲霞翠軒，雨絲風片，烟波畫船：錦屏人忒看的這韶光賤。」這意思大同于「尼姑思凡」所謂「見人家夫妻們洒樂，一對對着錦穿羅」，不過説得格外風流蘊藉罷了。有人解釋「錦屏人」爲杜麗娘自謂，大誤。她多麼珍重愛惜這韶光，何嘗輕看呢。

「游園」的表演，從總的方面説，這一場戲需要表出麗娘春香的同異來，——同中有異，異中有同的關係來。如旦貼同台，合盤身段，對稱的表現，而一是五旦，一是六旦，又分出家門來。表情方面，春香天真活潑，象嬌鳥離籠似的快活，而杜女却無端惆悵。同一境界，而身份心情不同，已覺難辨。——而且，説杜麗娘一味的惆悵罷，也不。深閨愁悶中，忽嫣紅姹紫，驀在眼前，若不欣快，豈近人情。她是歡喜之中帶着惆悵哩？我對戲劇本是十足的外行，只覺得這場戲的表演，要恰合乎理想，所謂作者之意，原是很難的。若一般的演出，借歌舞表現出三春的氣氛，佳人的姿態，自然也就可以了。

二　杜麗娘怎樣醒的？

「驚夢」裏有個小問題，似乎前人很少談到：杜麗娘這個夢是怎樣醒的？照現在唱法（原本也是這樣的），花神下場，杜柳同唱〔山桃紅·前腔〕後，還有一段對白，才接杜母上場，是二人幽歡以後又説了好一會話方才醒的。另一方面呢，似乎不是這樣。《牡丹亭》裏有幾處：

（一）「驚夢」本折：花神白：「咱便拈片落花驚醒他。」向鬼門丢花科。

（二）「尋夢」折〔豆葉黄〕曲：「忑一片撒花心的紅影兒弔將來半天，敢是咱夢魂兒廝纏。」（引今本）

（三）「冥判」折：净（判官）：「花神，這女鬼説是後花園一夢，爲花飛驚閃而亡，可是？」末（花神）：「是也。他與秀才夢的綿纏，偶爾落花驚醒。」（按上文明説花神丢花去驚醒她，這兒却説「偶爾」，似乎在那邊抵賴着，一笑。）

既然一片花飛，她就醒了，豈非戲臺上花神丟花這一霎，即麗娘夢覺之時，如何後來又唱又做又説呢？

如説這樣表演錯了，却亦不見得。花神于丟花之後，原本今唱都有這麽一段道白。文字略異，引原本：

秀才纔到的半夢兒。夢畢之時，好送杜小姐仍歸香閣，吾神去也。

何謂「半夢兒」？難道夢中有夢，還是一夢接着一夢呢？我們不明白。況且，牡丹亭，芍藥欄，是夢遇，非魂游。夢中萬里之遥，醒來當下即是，何勞柳生送回香閣？我看臨川自己怕也有些「夢魂兒廝纏」了。

這些靈怪烟粉自爲小説的本色，深求核實，未免太癡。但情節上有些矛盾也總是事實，就記在這裏。

三　唱演方面修改的商榷（其一）

「驚夢」折現在的唱演有好些不合原本的地方。原本自并非全不可移動，但也得看有無必要，改得好否等等。這可以分爲兩部分：（一）從前工師們改的，（二）現在人改的。本節談第一部分。大體説來，經過多次修改，距離原本漸遠，却也有極少個別的地方，最近又改回來了。

工師傳習，改變原本，不知起自何年，我們現在的唱演大都照這個樣子。是否合理？在舞臺表演上可能爲另一問題，從文義上看并不這麽恰當。以下略舉較有關係的五點：

（一）把「借春看」的道白改爲「惜春看」。——原本春香念白：「已分付催花鶯燕借春看」；現在「借」字都改念作「惜」。較正規的曲譜如《集成》等雖仍作「借春看」，而通常不用。有的老藝人主張念作「借春看」，却也不普遍。「惜春看」在文義上不妥當，自以作「借春看」爲是。而且「分付催花鶯燕借春看」，意謂春時已晚，故鶯燕催花，却囑咐他們留着一點兒，「馬後」一些兒，等咱們來看。字面作「借春」，通會全句，意義上正是「惜春」。若明點出「惜」字反而不妥當，非特于文義欠通，鶯鶯燕燕也不懂得什麽愛惜春光的呵。

（二）把麗娘唱的〔醉扶歸〕首二句改爲春香唱。——這個變動較大，却自來都這樣，没有照原本唱的，至少我没有聽見過。如《集成曲譜》以喜歡復古，改工師的基本爲曲友們所不愜的，在這裏也不曾改正。這就可見這個唱法相傳甚久了。我們都不去輕易變動它。

試引原本與通行唱法于下，改本不妥是很顯明的。

（貼）今日穿插的好。（旦唱〔醉扶歸〕）你道翠生生出落的裙衫茜，艷晶晶花簪八寶填，可知我一生兒愛好是天然。——影印明刊本

（貼）小姐（唱〔醉扶歸〕）你道翠生生出落的裙衫兒茜，豔晶晶花簪八寶填。

（旦）春香（接唱）可知我一生兒愛好是天然。——《集成》、《遏雲》等譜

原本麗娘說「你道」，「你」者，春香；「道」者指春香上文那句夾白。今改爲春香，則麗娘在上文本没有說到關于穿章打扮，則春香云云便落了空。不妥之點一。春香以「你」稱呼杜麗娘，在舊式封建家庭，丫環對小姐不可能這樣你阿你的，看《紅樓夢》第五十五回，鳳姐和平兒對話就很分明。不妥之點二。「你道……」「可知我……」上下相承，語氣一貫；今「你道」貼唱，「可知我」旦唱，分爲兩段。春香說：「你說你打扮得這麼好阿。」麗娘回答：「你可知道愛好是我的天性哩。」好象在那邊駁辨。不妥之點三。既然這樣的不妥，爲什麼當初要改，後來又爲什麼大家不去校正它。這個理由不大明白，大概爲了場上麗娘獨唱太多，春香冷落之故。這也未嘗全無理由，我也并不主張硬改，不過說明在文義上的不妥當罷了。

（三）把游園將畢，麗娘說要回去改成春香發動。——這點變動也很大，自來不受人注意。亦將兩本分列于後，加旁點（本書略去旁點）的是相異之處。上接唱詞「嚦嚦鶯歌溜的圓」。

（旦）去罷。（貼）這園子委是觀之不足也。（旦）提他怎的。（行介）——原本

（貼）小姐，這園子委實觀之不足。（旦）提他怎麽。（貼）留些餘興，明日再來

耍子罷。(旦)有理。——今本

上删下增，就把麗娘要回改成春香説走，無論從麗娘或春香方面看都是不妥的。就麗娘説，這和本文第一節説她無心真個游園相關。她聽了紫燕黄鶯，雙雙呀巧，不由得惆悵説：「回去罷。」春香呢，一個小孩子家，而且好不容易出來一蕩，本來没有頑够，聽小姐説要回去，便説：「這園子委是觀之不足也。」麗娘答道：「提他怎的。」是小姐要回，丫環不要回，原本很明白，和劇情、角色身份亦相合。若如今本，雖仍舊着麗娘「提他怎麽」這句話，但麗娘總未説要回，春香何得説出「明日再來耍子」？她又何必説呢？由春香口中宣布游園散會，不特不合劇中她的身份，且亦違反她曾在「閨塾」、「肅苑」等折再三表示的意願。所以這樣顛倒是錯誤的。

話雖如此，今本確也有些好處不可抹殺。原本麗娘的神情——特別她對于春香，似乎過于冷淡了。今本春香「留些餘興」的説法固係散會之詞，却有留連不舍之意，説得很委宛。杜麗娘早已興盡了。何以知之？她説「去罷」，一也。説「提他怎的」，二也。唱隔尾末句：「到不如興盡回家閑過遣」，三也。其爲興盡固甚明，然而春香既這般婉轉地説着，麗娘不忍過拂心愛的丫環的意思，只得回答道：「有理。」這「有理」二字雖和下面唱詞明白地矛盾着，但兩人一番問答，很能傳神，無怪歌場舞榭這般唱演了。

因此我主張揉合兩本之長，有如下式：

（旦）春香，我們回去罷。（貼）這園子委實觀之不足。（旦）提他怎麽。（貼）留些餘興，明日再來耍子罷。（旦）有理。

這樣，對今日的演法，變動不大，而改進却很多。

（四）把〔山桃紅・前腔〕的「合頭」首句改换。——凡叠用前腔，合頭照例不動，所謂「合前」是也。「驚夢」兩只〔山桃紅〕，「合頭」并作：「是那處曾相見？相看儼然。早難道好處相逢無一言。」這正和《紅樓夢》第五回寶玉初見黛玉的説法相似。以有夙緣，故似曾相識。後人大約以爲杜柳初見時説這個可以，在幽歡以後再唱什麽「是那處曾相見」，未免于情事不合；所以于第一曲合頭不動，于第二曲合頭，却把其中第一句改爲「我欲去還留戀」。這從曲律或文義來看都是錯的。因之有些坊本老譜，如清光緒二十二年的《霓裳文藝全譜》就把〔山桃紅・前腔〕的合頭移後，移到末句「早難道好處相逢無一言」上面去，也就是説，把這「我欲去還留戀」不算它合頭。這辦法當然也不對，却可以表出工師老輩很知道在合頭裏改詞是不妥當的。

在這地方，喜愛復古的《集成》等譜，照例要改從原本。事實上恐也不曾發生多大效果，就我自己説，三十年前曾在曲會裏照《集成》譜唱過一次，弄得「陪」我唱的前輩曲家很有些尷尬。我至今回想起來很慚愧，後來自然也不這麽唱了。

若問既然錯了，改回來有什麽不好？我可回答不上來。但却另有一種看法。何謂曲文的本色？好比弔桶脱了底一般。所謂「西山朝來，致有爽氣」，實一語道破。「我欲去還留戀」固然粗糙，且違反曲律，却直直落落，大家懂得。「是那處曾相見」固深刻美妙，用在第二只〔山桃紅〕上合前，得叫人想一想方能體會過來。多唱了一曲，雖不至于彆扭，却總有些黏皮帶骨。況且表演方面，杜柳再上場時，還作似曾相識的姿態否耶？怕也有些問題。所以這個改動是似誤非誤的一個變例。

（五）把〔尾聲〕之前春香重上念白删去。——各譜大都這樣。依原本，無所謂「游園」、「驚夢」爲一整出，春香出場，雖中間暫下，自必須終場；依通行本，〔隔尾〕下有「去去就來」之説，何以去而不來呢？也失了照應：都可以説删得不對。從另一方面看，「游園」、「驚夢」事實上早已分開；飾春香的要扎扮着等很長的「驚夢」唱完，或者還有「堆花」；而且，上來呢，也没有什麽事；再説，甫在晝眠，就説熏着被窩，請小姐安寢，時間也不大對頭：也可以説删得恰當。最近在這點上又有恢復原本演出的。就作意劇情説來，這點的關係并不小，見下。

舊日工師移動原本處，大概有以上這五點。此外還有一些，如添夢神，見下。如原本麗娘在夢前夢後各有一段很長的獨白，從來没有照它念的，念起來怕太冗長。因之在開首結尾各只留賸兩三句，以外都删了去。我想，這一删節大約非常早，也是必要的。不過麗娘經過這樣奇夢，迄未傾吐她的心事，含蓄有餘，醒豁不足，在表演上容易顯得有些「瘟」，總不爲全美也。

四　唱演方面修改的商榷（其二）

本節談關于現在人修改本折的得失，大都對于舊本的修改（即對于晚近的通行唱法），若仍舊改原，已在上節説過了。大致的傾向，改舊則離原本愈遠，雖有個別的例外。這些改變有見于曲譜的，如下邊的（二）；有曲譜未載，實際上已在唱演的，如（一）（三）（四）（五）。這裏每提到一點最近上海戲曲學校的改本。

（一）在唱〔步步嬌〕曲裏，春香爲麗娘梳妝換衣服，顯得時間很侷促，于是把換衣裳這一行動給刪了去，也有兩式：（甲）索性把上面的道白改了。如旦白，「取鏡臺衣服過來」，改爲「取鏡臺過來」；貼白，「鏡臺衣服在此」改爲「鏡臺在此」。（乙）上邊的白口不動，説有鏡臺衣服，而春香只取鏡臺，不取衣服。很顯明，這兩個辦法都不好，甲式爲尤甚。

如壓根不提衣服，那麼何以解于春香念的「羅衣欲換更添香」？而且下文〔醉扶歸〕曲所謂「翠生生出落的裙衫兒茜」，就指着這件粉紅衣裳説的。若麗娘叫取鏡臺衣服過來，春香也説鏡臺衣服在此，事實上偏没有衣服。這又很象「皇帝的新衣」了。

我曾看韓世昌先生演這戲，梳妝換衣，采用「老路子」，也并不顯得過于匆忙，不過春香動作較多，唱得較少而已。依我的外行看法，既然在舞臺上問題不大，改詞頗妨文義，不改詞，説有衣服却偏没有，會使觀衆糊涂，倒不如不改。

此外還有一個擴展時間的辦法，即上海戲曲學校的改本。旦貼對白不動，梳妝換衣都不刪減。在「摇漾春如綫」下面加了一大段「過門」。注曰：「貼與旦更衣梳頭動作，笛停，其它樂器奏過門。」下接「停半晌，整花鈿。」崑曲本没有「過門」的，或者有人不贊成加。我以爲如在臺上收效果很好，加添「過門」也未爲不可。我們正不必死抱着崑曲的清規戒律來束縛自己。

（二）在〔好姐姐〕曲首句，特别在「遍青山」這一部分加了介白。〔好姐姐〕曲原本介白很少，後來藝工以傳唱需要，逐漸增添，如《遏雲》、《集成》等譜，添得還算妥當，現在越添越多了。我認爲「遍青山」的「貼介」，不但没有必要，而且是錯誤的。

（貼介）這是青山。（旦連）遍青山。（貼介）那是杜鵑花。（旦連）啼紅了杜鵑。

（貼介）這是荼蘼架。（旦連）那荼蘼外烟絲醉軟。（《粟廬曲譜》上，上戲曲學校改本略同）

這裏的錯誤有好幾點：（甲）「遍青山啼紅了杜鵑」應是一整句，現在却把它分成兩段。（乙）青山者遠山，我們不能眺望青山同時又看見山中的杜鵑花。若説花開在園内，不在山中，那一句更成爲兩橛了。（丙）春香説「這是青山」，麗娘就唱「遍青山」；春香説「那是杜鵑花」，麗娘就接「啼紅了杜鵑」；春香又説「這是荼蘼架」，麗娘又接唱「荼蘼外烟絲醉軟」；杜麗娘什麼都不懂得，全靠春香一一告訴她，好象南方人所謂「呆大」。（丁）南安太守衙門望見青山否不得而知。從「曉來望斷梅關」句來看，可能望得見的。但山爲龐然大物，麗娘豈看不見，要等春香來指引呢？所以這一句介白比以下各句更覺不妥。

再略談這句的文義。他說「遍青山啼紅了杜鵑」，不說「青山開遍了杜鵑」，鳥啼則實，花開是虛。映山紅開花，正值杜鵑啼血的時候，花遂因鳥而得名。本句雖說鳥啼，兼指花開，下文借了瓶插「映山紫」，明照園内有這樣的花，語意雙關，似虛似實，耐人尋味。舊譜只用一句介白：「杜鵑花開得好盛嚇」，補足唱詞之意，這原是比較妥當的。今添上「這是青山」一句，便把下文本來不壞的介白，也顯得呆板了。

（三）删去睡魔神的出場。這還不見于曲譜，在舞臺上有這樣删減的。上海戲曲學校的改本已没有睡魔神了。按説：原本也無睡魔神，則如此删節，似可以説爲「從原」。事實上也不盡然。傳奇的原本科介場面寫得非常簡單，并非就可照此上演，本預備藝工們去添的。它不寫上，并不等于没有。明刊本《牡丹亭》于杜女唱後只寫着「睡科」、「夢科」，固不曾有夢神上場，但怎樣入夢没有硬性規定。增添睡魔神，也不必違反作者的意思。

睡魔神出場，留着它可以使醒夢的界畫分明；删去這個并没有什麽好處。若爲破除迷信，花神難道不是？下文的判官難道不是？進一步説，《還魂記》故事的重點，人死了三年還會重活，何嘗不是荒唐無稽之後。稍改，不管事；徹底的改，那就取銷了《牡丹亭》。

（四）把麗娘于夢中叫「秀才」，依下文杜母所聞，縮爲一個「秀」字。這不見于曲譜，直到近來上海的改本才寫上。這也是錯誤的。夢中什麽話不可説。原本比這秀才兩字還要多得多哩，寫道：

秀才，秀才，你去了也。

夢中的話語不妨纏綿，而真在嘴裏念叨自然成爲片段，只賸得一個字，而爲杜母所聞，麗娘還可以用同音字來掩飾。前後文的情況既不同，不得依後文來統一前文。曲譜上雖不載，而在唱客演員口中已相當普遍了。

以上四點，如今所改，我個人認爲至少没有改的必要。第五點初見于舞臺演出，近又見于上海戲曲學校的改本，春香在劇末又上，恢復了原本，使驚夢全折比較完整，這倒是没有問題的。在上節提到，于晝寢之後，即接春香白，「晚粧銷粉印，春潤費香篝，小姐，薰了被窩睡罷」，時間上未免稍早了一些。這不僅是過場小節，實與作意相關。作者這樣寫，當然有一種原故。杜麗娘思尋前夢，故道，「那夢兒還去不遠」，與後來到花園去找夢的痕迹，雖然找法不同，其爲尋尋覓覓則一，實已暗逗下文「尋夢」一折了。

關于上海戲曲學校的改本，上面已提到的，不再贅説。在「驚夢」「堆花」部分，文詞改動得很多。把〔山桃紅〕兩曲色情語改了去，在崑劇的普及上，也有相當的方便。但有些地方實在無須改得，實亦不勝其改。「夢兒裏相逢，夢兒裏合歡」（見〔雙聲子〕曲），既是劇中主要的情節，替他遮飾自屬徒勞。關于唯心的觀點亦然。個別字句，改文有錯誤處，例如「心悠步嬋」改爲「心憂步嬋」之類，這裏也不列舉了。

《牡丹亭》一劇，明清兩代曾經不斷的修改；當作者生前已有這樣的情況，作者對它深表憤慨，見《玉茗堂尺牘》。到今天咱們還在大改而特改，對原作的功罪，實在很難説了。這篇短文，只講到一些文詞和唱演的關係，借戲劇界同好的參考。其他如唱念字音曲子旁譜，文詞解釋等等，恐過于繁瑣，都不曾談到。

一九五七年五月十日

（《戲劇論叢》一九五七年第三輯）

趙景深

拾畫調名正誤

近習《牡丹亭·拾畫》，用的是殷湗深的《牡丹亭曲譜》，所題調名，甚爲奇特。原書上注出的明明是〔錦纏道〕，却要題作〔賽觀音〕。二者的差異是很明顯的：〔錦纏道〕是《正宫過曲》，每句的字數是三七五三六七八五五五五六，〔賽觀音〕却是《大石調過曲》，字數少的僅二十七個字，每句的字數是三三七七七。〔賽觀音〕名稱的由來,或許因爲説白中有「原來是尊觀音佛像」這句話的原故吧。

不過原書的〔泣顏回〕改稱〔顏子樂〕,這倒是對的,〔顏子樂〕就是〔泣顏回〕、〔刷子序〕和〔普天樂〕三曲的集曲,分析如次(括弧内的字是襯字):

〔泣顏回〕(則見)風月暗消磨。(畫)牆西正南側左。蒼苔滑擦,(倚)逗着斷垣低垛。

〔刷子序〕因何,蝴蝶門兒落合?客來過,年月偏多。

〔普天樂〕刻劃盡琅玕千個,(早則)是寒花繞砌,荒草成窠。

(《讀曲小記·唱曲偶記》)

梅　溪

《牡丹亭》中的幾個人物形象

《牡丹亭》爲湯顯祖的代表作,也是明傳奇中的傑作之一。前人往往認爲《牡丹亭》可與《西廂記》媲美,它們確是我國戲曲史上不同階段的兩朵瑰麗的花朵。但就劇作的思想性、戰鬥性來説,前者比後者似更顯得深刻、强烈,所反映的社會面也較廣闊,這是時代精神和作者的進步思想所賦予的。

《牡丹亭》的社會意義在于作者熱情地歌頌了以追求自由幸福生活爲中心内容的個性解放的理想，而其歌頌與批判封建教養及正統力量結合在一起；這是部現實主義與浪漫主義相結合的作品。後者不但表現在手法上，更主要指劇作所體現的精神，即作者所謂「死三年矣，復能溟莫中求得其所夢者而生」的至情，這是歷史條件所決定的。因爲在當時歷史現實下，由于强大的封建力量和禁絶人慾的性理之學的支配，年青人要求情和個性的解放根本不可能實現；而在作者的進步思想指導下，賦予以假想的形式，指出了生活應當是怎樣的方向。所以劇作中由生而死到由死而生間的矛盾具體反映了現實中的講性的理學與情的矛盾，怪不得作者在題詞中發出如下的感嘆：

> 嗟夫，人世之事，非人世所可盡，自非通人，恒以理相格耳，第云理之所必無，安知情之所必有邪？

至于他個人當然是個「通人」，以具體而生動的戲劇形象傳達了生活在封建傳統勢力控制下的廣大青年男女的心願。

劇作的社會意義是通過行動中的人的鬥争和發展趨向體現出來的，湯顯祖在該劇中創造了一系列生動而鮮明的形象如杜麗娘、柳夢梅、杜寶、陳最良等，現在擇要將這四個人作一具體的分析，因爲他們與我們上面所分析的社會意義有着直接的關係。

杜麗娘這個典型創造的成功，給劇作帶來不朽的生命，這是個繼鶯鶯之後中國戲劇舞臺上又一個不可磨滅的形象。她是劇作中主要的正面力量，是個愛自然、愛自由而富有旺盛生命力以要求個性解放爲内容的典型，也是個聰明、熱情、幽雅、美麗、温柔而堅强的大家閨秀；她的性格的發展，是在與正統思想的代表者和維護者的鬥争中成長起來的，這裏也包括對自己在封建教養下已經形成的影響的自我鬥争，所以她又是個封建禮教的叛逆者。其鬥争過程是個由希望而破滅，繼由追求而勝利的過程，如結合劇情的發展以及所反映到性格上的特徵看來，可以分爲四個階段：

第一階段，自「訓女」到「尋夢」，爲愛情萌發時期，「驚夢」是本期的高潮。她生活在封建官僚家庭中，除日常規定的女紅外，已有獨立思索自己生活的傾向。因爲她年已十六，按舊習慣正是及笄之年，自然的春意已躍躍于心，但還未婚配，這便是「訓女」齣春香説的白天閑眠一事所包含的内容。警覺的父親知道這種情况，企圖在此萌芽階段就扼殺它；聘了個老成持重的腐儒陳最良，施以詩書禮儀的封建教育，爲的是抬高出賣的身價。但聰穎的杜麗娘却按着自己的生動活潑的個性開闢生活道路，「閨塾」一齣集中反映了這兩方面的對立，係由教書、寫字和春游三個情節來表現的。陳最良站在衛道者的立場來教《詩經》，説什麽「三百篇一言以蔽之，只無邪兩字」；教《關雎》一詩，絶口不談愛情，儼然是副正人君子的模樣。杜麗娘由于身份關係，爲了照顧先生的尊嚴，不便象春香那樣伶俐而幽默地予以嘲弄；但是按着自己的生活實感去理解《詩經》真意。最有意思的是寫字一節，作者有意識地通過一些細節來體現他們間的對立：

……（貼下取上）紙筆墨硯在此。

（末）甚麽墨？

（旦）丫頭錯拿了，這是螺子黛畫眉的。

（末）這甚麽筆？

（旦笑科）這便是畫眉細筆。

（末）俺就不曾見，拿去拿去。這是甚麽紙？

（旦）薛濤箋。

（末）拿去拿去，只拿那蔡倫造的來。這是甚麽硯，是一箇是兩箇？

（旦）鴛鴦硯。

（末）許多眼？

（旦）淚眼。

（末）哭甚麽子，一發換了來。

（貼背科）好個標老兒，待换去。

不僅止此，雙方已經開始了不同生活道路的鬥争。而春香在這裏所説和行動的，也正是杜麗娘所要説和行動的。只不過因其所受的封建教養的包袱，這也包括應有的禮節在内；不可能使她象春香表現的那樣直率，而是一種較含蓄的追求，形成一種表裏不一致的情況，突出地體現在下面一件事情上：

爲了維護先生的尊嚴，她當着陳最良的面訓斥了頑皮的春香；但實際上與春香心情是一致的，看陳走後，立即問她所發現的後花園在何處，有何景致；「昔氏賢文把人禁殺，恁時節則好教鸚哥喚茶」。春香這種對牢籠似的生活的不滿和對春天的喜悦的感情也正是她内心的呼聲。而爲封建禮教所閉塞了的環境是不允許這種生動的愛美的個性發展的，將她們囚在屋裏念書，正如杜寶説的，「爲了拘束身心」，避免出外閑游。因爲他們懂得大自然欣欣向榮的生命感會唤醒潛藏着青年男女的情思。所以這裏已經體現了壓制與反壓制的鬥争。

可是青春的活意是壓抑不了的，毛詩中的「窈窕淑女，君子好逑」的詩意就挑動了她内心的情苗，由衷地悄然嘆曰：

聖人之情，盡見於此矣，古今同懷，豈不然乎？

但因爲周圍環境的拘囚，得不到正常的發展，形成内心的悒郁。而乘其父出外勸農時節，去後花園賞景，以舒胸懷，這便是「游園」一齣所表現的。

一個被冷冰冰的封建教養所窒息了的她，一走到光天化日之下，該是何等愉快。如火如荼的春景給予强烈的刺激，惹起無限的感傷；看到這姹紫嫣紅，「似這般都付與斷井頹垣」，不禁發出「良辰美景奈何天，賞心樂事誰家院」的感嘆，這是在此美好春景相映下的不得意的人對醜惡的現實的抗議。直至聽到「生生燕語明如剪，呖呖鶯歌溜的圓」，更是無暇賞景，惘然而返，因爲她内心的苦悶被觸發了。在無人處，她曾經暗暗沉吟過：

昔日韓夫人得遇于郎，張生偶逢崔氏，曾有《題紅記》、《崔徽傳》二書。此佳人才子，前以密約偷期，後皆得成秦晉。吾生于宦族，長在名門，年已及笄，不得早成佳配。誠爲虚度青春，光陰如過隙耳！可惜妾身顔色如花，豈料命如一葉乎？

事情發展到這裏，已充分暴露了主人公内心的真諦，她爲婚姻的前途而擔憂，爲得不到戀愛的滿足而苦惱。因爲在那個社會裏只能是憑「父母之命，媒妁之言」來選擇配偶，而她的父母又如上面所説過的要把她培養成一個老成持重墨守禮教的淑女，不但絲毫也不關心她這方面的要求，倒反要壓制它。這該是何等的違反人性！而她對這種環境的不滿更深沉地反映在下面的曲辭裏：

没亂裏春情難遣，驀地裏懷人幽怨，則爲我生小嬋娟，揀名門一例一例裏神仙眷，甚良緣，把青春抛的遠。俺的睡情誰見，則索因循靦腆，想幽夢誰邊，和春光暗流轉，遷延，這衷懷那處言？淹煎，潑殘生除問天。

作者不只是停留在主人公内心的發掘上，更主要是根據人物性格内在的邏輯展示了她的要求，這就是與柳夢梅于夢寐中的歡會。這是她的美麗的幻想，而其夢境中的表現很符合她那大家閨秀所有的忸怩羞澀的神情。儘管這事間接遭到母親的責叱，但那顆自發的愛情的火苗已壓制不了，情已主宰着她的生活，當晚睡不成覺；第二天一早起來，連飯也不想吃，這個細節富有表現力：

（貼）夫人分付早飯要早。

（旦）你猛説夫人則待把餓人勸，你説爲人在世，怎生叫做吃飯。

（貼）一日三餐。

（旦）哎！甚甌兒氣力與拳擎，生生的了前件，你自拿去吃了罷。

就這樣飯也没吃跑到後花園中尋那昨天的夢境，這是何等大膽、勇敢的舉動。獨自在那裏對着愛人的象徵梅樹下徘徊、回憶，發出「這般花花草草由人戀，生生死死隨人愿，便凄凄楚楚無人怨」的呼聲。但這僅僅是個人自言自語的向往，一回到現實生活中，却不敢向任何人談，即使連最親切的春香也不敢。因爲封建禮教這塊帷幕把她與人世間隔離了，所以她再度去花園只是更加深内心的痛苦，形成劇烈的衝突。這是理想與現實、真情與封建教條間的鬥争。

第二階段：自「寫真」到「鬧殤」，這是毁滅時期，但僅指肉體的毁滅，而精神則常青。由于周圍環境的冷漠，她那熾烈的情思得不到任何支持，成天自憂自愁，寢食全廢，精神疲憊不堪，病倒在床。整日「嬌啼隱忍，笑瞻迷廝，睡眼懵憕」，實際是上面游園所引起的相思病。但爲舊禮教觀念和大家的虚榮心所蒙蔽了的母親面對事實還不承認，自欺欺人地以爲是「觸犯了柳精靈，側犯了花神怪」。愚昧的想法勢必用迷信的辦法來解决，請了個女巫來禳解，這是無效的。其父雖不以爲然，但因陳腐的禮教觀念充塞了他的頭腦，也不可能對症下藥。「診祟」一節細緻而真切地表現了這兩方面横着鴻溝似的心理，所以表面上没有展開直接的鬥争，實質上是封建力量對年青人的情的要求的虐殺，病是那時歷史條件下所唯一可能表現的形式。由于長時間的不治，終于在中秋月夜，瘦弱的身軀經不住晶瑩團圓的明月的刺激，突告逝去，雖然她的肉體爲黑暗的環境所吞噬，但她對青春的幸福的追求却與世長存。「寫真」一節所繪的春容，其目的就在于「精神出現，留于後人標」；把自己心事也告訴春香，臨死前問春香可有回生之日否？并要求在「小墳邊立斷腸碑一統」，把肖像藏在墓邊等待柳夢梅的到來。也正是這種對幸福生活追求的堅持與努力，才獲得了重生。

第三階段：自「旅寄」到「回生」，是追求時期。作者在此歌頌了「生者可以死，死可以生」的至情，這話的意思是年青人的生命與愛情聯繫在一起，後者可以給人以生命的活力。這在被封建禮教所禁錮了的舊社會來説，更有其反封建意義。這一段情節的描寫採取了幻想的形式，那是陰陽界的戀愛；不可避免在某些細節上帶有非現實的成分，如起死回生的表現，但總的精神是現實的。整個戀愛過程更是現實生活的再現，分爲「幽媾」、「歡愛」、「冥誓」幾個段落。而在這過程中她表現得更爲熱情、大膽，實是除淨了舊禮教觀念種種束縛後理想中的愛情追求者的表現。她在梅花庵遇到柳夢梅時，不顧一切真摯率直的表白了自己的愛情，不像她父親那樣因爲是窮秀才而有所厭棄，却也不隱藏自己由于「聘則爲妻，奔則爲妾」的傳統觀念所產生的猶豫。但在得到柳生的保證後終于共訂白頭之盟，而在這種堅貞誠摯的情中使麗娘得到復生的機會。在這一階段，作者突出地發展了她個性特徵中熱情、堅强、大膽的一面，從而使人物的性格在這裏得到生動而完整的體現，即愛青春、愛自由、愛生命而以追求幸福生活爲内容的理想得到了完滿的實現。

第四階段：自「婚走」到「圓駕」，寫他倆重生以後婚後的生活，包括重生後修養身心部分。主要從柳夢梅角度來寫，但也體現了她的思親之情，離亂之悲，體貼温存。而最終又與其頑固的父親進行了鬥争：「圓駕」一齣，因其父以爲麗娘重生事屬怪誕，欲借此來拆散他們的婚事；而大膽的她親自到最高統治者前去作證，迫其父承認婚事而取得勝利。

總結以上所述，杜麗娘的性格、思想發展的過程，是個爲争取她那美麗理想實現的過程。雖然她的理想的實現帶有浪漫色彩，但就其個性基礎來説是合理而自然的。至于與阻礙她那理想實現的封建制度體現者和維護者的鬥争，既是勝利又是失敗。前者表現在她是按自己的理想而開闢生活道路，没有屈服于封建禮教，我們可以想象，要是她真的按着周圍環境所給她安排下的道路走去的話，那她就成爲母親那樣忠順的封建禮教的奴隸。而她之所以走目前這樣的道路，又是個性的特徵使然。可以設想她要不是個聰明、熱情而勇往直前的女性，而是受舊禮教影響較深或鬥争性較弱的話，不可能有如此的發展，即使同是悲劇的結果，也將會是另一種發展方式。當然個性特徵對于整個人的性格的發展是與其所堅持的理想是相輔相成的，而在總的發展中起決定性作用的還是其理想，在這裏還得交代一句，作者在杜麗娘的性格發展上，采取了誇張手法。至于她的死，不應説是理想的勝利，而是爲理想而奮鬥的殉葬，這是歷史性的悲劇，是劇作對當時時代的抗議。所以她既是叛逆者的典型，又是當時歷史上新一代的典型。其理想的實現的浪漫寫法正是這一類新一代人物未來的縮影。

作者以同樣的態度支持和歌頌了柳夢梅在争取自由婚姻、反對封建制度維護者這個主題上所做的一切。從其第一齣「言懷」中所作的自我介紹，就可看出他是個多情的才子。而那時他是個窮困潦倒的書生，悒郁不得志，感嘆那些得志之士揚揚得意，人人稱羡，而他自己則「累牘連篇誰見」。幸得苗舜賓之資助上京應考，後因誤了考期，以「愿觸舍階而死」，博得考官的同情而得應試。這一系列的情節真實而生動地暴露了一個奔忙于高官厚爵的士子的心理，深刻地揭示了科舉制度對人的禍害。

就劇作的主題思想來看，以上説的僅是其性格中次要一面，更主要是對待婚姻問題上，這方面所表現的他是個志誠、多情而堅强的戰士。看他在赴臨安應試途中，在梅花觀碰上了麗娘，連原來應考的主意也置之腦後，醉心于對麗娘的愛戀上，以致後來誤了考期，這一點就足够説明他的志誠了。而他在「玩真」一節仔細端詳畫像時，發出一種驚喜的狂嘆：

小娘子畫似崔徽，詩如蘇蕙，行書逼真魏夫人，小生雖則典雅，怎到得這小娘子！

一下子爲她的異常的才貌所吸引了，自古道才子配佳人，這是有道理的；因爲它是基于「惺惺惜惺惺」，出于真心相互愛慕所産生的由衷的感情。所以它是建築在相互尊重敬愛的基礎上，决不是一般封建門第婚姻觀念所可比擬；這在柳夢梅與麗娘關係上更爲清楚，柳生對待麗娘如此，麗娘也爲的是愛他的一表人才。因而以後柳生對待麗娘的態度上，純然是種平等關係，没有封建社會中一般夫妻的附庸關係的痕跡。如麗娘要求掘墳救她重生時，柳生毫無猶豫地行動起來。事實上這在當時正如石道姑説的：「大明律，開棺見屍，不分首從皆斬哩！」而他不顧這種清規戒律，冒着生命危險幹了這事，果然以後不是被假道學的陳最良作爲掘墓賊而上告嗎？他也不避奔波勞苦，爲了她而去探聽岳丈消息。而在他聽到中狀元消息時，第一要事差人「快向錢塘門外報杜小姐喜」。這一連串事實説明他如何真誠的關懷體貼着她，正如他以後在杜寶前辨解説：

我爲他禮春容叫的凶，我爲他展幽期躭怕恐，我爲他點神香開墓封，我爲他唾靈丹活心孔，我爲他偎熨的體酥融，我爲他洗發的神清瑩，我爲他度情腸款款通，我爲他啓玉股輕輕送，我爲他軟温香把陽氣攻，我爲他搶性命把陰程迸。神通，醫的他女孩兒能活動。通也麽通，到如今風月兩無功。

可是在整個過程中，不是一帆風順的，而碰到來自頑固的岳丈方面來的阻力。當然這裏有可原諒之處，這待分析杜寶時再談，但也不可否認有門當户對的觀點與大家的面子感在作祟。可是他在岳丈的拘禁和拷打中表現得很堅强，富有反抗性。他不顧因爲自己「破衣破帽破褡袱破雨傘，手裏拿一幅破畫兒」的裝束而被拒絶求見，就奪門而進。在被綁赴臨安處審時，他在相府階前拒而不跪，因爲「生乃老大人女婿」；及至欲以劫墳賊的罪名動手弔打他，他强硬地表示「誰敢打」，而且將前後經歷申訴了一番，但得不到岳丈的諒鑒和體恤。到最終在皇帝面前對證時，他則反戈一擊，抛棄封建的倫理觀點，以譏嘲態度故意冒犯權貴岳丈的威嚴，對以劫墳賊的名義來誣害他的陳最良也捎帶一劍。到了這裏，他的反抗的性格得到進一步的發展，從而在婚姻問題上取得最後的勝利。

扼殺麗娘的新理想的正統力量在劇作中的代表者是杜寶、陳最良。

杜寶在劇作中作爲封建制度及其道義的支持者和維護者而出現。他身爲麗娘父親，應負教養之責。而他確是管得很緊，「訓女」一齣因其女兒白天閑眠，就責備其妻管教不嚴；他之所以欣賞陳最良，就因爲他老成，能更好完成管教任務。但他有着濃厚的男尊女卑的封建意識，因爲没有男兒而感嘆「則有學母氏畫眉嬌女」，所以他之請陳管教女兒，爲的是「他日到人家，知書知禮，父母光輝」，「他日嫁一書生，不枉了談吐相稱」。并不是給予充分的教養權，把她培養成個獨具人格的人；而是爲了抬高出賣她的價錢，更好地做個高門子弟可心的奴隸而已，實質上作爲維繫他們統治階級關係中的一環。基于這樣一個目的出發，他爲女兒選擇了專講「后妃之德」的《詩經》爲教材，下列這段話淋漓盡致地暴露了他的真面目：

> 《易經》以道陰陽，義理深奥；《書》以道政事，與婦女没相干，《春秋》、《禮記》又是孤經。則《詩經》開首便是后妃之德，四個字兒順口，且是學生家傳，習《詩》罷。其餘書史盡有，則可惜她是個女兒。

正由于他把女兒作爲增飾門楣、光宗耀祖的工具，并由此出發規定了一套教育内容和方法。絲毫不從女兒個性的特點和真正幸福着想，所以表面盡管如何關心、殷勤，其效果是背道而馳的。事實上也正如此，如他知道麗娘游園事後責備其妻説：「我請陳齋長教書，要他拘束身心，你爲母親的倒縱她閑游。」原來他是要剥奪年青人合理的生活願望。而在病倒以後，還是母親説破了真正病根：「看其脈息，若早有了人家敢没這病。」但他却漫不經意的扮出一副正經相：

咳！古者男子三十而娶，女子二十而嫁，女兒點點年紀，知道個甚麽呢！

好一個懂事的他以爲這「則不過往來潮熱，大小傷寒，急慢風驚」，請了個陳最良來給她診脈吃藥，殊不知正是在這種武斷的家長的嚴命下斷送了一條活生生的生命。以上這些事例另方面也説明他是關心、愛護女兒的，而這裏所發生的動機與效果，愛女兒而又致女兒于死地的矛盾充分説明他的聰明、智慧被封建禮教所閉塞了，實質上他不過是個忠實的封建禮教的奴隸。所以通過他在這方面的表現有力地揭示了封建制度的罪惡，正是作者的現實主義精神的勝利。

劇作中所反映出來的公事方面的他，是個忠于職守和深受人民愛戴的功臣。雖然這方面是由統治者的角度來寫，但其爲官業迹有利于人民，「勸農」一齣歌頌性的描述便可證明。至于作者以較多篇幅來寫的鎮守淮揚抗金一節，更是他那愛國精神的體現，而他在這事件中加築羅城，動員鹽商支援軍粮，積極備戰；終于機智地破壞了内奸與金人之勾結（這裏對李全及其妻子的寫述是歪曲了歷史真實的），敗了敵人南下之策，保全了國家，因而加官行賞，升任平章軍國大事。劇作在這方面總的描寫是從其個人的業迹這樣一個角度來寫，而不是作爲主題思想之一部分來看待的,當然我們也不能因此而否認他所反映出來的意義。

在對待柳夢梅一事上,前面已經談及。這裏試從其原因來看,應該説是有可諒解之處,因爲第一,他家本没有女婿,在此軍機關頭求見有被懷疑奸細之可能,他自己也不正是通過陳最良而敗壞了敵計嗎?而他之出告示以儆戒人民不正是也爲了防止冒名的奸細鑽空子?第二,他女兒早已死去,如今還魂婚嫁確有難解之處。但也不能抹煞上面所提及的基于統治階級觀點的兩個因素,而在整個處理過程中也暴露了性格中專横、固執、自信的特點。

無論公事與私事上的表現,其性格前後是統一的,没有雙重的現象。總的可以説是個嚴峻、自信、幹練、忠于職守、國家又有着濃厚封建意識的人。

陳最良,是個迂腐、空虛、庸俗而寒酸的儒醫,係被封建教條所腐蝕了的産物。他「自幼習儒」,十二歲進學」,曾「觀場一十五次」,最後因考居劣等而停廪。兼又兩年失館,衣食無着,貧病交加。好容易被杜寶賞識,延聘爲師,可是他搬弄的盡是封建教條,且處處以此爲準繩來要求人。如警戒麗娘不要游賞春景,因「聖人千言萬語,則要收其放心」,而且沾沾自喜地説:

你師父靠天也六十來歲,從不曉得個傷春,從不曾游個花園。

殊不知自己已被教條折磨得失却任何生活樂趣,還要年青人繼而走這條死胡同。

正因爲他處處引章摘句的從經義中搬弄一套，而不看具體情況，這足以證明對這些教義也是一知半解的，或是全然不懂得，這種例子很多。如教《詩經》歪曲真意。突出的如在到淮揚路途中，被敵人利用還不自覺，反勸杜寶獻城與人，以免殺戮，似乎是出于好心，但全然不理解敵我兩方處境之對立狀態，且呆頭呆腦的搬用古語一通來應對，而又牛頭不對馬嘴。這同時説明他對于生活是如何的無知，其實這兩者是有聯繫的。事實證明，一個不理解實際生活而無生活經驗的人，也不會理解封建教義的真正含義，至少不可能徹底領悟。

所以象他這種缺乏實際生活觀感而思想又僵化了的人，已經没有活生生的靈魂，缺乏人生的樂趣，空虚、貧乏得很。實際上這種人已無補于世，即使高明一點的封建統治者也不需要這種人。但他終究是封建教育下的産物，以八股取士的科舉制下的「人材」，願意爲封建統治者服務，并能遵循他們的教義，還是會得到同一輩人的賞識，杜寶便是其中之一。

作者對這人物的態度很明確，無時無地不投以匕首、利劍，加以冷諷熱嘲，倒很能擊中痛處。如「腐嘆」齣丑説他的潦倒相爲：「天下秀才窮倒底，學中門子老成精。」「閨塾」齣春香背地駡他這個假道學説：「不知趣的好個老標兒。」最後當他與杜寶共上京進樞密院，被人嗤笑道：「又是遺才告考嗎？」多麽辛辣！

總的説來，作者通過以上所説的兩種對立的人物表達了他那個富有反抗性的熱愛自由、生命，要求過幸福的婚姻生活，要求個性解放的生活理想。其中以杜麗娘爲主要人物，她代表着中國十六世紀末在嚴峻的封建禮教統治下的新生的一代，因爲這個典型創造的成功，使《牡丹亭》獲得了不朽的生命。并深爲廣大的相當年齡的少女所喜愛，而引起共鳴。前人曾記載婁江俞二娘最喜愛《牡丹亭》曲，曾經説過：「書以達意，古來作者多不盡意而出，如生不可死，死不可生，皆非情之至，斯真達意之作矣。」她在書上密密圈點，加許多注解，最後斷腸而死。還有杭州女伶商小玲，于演《還魂記》時嘗有此屬意，而勢不得通，遂郁郁成疾。有一天她演「尋夢」齣，隨聲仆地死臺上。這些事例均説明劇作的深刻的現實主義精神，成爲幾千年來封建社會中少女的呼籲書，也是向封建制度所提出的血淚的控訴書。

（《文史哲》一九五七年第七期）

李漢英

湯顯祖與牡丹亭

一　作爲詞曲解放者的湯顯祖

《牡丹亭》，是一部著名的戲曲，在中國文學史上自有它特殊的地位。三百年來，它擁有最廣泛的讀者和觀衆，無論男女老少，賢愚村俏，只要讀過這本傳奇，或看過這戲劇的，都受到了感動和刺激，一致成爲《牡丹亭》的愛好者。知識分子會因「良辰美景奈何天，賞心樂事誰家院」等精妙詞句而咿唔吟詠；感情脆弱的青年男女，會爲了「游園驚夢」而落淚傷心；廣大的觀衆會因看「春香鬧學」發出盡情的歡笑。因爲它是平民文學作品，具備着豐富的多種多樣的情感，所以才能獲得廣大羣衆的愛好，真正成爲「雅俗共賞」的東西。

歷來曲評家常把《牡丹亭》評爲僅次於《西廂》的第二部名曲，有些曲評家却認爲《牡丹亭》壓倒《西廂》，遠勝《西廂》，但另有一部分曲評家却又以爲兩者旗鼓相當，足可媲美。如《衡曲麈談》中説：

臨川學士，旗鼓詞壇，今玉茗諸曲，爭膾人口。其最者杜麗娘一劇，上薄風騷，下奪屈宋，可與《西廂》交勝。

又如《顧曲雜言》對《牡丹亭》的評價是：

頃黄貞甫汝亭，以進賢令内召，還貽湯義仍新作《牡丹亭》記，真是一種奇文，未知王實甫、施君美如何？恐斷非近日諸賢所能辦也。湯義仍《牡丹亭》夢一出，家傳户誦，幾令《西廂》減價。

元明以來，戲曲之作，可説是「浩如烟海」、「汗牛充棟」，但最受人歡迎的却是王實甫的《西廂》。《牡丹亭》之作，當然不能説壓倒《西廂》、超過《西廂》，但也不能説一定次於《西廂》。總之，它是一部成功的作品，無論在結構、情節和詞句上，足可與《西廂》並駕齊驅，先後媲美，這是可以斷言的。

《牡丹亭》能取得這樣大的成功，當然不是偶然的，這與作者的才華、人生經驗分不開的。《牡丹亭》的出版，好比是一道「禁止纏足」令，它引起中國戲曲的改革，使向來被束縛的詞曲獲得了解放。

只要懂得填詞作曲的人，都知道詞曲有一定的規格和法則。因爲曲是準備演唱的，所以它的格律限制得更嚴，不但要講平仄協調，而且「三仄應須分上去，兩平還要辨陰陽」，一字也不能隨便。以前的作曲家，爲了顧全曲譜聲韻，總是在外形律上兜圈子，削足適履，結果成爲曲譜的奴隸，流於刻板、庸俗。

湯顯祖少負才華，《牡丹亭》爲他少年時代作品。他不願削足適履，他要打破戲曲的手鐐脚銬，放棄南北曲迂腐之見，主張還我創作的自由，因此，才能放縱自如，不受曲譜和宗派的限制。以視當時一般專門考究音譜宫韻，按字摸聲者流，真不可以道里計。當時一般的戲曲作者，因拘於門户之見，非長於南，即短於北；而湯顯祖完全放棄宗派之見，冶南北曲於一爐，尤爲難得。正因爲如此，他的音譜遂爲人所詬病。《雨村曲話》評《牡丹亭》説：「獨音韻少諧，不無鐵綽板唱大江東去之病。」《霜崖曲選》説：「是記初出，度曲家多棘棘不上口」，又説：「記中舛律處頗多，往往標名某曲，而實非此曲之句讀也。」《顧曲雜言》說：「……奈不諳曲譜，用韻多任意處。」《衡曲麈談》說「獨其宮商半拗，得再協調一番」，王夢樓說：「玉茗興到疾書，於宮韻復多隕越。」《納書楹曲譜序》中說：「顧其詞句，往往不守宮格，俗伶罕有能協律者。」但《牡丹亭》作者却不管這些，他不以曲譜音韻爲限制，只要唱來順口，無論什麽「鄉音」「俚語」都拿來協韻。他對寫作的意見可於《答吕姜山書》中見之：

寄吴中曲論，良是。唱曲當知，作曲不盡當知也。此語大可軒渠。凡文以意、趣、神、色爲主，四者到時，或有麗詞俊音可用，爾時能一一顧九宮四韻否？如必按字摸聲，即有窒、滯、迸、拽之苦，恐不能成句矣……

由於《牡丹亭》的創作，違反了曲譜慣例，「用韻多任意處」，不合曲譜規律，唱起來「宮商半拗」，有許多對《牡丹亭》愛好的友人，勸顯祖作一次徹底的修改，但他却大膽地加以拒絶。

在他《答孫俟居書》中說：

兄以二夢破夢，夢竟得破耶？兒女之夢難除，尼父所以拜嘉魚，大人所以占維熊也。更爲兄向南海大士祝之。曲譜諸刻，其論良快，久玩之要非大了者。莊子云：「彼烏知禮意？」此亦安知曲意哉？其辨各曲落韻處，麤亦易了。周伯琦作中原韻，而伯琦於伯輝致遠中無名。沈伯時指樂府迷，而伯時於花菴玉林間非詞手。

詞之爲詞，九調四聲而已哉？且所引腔證，不云未知出何調犯何調，則云又一體又一體。彼所引曲未滿十，然已如是，復何能縱觀而定其字音韻耶？第在此自謂知曲意，謂筆懶韻落，時時有之，正不妨拗折天下人嗓子。兄達者，能信此乎？何時握兄手聽海潮音，如雷破山，砉然而笑也。

儘管有許多曲評家和友人要求顯祖削足以適履，但他爲了自己創作的自由，保存作品的真意，不但加以拒絕，而且，大膽地與戲曲創作成規宣戰，説「正不妨拗折天下人嗓子」。他以「鄉音」「俚語」入曲，正説明他要使自己的作品能够大衆化，成爲「雅俗共賞」的東西。當然並不如一般曲評家所説，他是個不知曲譜音節的人；其實，他知之甚明，但他不願意再受曲譜音韻的限制，重落前人的窠臼，他要打破這個樊籠，重新創造自己的自由天地。正因爲這種的大膽革命精神，所以，他的《牡丹亭》才能成爲感情洋溢，情韻自然，至今仍受人愛好的佳作。

二　牡丹亭在文學上的價值

《牡丹亭》的本事，主要是描寫女子杜麗娘在夢中與男子柳夢梅相晤，由認識而發生情愛；後來杜麗娘因情致死，經過千廻百折而又復活，終而與柳夢梅結了婚。雖然故事很簡單，但在作者的生花妙筆下，演爲情節曲折，「驚心動魄，且巧妙迭出，無境不新，真堪千古」的佳作。《曲品》作者鬱藍生，品作者湯顯祖爲上之上，他在

《曲品》中説：

湯奉常絶代奇才，冠世博學，周旋狂社，坎坷宦途。當陽之謫初還，彭澤之腰乍折。情癡一種，固屬天生；方思萬端，似挾靈氣。搜奇八索，字抽鬼泣之文；摘豔六朝，句疊花翻之韻。紅泉秘館，春風檀板敲聲；玉茗華堂，夜月湘簾飄馥。麗藻憑巧腸而濬發，幽情逐彩筆以紛飛；蘧然破噩夢於仙禪，皭矣鎖塵情於酒色。熟拈元劇，故琢調之妍媚賞心；妙選生題，致賦景之新奇悦目。不事刁斗，飛將軍之用兵；亂墜天花，老生公之説法。原非學力所及，洵是天資不凡。

自《牡丹亭》問世後，風靡一時。《柳亭詩話》説：「婁江女子俞二娘，年十七，未適人，酷嗜《牡丹亭》傳奇，批注其側。幽思苦均，有痛於本詞者，憤惋以終。」「義仍作詩哀之云：畫燭摇金閣，真珠泣繡窗，如何傷此曲，偏只在婁江。」（《静志居詩話》）《黎瀟雲語》説：内江一女子，自矜才色，不輕許人，讀《還魂記》（《牡丹亭》别名）而悦之，逕造西湖訪焉，願奉箕帚。湯若士以年老辭……因投於水。《三借廬筆談》記揚州女史金鳳鈿，因讀《牡丹亭》成癖，至日夕把卷，吟玩不輟。曾因婢托人探得若士年未壯已有室，仍作書以達意，有「願爲才子婦」之句。年餘亡復書，復修函寄之，轉展浮沉，半年始達，時若士已捷南宫，感女意，星夜來廣陵，鳳鈿死已一月矣。《磵房蛾術堂隨筆》云：「杭州有女伶商小玲者，以色藝稱，於《還魂記》尤擅場。嘗有所屬意，而勢不得通，遂鬱鬱成疾。每作杜麗娘『尋夢』、『鬧殤』諸劇，真若置身其事者，纏綿凄惋，淚痕盈目。一日，演『尋夢』唱至『待打香魂一片陰雨梅天，守得個梅根相見』，盈盈界面，隨聲倒地。春香上視之，已氣絶矣。」至於其他詩話筆記所述，自不能一一盡記。由此可見，《牡丹亭》已成爲「家傳户誦」「老嫗皆能道之」的劇作。

由於《牡丹亭》在戲曲界所造成的廣泛影響，遂使一般書蠹考證《牡丹亭》故事之所由來。有以爲是刺諷當時顯宦王錫爵次女曇陽子者，有認爲杜麗娘即馬絢娘者，有説是脱胎於故事紅裳女子者，有説是由畫裏真真的故事演繹而成者，又有人認爲故事本源乃出於《堅瓠集》之木秀才者；牽强穿鑿，荒唐附會，不一而足。據《聽雨軒筆記》和《桐蔭清話》，在南安還有杜麗娘的梳粧台、墳墓和石道姑的梅花觀，説有一方静園先生嘗至其墓，並有詩弔之云：

> 從來兒女慣多情，夢本無憑恨竟生。不是春容和淚寫，更誰紙上唤卿卿？湖山石畔牡丹亭，芳址烟籠草自青。地下傷春頭白不，於今梅柳總凋零。

《牡丹亭》傳奇原屬憑空結構，有何史迹可憑？然竟能造成此種附會，足見它在社會上所造成的影響。另一方面，由於《牡丹亭》在文壇上的地位，因此便有一般戲劇家争先恐後地出版了《夢花酣》、《石榴記》、《後牡丹亭》、《臨川夢》和《小青挑燈》等劇本，其中除蔣士詮的《臨川夢》較有價值外，餘皆爲剖竊、模倣、偷襲、續貂之作。

正如有了《西廂》，就有《續西廂》；有了《紅樓夢》，便有《青樓夢》和《續紅樓夢》；有了《水滸》，便有了《續水滸》、《後水滸》和《蕩寇志》一樣，原不足怪。但這正反映出《牡丹亭》是有着多大的魔力，給廣大的羣衆以多大影響。

當時，另有一般衛道之士，以爲《牡丹亭》背詩禮教，跡近誨淫，有傷風化；因此，對作者大施攻擊，極盡誣衊之能事。甚者更造謡説湯顯祖因作《牡丹亭》，口孽深重，聞死時手足盡墮。死後，罪於陰譴，世上演《牡丹亭》一日，若士在地下受苦一日。嘗有人夢遊地府，見阿鼻獄中拘繫二人，甚苦楚，問爲誰？鬼卒曰：此即陽世作《還魂記》、《西廂記》者，永不超生（見《活埋庵識小録》、《消夏閑記》和《閑餘筆話》諸書）。儘管如此。但無損於《牡丹亭》之價值，相反的，更使《牡丹亭》擴大了影響，成爲歷久不衰、爲人民所喜愛的名作。

正如吴瞿安在《霜崖曲選》中所説：

> 此劇肯綮在死生之際。記中「驚夢」、「尋夢」、「診祟」、「寫真」、「悼殤」五折，自生而之死；「魂遊」、「幽媾」、「歡撓」、「冥誓」、「回生」五折，自死而之生。其中搜抉靈根，掀翻情窟，爲從來填詞家屐齒所未及。遂能確據詞壇，歷千古不朽也。

三　其他

據史籍所載，《牡丹亭》作者湯顯祖，字義仍，别字若士，又號玉茗，江西臨川縣人。生於嘉靖二十九年，二十一舉於鄉，才氣縱横，少年即已享受盛名。但生性倔强，不肯倚附權貴，初忤陳繼儒，以媒孽下第。萬曆五年，赴京會試，首相張居正想利用湯顯祖和沈懋學兩人，使其子以成名；派張不癡（一説陳眉公）往見顯祖，許以狀元及第，居正子爲榜眼，沈懋學爲探花，顯祖鄙之，謝而弗往。迨居正死第二年，始成進士，與時宰張四維、申時行之子爲同年，二相招致之，又不往。除南京太常博士，就遷禮部主事。十八年（一説十九年）以彗星顯，詔責言官欺蔽，顯祖抗疏論劾政府，謫徐聞典史，稍遷遂昌知縣。二十六年投劾歸，又明年竟削籍；里居二十餘年而卒，遺命以蔴衣草履斂。

《牡丹亭》是顯祖早年之作。其後復作《紫釵》、《南柯》、《邯鄲》，總稱「四夢」。另有《紫簫記》未完稿，實是文學界之重大損失。其中以《牡丹亭》爲最著名。

顯祖意氣激昂，風節遒勁，嫉惡如仇。嘗聞自稱山人高士的陳眉公，極力巴結時顯王錫爵之子王衡，擬借此夤緣以求高位。顯祖夷鄙之，不屑與交。一日，兩人相遇於王錫爵家，眉公對顯祖極力拉攏，請他爲别墅題詞，顯祖遂取「衡門之下，可以棲遲」之意以折辱之。

聞有一理學家勸顯祖放棄作曲，設壇講學，顯祖笑曰：「諸公所講者性，僕所言者情也。」

自《牡丹亭》發刊後，許多戲曲家以顯祖拒絶削足適履，乃越俎代庖，代爲削足，將《牡丹亭》私行竄改。有一吕玉繩者將改本寄給顯祖，他看後作詩答之曰：「縱饒割就詩人景，却愧王維舊雪圖。」並於答淩初成書中說：「不佞《牡丹亭》記，大受吕玉繩改竄，云便吴歌。不佞啞然笑曰：『昔有人嫌摩詰之冬景芭蕉，割蕉加梅，然非王摩詰冬景也。』」因恐怕家樂要演吕家改竄本，他又寫信與伶人羅章二說：

章二等安否？近來生理何如？《牡丹亭》記要依我原本，其吕家改的，切不可從；雖是增減一二字，以便俗唱，却與我原作的意趣大不同了。往人家搬演，俱宜守分，莫因人家愛我的戲，便過求他酒食錢物。如今世事總難認真，而况戲乎？

作爲一個詞曲解放者的湯顯祖，他反對談假的理性，願以真情來寫自己的戲劇，所以他的作品能成爲有血，有肉，有生命，有感情的東西，給讀者和觀衆以强烈的感染。他憤世絶俗，守正不阿，不與一般僞君子同流合污；爲了保存自己作品的真意，决不與那些時俗曲評家妥協。雖然，因此而獲罪於小人，被人暗箭中傷，受了無窮磨折，以致「所居玉茗堂，文史狼籍，雞塒豕圈，雜沓庭户」，但他却「蕭閑詠歌，俯仰自得」（《玉茗先生傳》）。他那種不妥協、不屈辱、不與人同流合污的鬥争精神，正是封建時代文學家所應有的起碼條件。他的《牡丹亭》就是在這種壓迫下孵化出來的，所以才能獲得廣大羣衆的愛好，完成自己的偉大。

（《文學遺産增刊》第一輯）

陳志憲

《牡丹亭》的浪漫主義色彩和現實主義精神

明清以來，許多文人學者，對《牡丹亭》變幻離奇的故事，作了不少的考訂和論辯，但大都是牽强傅會之談，只不過是從故事的跡象上去作一番捕風捉影的猜測而已，對於作家創作意圖和創作方法的説明是絲毫没有觸及的。誠然，《牡丹亭》的故事是很離奇而不平常的。湯顯祖自己在《還魂記》「題辭」中也曾説過：「傳杜太守事者，彷彿晉武都守李仲文、廣州守馮孝將兒女事，予稍爲更而演之。至於杜守收考柳生，亦如漢睢陽王收考譚生也。」由於湯顯祖有此説明，於是談《牡丹亭》本事者，都據此而認爲《牡丹亭》不過把李仲文、馮孝將、譚生三人的事合爲一劇，足見其故事的依據是有來源的。實則這種見解是囿於歷來對小説和戲曲的傳統看法，以爲「臨川四夢」《紫釵》、《邯鄲》、《南柯》三記，皆依唐人小説爲本，而《牡丹亭》的本事亦必有所據而非出於作者臆造。我覺得以一些前人相類相近的記載而來比傅《牡丹亭》的本事，是足以削弱湯顯祖偉大的創造精神，而對於《牡丹亭》真正的、積極的意義是不會有多大闡發的。

《牡丹亭》一劇，是湯顯祖的虛構，也是他出奇的創造。誠如吴瞿安先生所説：

「其中搜抉靈根，掀翻情窟，爲從來填詞家屐齒所未及。」(《中國戲曲概論》)它之所以能雄踞詞壇而稱爲千古傑作者，就在於它具有弘偉的創造性而「爲從來填詞家屐齒所未及」的卓越成就。我説《牡丹亭》一劇是作者的虛構，是出奇的創造，這又豈不是與作者自己在「題辭」中所説的「稍爲更而演之」的説法相抵觸嗎？實則並不抵觸。湯顯祖在題辭中明明説的是「彷彿晉武都守李仲文、廣州守馮孝將兒女事」，「亦如漢睢陽王收考譚生也」。既言「彷彿」「亦如」，那就不能理解爲即是合演李、馮、譚三人的事了。何況《牡丹亭》的主脈是「夢」，而湯顯祖在「題辭」中已明白告訴我們：「夢中之情，何必非真，天下豈少夢中之人耶？」這不是很明顯表示他托之於夢幻以來寫天下的至情嗎？他又在「題辭」的結尾説：「嗟夫！人世之事，非人世所可盡，自非通人，恒以理相格耳。第云理之所必無，安知情之所必有耶？」這就很好的説明了《牡丹亭》有其獨自的特殊性。所謂「非人世所可盡」，正是作者所寫的夢境，也正是指出自己主觀的理想和現實對立，而要從現實的世界走向希望的世界。只是常人以爲不是現實世界所有的現象，就覺得是離奇怪誕，實則，這理想、這現象，倒是人情所常有和人生所必需的。所以《牡丹亭》獨自的特殊性，就是作者用想像的誇張的形式，提出了自己對於人類生活應有的要求。因而它是具有極其濃厚的幻想色彩的浪漫主義作品。作者在「題辭」中既説明了劇作所寫的是「夢中之情」，是幻想的世界，何以同時又説它是彷彿李仲文、馮孝將兒女事(還有譚生)，稍爲予以更改而演出來的？關於這一點，我的理解是：按李仲文事，見《太平廣記》卷三百十九引《法苑珠林》,馮孝將事,見《太平廣記》卷三百十六引《列異傳》。作者説明《牡丹亭》與這些故事的關係,不是在於指出戲劇的本事,而是爲着表明《牡丹亭》一劇,是發掘了那些從古代民間傳説中可以吸收的具有幻想色彩的特殊材料。這就使我們可以看出《牡丹亭》所描寫的那些奇異事跡,既有它弘偉創造性,同時也有它豐富的繼承性。

《牡丹亭》是中國古典戲曲中具有積極浪漫主義色彩的傑作。我這樣肯定它,不僅僅是依據作者在他的「題辭」中所明白揭示出的創作思想傾向,最主要是依據作者在劇中所表現的豐富的理想色彩和在形象塑造上所採取的浪漫主義手法來完成其藝術任務的。由於湯顯祖有强烈的自由生活的理想,善於自由思考,因而從這理想出發,去觀察周圍的現實,使他獨自建立起寶貴的自由信念,引起了對封建反動勢力的憎恨,於是就懷着他所寶貴的自由精神,吐露了自己不能容忍的對封建社會制度的意見,表現出創作情緒罕見的高潮和崇高理想内在的光芒。反映在《牡丹亭》這一劇作中的,正是這樣的輝煌思想。這就很自然的決定了《牡丹亭》的浪漫色彩和内容的現實意義。所以湯顯祖是浪漫主義大師,同時也是現實主義傑出的作家。但我們必須認識《牡丹亭》的這種浪漫主義,並不引人脱離現實生活,而是企圖通過浪漫主義手法把理想形象化。儘管他所描寫的人物和故事是帶有濃厚的浪漫色彩,但作者和他的作品仍然是忠於現實,而把時代的特徵滲透在特定的奇異的題材和生動的人物形象裏。

我們知道《牡丹亭》的主題是對愛情的歌頌，這歌頌是通過夢幻與死生的歷程來表現的。這種夢幻與死生歷程的揭出，即是作者對於封建主義式停滯的、腐敗的奴役生活的反抗，也即是他所嚮往的生活自由的形象化。作者這種思想情感的表現，具有對生活明確的態度。從《牡丹亭》看作者對愛情的歌頌，可以説愛情吸引了作家的全部精神力量，因而出現在戲劇中對愛情生死不渝的女主人公形象，是完全滲透了作者的先進思想而被理想化和美化了。這代表美和理想的形象，給我們帶來了最激動人心的滿足和喜悦，它有着很大的啓迪作用，同時它對讀者也產生了與封建社會始終對立的搏鬥力量。所以湯顯祖在卑鄙齷齪的晚明社會裏始終堅持着自己不肯隨波逐流的高風亮節，而對當時爲統治者服務的理學先生們所大力提倡的道學和理性，尤其深惡痛絶。當時曾有一位名利熱中的人勸他講學，他諷刺地説：「諸公所講者性，僕所言者情也。」湯顯祖就是這樣鮮明而强烈地反對了當時士大夫們所談的虛僞理性，而大膽地提出了他所主張的「情」。他在《牡丹亭》「題辭」中説：「天下女子有情，寧有如杜麗娘者乎？夢其人即病，病即彌連，至手畫形容，傳於世而後死，死三年矣，復能溟莫中求得其所夢者而生，如麗娘者乃可謂之有情人耳。情不知所起，一往而深，生者可以死，死可以生，生而不可與死，死而不可復生者，皆非情之至也。」從作者這種對愛情的觀點來看，愛情是能使精神復活與新生的力量，它可以戰勝死。所以《牡丹亭》對杜麗娘爲愛情而死，爲愛情而生的一種極端幻想的浪漫描寫，是有十分積極的意義。這種積極意義的作用，就是要喚起被封建禮教和虛僞道學嚴格枷鎖住的青年，要爲自己的生活和幸福而堅決鬥争。尤其杜麗娘爲追求理想進行不斷鬥争以贏得最後勝利的精神，更是體現了在封建桎梏下婦女們要求美滿幸福的希望。因此，湯顯祖在戲劇中的這種對生活有明確態度和是非好惡的崇高幻想，是有其一定現實的基礎，它是符合於現實主義創作精神的。

《牡丹亭》積極的浪漫色彩，主要表現在故事中的由夢而死、由死而生這一幻想的虛構上，而且作品主題的積極思想傾向，也是由這虛構的故事情節和人物活動而體現出來的。夢是整個故事的主脈，由死而生的還魂則是全劇的要領。從夢到還魂，是全劇故事情節矛盾發展的主要綫索，而劇中的「驚夢」、「尋夢」、「寫真」、「診祟」、「鬧殤」、「魂遊」、「幽媾」、「歡撓」、「冥誓」、「回生」，就是表現從生到死，從死到生這一綫索的主要齣目。《牡丹亭》中的「夢」，是作者想象的幻境，而「還魂」更是幻想的頂點。這一幻極奇極的虛構，是把人類美的生活和美的理想，滲透在與這虛構相適應的人物活動之中的。因而劇中所寫的幻夢死生，都反映出作者對生活熱情的贊頌和對生命洋溢的熱愛。所以《牡丹亭》的想象和虛構，它不僅没有脱離現實，而恰好是反映了現實。試以劇中那些富有浪漫色彩的描寫來看，如杜麗娘夢中與柳生的歡會，死後與柳生的「幽媾」「冥誓」以及死而還魂等，這些幻想的情節描繪與人物活動，都是現實生活中所没有的。但這却是作者所喜愛所願意看見的生活現象，並且用假定的、美麗的、能在讀者心中造成驚人印象的文學形式把它表現出來了。這乃是作者對現實社會不滿，剥除了當時封建禮教、虚僞道學的假面具，企圖從隱藏在這些假面具後面的腐朽生活中，揭發出真正有意義的和有光輝的理想生活來。作者這種對於美的生活的幻想和假定，不僅暗示了要把封建制度壓迫下的人性解放，引到光明方面來，而且還指出了自己的幸福生活，只要堅決不移，勇往追求，是可以戰勝任何困難，甚至可以戰勝死，而使理想成爲現實的。所以《牡丹亭》中浪漫色彩所渲染着的杜麗娘形象和她爲愛情而經過的死生歷程，是表現了人們純潔的感情，也表現了對人們生活桎梏的不屈鬥争。這是進步的，也是積極的。理解了作品的虚構的真實性和積極性，然後才可以進一步理解作者在用形象揭示幻想與反映生活的巧妙描寫中，所顯示的人物複雜的、不平常的個性，以及所指出的人物對生活的主觀態度和理想要求。劇中女主人公杜麗娘的形象，以夢與鬼魂的假象而出現，她是作者幻想的産物，以她的愛好天然、珍惜青春、追求理想和生命力的堅强來看，這形象又是真正人的活生生的形象。二者好像不同，實則想象的形象，即是人的活生生的形象。麗娘夢中的幻影，死後的遊魂，與醒後生前，都是美妙如一的。這個就是作者托真實於幻想，以幻想顯真實的浪漫手法的妙用。作者把人物最美好的生活意向與愛情力量結合起來，透過幻夢死生的渴想與鬥争，沈痛與歡悦，最後藉幻想的解脱，衝破生活限制，使夢想的希望，化爲幸福的現實。體現這一幻想與真實所描繪出來的杜麗娘形象，無論就夢與醒來看，或生與死來看，都是極其鮮明、完整和非常有表現力的。從這裏我們可以體會湯顯祖的浪漫主義描寫，實也是一種以現實爲根基的現實主義描寫。

前面我已提到，《牡丹亭》的主題是對愛情的歌頌，因而作者對於爲愛情而死、爲愛情而生的杜麗娘形象，是塑造得十分突出的。在劇中表現的麗娘形象，生前死後都是很美麗的，她强烈的感情是十分動人的。在戲劇開始，她一登場便吐出「嬌鶯欲語，眼見春如許」的内心感觸的獨白，這就使得讀者剛一接觸這位困鎖閨中的少女形象，便從她身上覺得有十分愛惜青春、珍重生命的預感。麗娘自謂「一生兒愛好是天然」。可見她是如何的不慣於封建禮教的約束。但是在封建禮教森嚴的家庭中，她的古板固執的父親對她身心的約束是很嚴厲的，是以「知書知禮，父母光輝」的官家小姐風範來要求她的。而她那嬌惜女兒的阿母，雖説是「嬌養她掌上明珠」，但仍然是以「略識周公禮數」來期望她的。因此，麗娘平日禁閉在深閨之中，是感不到一點兒自由的新鮮氣息。環境的約束，封建的教養，對她不能説是没有影響的。她好像是已安於囚徒似的生活了，所以侍女春香也曾説她是「名爲國色，實守家聲，嫩臉嬌羞，老成尊重。」這就足以看出她平日在父母的嚴厲管教下，還是深自約束，已有一套宦門千金小姐的腔範了。可是她偏又「一生兒愛好是天然」，善於感春，善於懷春，儘管是「人立小庭深院」，却「平白地爲春傷」，而要「抛殘繡綫，恁今春，關情似去年」了。她一方面是身受封建禮教約束，一方面却又對自由憧憬，這樣就形成了她内心生活上十分深刻、複雜、矛盾的苦悶與困惑。及至一篇詩章，「講動情腸」，這時她的性格，因爲有沉重的内心鬥爭，便開始起了變化。於是她開始感到婚姻不自由，遂不禁發出了沈痛的嘆息：「關關的雎鳩，尚然有洲渚之興，何以人而不如鳥乎！」由於她有了這種生活感情的衝動，「女孩兒只合香閨坐」的教條，便對她失去約束的力量。麗娘低徊激昂的感情，堅强不屈的鬥争，遂從這一性格的變化逐漸發生、逐漸深化起來。作者在全劇關鍵所在「遊園驚夢」以前，首先着重描寫了杜麗娘這些内在生活的現象，就使得戲劇情節的開展，很好的與人物生活矛盾聯繫在一起了。同時在戲劇開始作了這樣必要的描寫，也爲遊園以後的情節，提供了發展的基礎。如果麗娘没有封建的壓抑，讀詩的感觸，便不會急於要去遊園遣悶，不去遊園，便不會感夢，不會感夢，便没有後來的爲愛情而死，爲愛情而生。因而我們就可以認識到杜麗娘的生活與思想的發展變化，是與圍繞着她和驅使她行動的封建勢力環境分不開的。而作者這樣塑造出來的人物形象，也正是符合於生活的真實和生活的理想要求的。

「驚夢」一齣，是全劇的關鍵，是作者對麗娘朦朧的感於婚姻不自由的意識進一步發展到明確的要求美滿生活的生動描寫，它是全劇複雜情節的主脈所在。在此一齣中，作者以善剖心理、靈妙非常的筆觸，把一位久閉深閨的少女，一旦涉足園林時所逗起的新感觸、舊幽鬱相混而發生的一段深情，通過人物的對話與獨白，委婉而曲折地剖析出來了，而且又是用非常優美的語言和形式予以描繪的。本來麗娘要遊花園，是想努力讓自己暫時擺脱開無生氣的、刻板和平凡的閨閫庸俗生活，所以剛一走到花園，驟然看到滿園的花花草草，鶯鶯燕燕，覺得都不是她常見之物，那種對大自然美的異樣驚奇、異樣歡悦的感覺，頓時把她的感情帶入到充滿了美的愉快和新鮮氣息的另一天地之中了。她此時由於一時觀感與深摯的感情力量，特别感到了青春和生命的可貴。可是封建家庭圈子限制了自己的生活，於是心上又起了「良辰美景奈何天，賞心樂事誰家院」的抵觸，因而怨恨地説：「恁般景緻，我老爺奶奶再不提起。」「錦屏人」真是把韶光看得太賤了。於是新的境界，又引起她新的感觸。而春香在觀賞中説出的「牡丹還早」「鶯燕成對」的無心話語，更是大大地觸動了小姐心事，使她便從花鳥上想到自己的「不得早成佳配」，真是「虚度青春」，「命如一葉」。遊園原是爲的消遣，而此時反覺春情難遣，别有幽怨了。心理上無窮的、此繼彼續的矛盾變化，使她覺察到：「則爲俺生小嬋娟，揀名門一例的神仙眷。甚良緣！把青春抛的遠。」真的，青春去了，縱是名門貴婿，也非良緣，麗娘此語，真是痛心極了。她不以封建婚姻制度的選擇門第爲然，她所寶貴的是她自己的青春生命。但是處在封建禮教深鎖住人心的環境習俗中，她的這種苦惱的心情和沈痛的控訴，有誰能够理解。從她「俺的睡情誰見，則索因循靦腆」的自白，就可想見在封建勢力的環境壓抑下，兒女心性原是難於告人的。可是對麗娘的性格來説，内心矛盾越大，則要求解脱的感情衝動也越大。這就使得她由内心生活的極度矛盾，轉變爲對自由幸福生活的熱烈追求，美與理想揉合的夢情，遂導引她走入「美滿幽香」的好夢之中了。麗娘和柳生的歡會，正是表現她在人類自由感情高度衝動下勇於幻想、勇於追求生活。所以麗娘的遊園驚夢，不是作者玩弄玄虚，故作此麗情豔想之描繪，而是表明她從自己的那些階級習性裏面解放出來了，從思想上衝破了封建禮教的束縛。作者這種帶有浪漫色彩的描寫，爲的是要以麗娘非凡的藝術形象來表明一定時代生活制度的約束與對這約束的反抗。同時也是作者藉以指斥習慣禮法與嚮往現實人生幸福的深刻反映。因而這種特殊描寫，既有它極度的浪漫性，也有它廣泛的現實性。

麗娘遊園的感夢，作者不止於是把它當成感春的心理過程的結果來描寫，而且是把麗娘自己一切美的感覺同愛情結合起來處理的。所以麗娘感夢之後，愛情便吸引住她的全部精神力量，而在她身上起着高尚的鼓舞作用了。她醒後對夢境難忘，「心中思想夢中之事，何曾放懷」。甚至渴望夢境再現，不禁喊出：「天呵！有心情，那夢兒還去不遠。」從此以後，「夢」便成爲生活中唯一追求的理想了。而「尋夢」就是在這一精神力量支配下發生出來的。「尋夢」是「驚夢」的發展，是麗娘思想感情益趨深化的表現。有了「驚夢」，必須要有「尋夢」才能顯示出麗娘感夢之深和追求理想的愛情生活之切。她對夢境的迷惑，已使她「睡起無滋味，茶飯怎生咽？」春香勸她早膳，她便道：「你説爲人在世，怎生叫做吃飯？」這一沈重的發問，便説明了她之茶飯不思，「只圖舊夢重來」，是有着人類生活的意義與目的。因而就可以明白作者所以要極力描寫她「夢魂兒厮纏」的深摯感情和對愛的熱烈追求，是要藉以表明她自己有着崇高的生活任務。儘管家庭會妨礙和阻撓這任務的完成，但她熱烈的感情，自由的意願，是不受家庭圈子限制的。所以她堅決表示「花花草草由人戀，生生死死隨人願，便酸酸楚楚無人怨。」及至尋夢不得，無從再見夢中的人兒，對着「依依可人」的梅樹，決心要「守的箇梅根相見」。此時麗娘已隱隱有以身殉夢的心意了。作者這樣從傷春而感夢、尋夢以來表現麗娘極度的生活矛盾和複雜的心理過程，既突出了她特殊的個性，同時她後來爲愛而死，爲愛而生的發展變化，也就在尋夢不得、「決意守梅」的傷心之時伏下根了。這一戲劇情節的綫索與發展，雖是作者的安排，然而，也是麗娘生活環境的客觀條件與她的性格特點所決定的。麗娘的尋夢，不是她迷戀夢中歡情的發癡，乃是她熱愛生活，探索理想的一種鬥争行爲。由於尋夢不得，才轉而傷心自憐，憂鬱成疾。她在「寫真」前，已是有「怎剗盡助愁芳草，甚法兒點活心苗」的傷感。她越是有急欲擺脱環境束縛的理想，而理想與現實分裂的痛苦也就越來越深，長處在「淚花兒打迸着夢魂飄」的愁苦之中，「心苗」焉得不枯。所以終於在「這些時，把少年人如花貌，不多時憔悴了。」儘管愁病使她「十分容貌」，「瘦到九分九了」，但她始終不否定她的理想，不放棄她的理想，只是現實逼得她不能按照理想和願望來行動，因此她的青春和生命在環境束縛中便被摧殘和斷送了。麗娘的死，不是軟弱，而是不妥協的意志的堅强表現。她在要死之前還對春香説：「春香，咱可有回生之日否？」又在氣要絶的一刹那還對她父親嘆道：「怎能够月落重生燈再紅？」可見麗娘臨死時猶有回生之想，她形體雖死，而熱愛生活追求理想的精神並未死去。所以作者表現麗娘一夢而癡情以死，不是消極的以死來殉夢中之情，而是積極的企圖以死來求夢的實現。因此，作者描寫麗娘，並不以其一死而止，更把幻想推到頂點，進一步塑造出麗娘透過死亡道路走向幸福未來的形象，這樣就把人物和故事帶到浪漫主義的高峰。雖是所寫的人物和故事是極其特殊的個性與現象，然而它之具有現實意義，是無須争辯的。因爲麗娘之一夢以死，是由佔統治地位的封建生活制度所産生的結果，也是禮教壓迫與要求解放相互衝突的結果。因而通過死來表現的杜麗娘的這種特殊個性的社會意義是非常深刻的。在封建社會裏，人類的自然感情是被糟塌了，真正的男女關係是被特定的封建道德規律搞壞了，現實的無情約制，是不容許青年男女有個性的自由發展的。所以作者特塑造出一個解放了的杜麗娘的死後形象，象徵地來顯示人民走出現實環境的道路，並展示未來的理想生活的圖影。在這種爲實現人類崇高理想的創作中，作者充分地表現了現實主義的真實性。

麗娘爲了她自己理想生活的實現，對於牡丹亭上幸福的一夢，生前死後都不倦的追求着。她生不忘記夢，死不忘記夢，死是爲着夢的難尋而死，生是爲着夢的實現而生。由於她生生死死的追求，她死後遊魂終於尋着她夢中的也是理想的愛人，並因此而得再生了。從她在「冥誓」中的「前日爲柳郎而死，今日爲柳郎而生」的自白，就説明了她的死而復生，是由於她求得了婚姻的自由，生活的幸福，她的愛情勝利了。作者通過具有這樣堅强個性的形象的塑造，把人物放在最尖鋭的生活矛盾中，把人物描寫在假定的極度幻想中，於是有力地表現了麗娘爲愛而生，愛可以戰勝死。死而復生，原是現實生活中所没有的，這乃是作者處於現實束縛中，不願把他的崇高的自由感情和生活理想，屈服於封建禮教之下才從想象中創造出這種具有超越生死力量的愛和體現這種愛的杜麗娘形象，並從這一形象透露了死是封建制度使然，打破了封建制度便可以生的思想傾向。因而我們也就可以明白作者爲什麽既描寫了麗娘爲愛而死，又一定要描寫麗娘爲愛而生的這一崇高理想。這是具有對封建制度進行革命宣戰的鬥争意義的。

《牡丹亭》中寫麗娘的爲愛而生，是通過「鬼」與「還魂」來表現的，同時又是結合着柳生對麗娘的一往情癡來描繪的。「鬼」非現實所有，「還魂」亦是現實生活中所無。這都由於作者受到歷史條件的限制，尚不能在生活中很自由地揭露他所要揭露的東西，因而一托之於「夢」，再托之於「鬼」，用假定的、幻想的描寫形式來表現他揭露現實和企圖改變現實的希望。所以《牡丹亭》的「夢」是生活的美麗，「還魂」是愛情的勝利，是理想和希望的實現。作者爲了發揮他的這一理想，把鬼魂搬上舞臺，這鬼魂完全是被美化和理想化了的。雖然是作爲鬼的形象在摹寫，然而，實則就是作者理想中的人的影子。麗娘的遊魂自己也曾表明過：「是人非人心無別，似幻非幻如何説？雖則是空裏拈花，却不是水中撈月。」這就可以使我們看得出作者筆下的鬼是有其特點的。我們試看麗娘死後的形象，她在生多情，死後仍然是一個「生生死死爲情多」的鬼魂。她在生想夢、尋夢，死後還是「泉下長眠夢不成，一生餘得許多情」，死了也不忘記她的夢。她的遊魂回到梅花觀，聽到一個書生「俺的姐姐呵，俺的美人呵」的呼唤，她便觸動心事的説道：「呀！怕不是夢人兒梅卿柳卿？」

由於她生前有「不在梅邊在柳邊」的題句，心上原就有「梅卿柳卿」這樣一個夢人兒深藏着，及至聽到和見到那向畫中索配「早晚玩之、拜之、叫之、贊之」的癡人，自然容易心靈相感，打動她的心魂。而「拾畫」、「玩真」中的柳生，其癡心至情，亦與「驚夢」、「尋夢」時的麗娘無二。麗娘驚夢後希望那夢兒不遠，柳生對畫時則認定「有情人不在天涯」。麗娘生前死後不放開她的夢，柳生玩畫拈詩也想「則索睡掩紗窗去夢他」。這種兩面映照，相引相發的描繪，有力地寫出了柳生真誠專一於所追求的愛情的性格特點，同時也突出了麗娘生死如一的性格的非凡。而另一方面，則藉人鬼相通的大膽想象，顯示麗娘死後遊魂，是被看作純美的精靈，而不是邪淫的鬼魅，她的遊魂是具有與生活中的人相通的特性。她與柳生的相見，不是當成鬼的迷惑在描寫，而是作爲真正人的感受在表現。所以她的遊魂重回花園，聞到柳生聲音哀楚的叫喚，便悲不自勝地唱出：「是他叫喚的傷情，咱淚雨麻。」以傷情之言，入傷情之耳，聯想起牡丹亭上夢中的「傷心話兒」，自然就會爲她癡情一夢以死的悲哀而墮淚了。她這樣「生生死死爲情多」，所以當她一從畫上題名發覺叫畫的人，即是她「夢人兒梅卿柳卿」，便説道：「趁此良宵，完其前夢，想起來好苦也！」她能够「完其前夢」，確是經過了一段至苦的歷程和鬥争，雖遭受了死的災難，她是「便到九泉無屈折」的仍然要完成她幸福的夢。這就表明麗娘死後仍不放棄對理想的追求還是具有生前那樣堅强的個性。她不僅死後性格未變，聲容笑貌也一樣的美麗。當柳生初與她見面，驚訝的説道：「何處一嬌娃，豔非常使人驚詫。」又認爲「他驚人豔，絶世佳」，是「玉天仙人間下榻」。可見麗娘死後遊魂，並不是陰森可怕的鬼臉，而是十分動人的美麗形象。她尋到了「夢人兒」以後，爲她自己的幸福而喜悦，滿意的對柳生説：「並不會受人家紅定迴鸞帖，但得個秀才郎情傾意愜。是看上你年少多情，迤逗俺睡魂難貼。」又説：「則俺見了你，回心心不滅。」像這樣浄化、美化、具有人的性格的鬼魂，是作者透過幻想而用浪漫的手法完全予以形象化了。這樣人化了的鬼魂形象，是絲毫不帶有宿命論的生死輪迴氣息和迷信色彩的。所以《牡丹亭》的鬼，不使我們感到可怕，而是使我們感到可愛，對她同情。這主要是由於麗娘的鬼魂形象，是被理想化、被賦予靈感，而又是以其真正與所有生人相通的特性，使人注目而對之喜愛、對之同情的。況且麗娘在封建桎梏下爲追求自己的理想和幸福而死，是人所不平的。她由於經過死生歷程而得到愛情勝利的還魂，也是符合人民願望的。

從上面的分析中，我們知道湯顯祖在《牡丹亭》裏面所創造的戲劇情節和人物形象，是表現了一定時代的生活矛盾和社會制度的本質。他把一個封建官僚家庭出身而又是屬於封建制度主宰着的圈子裏的青春少女，作爲戲劇的中心，通過幻想，托之於夢，托之於鬼，指出了青年男女不能使自己的需要和願望得到滿足時通向生活的理想世界所應走的途程，同時也指出了封建社會不僅同那些在婚姻上受壓迫的青年男女是敵對的，而且同所有人們要求生活自由和思想解放的願望也是敵對的。所以《牡丹亭》的浪漫主義裏面，既有對封建社會缺點的深刻批判，也有對封建社會生活的現實主義描寫。因而《牡丹亭》的極其浪漫的内容特色，就變成了人民的珍愛思想，而它那極其絢爛的浪漫色彩，也就成爲了中國古典戲曲的藝術光輝。

（《光明日報·文學遺産》第一九三期，一九五八年一月二十六日）

譚正璧

傳奇《牡丹亭》和話本《杜麗娘記》

——釜底治曲記之三

湯顯祖的《玉茗四夢》，向來都知道《紫釵記》出唐人蔣防《霍小玉傳》，《邯鄲記》出唐人沈既濟《枕中記》，《南柯記》出唐人李公佐《南柯太守傳》，劇中時間、地點、人物、情節和傳奇文大體無甚殊異，獨《牡丹亭》一記，雖作者曾自説「仿佛晉武都守李仲文、廣州守馮孝將兒女事」（前者見《搜神後記》卷四；後者見《異苑》卷八），「杜守收考柳生，亦如漢睢陽王收考談生」（見《搜神記》卷十六），然而劇中時間、地點、人物既全和《搜神》、《異苑》等三書不同，就是故事情節，也比三書複雜曲折，僅是輪廓相似而已。因而向來研曲家都認此劇爲湯氏唯一創作，與其他三劇完全不同，又曾因此而引起許多影射某人某事的無稽傳説。

到了現在，我們才知道《牡丹亭》也有藍本，和其他三劇一樣，它的本事内容也不是湯顯祖的創作。在過去，我們讀湯氏所作《牡丹亭題詞》中所云「傳杜太守事者，仿佛晉武都守李仲文、廣州守馮孝將兒女事，予稍爲更而演之」數語，都誤以爲湯氏自説《牡丹亭》乃採用六朝人筆記中故事而稍有變更，而都没有注意開頭「傳杜太守事者」一句話。這句話很重要。所謂「傳杜太守事者」，乃是指另外有人寫文章（也許是口頭）傳説杜太守的故事，決非指湯氏自己在《牡丹亭》傳奇中傳杜太守的事，而且這傳説必還産生在《牡丹亭》之先。因爲全句的意思，如譯成現代語，乃是：「有人模擬（仿佛）晉朝武都太守李仲文和廣州太守馮孝將的兒女的戀愛故事，寫成了《杜太守傳（?）》，我把《杜太守傳（?）》所敍稍爲改動，演成爲戲劇。」那麽《牡丹亭》明明也和《紫釵》、《邯鄲》、《南柯》一樣，本事也有所出，不過不是唐人傳奇文，而是不知何時何人所作的《杜太守傳（?）》。因而劇中時間、地點、人物、情節，也不是湯氏憑空所創造。

至于《杜太守傳（?）》有没有過這樣一個題目，或有没有過用這題目寫的傳奇文或話本，現在還不可考。只是和《牡丹亭》内容相同，而且還可能産生于《牡丹亭》之前的傳奇文或話本（在明代，傳奇文和話本不甚有所分别），却是早有發現，只是没有引起研曲家的注意而已。

在孫楷第先生所著《日本東京所見中國小説書目》卷六附録「通俗類書」裏，有兩種《燕居筆記》：一種是明季刊本（向稱「何大掄本」），在卷九下欄，有《杜麗娘慕色還魂》一目；一種是清初刊本（向稱「余公仁本」），在第八卷下欄，有《杜麗娘牡丹亭還魂記》一目。如果單憑這個資料，我們只能猜測這二篇傳奇文（也是話本），無論是一是二（因爲目前在國内還無法看到原書），很可能是根據湯氏戲劇的内容來寫的。但是我們在晁瑮的《寶文堂書目》中卷「子雜」類内看到了《杜麗娘記》一目，而《寶文堂書目》作者乃是嘉靖二十年（公元一五四一年）進士，在世年代要比《牡丹亭》作者早四五十年，那麽他所著録的《杜麗娘記》很可能産生于《牡丹亭》戲劇之前。因而那兩種《燕居筆記》所收，也很可能就是這篇《杜麗娘記》，因爲兩種《燕居筆記》所收其他各篇傳奇文或話本，其中有很多也見收于《寶文堂書目》。孫楷第先生又把《杜麗娘記》列入他著的《中國通俗小説書目》明清小説甲（話本）部中并説明云：「存（？）明何大掄《燕居筆記》九，有《杜麗娘慕色還魂》。余公仁《燕居筆記》八，有《杜麗娘牡丹亭還魂記》。并以文言演之。不知即此本否？」可見孫先生也疑兩種《燕居筆記》所收就是《寶文堂書目》所著録的。而《寶文堂書目》所録話本，孫先生以爲「大部分當爲嘉、隆以前舊話本，則可斷言」，那麽《杜麗娘記》當然也不例外。

根據上述資料，只能推測話本《杜麗娘記》，可能産生于戲劇《牡丹亭》之前，而是《牡丹亭》根據《杜麗娘記》，而不是《杜麗娘記》出于《牡丹亭》。而湯氏所云「傳杜太守事者」，可能别無所謂《杜太守傳（？）》，而就是這篇《杜麗娘記》。但《杜麗娘記》的内容倒底如何？和《牡丹亭》是不是完全相同，那麽我們除了孫楷第先生所説係「以文言演之」，及《燕居筆記》所收的篇目裏的「慕色還魂」「牡丹亭還魂記」字樣，借以推測它的本事大概當與戲劇《牡丹亭》不會有過分的不同外，幾一無所知。我很希望看見過這兩種《燕居筆記》的同志，能把它所收的兩篇《杜麗娘記》的内容介紹出來！

（《光明日報·文學遺産》第二〇六期，一九五八年四月二十七日）

侯外廬

湯顯祖《牡丹亭還魂記》外傳

一　湯顯祖「曲意」的思想性和理想性

湯顯祖在萬曆二十六年（公元一五九八年）寫成了《牡丹亭還魂記》，并作了一篇題詞。這篇題詞非常含蓄隱約，但從其篇末所説：

嗟夫！人世之事非人世所可盡，自非通人，恒以「理」相格耳！第云「理」之所必無，安知「情」之所必有邪？（《玉茗堂全集》文集卷六《牡丹亭記題詞》）

已經可以看出，他的劇作不但和當時的正統觀念相對立，而且嚮往于對封建制社會的歷史的矛盾予以加劇并尋求解答。如果我們再對他的《玉茗堂全集》等詩文中所發抒的思想作一綜合的研究，便不難探得他的戲曲中所藴含的「曲意」。

湯顯祖不止一次地説，《牡丹亭》是他自己的代表作，自謂：「二十年來才一夢，牡丹相向後堂中。」他惟恐當時人改作《牡丹亭》有失其「曲意」，在給宜伶羅章二的信中，强調不能演出别人的改本，因爲他一生困于「認真」，没有屈節，演戲也不能只圖酒食錢物而失真（《玉茗堂全集》尺牘卷六）。他又説他的《牡丹亭》還没有爲人們了解，他在《答孫俟居》（《玉茗堂全集》尺牘卷四）信中，提到有人用道學家眼光看待他的劇作，説用意在于「破夢」，他指出這是不懂得他的「曲意」。

在《答凌初成》（《玉茗堂全集》尺牘卷四）信中，他更明白地指出：《牡丹亭》一劇「駘蕩淫夷轉在筆墨之外耳」。「駘蕩」一詞又見于他《寄石楚陽》（《玉茗堂全集》尺牘卷一）一信。在後一信中，他迫切地希望更多地閲讀李贄的著作，從中尋找武器并啓發神志：

有李百泉先生者，見其《焚書》，「畸人」也！肯爲求其書，寄我「駘蕩」否？

由此可見，《牡丹亭》是自居于繼《焚書》而作的叛逆性的反抗作品。然而，究竟這部劇作在主角杜麗娘和柳夢梅的傳奇遇合之外有什麽寄托呢？所謂「予曲中乃有譏托」，實際上湯顯祖自己已經作了「外傳」，請看他説：

二夢記殊覺恍惚，惟此恍惚，令人悵然。無此一路，則秦皇、漢武爲駐足之地矣！（《玉茗堂全集》尺牘卷四《寄鄒梅宇》）

此處「二夢記」指《邯鄲記》與《南柯記》，其實「四夢」都貫徹着同樣的精神。他在青年時代，曾「不忘世事思」，也「期逢遇唐宗漢帝」，希望作陸賈（《牡丹亭》「悵眺」一折也有此意），然而曲折的生活實踐終于使他認識到「趙宋事蕪不可理」（《玉茗堂全集》尺牘卷一《答呂玉繩》），黑暗的現實是：「天道到來那可説，無名人殺有名人。」（《玉茗堂全集》詩集卷十七《偶作》）在人民方面，農民暴動、士民運動以及士大夫如東林黨人和泰州學派對封建專制主義的抗争，已經是「天下囂囂」，趨于「崩裂」。湯顯祖面對着歷史的真實課題，敢于指出封建制社會的秦漢盛世不是歷史的駐足點，狂熱地憧憬着世界的光明前景。他指出歷史決不是一成不變的，所謂生生之謂易，「不生不易」是不可能的。歷史正如孵化鷄子，所謂：「亦知天地如鷄子，盤古于今萬八千。」（《玉茗堂全集》尺牘卷一《與司吏部》）孵化而達到的樂土，在他看來，是没有貧困、没有疾苦的世界，所謂：「神農于人有功，一得其食，二得其藥。」他所能知道的這個抽象的道理，在《南柯記》中就表現爲蟻穴中的平等世界。我们知道早期幻想式的烏托邦必然雜有封建的糟粕，但不能因此就以簡單的推論而否定其中進步的平等觀念。

因此，傳奇曲作是表象性的反映，而其中却有他所謂的「文心」，這「文心」是以意、趣、神、色四者爲主，并以「意」爲先（《玉茗堂全集》尺牘卷四《答呂姜山》）。在我看來，湯顯祖的所謂曲外之「意」即是今天說的思想性。他曾這樣地把思想和抒情統一起來：

「想」明斯聰，「情」幽斯鈍。「情」多「想」少，流入非類。吾……其于「情」也，不爲不多矣，其于「想」也，則不謂少矣。（《玉茗堂全集》文集卷九《續棲賢蓮社求友文》）

文字之所起者畫也，理義之所變者易也。通于《書》而蔽于《易》，不足以該天地人物之變。（《玉茗堂全集》文集卷二《易象通序》）

這樣看來，他說的「人世之事，人世不可盡」，意味着一個具有高尚思想性的作家對于黑暗現實的抗議，當然這就和他所憎惡的假道學家講的不平等的「理」世界處于對立的境地。「以理相格」的這個「理」，對于黑暗現實世界裝飾了鮮麗的花朵，而其本質却使世界歷史的發展「格」而不「通」。他自己和這樣拘儒老生之「耳多未聞，目多未見，步趨相似」不同，是盡其意勢之所必極，他說：

善畫者觀猛士劍舞，善書者觀擔夫爭道，善琴者聽淋雨崩山。彼其「意」，誠欲憤積決裂，挐戾關接，盡其「意」勢之所必極，以開發于一時耳目不可及而怪也。（《玉茗堂全集》文集卷五《序丘毛伯稿》）

如果說湯顯祖的「曲意」之「意」，指着所謂在當時「不得去、不得死」的環境中的這樣勇于變革現實的思想性，那麽，他說的「情之所必有」之「情」又指什麽呢？在我看來,「情」指偉大的理想。

湯顯祖在青年時期懷有用利劍來砍伐世界的壯志,他崇贊管仲、子産以至王安石的功業,崇贊陳亮説:「宋陳同甫自云:『擴開萬古之心胸,推倒一世之英傑。』其人雄厲磊砢歷落如此,竟不爲世容。」(《玉茗堂全集》尺牘卷六《寄膠州趙玄沖》)他承繼的傳統,不僅陳同甫,更在思想上深受了泰州學派的影響,以雄傑自豪。例如他説,通過羅汝芳的傳授,「見以可上人之雄,聽以李百泉之傑,尋其吐屬,如獲美劍。」(《玉茗堂全集》尺牘卷一《答管東溟》)按可上人是紫柏,後來因反對礦使而問罪死難,李百泉即李贄,也遭捕而自殺(湯詩中有「無名人殺有名人」,蓋指他們)。在他的詩文中,更説明他在壯年是以「儒俠」、「游俠」、「俠骨」、「伉壯不阿」自居,有志于大刀闊斧地改革現實。他甚至敢于離經叛道,贊美有青春氣的壯士是以鬥争精神爲他們的優點,而和老年人求富貴的貪心好得是相反的,因爲有鬥争精神的人居于下位,「與物論近」,無所顧慮,因此他主張應該獎勵鬥争精神,并「以『鬥』啓壯者之用。」(《玉茗堂全集》尺牘卷一《答舒司寇》)湯顯祖基于這樣的變革精神,不但轔轢時輩俗人,而且敢于罵明神宗糊涂昏庸,「可惜者有四」,因而被謫于雷州半島南端的徐聞,比杜甫、柳宗元貶處的地方更加僻遠。

湯顯祖并没有用劍砍伐動了世界,相反地,他目擊人民遭受苦難,社會矛盾已經到了「無一以寧,將恐裂」(《玉茗堂全集》尺牘卷二《寄吴汝則郡丞》)的地步。至于他自己,在這樣的世界中,既然要同情人民,就不能「持平理而論天下大事」,不能不違反「時俗」,所走的途徑的艱難也超過了杜甫和柳宗元,所謂「行路之難,今世爲甚」(《玉茗堂全集》尺牘卷三《寄梅禹金》），「吾輩惟持此好臉，與世人打揰」，以至「茫茫海宇，遂不能容一若士」，最後「自謚繭翁，乾而不出」（《玉茗堂全集》尺牘卷三《答林若撫》）。然而湯顯祖并没有轉入消極，而是採取了用筆去砍伐世界的路徑。他在一篇《李超無問劍集序》（《玉茗堂全集》文集卷四）中便説出了這樣以退爲進的戰鬥精神：

若吾豫章之劍，能干斗柄，成蛟龍，終不能已世之亂！

這樣，湯顯祖便不能不把社會的矛盾還原爲現實世界與理想世界的矛盾。他越向空想的樂土追尋，越對現實的歷史痛加鞭撻。他既然敢于説皇、帝、王、伯的傳統歷史是「皇訛、帝矯、王煩、伯瘠」，都是不合情義的，那麽他必然要把「俠劍」變成歌舞，「游在伶黨之中」，「以若有若無爲美」（《玉茗堂全集》文集卷四《如蘭一集序》），呼唤光明的將來。這就是他的曲作中存在着的有譏的對立面了。

因此，他一反乎過去「天道遠，人道邇」的命題，説：「今古不同，人道遠，天道邇。」（《玉茗堂全集》尺牘卷二《慰浙撫王公》）并引用道家的話説：「天下事有損之而益者。」（《玉茗堂全集》尺牘卷一《再答趙贊善》）湯顯祖的這種思想和明末方以智的悲劇詩歌相似，所謂「天地一時小，惟余谷口寬」，方以智賦中所表現的夢想，在湯顯祖也有類似的語句，例如他説：

> 吾將洗浮氲于自然，悟空明于一切。朱陵之花靡謝，曜真之氣長結。……吾以觀乎日之出！（《玉茗堂全集》賦集卷二《游羅浮山賦》）

這種「晦以待明」的理想，就是他説的「情之所必有」的「情」。我們試看他對「情」的解釋：

他的四種曲叫做「四夢」，夢是虚構的，但他以爲夢由理想而成，理想更應適合人類的生意而成，因此他説：「夢生于情，情生于適。」

什麽是「適」的概念呢？他拿兩幅頭巾相易而置于兩人的頭，契合無間，不差分寸，作爲比喻，借此説明理想和人生要求的相合爲一，便是「適」的概念。他的結論指出，現實的世界的朝冠禮服既束縛人們的自由，又是不平等的章服，而惟有理想的頭巾才是酷愛自由的人們所共同適宜于形骸的。所以他説：「易巾果所宜，夢與形骸真；盍（何不）簪此爲契，彈冠安足陳？」「見交等形隔，卧托乃疑神。」這裏，神和平等是相同的觀念了。理學家把封建的章服禮教説成是「天理」，等于把枷鎖説成人類的天然要求；反之，在没有這樣的「天理」磨折人們的時候，平等世界的理想才能實現，所以他又説：「理絶有連氣，况乃在人倫？」（《玉茗堂全集》詩集卷一《赴帥生夢作》）這對于《牡丹亭題詞》説的「理之所必無，安知情之所必有」作了婉轉的注釋。

湯顯祖的這種思想和當時進步學者説的「天理即在人欲中」以及泰州學派所倡的日用飲食男女生活之私即是自然之理，是異曲同工的。然而在當時這樣「友朋之義，取諸同心」（《玉茗堂全集》賦集卷五《哀偉朋賦》）的平等觀點，雖然没有達到近代的明確概念，但已是可望而不可及的夢想。湯顯祖所暴露出的歷史真實，到了他的夢想的曲作裏，便化爲藝術的真實，集中地表現出來。下面的一段話是具有代表性的闡發：

人之大致，惟俠與儒。而人生大患莫急于有生而無食，尤莫急于有士才而蒙世難。庸庶人視之曰：「此皆無與吾事也。」天下皆若人之見，則人盡可以餓死，而我獨飽；天下才士皆可辱可殺，而我獨頑然以生。推類以盡，天下寧復有兄弟宗黨朋友相拯絶、寄妻子之事耶？此俠者之所不欲聞，而亦非儒者之所欲見也！（《玉茗堂全集》文集卷七《蘄水朱康侯行義記》）

這段話基本上引用了墨子的語言。社會的矛盾被還原而爲儒俠和庸庶的鬥争以及生命和死難的對立，其内容是他説的「羞富貴而尊貧賤」。湯顯祖贊揚過趙仲一和豪右鬥争的功績，雖然趙仲一在鋤豪右、活人民的鬥争中取得了利劍的一時的勝利，但終于被鄉愿們所陷害，而和湯顯祖一樣只能用筆以砍伐世界，在《調象庵集序》（《玉茗堂全集》文集卷三）中所講的話實在是他的自況：

折節抵巇，非公所習，則其郁觸噴迸，而雜出于詩歌文記之間，雖談世十一，譚趣十九，而終焉英英沄沄，有所不能忘者，蓋其情也。

衝孔動楗而有厲風；破隘蹈决而有潼河。已而其音泠泠（按即指適），其流紆紆(按即指夢),氣往而旋,才距而安,亦人情之大致也。情致所極,可以事道,可以忘言,而終有所不可忘者,存乎詩歌序記詞辨之間!

可見不能忘的理想(情),是在譚趣十九之中所顯示出的另一種鬥争的魔力。湯顯祖又把道樣的矛盾還原而爲道學家頌揚專制主義的「天理」和高尚之士堅持的人文主義之間的理論矛盾。他在《趙子暝眩録序》(《玉茗堂全集》文集卷三)中,婉轉地指出道學家所講的「道心」、「性善」之類是離開了人文而妄談的虚僞概念;與此相反,他説所謂「道心者藥物也」,所謂「性善亦爲藥物」,這種藥物是醫國醫天下的良方,而活人之命的良方莫先于平均天下的財富。然施藥是一種鬥争,藥到時那些貴族豪右必然成爲打擊的對象。因此,道學家們便按他們的「道心」和「性善」之類的成見,反而要把這種藥物説成是「霸業」,不合于「道」。這就又不能不從「理之所必無」之處去展開筆伐,所謂「風飛怒而河奔,世能扼之于彼,而不能不縱于此!」湯顯祖怎樣縱于戲曲呢?我們在下面逐步來研究。

二　湯顯祖怎樣在藝術形象中通過對傑出的歷史人物的崇高評價或還魂,以解答歷史問題

湯顯祖的「四夢」多論鬼神,《牡丹亭》也充滿鬼神的形象。這又如何理解呢?首先我們應該説明,如列寧所指出的,在過去的歷史時期,民主派以至後來的

無產階級都曾經「採取了以一種宗教觀念反對另一種宗教觀念的鬥爭形式」(《列寧全集》第三十五卷第一一〇頁)湯顯祖雖然和其他的泰州學派學者一樣，不免受到佛道宗教思想的影響，但他更主張：「學者亦有以窺天地之全，百家不可廢也。」(《玉茗堂全集》文集卷三《蘭堂摘粹序》)從他的著作中可以看出，他是依據了與自然物理相聯結的泛神論，來反對迷信的宗教。例如他說：

生者死之，死者生之，恩者害之，害者恩之，乃爲反覆天地聖功也。人知神之爲神，故以天文、星宿、地理、蛇龍之類爲聖；我知不神之所以神，故以時文、物理爲哲。日月有數，時之文也；小大有定，物之理也；食其時，動其機，知之哲也。(《玉茗堂全集》文集卷十五《陰符經解》)

這樣說來，有兩種神：一種是宗教迷信中的神，是一般所知的神之爲神；另一種是他心目中的不神之神，實際上等同于物理。湯顯祖是根據後者去反對前者，并利用這種不神之神「反覆天地」，以期達到「死者生之」、「害者恩之」的理想。

湯顯祖不但把「神之爲神」和「不神之神」作爲兩種觀念的對立物來處理，而且在他的「不神之神」的意義下，對神的證明實際上是對神的駁斥，因爲誰是無理性(或他說的無「情」)的，誰就有神的怪物；反之，誰是有理性的，誰就沒有「神之爲神」。這樣看來，「不神之神」正是證明了上帝只有在無理性的世界才存在罷了！這一抽象的道理，在《牡丹亭》的「冥判」一折中，也以藝術的形象表現出來。作爲前一種神的代表的是冥府的判官（在别的劇作中曾把掌握人們命運或生命權的判官，换爲另一種掌握人們生命權的「錢神」），作爲後一種神的代表的是「專掌惜玉憐香」的花神。花神一口氣數説了近四十種花色，弄得那個和陽世作對的判官難以反駁。雖然判官怒斥説：「你這花神罪業隨花敗。」但杜麗娘并未受冥司監管，實際上最後還是花神勝利。這正是湯顯祖利用泛神論在藝術形式上「死者生之」、「害者恩之」的手法。按泛神論的神靈，最早的哲學家規定着它代表一種「美麗、莊嚴、優秀的本性」，這裏湯顯祖的花神即意味着這樣一種「神」。

爲什麽不利用别的形象而採取了「異端神」的形象呢？這是由于中世紀的宗教觀念是存在于人們心理中的普遍的東西。從這樣大量的普遍存在的現象上的細節來集中，正如恩格斯所指出的，這是神學異端的途徑，爲要觸犯當時的社會制度，就必須從制度身上剥去那一層神聖外衣。如果從哲學和歷史的角度去分析「物之理」，勢必不免于李贄、紫柏的厄運，這就使得他不能不從幻想的形式，去作弱者的抗議。然而正是由于這樣，湯顯祖的劇作不但提出了現實矛盾的問題，而且在客觀上加劇了矛盾。《牡丹亭》之所以是超過了《西廂記》的藝術的發展，其關鍵就在于：第一，創造了兩種神來集中地反映社會的矛盾；第二，用不甘于黑暗而死、并因獲得光明而生的手法來從幻想中解决社會的矛盾，因此，「死者生之」的背後是一幅鬥争的圖景。

其次，我們應説明一下《牡丹亭》所依據的「細節的真實」爲什麽集中于男女戀愛自由的追求呢？因爲這樣的細節，在當時更能集中地反映「歷史的真實」。從女子的平等自由的權利方面看問題，如恩格斯指出的，是更適合于「衡量民主的尺度」，因而從男女對平等自由的追求方面作集中的表現，是更具有代表性的社會圖影。湯顯祖的詩句借司馬相如的境遇，説「上有漢武皇，下有卓文君」（《玉茗堂全集》詩集卷二《相如二首》），這就客觀上把卓文君這樣平常的女性擠在皇帝的寶座之旁，使皇帝的神聖性褪色。

湯顯祖在這一點深深地繼承了李贄的學説。李贄曾評卓文君改嫁不是失身，而是獲身，更在《焚書・雜説》中評論《西廂記》之作是「訴心中之不平」，因此指出作者「當其時必有大不得意于君臣朋友之間者，故借夫婦離合因緣以發其端」，進而説明「小小風流一事」是合乎物情人性的「自然之理」，而歷史上渲染的唐虞湯武之征誅揖讓反而至爲渺小，「小中見大，大中見小……此自至理，非干戲論。」湯顯祖在《顧涇凡小辨軒記》中更把李贄「小中見大，大中見小」之説發展了。他説：「從大而視小，不精；從小而視大，不盡。」這即是説，單從一般的「皇極」、「太極」之類的大帽子看問題，對于具體的事物必然不能看透；反之，單從細節的事實看問題，而遺落「墨筆之外」的思想性，那也容易囿于一隅，不能盡明事物之全面。他更指出，道學家所倡「主静之説」，好象自居于天上的高明人物，然而這樣的高明，反而「居明不可以見暗」。他進而説明對于天下事的認識是反其道而行的，即「在暗可以見明」。不要把細節的事物看成小情節而遺落不理，甚至説成「蔽于物欲」之暗處，要知道：

環天下之辨于物者，莫若商賈之行、與夫后之省方〔按出《易經》〕。何也？合其意識境界與天下之物遇，而後辨〔按即思維和對象的一致〕。夫遇而後辨，固有所不及辨者……然則聖人何小乎「復」〔按指認識〕，而大乎「乾」〔按指天道〕？……乾大而明終始，「復」小而辨于物，其知一也。……視聽言動皆「復」，而天下之能事畢矣。……「復」有不善，未嘗不知。（《玉茗堂全集》文集卷七）

這是一段具有一定科學性的有關認識論的哲學思想，這裏暫不討論。我們要指出的，湯顯祖所謂微中見廣（廣而微）的藝術反映論，正是《牡丹亭》創作的理論基礎。商賈之行也好，男女之愛也好，歷來道學家斥爲「暗」處的視聽言動，反而可以「明」乎天下的事物。這在《牡丹亭》裏就表現爲腐儒陳最良和杜麗娘的對立，如在「閨塾」一折所形象化的。

明白了《牡丹亭》的神話題材和男女細節的形象處理，我們再進一步研究一下湯顯祖怎樣在劇作中爲唐代柳宗元和杜甫這兩位傑出的人物「還魂」。這兩位文學家和思想家也正是湯顯祖所謂才士「蒙世難」命運的集中影子，但在劇作中却把他們二人塑造做理想的形象。柳宗元有羅池廟，杜甫有杜公祠，人們只知道神之爲神，對祠廟乞靈，而不知道他們不是死神，而是活人，而是不神之神。正如湯顯祖在遂昌也被立了生祠，但他説他在遂昌作官所以對得起人民的，在于活人命而「去其害馬而已」，因而不貪富貴，不惜生死，以期「天下太平」，生祠反而不足以説明「生意」，而真正使人活命的在于把黑暗的社會所陷害的被壓迫人物復活，借此來表明一個真理，即盡使天下人都有藥有食，都享受生活權而免于困窮。柳宗元、杜甫的思想的偉大也正在這裏。

湯顯祖在《牡丹亭》裏的「還魂」的手法，也正是把「死者生之」，把「害者恩之」。劇中主人翁杜麗娘據説便是杜甫的後代，柳夢梅據説便是柳宗元的後代。杜甫、柳宗元正是被統治階級所迫害、貧困而死的人物。湯顯祖一再説，人的理想，「一曰壽，二曰富」，他便從富壽的神農之教，爲杜、柳的貧困作出還魂之曲。劇中不少處更提到了杜、柳，例如「圓駕」一折的唱詞：「則你個杜杜陵慣把女孩兒嚇；那柳柳州他可也門户風華？」劇作中更提到了杜、柳的著作，例如杜甫詩的「飄飄愧老妻」句，柳宗元的《梓人傳》、《郭橐駝傳》、《捕蛇者説》、《乞巧文》等篇，甚至在「尋夢」一折中誤引《龍城録》（按爲宋代王銍僞撰，非柳宗元作）中的醉憩梅花下夢見美人的故事。

如果我們從湯顯祖的著作對杜甫、柳宗元的崇贊作一對照，那就更容易了解了。他贊杜甫的詩境説：「子美思述作以同游……能縱能深，乃見天則爾！」（《玉茗堂全集》尺牘卷四《答鄒公履》）「詠子美同游之思，謂四方之大，必有曠然此路，精其法而深其機者」（《玉茗堂全集》尺牘卷四《與陸景鄴》）。他贊柳宗元的思想深刻，「《種樹傳》最顯，技微而義大。……弟……通物不如橐駝」（《玉茗堂全集》尺牘卷三《謝鄒愚公》）。湯顯祖熱愛自然和酷愛自由的詩賦也是杜、柳的傳統繼承，例如《怨婦行》仿杜詩，《嗤彪賦》仿柳文，這裏限于篇幅不想徵引。

因此，《牡丹亭》顯然是從典型歷史環境的典型人物移植爲藝術形象化的典型人物。

不但這樣，劇中還把和柳宗元同時代而又和他展開論争的一位人物也形象化爲另一種典型，即韓愈後代的韓子才。這個人物在劇中貶多于褒，從人物形象來看（劇中以丑角化裝），他是一個很庸俗的人，從其所轉述的韓愈的文章來説，引用的是《進學解》中的迂腐語句，思想性很低級。

反之，在劇中却把所謂「通物」的郭橐駝從柳宗元作品中移植而來，描寫做一個有正義感、并通達事理的小人物而與柳夢梅患難相共。

有一點應即指出，湯顯祖的《貴生説》顯然是柳宗元的「生人之意」或「厚人之生」學説的發展，并參證了李贄的人文主義的平等學説；對杜甫所感慨自己不得已「艱難賤生理」、「殘生逼江漢」、「生理飄蕩拙，有心遲暮違」（見杜甫《春日江村》、《別巫峽》、《登舟將適漢陽》等詩）的悲憤，更發抒了深厚的同情。這裏，有關人民性的思想傾向，和《牡丹亭》有直接聯繫，因此稍加説明一下。

湯顯祖一方面揭發了社會的貧富不平和殘暴掠奪，指出「始疑天意遠，敢云地津竭」，「河北人猶流，江南子初鬻」，「父耶母耶，原復顧之周遮；天乎人乎，寧燥濕之偏枯」，而直罵到當時豪强地主的剥削形成人吃人的世界，而主張去此害馬，罵到當時皇帝對人民的掠奪：「中涓鑿空山河盡，聖主求金日夜勞。」與此對照，他在「始濛瀎而徐墜，終滿沛而難禁」的天下崩裂的時代，提出了平均財富的藥物良方，而和杜甫、柳宗元的均貧富的學説相爲輝映。他在理論上强調了「天地孰爲貴，乾坤只此生；海波終日鼓，誰悉貴生情？」（《玉茗堂全集》詩集卷十三《徐聞留别貴生書院》）；「形色即是天性……大人之學起于知生……又知天下之生。」（《玉茗堂全集》文集卷十《貴生書院説》）這就更顯示出對柳宗元所倡「厚人之生，豈不聖且神歟」這樣人文主義思想的發揚。

湯顯祖的《牡丹亭》曲作即反映出形色即是天性的形象，由小見大，借以理想「天下之生」。柳夢梅、杜麗娘男女「生情」的細節是屬于藝術的真實；同湯顯祖命運相似的杜甫、柳宗元的悲劇生平，則是屬于歷史的真實，而「還魂」之曲更是高于歷史真實的理想。悲劇生平是現實主義的，而「還魂」又是浪漫主義的。因此，如果僅從男女愛情來看《牡丹亭》的旨趣，那就陷于由小以視小的圈子，遺落了歷史的真實了。

不必要把歷史劇與故事劇截然區别開來，因爲有些歷史劇是通過故事劇而處理的。《牡丹亭》對杜甫、柳宗元這樣歷史人物的「還魂」，便是通過一對以杜、柳爲姓的貞節男女故事來形象化的。因此，在《牡丹亭》的故事背後，既有杜甫、柳宗元的身世及其思想以至理想作爲劇作所「托」處，又有他們時代的社會作爲劇作所「譏」處，更有湯顯祖自己的思想和時代之間的矛盾作了體驗，進而通過高尚的理想與貧困的世界之間的對立以表現社會的矛盾。湯顯祖説得明白：

古之人若有其詩可誦，而其人尚有未可知者，以待論其世而後知。夫世之爲世，古之爲古也。古之爲古，即其人之所以爲人也。故夫論古之世，而後知古之人；非其世何以有其人，然非其人亦何以有其世？（《玉茗堂全集》文集卷五《明德羅先生詩集序》）

這一段尚論古人的道理，便是《牡丹亭》對歷史人物處理的依據。我們也應從藝術的真實和歷史的真實二者的聯繫方面更高地理解《牡丹亭》，即應該從藝術形象的鏡子看取歷史和歷史人物活動的圖影。

其次，湯顯祖不但從杜柳爲姓氏的男女細節上爲杜甫、柳宗元抱打不平或「還魂」，從而通過杜、柳人物性格與黑暗世界不相容的矛盾以暴露現實，而且寄托于芳草，即寄托于自然的梅柳，而理想那種冲開黑暗世界而來臨的光明的將來，或破深冬殘臘而來臨的春天。這就使得《牡丹亭》不但從神話劇變爲歷史劇，而且使歷史劇變爲詩劇。

上面已經指出，《牡丹亭》充滿了神話。這種「神話中所說的矛盾的互相變化，乃是無數複雜的現實矛盾的互相變化對于人們所引起的一種幼稚的、想象的、主觀幻想的變化，并不是具體的矛盾所表現出來的具體的變化。」（《毛澤東選集》第一卷，第二版，第三一九頁）神話無非是借助于想象以求支配自然，因此，「神話或童話中矛盾構成的諸方面，并不是具體的同一性，只是幻想的同一性。」（同上，第三一九頁）人們在一定的歷史時期不能不採取這樣的表現形式，《牡丹亭》的表現形式也是這樣。然而，《牡丹亭》又不是單純的神話劇，它對于自然力并不單純地從幻想中予以改造，而更通過現實主義的手法，以自然某一方面作爲比喻，唱出了富有詩意的歌曲，進而從自然的藝術形象上發抒出了偉大的理想性和人民性。這在劇作中便表現爲「欲傳春消息」的對自然梅柳的歌頌。黑暗和光明的對立被形容做深冬晦夜和春光晨曦的對立。杜甫與柳宗元也正具有這樣的文學思想。

湯顯祖在咒罵黑夜而待不到光明的時候，詩句有「待放梅花粗欲了，梅花粗不了人心」（《玉茗堂全集》詩集卷十五《醉答君東怡園書六絶》），「待徹梅花天欲曉，却教孤角放人行」（《玉茗堂全集》詩集卷十五《周長松琴堂曉發》）。這和杜甫、柳宗元把寒冬厚雪喻爲殘暴，阻礙梅柳爭豔的詩情是同樣的傳統。杜甫說：「雪籬梅可折，風榭柳微舒」；柳宗元詠早梅也説「寒英坐銷落，何用慰遠客」，咏植柳更説「好作思人樹，慚無惠化傳」。湯顯祖在對寒潮春陰咒罵時，就大膽地露出了所謂「雪剃」的戰鬥思想：「正好日通紅，落盡刀山雪！」（《玉茗堂全集》詩集卷十二《雪剃》）

湯顯祖在表達迎春的理想時，繼承了他所敬佩的陳亮咏梅詩「欲傳春消息，不怕雪裏埋」的詩意，進而呼喚春天，「籟籟浮寒動早梅」，「春心一片隋堤柳」。這又和杜甫的詩境同調了。杜甫說：「只道梅花發，那知柳亦新，枝枝總到地，葉葉自開春」；「岸容待臘將舒柳，山意冲寒欲放梅」；「天邊梅柳樹，相見幾回新！」

應該指出，這樣的詩意在《牡丹亭》的詩劇中是一綫貫串着的。通過柳夢梅和杜麗娘的唱詞，那種富有戰鬥性和人民性的梅柳迎春的思想是充滿于劇情的。例如柳夢梅的唱詞：

等的俺「梅」子酸心「柳」皺眉，渾如醉。……有一日春光暗度黄金「柳」，雪意沖開了白玉「梅」！（《牡丹亭》「言懷」）

又例如杜麗娘的咏詩：

他年得傍蟾宫客，不在梅邊在柳邊。（《牡丹亭》「寫真」）

這就把杜甫的「天邊梅柳樹，相見幾回新」，改做「相見了人心」了。作家對于如柳梅等等草木的自然不是一樣的觀點，有的以之表現爲灰色的悲觀的世界形象，有的以之表現爲戰鬥的青春的世界形象。這裏湯顯祖的觀點，不僅表白出個人理想的青春性，而且表白出天下人人共同的青春性的理想，所以在「驚夢」末尾集句有「春望逍遥出畫堂，間梅遮柳不勝芳」的詩句。

但是，這樣詩意所表達出的人們要争取的春天，在湯顯祖還不能從歷史的角度去認識，只能從他所理解的自然物理和人情個性方面去認識，和别的泰州學派學者一樣，時代的局限性對他是很顯明的。

我覺得和莎士比亞同時代的湯顯祖，其生平著作滿豐富，其思想的進步性也很明顯，至少應該同關漢卿一樣看待，編爲歷史劇在他所理想的而今天實現了的萬紫千紅的春天演出于舞臺；他的《牡丹亭》也應該吸取「驚夢」一折的優良藝術成就，重編爲完整的全劇本，使人們了解對貧困世界作鬥爭的艱苦過程以及美好世界的來臨之不易。請教劇作家和戲劇家同志們，這建議對否？

（《人民日報》一九六一年五月三日）

改編·續編

沈璟

同夢記（殘文）

〔蠻牌令〕説起淚猶懸，想着膽猶寒。他已成雙成美愛，還與他做七做中元。那一日不舖孝筵，那一節不化金錢。

〔下山虎〕只説你同穴無夫主，誰知顯出外邊。撇了孤墳雙雙同上船。

〔憶多嬌〕（合）今夕何年，今夕何年，還怕是相逢夢邊。（卷十六）

〔真珠簾〕河東柳氏簪纓裔，名門最。論星宿連張隨鬼，幾葉到寒儒，受雨打風吹，謾説書中能富貴。金屋與玉人那裏？貧薄把人灰，且養就浩然之氣。（卷二十二）

（《南詞新譜》）

《同夢記》，沈璟著。《南詞新譜》「古今入譜詞曲傳劇總目」著録，并注云：「詞隱先生未刻稿。即串本《牡丹亭》改本。」此劇未經梓行，原稿亦不傳世。僅《南詞新譜》收有殘文如上，録之以供研究。按：《南詞新譜》將第一則曲文與湯顯祖《牡丹亭》第四十八齣《番山虎》曲文並列，注云：「前《牡丹亭》二曲從臨川原本，此一曲從松陵串本備録之。見湯沈異同。」

馮夢龍

風流夢小引

若士先生千古逸才，所著「四夢」，《牡丹亭》最勝。王季重敍云：「笑者真笑，笑即有聲；啼者真啼，啼即有淚；嘆者真嘆，嘆即有氣。麗娘之妖，夢梅之癡，老夫人之軟，杜安撫之古執，陳最良之腐，春香之賊牢，無不從觔節竅髓，以探其七情生動之微。」此數語直爲本傳點睛。獨其填詞不用韻，不按律，即若士亦云：「吾不顧捩盡天下人嗓子！」夫曲以悦性達情，其抑揚清濁，音律本於自然。若士亦豈真以捩嗓爲奇？蓋求其所以不捩嗓者而未遑討，强半爲才情所役耳。識者以爲此案頭之書，非當場之譜，欲付當場敷演，即欲不稍加竄改而不可得也。若士見改竄者輒失笑，其詩曰：「醉漢瓊筵風味殊，通仙鐵笛海雲孤。總饒割就時人景，却愧王維舊雪圖。」若士既自護其前，而世之盲於音者，又代爲若士護之，遂謂才人之筆，一字不可移動；是慕西子之極，而并爲諱其不潔，何如浣濯以全其國色之爲愈乎？余雖不佞甚，然於此道竊聞其略，僭删改以便當場，即不敢云若士之功臣，或不墮音律中之金剛禪云爾。梅柳一段因緣全在互夢，故沈伯英題曰「合夢」，而余則題爲「風流夢」云。

風流夢總評

兩夢不約而符，所以爲奇。原本生出場，便道破因夢改名，至三四折後旦始入夢。二夢懸截，索然無味。今以改名緊隨旦夢之後，方見情緣之感。「合夢」一折，全部結穴於此，俗優仍用癩頭黿發科收場，削去〈江頭金桂〉二曲，大是可恨。

凡傳奇最忌支離，一貼旦而又翻小姑姑，不贅甚乎！今改春香出家，即以代小姑姑，且爲認真容張本，省却葛藤幾許。又李全原非正戲，借作綫索，又添金主，不更贅乎！去之良是。

生謁苗舜賓時，旦尚無恙也。途中一病，距投觀爲時幾何；而「薦亡」一折，遂以爲三年之後，遲速太不相炤，今改周年較妥。

真容叫喚，一片血誠，一遇魂交，置之不問，生無解於薄情矣。「阻歡」折添〈忒忒令〉一曲，爲生補過，且借此懸掛真容，以便旦之隱身，全無痕跡。

原本如老夫人祭奠，及柳生投店等折，詞非不佳，然折數太煩，故削去。即所改竄諸曲，儘有絶妙好辭。譬如取飽有限，雖龍肝鳳髓，不得不爲罷箸，觀者幸勿以點金成鐵而笑余也。

（《墨憨齋重定三會親風流夢》）

馮夢龍，字猶龍，一字子猶。長洲人。崇禎末，官壽寧縣知縣。乙酉（一六四五）清兵下江南，死。有《墨憨齋定本傳奇》等。

徐肅穎

丹青記

此劇據湯顯祖《還魂記》改編，所以易稱《丹青記》者，蓋因原作標目「杜小姐夢寫丹青記」而然。全劇二卷八十五齣。明刊本。題名《陳眉公先生批評丹青記傳奇》。曾經吳興周氏言言齋收藏。

徐肅穎，字敷莊。江蘇人。生平不詳。

徐日曦

牡丹亭序

玉茗先生初以言事出爲平昌令，風流佚宕，人共傳説，足供胡盧者亦復不少。余幼知景慕，曾獲其《紫簫》半劇，日夕把玩，不啻吉光之羽。迨「四夢」成，而先生之奇傾儲以出；道妙風宗，柢自抒其所得，匪與世人争妍月露，比叶宫商也。《牡丹亭記》膾炙人口，傳情寫照政在阿堵中。然詞致奥博，衆鮮得解，剪裁失度，或乖作者之意。余稍爲點次，以畀童子；海虞子音兄見而悦之，欲付剞劂。此登場之曲，非案頭之書，鳧短鶴長，各有攸當。如謂剸割支離，强作解事，余固先生之罪人也。

（《碩園删定牡丹亭》卷首）

徐日曦，原名日炅，字瞻明，號碩菴。浙江西安人。天啓壬戌（一六二二）進士。有《爛柯山志》。

陳　軾

續牡丹亭

陳軾撰。軾字静機，福建人，明崇禎十三年進士。官部曹，入本朝（清）未仕。晚年流寓江、浙甚久。詩酒詞翰，跌宕風雅，人頗稱之。所著傳奇數種，此其一也。因湯顯祖載柳夢梅乃極佻達之人，作者欲反而歸之於正，言：夢梅自通籍後，即奉濂、洛、關、閩之學爲宗，每日讀《朱子綱目》；又與韓侂胄相牴牾，而當時許及之、趙師睾等趨承佹冑者，皆夢梅所不合。大率皆戲筆也。夢梅官遷學士，且納春香爲妾，蓋以團圓結束，補《還魂記》所未及云。

（《曲海總目提要補編》）

《曲海總目提要補編》，係據各種傳本之《傳奇彙考》輯録《曲海總目提要》所失收之提要而成。一九五九年由人民文學出版社出版。《傳奇彙考》編成於康熙年間。

王　墅

後牡丹亭

姚燮《今樂考證》著録此劇。内容不詳。姑志於此，以待專家研究。王墅，安徽蕪湖人。尚有《拜針樓傳奇》行世。

葉　堂

納書楹牡丹亭全譜

俗增堆花

〔黄鐘出隊子〕嬌紅嫩白，逗向東風次第開。願教青帝護根荄，莫遣紛紛點翠苔。把夢裏姻緣發付秀才。

〔畫眉序〕好景豔陽天，萬紫千紅盡開遍。滿雕欄寶砌，雲簇霞軒。督春工連夜芳菲，慎莫待曉風吹顫。爲佳人才子諧繾綣，夢兒中十分歡忭。

〔滴溜子〕湖山畔，湖山畔，雲纏雨綿。雕欄外，雕欄外，紅翻翠駢。惹下鶯愁蝶戀。三生石上緣，非因夢幻。一枕華胥，兩下蘧然。

〔叶入越調鮑老催〕單則是混陽蒸變，看他似蟲兒般蠢動把風情搧。一般兒嬌凝翠綻魂兒顫。這是景上緣，想内成，因中見。怕淫邪展污了花臺殿。他夢酣春透了怎留連？拈花閃碎紅如片。

〔五般宜〕一個兒意昏昏夢魂顛，一個兒心耿耿麗情牽；一個巫山女趁着雲雨天，一個桃花亂處幻成劉阮；一個精神忒展，一個歡娱恨淺。兩下裏萬種恩情，則隨這落花兒一會轉。

據王季烈《與衆曲譜》，《五般宜》後尚有《雙聲子》：「柳夢梅，柳夢梅，夢兒裏成姻眷。杜麗娘，杜麗娘，勾引得香魂亂。兩下緣非偶然，夢裏相逢，夢兒裏合歡。」

俗玩真

〔商調二郎神〕能停妥，這慈容只合在蓮花寶座。爲甚獨立亭亭在梅柳左，不栽紫竹，邊旁不放鸚哥？則見兩瓣金蓮在裙下托，並不見祥雲半朵，也非是嫦娥。這畫蹺蹊，教人難揣難摩。

〔集賢賓〕蟾宮那能得近他，怕隔斷天河。爲甚傍柳依梅去尋結果？喜偏咱梅柳停和。我驚疑未妥，似曾向何方會我？你休見左，敢則是夢中真個！

〔鶯啼御林〕（鶯啼序首至合）青梅在手詩細哦。逗春心一點蹉跎。小生待畫餅充饑，小姐似望梅止渴。未曾開半點麼荷，含笑處朱唇淡抹。（簇御林合至末）暈情多，如愁欲語，只少口氣兒呵。

〔簇御林〕他題詩句，聲韻和。猛可的害相思顔似酡。向真真啼血你知麼？叫的你噴嚧似天花唾。動凌波，盈盈欲下，不見影兒那！

〔尾聲〕拾得個人兒先慶賀。敢柳和梅有些瓜葛？則被你有影無形看殺我。

（《牡丹亭全譜》，載《納書楹曲譜》）

霓裳續譜

春意動

〔西調〕春意動，牡丹亭上迷戀多情種。趁着那一陣香風，吹到那太湖石畔，留戀芳踪，被那人着意纏綿，柳絲兒結就巫山夢。雖然是暢滿情懷，奈嬌羞不敢抬頭，只將那倦眼矇矓。醒來時綉枕香殘，玉釵零落，雲鬢盡蓬鬆。細想那風流何處可相逢。恨被那落花聲驚散鴛鴦，飛起舞東風。疊好教我思一回，想一回，暗地裏心酸慟。疊（卷二）

半推窗半掩窗

〔黃瀝調〕半推窗，半掩窗，凭闌懸望。半是思郎，半是恨郎，意惹情傷。半如癡，半如醉，淒涼情況。半邊衾枕半邊冷，半點音書無半行。

〔雁兒落〕似這般盼煞了杜麗娘，似這般清減了花模樣，似這般静掩綉朱扉，似這般冷落了紅羅帳。呀，似這般恨煞了楚襄王，似這般辜負了好時光，似這般躭擱了青春享，似這般笑煞了小梅香。衷腸，這回輪流喪；心傷，不由人淚珠兒流幾

行。重

〔黄瀝調尾〕獨對着半明半暗的銀燈，半夜裹有那半句話兒，我可對誰講！

小伴讀女中郎

〔黄瀝調〕小伴讀女中郎，陪小姐朝朝隨傍。對菱花，打扮異樣端莊，烏雲巧挽，帕骛玉簪，蟠龍形象。梳洗已畢，往外走去，見先生陳最良。

〔一江風〕小春香，一種在人奴上。畫閣裹，從嬌養，侍娘行，弄粉調脂，貼翠拈香，慣向妝臺傍。陪他理綉筐，陪他理綉床，又陪他燒夜香。小苗條，吃的是夫人杖。

〔黄瀝調尾〕奴本是閨門綉户的使女，怎知道「關關雎鳩」是那的講！（以上卷四）

（《霓裳續譜》）

《霓裳續譜》爲乾隆六十年俗曲總集。由天津三和堂曲師顔自德輯集，大興王廷紹點訂。《西調》、《黄瀝調》均爲乾隆年間流行之時調。

失名

春香鬧學（子弟書）

（詩篇）荏苒光陰冷落多，逝水年華可奈何。柳勾魖魄成幽夢，梅點香泥染綉閣。一段風流歸浪子，終身伉儷訪嫦娥。《小青傳》且留佳句，《牡丹亭》堪作揣摩。（頭回）大宋南安一太守……（下闕）

（《中國俗曲總目稿》）

此種子弟書爲手抄本，共十八頁。《中國俗曲總目稿》著録諸曲，只刊開首二行，以見内容之一斑。「下闕」即表示尚有未刊之曲文，係資料編者所注。以下均同。

失名

游園驚夢（子弟書）

傅惜華收藏。原文未詳。見傅氏《曲藝論叢·後記》。

失　名

尋夢（子弟書）

嬌懶佳人春睡長，一聲鸚鵡韻凄涼。無端驚起陽臺夢，怪煞平分銀漢郎。亂耳黄鶯徒婉轉，撩人粉蝶自張狂。擁衾未拾離香榻，情思昏昏是麗娘。（頭回）這佳人自從一夢……（下闕）

（《中國俗曲總目稿》）

《尋夢》子弟書爲手抄本，共十七頁。

失　名

離魂（子弟書）

（詩篇）冷落梅花冷落春，奈何天氣奈何人，柳勾豔魄成幽夢，花打春泥驚俏魂。

一段風流歸浪子，終身伉儷感花神。小青詩且傳佳句，杜麗娘堪作妙文。（頭回）

（《中國俗曲總目稿》）

失名

還魂（子弟書）

傅惜華《明代戲曲與子弟書》云：「《還魂》一回，作者無考。從未見著録。曲述杜麗娘死後還魂復生之故事。碧蕖館藏有乾、嘉間文萃堂刻本，標曰二回，實止一回，計一百十句，韻用人辰轍，卷首無詩篇。此曲原係《離魂》一本之續作，衍杜麗娘逝後三日，至入殮時，竟甦生焉。雖譜《還魂記》傳奇之故事，然其情節與《還魂記》第三十五齣『回生』，略有不同處。此曲亦爲子弟書之前期作品，惟其文筆平庸，與《離魂》一本相較，絶非出於一人之手。此本流傳未廣，藏者至罕。」

失　名

春香鬧學（牌子曲）

〔曲頭〕太守叫杜寶，居官在宋朝，膝下無兒，所生個多姣，描龍刺鳳廣才學。〔嗽唱〕乳名兒喚杜麗娘，他的骨格爾窈窕，年方纔二八，十分的美貌，真是夫人痛愛，猶如至寶。請……（下闕）

（《中國俗曲總目稿》）

此種牌子曲係手抄本，共二十四頁半。又有一種爲鉛印本，共三頁，開首二行曲文相同，《中國俗曲總目稿》五二三頁著録。

失　名

學堂（安徽俗曲）

〔貼上引〕〔一江風〕小春香歡寵在人奴上，畫閣裏徒嬌養，侍娘行，描龍刺鳳，弄

粉調朱，慣向妝台傍。陪他理綉床，隨他上學堂，小苗條吃的是夫人杖。（白）吓，這花園好春景也。（唱）……（下闕）

（《中國俗曲總目稿》）

此種俗曲計三頁半，載《湖陰曲初集》鉛印本中。

失名

勸農（安徽俗曲）

（正生引）何處尋春開五馬，採豳風物候龍華。竹宇聞鳩，朱旛引鹿。且留憩甘棠之下。（白）時節時節，過了春三二月。乍晴膏雨烟籠，太守春深勸農。農重農重，緩理征徭詞訟。（下闕）

（《中國俗曲總目稿》）

《勸農》俗曲亦載《湖陰曲初集》中，共二頁半。

馬如飛

冥 判（南詞）

十地宣差胡判官，森羅殿上獨專權。生平正直無私曲，莅任先將册簿觀。殿上高懸照膽鏡，生前善惡豈能瞞？一枝筆有千觔重，六道輪迴掌生殺權。男犯四名先發判，只爲生〔下闕〕

（《中國俗曲總目稿》）

《冥判》（南詞）一頁，載《馬如飛開篇》木刻本中。馬如飛，蘇州人。清末著名評彈藝人。

《中國俗曲總目稿》一四六頁著録《牡丹亭》一種（廣東俗曲，以文堂鉛印本，三十二頁），三四〇頁著録《還魂記》一種（大鼓書，抄本，七十五頁）。是否據玉茗傳奇改編，未見全文，不敢臆斷。姑將頭兩行曲文附後，以俟專家考證。

牡丹亭

（總内掃板）在金殿忙奏本告職而返。（上中板）宦情似水轉還鄉。（白）老夫杜次蓮，歷久在朝，官拜大學士，只因年邁，奏准君王，賜我回家修養。左右打道可。（唱）人來打道回鄉黨。（完台）（下闕）

還魂記

大鼓慢打響連天，列位壓静請聽言。今日不把别的唱，聽我把賢孝節義言一言。唱得是聖朝一統錦江山，風調雨順萬民安，四夷八蠻歸王化，萬國來朝進中原，五穀豐登太……（下闕）

失 名

牡丹亭（長篇彈詞）

《牡丹亭彈詞》爲清末藝人所編寫。約五萬字。分上下兩卷。一頁首行題《閨幃陸拾種書還魂記傳》，次行上端及版心均題作《牡丹亭》。次行下端題「春藻堂雲記抄録」。故事悉本湯顯祖《還魂記》。惟在「圓駕」以後，增添「春香嫁柳夢梅」一節。以後杜麗娘生二子，春香生一男一女，「滿門喜慶」云云，不出大團圓老套。

失名

拾畫叫畫（彈詞開篇）

碧天如水浄無塵，桂子香飄節候更。夢梅是，鎮日園亭來散步，但見那，滿園景色倍淒清。他便在，太湖石畔將身坐，瞥見了，五百年前未了姻。離座抬身忙拾起，展圖注目喜還驚。「原來是，丹青一幅青城貌，姊姊吓，爲甚你鳳目盈盈看小生？分明是，閉月羞花人絶代，莫不是，嫦娥私出廣寒門。淡妝綽約如仙子，爲甚你鳳目盈盈看小生？妙不過，雲鬟雙分珠鳳壓，翠環低墜玉釵横。桃花粉頰梨渦現，姊姊吓，爲甚你鳳目盈盈看小生？妙不過，柳葉秀眉添喜色，櫻桃小口綻朱唇。瓊瑶佳鼻成端正，姊姊吓，爲甚你鳳目盈盈看小生？妙不過，綉帶慢藏蓮瓣穩，鸞銷微露玉葱春。妙不過，羅衫淺色裙深緑，姊姊吓，爲甚你鳳目盈盈看小生？真所謂脈脈柔情何處寄，依依春色半含嗔。難將修短描新樣，姊姊吓，爲甚你鳳目盈盈看小生？」柳郎正在凝神看，忽覩詩詞上面存。說甚麽，「他年若伴蟾宫客，不是梅生即柳生。」夢梅是姐姐長來姐姐短，他竟然朝朝暮暮唤伊人。輕憐密愛情無限，唤得那，月魄花魂也動心，終圓好夢訂鴛盟。

傅惜華

明代戲曲與子弟書

離魂

《離魂》三回，作者無考。《子弟書目録》著録，注云：「三回。一吊二。」《中國俗曲總目稿》頁五一，亦著録。曲述杜麗娘遊春，夢遇柳夢梅後，因傷感而亡之故事。碧蕖館藏有乾嘉間文萃堂刻本，分上中下三本：上本八十句，中本八十六句，下本八十八句，實係三回，共二百五十四句，韻目全用人辰轍。卷首詩篇曰：「冷落梅花冷落春，奈何天氣奈何人，柳勾魖魄成幽夢，花打春泥驚俏魂。一段風流歸浪子，終身伉儷感花神，小青詩且傳佳句，杜麗娘堪作妙文。」曲中關目，根據《還魂記》傳奇第十八「診祟」、第二十「鬧殤」兩齣，敷演而作，惟將陳最良診病、石道姑禳解二事，完全刪去。其中本敘杜麗娘臨危時云：「春香啊今夕何時也？春香説家家都供兔兒神，但只是風雨蕭條聲悽慘，今年月比去年渾。小姐説怎麼已到中秋也？淒涼殺堂上老雙親，略也無心閒玩賞，月明中風雨更愁人。曾記得陳師父替奴看命，説一交秋令病除根，今正中秋八月節，怎麼病體懨懨一發沉？春香啊推開窗兒奴看看月，別一別兒癡心意内人！小春香慢啓緑紗窗兩扇，薄雲落月看亮又復渾，佳人暗嘆今宵月,恰似奴待死不活的小妾身,月兒呀想照奴家無日矣,卻是梅花樹下魂!」此曲情文佳妙,亦爲子弟書之前期作品。碧蕖館又藏有道光間四德堂刻本,當係重刻者;北大藏有車王府本,亦分三回;中央研究院所藏鈔本,惜燬於抗戰時。

(《曲藝論叢》)

趙景深

談牡丹亭的改編

明代大戲曲家湯顯祖的名著《牡丹亭》應該怎樣改編呢?

首先,我認爲應該掌握原著的精神,突出主題思想。《牡丹亭》主要寫的是杜麗娘對于封建家教的反抗。它賦予愛情以超越生死的力量,揭示封建家教殘暴性中的脆弱性,從而支持青年人爭取幸福的鬥爭。

在原著中一場封建家教的維護者與反抗者的鬥爭,表現得非常明顯,在杜麗娘逝世以前,至少可以説有如下的三個回合:

第一個回合是「訓女」。父親杜寶教訓女兒道:「假如刺綉餘閑,有架上圖書,可以寓目。他日到人家,知書知禮,父母光輝。」他要女兒念書,只是要女兒謹守舊禮教，將來到婆家去，可以知書達理，孝順公婆，讓做父母的也有一些體面。母親甄氏却更爽脆，認爲女兒「怎念遍的孔子詩書，但略識周公禮數」就可以了。反正只要帶上禮教的枷鎖就行。但是杜麗娘怎麼樣呢？她感覺到囚籠裏的生活没有一點興味，只是懨懨欲睡。這一仗打得比較平静。

第二個回合是「延師」和「閨塾」。父親杜寶爲了實現他的主張，就要找幫手。他請了一個幫手來，那就是腐儒陳最良，要他做女兒麗娘的老師，目的自然是傳播封建禮教。他對老師說：「《詩經》開首便是后妃之德，四個字兒順口，且是學生家傳，習《詩》吧。其餘書史盡有，則可惜她是個女兒。」言外之意，就是與甄氏的意見并無太大的不同，女孩兒家是不必多讀書的。杜麗娘在「閨塾」裏是怎樣鬥争的呢？她也請了一個幫手，那就是丫頭春香。腐儒陳最良要她讀《詩經》，開始教《關雎》，陳最良解釋做「后妃賢達」，恰巧就在這所教的書上引起了杜麗娘的情思。春香如此大膽地跟老師鬧，想來是得到杜麗娘的默契，否則春香是不會這樣放肆的。杜麗娘打春香，只是給老師面子；老師一走，杜麗娘立刻就問春香，「俺且問你，那花園在哪裏」了。這一仗是打得比較鮮明、比較熱鬧的。

第三個回合是「驚夢」、「慈戒」和「尋夢」。杜麗娘是一個爲青春和幸福與「禮教」堅決鬥争的、永生的女性典型。她聰明美麗，有一顆熾熱而温柔的、酷愛自己青春的心。她受着封建家教的摧殘。她不願戴這些精神上的枷鎖，她的青春活力將這些枷鎖燒毀了。她有强烈的生之要求，她要想獲得青年男女應享的權利。她一向囚禁在書齋裏跟腐儒陳最良學習，春香告訴她後花園好玩，她悄悄地去了，象被關在籠裏的金絲雀一旦飛出了籠，到了自由的天地，她不禁絶叫起來：「不到園林，怎知春色如許！」她又説：「良辰美景奈何天」，「錦屏人忒看的這韶光賤」，這血淚的控訴，説出了無數同一類型的少女的心情。她夢見了柳夢梅，一切的壓迫在夢中得到了解放。夢醒以後，壓迫又來了。母親一上場就説：「怪她裙衩上，花鳥綉雙雙。」連花和鳥也不許綉成一對，那當然只好「行不露裙，笑不露齒」了。她告誡女兒：「花園冷静，少去閑游。」這還不够，還要特地「慈戒」一番：「女孩兒只好香閨坐，拈花剪朵……去花園怎麽！」杜麗娘是否屈服了呢？不，恰恰就在母親告誡女兒不要到花園去以後，杜麗娘偏偏要違背母命，到花園裏去尋夢，這實是用具體的行動來反抗她的母親。這一仗就打得更爲勇敢了。

我們改編《牡丹亭》：這三次鬥争是必需多少按照原著表演出來的。由于杜寶「訓女」和「延師」的壓迫，才産生杜麗娘「閨塾」和「驚夢」的反抗；接着甄氏又用「慈戒」來壓迫，再産生杜麗娘「尋夢」的反抗。這種來回衝突極爲鮮明。如果把「訓女」和「延師」删去，那就是删去了杜寶的壓力；如果把「閨塾」删去，那就是删去了陳最良的壓力；如果把「慈戒」删去，那就是删去了甄氏的壓力。這四齣情節是必需加進去的，否則杜麗娘的反抗就失去了根據。

在演出上，或者有人會對「閨塾」懷疑，認爲這是一齣以春香爲主角的戲，也就是崑劇和京劇場所常演的《春香鬧學》，插在全本中，也許會喧賓奪主。我認爲這顧處是不必要的。以唱詞論，〔一江風〕本來是從「肅苑」齣搬過來的，春香當然不必唱這一曲；其他〔掉角兒〕三曲，分配得很匀浄，陳最良、春香和杜麗娘各唱一曲；就是〔引子〕和〔尾聲〕，三個角色（末、旦、貼）也都各有唱句，并没有什麽輕重之分。至于那些胡鬧的地方，都是後人加上去的，我們不妨照湯顯祖的原本演出。杜麗娘呆呆地坐着不動，那是導演處理的問題。倘若爲了省力，「閨塾」的杜麗娘不妨由另一人演。古典劇本來可以讓角色「前」「後」换人的。

其次，我同意英郁同志的看法，認爲演到「婚走」就可以結束了。《牡丹亭》的重點是在「婚走」以前，而不在「婚走」以後。江西南昌石淩鶴同志改編弋陽腔《牡丹亭》，演到「回生」就終止，是不妨加一場「婚走」的。演到「婚走」，已經完成了湯顯祖題詞中「愛情戰勝死」的愿望；既已結婚，也就是反抗了「父母之命，媒妁之言」的禮法；此下正式取得父母的追補同意，實在不是重要的了。

在「婚走」處剪下一刀，可能會失掉一些東西，例如：「硬拷」中那段柳夢梅所唱的好聽而又别具風味的〔折桂令〕是聽不到了，「索元」時四個孩子扮演報喜的人可愛的鏡頭也看不到了，甚至一般喜歡看「團圓」的人最後的熱鬧也看不到了。其實，這些都是枝節。倘若柳夢梅不中狀元，勢利的丈人還是不認他爲女婿的。即使不説柳夢梅同他的丈人妥協，最後一場的風格近于交代劇情，完全失去了抒情的風味，白多唱少，類似京戲，也是與以前抒情詩的風格不調和的。况且，「婚走」結束，正可以加多前面的戲，「閨塾」等場加進去就不成問題了。

《西廂記》在「長亭送别」處下剪刀，《玉簪記》在「秋江送别」處下剪刀，這是一夜演完的戲必需如此的。更重要的是，這樣做已經能表現原作者的精神或靈魂。

復次，有人認爲不能更動原著，我看也應斟酌情况作不同的處理。只要不違背湯顯祖原作的精神，部分的改動還是可以的。

較小的更動，如加上夢神，雖爲原本「驚夢」中所無，就有需要。由于没有布景，由夢神上場，説明杜麗娘在做夢，頭緒比較清楚。否則杜麗娘會見柳夢梅，究竟是夢是真，觀衆會要搞不清楚的。况且，夢神那樣子也很風趣，使人感覺可愛。不過，夢神説：「今有柳夢梅與杜麗娘有姻緣之分。」似乎有些定命論的意味，削弱了杜麗娘主動要求自由和反抗封建的精神。我覺得「有姻緣之分」不如改作「相會」兩字，就渾成了。

較大的更動，如「叫畫」，現在這樣的唱念，我認爲還是可以的。儘管馮夢龍、吕玉繩、臧晉叔等人竄改《牡丹亭》，毋須人民批準，倘若演出實踐上不能通過，他們改也是白改。馮夢龍把《牡丹亭》的「叫畫」改寫在《風流夢》裏，藝人們并不曾完全採納。下面可以較詳細地説明一下：

馮夢龍改本的開場就不曾採用，仍用湯顯祖原作。馮本開場用〔商調鳳凰閣〕作引：「客懷無那，且把丹青參破。」下面的説白和動作是：「（展開看介）嘖嘖，畫得好法相！」這一段就不及原作敍述得清晰，不及原作容易使人了解劇情。

馮夢龍接着把原作〔黄鶯兒〕和〔二郎神慢〕合并爲〔二郎神〕，這就被採用了。

這樣，比較簡潔，又能不失原意。第一句「能停妥」就用的是原句。第二句「這慈容只合在蓮花寶座」就是「他真身在補陀，咱海南人遇他，甚威光不上蓮花座」。第三句「爲甚梅柳雙株人一個」，却被藝人們改作「爲甚獨立亭亭在梅柳左」，就是原作的「畫的這傳停倭妥」。第四、五句「不栽紫竹，邊傍不放鸚哥」是從觀音佛像推想出來的，爲湯顯祖原作所無。第六句「則見兩瓣金蓮裙半裹」却被藝人們改作「只見兩瓣金蓮在裙下拖」，就是原作的「怎湘裙直下一對小凌波」。第七、八句「又（并）没有祥雲半朵，也非是嫦娥」就是「敢誰書館中吊下幅小嫦娥……怎影兒外没半朵祥雲托」。最後第九、十句「這畫蹺蹊，教人揣着心窩」，藝人們將末四字改作「揣着心窩」，就是原作的「向俺心頭摸」。從以上的校勘，可以知道兩點：第一，馮夢龍所改的句子基本上只是湯顯祖原作的照搬或意譯；第二，馮夢龍的〔二郎神〕第三、六、十句曾經後人再度修改，已非馮夢龍的原作。因此，可知這首集體創作的〔二郎神〕并不曾失去湯顯祖的原意。

接着，湯顯祖的〔鶯啼序〕、〔集賢賓〕以及〔黄鶯兒〕三曲，馮夢龍合并爲〔集賢賓〕一曲，這就牽涉到曲律問題。湯顯祖〔鶯啼序〕第一句「問丹青何處嬌娥」是三四，根據《曲譜》卷十一，這句是應該作四三的。〔集賢賓〕第五、六句「俺姓名兒，直麽費嫦娥定奪」也不好唱；第五句應該是平平去上，但「俺姓名兒」却是上去平平；因此鈕少雅的《格正還魂記》改作「俺（姓）名值麽，（恰恁地）嫦娥定奪」。湯顯祖的原作無法唱，這才改爲〔集賢賓〕的；在時間上也節省了許多。

在這以後，又用湯顯祖的原作了。只有〔簇御林〕的前三句用的是馮夢龍的改作，其他都是湯顯祖的原作。爲什麽後半不用馮夢龍的改作了呢？就因爲馮夢龍改作後半不及原作好。就拿〔尾聲〕來對比一下：湯作是「俺拾得個人兒先慶賀，敢柳和梅有些瓜葛。小姐小姐（今本作「美人吓」）則怕你有影無形看（盼）殺我」，寫得非常藴藉，適合柳夢梅的身份；馮夢龍改作是「把影兒拾得先私賀，小姐小姐，且與小書生醫治虚火，倒不如和我和我帶去圖中一樂呵」，這就把柳夢梅寫成一個急色兒，簡直是糟透了，當然人民是不會批准的。

由于以上仔細校勘，可知「叫畫」并不曾完全用馮夢龍的改作，開端和後面三曲（也就是「叫畫」的大部分）都是湯顯祖的原作。馮夢龍的改作只是兩曲零三句，其中還有後人改作的三句。因此，我們説「叫畫」仍舊保持了湯顯祖的原作及其精神，它是幾百年來藝人們結合演出的身段和唱腔用集體勞動來完成的藝術結晶。

（《戲曲筆談・讀湯顯祖劇隨筆》）

孟　超

談贛劇弋陽腔還魂記

凌鶴同志把湯顯祖的《還魂記》翻譯、改編爲整本大戲，江西省古典戲曲演出團把它譜入弋陽腔演出，這在戲劇活動中是值得重視的。因爲過去就我所知，如《春香鬧學》、《游園驚夢》、《拾畫叫畫》等，都是以折子戲出現在舞臺上，如今窮一晚的時間，一氣呵成，使人更加充分地得到了藝術的享受。但就翻譯、改編和演出上説，還存在不少值得商榷之處。

首先是關于翻譯、改編的問題。改編這樣的古典名劇，確實不太容易。過去臧晉叔從便于登場出發，對原本作了某些删削，因而遭到了截鶴續鳧之譏。馮夢龍從音律出發，對湯顯祖的「不顧捩盡天下人嗓子」的曲詞加以訂正，成爲《三會親風流夢》，但對原作的才情丰韻也不無減色之處。如今凌鶴同志爲便于觀衆理解，使其通俗化，這一動機，是完全可以肯定的。改譯本也確有不少妙筆，正如田漢同志所舉出的「尋夢」中〔懶畫眉〕一曲改譯爲〔下山虎〕中的詞句，就是既生動而又易懂的例子，其實好的地方尚不止此。但某些可以不改、因改動而致遜色的地方，也還不少。「雨絲風片」，我看并不難懂，改爲「柳絲花片」，就不如原作新穎清雋，而且更貼合春朝花期景物迷蒙的意境了。「訓女」一場，杜寶所唱〔點絳唇〕一曲「無兒道不孤，年老愧妻孥」，是出自原作「吾家杜甫，爲飄零老愧妻孥」。但看來却改得欠妥，因爲年老無兒，是應該可憐可嘆的，似乎并無愧對妻孥的必要。「尋夢」中〔下山虎〕曲内：「梳洗才完，薄敷粉面，昨夜不成眠，你教我茶飯如何下咽？」第三句也較原作〔月兒高〕曲中「睡起無滋味」欠含蓄些。其實這等地方又何必改呢？特别是「幽會」一場，杜麗娘到書齋之後，一連三個「俊書生」、「俊郎君」，也許如此便易懂了，但揆情度理，杜麗娘死後鬼魂雖已不受封建禮教的拘束，但畢竟還是大家閨秀，也似應在身份上給她稍留餘地爲妥。總的感覺是由于求其通俗易懂，而流于太淺太露，便對人物有所損傷了。至于最後「還魂」一場，在煞尾中，幾乎是現代新體詩，與前邊唱詞就更加不够協調了。

改編後，删掉許多冗場，集中成爲十場左右，這是完全必要的，因爲只有這樣，才能更加把主要人物、主要情節突出；不然，原作有五十五折之多，毛晉輯《六十種曲》本也有四十三齣，如果演全本，只能作爲連臺本戲來演，而且過場戲較多，影響了戲劇的效果，使人感到散漫。凌鶴同志予以剪裁，的確煞費苦心。可是這中間也還存在兩個重要問題。一是「幽會」一場，包括了原作「魂游」、「幽媾」、「歡撓」、「冥誓」四折中杜麗娘與柳夢梅二人的情節。這樣處理，固然簡明精煉的多了；但却使人感到二人的相晤缺乏曲折。原作「魂游」中〔水紅花〕一曲「賺花陰小犬吠春星，冷冥冥梨花春影」，以及「傷感煞荒徑，望掩映鬼青燈」這類的曲句，使麗娘鬼魂一登場就給人以幽冷之感，無怪乎原作眉批中認爲是「鬼徑仙筆」了。《六十種曲》所收碩園訂本，删去這些神來之句，可以説大煞風景；而凌鶴同志换字移詞之後，搬到舞臺上，整個一場戲，除了杜麗娘頭披一幅黑紗之外，就實在看不出符合魂游情景的氣氛了。這并不是我對鬼特别有興趣，而是因爲《還魂記》這一名劇，不只文采絶豔，情節動人，更重要的是赤裸地揭露了封建禮教對青年男女的殘酷無情，也歌頌了對于理想的自由生活的企望和頑强追求。這表現了湯顯祖的鬥争精神，表現了湯顯祖的浪漫主義精神是植根在生活基礎之上的。《還魂記》一劇突出地寫了夢、寫了幽魂，如果說湯顯祖是敢于做夢的人，我看同時也應該說他是敢于說鬼的人，「驚夢」、「尋夢」是前者之所寄，「魂游」「幽媾」則是後者之所托。在入骨的封建禮教壓抑之下，理想成爲夢幻，比夢幻還難實現；人生成爲鬼蜮，比鬼蜮還要陰暗；然而，作者不是消極的止于抑鬱，止于悲苦，而是孤憤填膺，借自己筆底下的杜麗娘、柳夢梅的行徑，揭示出雖在夢寐、雖成幽魂也必欲追求理想幸福的實現。這樣，「回生」、「圓駕」等折才有了積極的意義。所以說「驚夢」固非噩夢，而「魂游」也毫無恐怖陰森之感，更不能與宿命論、神權思想、輪迴之說相提并論。杜麗娘的鬼魂，實質是鬥争的生人的化身，然而她又是生人理想的精神世界中的所謂鬼魂，這是一個複雜的問題，除夢而外，抽掉或削弱這一部分的描繪，不但劇情簡單化了，而且也必然無法表現出湯顯祖反抗思想的深刻性。

另外一個重要的問題，就是改編本煞于「回生」而止，矛盾并没有得到解決。這一點田漢同志已經提出來了。固然在「回生」以後，散的場子較多，過場戲也不少，改編本這樣處理，比較精煉。但「鬧宴」「硬拷」，都是「回生」以後鬥争的繼續，我覺得發展到「圓駕」才是矛盾的真正解決。爲甚麽這樣說呢？從戲劇情節上說，矛盾的兩個方面，麗娘、夢梅與封建禮教的代表人物杜寶没有對面，矛盾衝突就不可能尖鋭地展開。從戲劇結構上說，原作中「幽媾」、「回生」等折顯然都不是高潮，因爲最尖鋭的鬥争是安排在「圓駕」一場的。我們看演出時感到戲有些嫌平，恐怕原因就在這裏。更重要的是，這樣處理，從封建禮教極端壓抑的必然性去考慮，亦未必是真實合理的結果。假如説通過幽媾、回生，杜麗娘與柳夢梅便能得到圓滿幸福的結果，那我們未免太天真了。因爲不管是在夢中還是成爲幽魂，只要冲破封建禮教的藩籬，就是叛逆行爲，你能回生，封建禮教的巴掌還會追逼而來。「鬧宴」中柳夢梅好意前來相投，却遭了遞解；「硬拷」中更給他一頓毒打；杜寶的心目中又何嘗承認他們二人的婚媾呢。而況對柳夢梅用桃條打，用長流水噴；把杜麗娘拉到堂堂金殿之上，對着秦鏡、對着日光，來尋究她的踪影。讓我牽强附會地説一句：在封建禮教暗霧重重的包圍中，對如此還魂、如此自由的婚配，是看做反常、看做妖異的。這矛盾衝突又如何能輕易解决呢？而愈到結尾，湯顯祖更加筆酣墨飽、感情恣肆地寫出了杜、柳二人頑强的鬥争。事情已經大白，陳最良勸柳夢梅：「認了丈人翁吧！」柳説：「則認的十地閻羅爲岳丈。」杜麗娘雖然也勸柳相認，但她每句詞都像刀刃一般的鋒利，經過幾番磨鍊，杜麗娘不再是「驚夢」中那樣無限憂鬱的人物了。湯顯祖在《還魂記》中，不僅抒發出對自由的深沉的渴望與追求，更不能自主地爆發了强烈、火辣的激情。田漢同志曾爲這劇的改編設計出：在「尋夢」中讓杜寶驚散，不許麗娘再到花園，這樣是比較細密的多了，但他倆的鬥争性恐怕還是難于尖鋭地表達出來。據我看：割愛了「圓駕」一場，删掉了「……拜拜拜，拜荆條曾下馬；扯扯扯，做太山倒了架；他他他，點黄錢聘了咱；俺俺俺，逗寒食吃了他茶；你你你，待求官報信把口皮喳；是是是，他開棺見槨湔除罷；爹爹爹，你可罵勾了咱這鬼也些」等句的詞意，就會使《還魂記》減掉了一半以上的份量，這點不知凌鶴同志以爲然否？

下邊再談談演出。這戲唱的方面，不僅曲調豐富，而且弋陽腔的幽揚、婉轉，的確使人有清新之感；主要演員如潘鳳霞等的恰合人物身份的動作，大段的度曲，都有可取之處。但就表演的動作性上看，又似乎有使人不够滿足之感。這并不是演員的藝術造詣不够，而是演出方法上存在着一個基本性的問題没有得到解决。中國戲曲表演有一個最大的特點就是虛擬的動作。這戲的演出，舞臺上的實景，并没有增加戲劇氣氛，相反的倒把意境破壞無餘。「驚夢」中「真實」的一陣花雨，使演員怎麼能從朦朧的夢思裏進入角色呢？我也曾看過俞振飛、白雲生二位的《拾畫叫畫》，他們都是把柳夢梅的心情有層次地通過動作而逐步地刻畫出來，使觀衆在空幻中感受到藝術的真實，而與演員一同進入美的境界，這不是極高的藝術魅力嗎？贛劇這場戲的演出，柳夢梅正在曼哦着「恰些春在柳梅邊」的詩句，輕聲地低喚着畫裏真真；而畫中人也在裊裊的香烟中恍惚地好似飄然欲下之際，忽然舞臺一暗，再明後，畫中人變成真人，在四圍的畫框裏摇動了一下，然後再暗、再明、再恢復畫景。這樣就使再有本領的演員，極豐富的虛擬的表演動作，也都無法施展了；而給予觀衆的感受，只是味同嚼蠟而已。我一向認爲中國戲曲採用實景，常常是會破壞了虛擬的動作，破壞了戲曲舞臺上的統一性，破壞了戲曲演出中藝術的真實性，而在《還魂記》中表現的愈加明顯，因爲這戲的原作者是從虛幻着筆的。

其次，最後在「還魂」一場中，一羣花神上場，載歌載舞，爲杜麗娘回生祝福，爲杜、柳二人的美滿成就祝福，于是幕布慢慢而下，使人更有喜劇的感覺而完場，導演的好意是可取的。然而這場戲和「驚夢」有所不同，據我體會「驚夢」中的花神，是作爲春的象徵而出現，以反襯出杜麗娘在封建禮教壓抑下的青春的苦悶，對他二人說來也含有護持之意的。這樣自然就增加了詩的意境了。可是在這場戲中，用來并不妥當。主要的問題，我看還是在于：按劇情的發展，開墓回生之後，觀衆正集中精力看他二人的悲喜交集，分嘗他們的無限歡情，這時候忽的一羣花神衝了上來，奪了他們的場子，搶了觀衆的視綫，戲到這裏也就簡單而又熱鬧地草草終場了，花神們也就成爲無數多餘的贅瘤了，更重要的是：如果結合着還魂以後矛盾是否已經解決的問題去研究戲的煞尾，那末，矛盾既未解決，而且新的葛藤，新的鬥争，更愈來愈緊，花神的上場，不是同樣的未免過于天真，就是會迷亂了杜、柳二人和觀衆們對于前途的認識，客觀上就使人懷疑花神的出現是爲了騙人，那花神們也就蒙受了不白之冤了。

此外，爲了讓觀衆比較完整的看到劇情的進展，作爲整本戲來演《還魂記》，是有意義的。可是正由于要演全本，劇情的進展就不能不急遽快速，因而從每個情節去看，也就難以發揮的細緻深刻了。這樣，我主張既有全本《還魂記》，可也别忽略了《春香鬧學》、《游園驚夢》、《拾畫叫畫》等折子戲的精雕細琢，而讓它們同時存在。當然如果能進一步地把「鬧學」、「冥判」、「硬拷」、「圓駕」等折，即使不補入全本，而作爲單折、連折戲而上演，我想從發揚湯顯祖《還魂記》的作用上看，這也是有意義的事。

儘管這戲有以上所説的可商榷之處，但我還認爲這是最近所看到的好戲之一。我愛原作，更珍重凌鶴同志和演出團體的藝術勞動，只是將不成熟的意見提出來，希望作爲進一步推敲、槌煉的參考而已。

（《戲劇報》一九五九年第十二期）

梅蘭芳

我的電影生活

小引

我是一個京劇演員，又是一個電影愛好者。四十年前我就是電影院的老顧客。我從無聲片看它發展到有聲片，從黑白片看它發展到彩色片，現在我又看它發展到寬銀幕和立體電影，四十年來科學技術的進步，是令人驚奇的。

我看電影，也受到電影表演藝術的影響，從而豐富了我的舞臺藝術。特別是面部表情，我覺得對我有啓發，因此，對拍電影也感到興趣。戲曲演員在舞臺上演出，永遠看不見自己的戲，這是一件憾事。只有從銀幕上才能看到自己的表演，而且可以看出自己的優點和缺點來進行自我批評和藝術上的自我欣賞。電影就好象一面特殊的鏡子，能够照見自己的活動面貌。

我記得三十年前，在北京，有一天到第一舞臺（這個戲園在西柳樹井，現在已經燒掉了）看戲，大軸是劉鴻聲先生新排初演的《打竇瑶》，倒第二是楊小樓先生的《挑滑車》，兩齣都是他們的拿手好戲。那天楊先生的《挑滑車》演得特別精采，觀衆感到意外滿足，使後邊的《打竇瑶》爲之減色。這是藝術上的競賽，凡是力争上游的演員，都有這種奮鬥的精神，對于促進和提高藝術質量有很大的好處。第二天我和楊先生在一處堂會裏同臺演出，在後臺見到他，我説：「昨天看您的《挑滑車》真過癮，比那一次都演得飽滿精采。」楊先生笑着説：「你們老説我的戲演得如何如何的好，可惜我自己看不見。要是能够拍幾部電影，讓我自己也過過癮，這多好呀！」從這件事可以看出演員是如何熱愛自己的藝術而渴望看到自己的表演，電影藝術恰恰能够解決這個問題。

《我的電影生活》是一種回憶録的性質，幾十年來，我雖然拍過不少次的電影，但其間經過抗日戰争八年的離亂遷徙，有些資料都已散失，想要具體細述是有困難的。現在只能就我個人記得的一些輪廓，以及朋友和伙伴們從追憶中的印象，隨筆寫下來。但時間、地點不可能全部準確，聊供關心戲曲與電影怎樣結合的讀者們參考而已。

初次拍《春香鬧學》與《天女散花》

我第一次拍電影是在一九二〇年。那年春末我帶了劇團到上海在天蟾舞臺演出。上海商務印書館協理李拔可先生和我熟識，有一天他約我到「小有天」（小有天是福建菜館，開設在三馬路）吃飯，席間李先生談起：「商務印書館的電影部，新近從美國置來了一部分電影器材。如果你有興趣，可以拍兩部戲玩玩。」我説：「拍電影我没有經驗，但是我想試試看！」在座的朋友都慫恿我拍影片，我也躍躍欲試。大家就商量拍什麽戲，有一位朋友主張拍《天女散花》，我自己提出拍《春香鬧學》。因爲這兩齣戲身段表情比較多，大家都認爲拍電影很相宜，就這樣説定了。

過了幾天，李拔可先生介紹了商務印書館電影部的人和我見面，初步交换了一些拍片的意見，約定先拍《春香鬧學》。

開拍時間是舊曆端陽節後的三、四天，拍攝地點在上海閘北寶山路商務印書館印刷所附設照相部的大玻璃棚内，面積不小，設備也還算完善。拍的是無聲片，并没有正式導演，由攝影師指出演員在鏡頭前面的活動範圍，至于表演部分，則由我們自己安排。

崑曲《春香鬧學》是明代湯顯祖先生所著《牡丹亭》傳奇中的一折，裏面一共三個角色，由李壽山扮陳最良（老師），姚玉芙扮杜麗娘（小姐），我扮春香（丫環）。服裝、化裝和舞臺上一樣，書房内景是用的舞臺布景的片子，道具如書桌、椅子等都是紅木製的實物。

春香的出場用了一個特寫鏡頭，我用一把折扇遮住臉，鏡頭慢慢拉開，扇子往下撤漸漸露出臉來，接着我做了一個頑皮的笑臉。那天有一個外國電影公司的朋友來參觀，看了這個鏡頭的拍攝，對這個鏡頭的表現方法和春香的面部表情都十分的欣賞。

這齣戲在舞臺上表演時，春香出場後要唱一支《一江風》牌子的曲子，曲文是：

小春香，一種在人奴上；畫閣裏，從嬌養。侍娘行，弄粉調朱，貼翠拈花，慣向妝臺傍。陪她理綉床，陪她理綉床；又隨她燒夜香。小苗條吃的是夫人杖。

這是春香所唱的主曲。連唱帶做，要透露出小女孩子天真爛漫的神氣。曲文的内容是春香自我介紹她在杜家的地位和日常生活的情况，這和有些角色上場後自報家門的獨白的性質相同。

在電影裏雖然無聲，但可以在影片上加印字幕。所以有些身段，還是需要做出來。例如用手指在手心上做出「弄粉調朱」的樣子，「貼翠拈花」手在兩鬢上按一下，「理綉床」用雙手做出攤床的身段，「燒夜香」是雙手合掌當胸微微蹲下身子，「夫人杖」用右手舉起腰間繫的汗巾，象徵着老人所用的拐杖，但時間比舞臺上就精簡多了。

下面與陳最良、杜麗娘同場的戲，春香在小姐與先生之間來回傳話，插科、打諢以及與先生作耍，被先生責打……等身段都是照舞臺演出一樣做的。

春香領了「出恭簽」去逛花園，在舞臺上是暗場，到了電影裏變成明場了。我在花園裏大逛而特逛，在草地上做了許多身段：打秋千、撲蝴蝶、拍紙球……等等，不過都很幼稚，因爲没有打過秋千，站到架子上去不敢摇蕩，倒也合乎小春香的年齡（戲詞有「花面丫頭十三四」句）。這幾個鏡頭是照相部借用蘇州河邊一座私人花園拍攝的。花園的建築是中國式，好象是一所祠堂的樣子，我記得春香領了「出恭簽」走出來的時候，感覺到書房的門十分高大，不甚相稱。花園裏一片平坦的大草坪，也是中國古代園林所没有的。花園牆外有洋房，洋樓的窗户裏還有人探出頭來看我們拍電影。當時有人說：「這可以說是古今中外薈萃的奇景。」最後，春香同杜麗娘又經過花園走回閨房，這齣戲就結束了。

拍完《春香鬧學》後接着拍《天女散花》。《天女散花》是我們根據宗教故事編寫的神話戲。劇情很簡單：維摩示疾，如來佛命菩薩、羅漢等前去問疾，又命天女到維摩家中散花，以驗結習（佛經語）。這個戲的服裝，我們是采取古畫上天女的形象設計的，當時稱爲「古裝」，和古典戲曲通用的服裝不同。舞蹈的特點是利用附着在身上的兩條風帶，做出有雕塑感的各種姿式，來象徵天女的凌空飄逸、御風而行的意境。這部戲也是在照相部的玻璃棚内拍的。用的布景和舞臺上差不多，是畫着雲山縹緲的背景片。

第一場戲衆香國（在舞臺上是第二場）。我扮天女，古裝髮髻（這是我創造這個角色時自己設計的，與傳統劇目裏的「大頭」不同）穿帔（帔是舊戲裏原有的服裝），帶了幾個仙女上場。仙女手裏拿着符節、掌扇、提燈、提爐……這裏天女應該唱一段慢板，没有什麽突出的身段，所以只用嘴做出唱的樣子，留出加印唱詞字幕的時間。接着，迦藍上來傳如來法旨，命天女到維摩居士那裏散花問疾，天女唤出花奴（花奴是姚玉芙扮的），叫她準備花籃，一同前往。

第二場戲「雲路」（在舞臺上是第四場）。這是全劇最主要的一個單人歌舞的場面。從唱詞内容産生身段，而身段又必須與唱腔的節奏密切結合。這場戲天女的扮相，脱了帔露出古裝，而附着在天女胸前的兩根綢帶成了配合歌舞的重要工具。它與一般的綫尾子、汗巾、飄帶……等附着物不同。因爲要突出使用它，所以綢帶的長度達到一丈七尺左右，寬一尺一、二寸，尾端幾尺如果不舞的時候，就拖在地上。綢帶的使用方法，在以往傳統神話戲《陳塘關》（即《哪吒鬧海》）裏是用二尺長的一根小棍挑起一根長綢來舞，名爲「耍龍筋」，我當年創作綢舞，是用雙手來舞，比之用小棍舞要困難得多，我下功夫練習了一個相當長的時期，才敢和觀衆見面，又在舞臺上演了許多次，才達到比較純熟的階段，到拍電影時，我已經演了三年了。

這一場的唱詞内容是描寫天女離開了衆香國到毗耶離城去時沿途所看到的景物。唱的是［西皮倒板］、［慢板］、［二六］、［流水］、［散板］。唱腔是由慢而快，身段和綢帶舞也是由慢而快，目的在于造成一種象徵着在雲端裏風馳電掣的氣氛。在舞臺上是受到觀衆歡迎的場子，到了電影裏，雖然有形無聲，也是最能吸引觀衆的一段。我把這段的唱詞和表演寫在下面，就可以看出唱做的繁重了。

［倒板］祥雲冉冉婆羅天，

［慢板］離却了衆香國遍歷大千；

諸世界好一似輕烟過眼，

一霎時來到了畢鉢巖前。

這一段唱腔和動作在舞臺上是非常緩慢的，電影裏只是精簡了唱腔的時間。像「遍歷大千」、「輕烟過眼」都要用綢帶來表現，「畢鉢巖前」就是把帶子從雙肩上往後一扔，兩根帶子飄到背後，正面做出象徵着高巖的亮相。

［二六］雲外的須彌山色空四現。

這句要把帶子從上往下耍出「螺旋」紋的花樣，然後再翻起來舞出「回文」、「波浪」紋的花樣。

畢鉢巖下覺岸無邊。

這句的身段與前面「畢鉢巖前」的身段是左右對照着做的，巖前的亮相在右邊，巖下是左邊，而且要做出往下看的樣子，爲的是避免雷同。

大鵬負日把神翅展。

把綢帶掄出兩個象「車輪」似的花樣，雙飛在身旁，做出大鵬展翅的形象。

迦陵仙鳥舞翩翻。

把帶子從前面由裏往外直着掄上去，翻下來要出一個接一個的「波浪」紋來象徵許多小鳥飛翔的樣子。

八部天龍金光閃。

把綢帶要出大圓花，身子在綢帶的圍繞中，使用武戲的身段「鷂子翻身」，然後把兩條帶子合而爲一，要用巧勁使帶子的末端横着飄在空中、斜墜下來，好像一條長龍。

又見那入海蛟螭在那浪中潛。

這裏把帶子舞出兩個「螺旋」紋，跟着使一個「卧魚」的身段。

閻浮提界蒼茫現。

在頭上要兩個相對的「回文」紋，表示出佛光普照的意思。

青山一發普陀巖。

兩手拿着帶子往前一指，再往上一翻，是居高遠眺的姿勢。

（流水）觀世音滿月面珠開妙相。

雙手合十蹲身，做出觀音坐蓮臺的樣子。

有善才和龍女站立兩廂。

用左右「金鷄獨立」的身段來象徵善才、龍女的形象，同時還做出龍女在觀音旁邊抱瓶侍立的亮相。

菩提樹檜匐花千枝掩映。

帶子舞出「回文」紋又變作「波浪」紋落下來。

白鸚鵡與仙鳥在靈巖山下，上下飛翔。

做出左右「跨虎」的身段來表現飛翔（「跨虎」是武戲裏的身段）。

緑柳枝灑甘露三千界上。

兩根帶子合并爲一條，要出「車輪」紋，在頭頂上用手指比劃出一個「三」字。

好似我散天花紛落十方。

雙帶仍然合一，要出「回文」紋用食指往遠處一指。

滿眼中清妙景靈光萬丈。

雙手從裏往外翻，帶子飄在地上。

催祥雲駕瑞彩速赴佛場。

這是最末一句，在舞臺上從「場」字起走圓場，兩根帶子在身後飄蕩起來，好象御風而行的樣子，走到下場門使一個「鷂子翻身」，跟着雙手把帶子從左往右邊掄出一串「套環」紋，兩手合掌當胸，不等帶子落下，人先蹲下去，這時候，兩根帶子，仍舊保持着舞起來的「套環」紋樣式，横亘在空中，飄在身子右側前面，緩緩落下，如同兩條「長虹」一般（見劇照）。這個身段比較難做，全靠兩腕及腰腿的勁頭一致，才能得心應手。在電影裏基本上是按照舞臺的要求做的。

這場戲，在舞臺上連唱帶做，占的時間很長，相當費勁。到了電影裏，雖然時間縮短了許多，但在「二六」和「流水」裏，嘴裏必須哼着唱腔，控制節奏，因爲京劇的動作是需要配合音樂來做的，因此也并不省力。同時電影是平面的不能完全照立體的舞臺部位來做身段，我們事先雖然試了好幾遍，到正式拍攝時還不免臨時發生問題，不是焦點不對就是跑出了框，攝影師説：「這個鏡頭不合要求。」就只能聽他的話重拍。

第三場戲散花（舞臺上是第六場）。這一場後邊搭着雲臺，裝置和舞臺上差不多，維摩先已坐在禪榻上（維摩是李壽山扮的），文殊菩薩帶了衆羅漢前來問疾，在彼此談道時，拉開幃幕，天女隱隱出現在雲臺上，作拈花微笑的姿態，下面花奴捧着花籃，配合着天女一起散花，兩個人做出各種對稱的舞蹈姿勢，最後，天女接過花籃，散出大把花片，就結束了這齣戲。（花片是用五色紙剪成的。不象真的花瓣那樣含有水份，份量很輕，能飄蕩起來，形成寬闊的舞臺空間的感覺。）

《鬧學》分爲上下二本，《散花》一本。拍攝的技術是比較差的，鏡頭大半用全景、遠景，很少用近景。那時剛開始用炭精燈光拍攝，尚未掌握技術，片上時有模糊暗淡的景象，唱詞對白都用字幕接入，布景用的都是軟片，「雲路」一場，叠印了天上雲彩，象徵着天女御風騰雲的意境，在當時已經算是特技了。

這兩部片子拍成後，我就回到北京。第二年（一九二一年）的秋天，我接到上海的朋友來信説：九月二十五日他在上海海寧路新愛倫電影院看到《春香鬧學》的影片兩本，前面還有《兩難》二本，《兩難》也是商務出的片子。

同年冬天，又接到另一位朋友從上海來信説：十一月中旬在西門方板橋共和電影院看到《天女散花》一本和《柴房》五本（也是商務出品）一同放映。在那年的冬天，我們在北京的真光電影院也先後看到《鬧學》和《散花》的影片，也都是配搭着别的片子同時放映的。以後，我又見到李拔可先生，他對我説：《鬧學》、《散花》這兩部片子在上海、北京上映後，還到全國各大城市演出，受到觀衆的歡迎，一直發行到海外南洋各埠，也很受僑胞的歡迎，商務印書館因此擴大了攝制電影的範圍，將原隸屬于照相部的電影製作部門，擴建爲獨立的電影部。從這裏可以看出，雖然這兩部片子在電影攝製的技術方面是啓蒙時期，更談不到古典戲曲的表演藝術如何與電影藝術相結合，但在促進中國電影事業方面，商務印書館也多少起了推動的作用。

最近我寫信給楊小仲先生，向他打聽《鬧學》、《散花》這兩部影片的下落，想再看一看。他的復信説：「一九三二年『一·二八』中日戰役中，商務印書館印刷所被日本飛機投彈炸爲平地，庫存影片全部被毁，您最早所拍的兩部影片，也同歸于盡了。」

（《戲劇報》一九六一年第四期）

《遊園驚夢》從舞臺到銀幕

一九五九年春，夏衍同志和我談起：《游園驚夢》是《牡丹亭》中精彩的折子，如果振飛和我合拍一部彩色電影片，是能够表達湯顯祖筆下精心塑造的杜麗娘、柳夢梅這兩個人物的。我聽了表示同意。我知道近年來，我國對于彩色片的攝製工作，有很大的進步，所以也躍躍欲試。

首都文藝界歡度了建國十周年的國慶節日後，北京電影製片廠在十一月上旬的一天，約我與上海戲曲學校校長俞振飛、副校長言慧珠到西長安街全聚德聚餐，北影的廠長汪洋首先説明了在年内拍攝《游園驚夢》的計劃，約我扮演杜麗娘，振飛扮演柳夢梅，慧珠扮演春香，并向我們介紹了導演許珂、攝影師聶晶、美工師秦威、製片主任胡其明等見面。我對大家談到一九五五年在北影拍過舞臺彩色戲曲片。一幌又是四年，在舞臺上演戲還不致顯出老態，但電影就恐怕難以藏拙。汪洋笑着説：「我們這幾年對拍攝彩色戲曲片的化装及洗印的技術大有進步，這次一定能够使你滿意。」他指着一位青年化装師孫鴻魁説：「你要負起責任，把梅先生的化装搞好。要保證出現在銀幕上的梅蘭芳比舞臺上更美，更年輕。」孫鴻魁也笑着回答：「我一定盡力而爲。」

我聽他們這樣講，心裏在盤算，過去幾次拍電影，都由我自己化装，電影廠的化装師從旁指點協助，始終没有達到理想的程度。這次應該改變方針，由電影廠的化装師全權主持，我們提出要求和意見，這樣可能比過去好一些。振飛在席間提出牙齒需要拔補鑲装，否則兩腮顯得凹進去，有損柳夢梅的青春形象。北影方面的同志答應給他找牙科治牙，儘快在開拍前鑲好。那天還談了些關于劇本、音樂、布景……問題，盡歡而散。

一九五九年十一月十三日下午二時，我和俞振飛、言慧珠、朱傳茗、姚玉芙、李春林、許姬傳、許源來、朱季黄等，先後到北影廠長辦公室參加《游園驚夢》攝製組的成立會。藝術指導崔嵬給我們介紹了北影方面的工作同志，隨後大家都熱烈發言，表示對攝製工作要做到保質保量、盡善盡美。

導演許珂和我們漫談電影分鏡頭劇本的意圖，這次他打算用故事片的手法來拍攝古典的《游園驚夢》，儘量保存舞臺上的優美表演。因此在分鏡頭劇本裏規定了閨房、庭院、花園、小橋畔、牡丹亭畔等幾堂景。我説：關于布景的問題，等圖樣畫出來，大家看了再商量。

導演又談到：國慶節日裏在民族文化宫禮堂看過我與俞、言合演的《游園驚夢》。昆曲的規矩在歌唱進行中是没有間斷的，在電影裏他打算插入一些音樂過門，使身段、臺步更適合寫實的布景。我説：「可以作這樣嘗試，而且電影藝術與戲曲藝術如何結合是需要大膽地作一些創造性的新探索的。至于音樂的設計，最好請振飛同志來主持。」振飛説：「這件事我們已經討論過，原則是過門的曲調儘量與唱腔能够融洽銜接，有時也可以把唱腔重複一句。」許珂説：「我們明天請朱傳茗同志到廠裏來研究分鏡頭劇本，從頭到尾把全部身段做一遍看，然後再計算時間研究安排音樂過門。」

第一次試裝，在北影製片廠由孫鴻魁替我化裝。舞臺化裝先洗臉，現在是用油把臉擦一擦就上彩，赭石和粉現調，用細海綿往臉上塗，再上胭脂和粉，畫眉、眼用墨油彩，畫嘴唇現調胭脂。以後貼片子、梳大頭、戴花等，還是由梅劇團舞臺工作組的同志動手。我們坐汽車到電影學院棚内試拍。振飛、慧珠比我先到，均已拍過。我穿了粉色、湖色、灰藍色褶子。雪青、淡青、藕合色的帔和大紅綉花斗篷，拍了幾個鏡頭；與振飛、慧珠合拍的鏡頭，是試驗彼此所穿服裝是否調和，有無「靠色」的地方（舞臺術語：靠色指的是同場角色所穿的服裝顔色相近）。我還拍了一個鏡中影的鏡頭。崔嵬說：「貼片子、梳大頭的化裝不宜太接近自然。」姬傳、季黄覺得我臉上面的眉毛似乎太細，眉眼之間的紅彩宜稍重一點。我就在兩頰和眼圈外加重紅彩拍了兩個鏡頭。

今天在北影化裝時，邯鄲專區戲曲學校豫劇班的幾位小朋友來看我，我看到他們臉上抹了彩，就問他們拍什麽戲。小穆桂英胡小鳳對我說：「我們正在拍《穆桂英挂帥》。」我說：「我看過你們這齣戲，拍成電影一定受歡迎。」他們也問我拍什麽戲，我告訴他們拍《游園驚夢》。我說：「你們小孩子扮中年的穆桂英和楊宗保，我是老頭兒了，扮年輕的杜麗娘，兩下對照，倒也很有意思。」説得他們都笑了。他們還告訴我：他們八月間曾到北戴河演出，郭老（沫若）看完戲，誇奬他們演得好，并且替他們豫劇班起了個名字叫「東風劇團」，現在拍電影就用這個名字。這些小朋友都很聰明，很熱情。想到戲曲藝術將來後繼有人，我真是感到欣慰。過了些日子，幾個小朋友又親自給我送來梨和花生，告訴我他們拍完《穆桂英挂帥》影片後，曾到各處上山下鄉，巡迴演出，這些東西是他們在人民公社演出時，農民伯伯送給他們吃的。他們特意挑大的梨，花生也一顆顆挑大的留下來送給我。我聽了很感動。我問他們來京是否演出，他們說：有兩個小朋友嗓子不好，領導上讓他們到北京來治療。因爲讀了我寫的《梅蘭芳戲劇散論》裏面有一篇《怎樣保護嗓子》的文章，所以特來請教。我于是詳細問及他們嗓子的情況。他們告訴我說：有的是發音時嘶啞，有的是高音唱不上去。我說：吃藥只能幫助恢復，主要是依靠休息。演員的生活，勞逸要安排得適當，我那篇文章裏都已談過。其實那些道理，大家都知道的，并没有什麽秘訣，不過演員在卸裝後，一身大汗，往往喜歡當風吹一下，或者口乾舌燥時吃些涼東西，就立竿見影地影響嗓子。我一生也犯過好幾次這樣的毛病，這必須時時提高警惕，養成一種懸崖勒馬的忍耐習慣。另外在疲勞時總想吃點刺激性的東西，烟酒兩樣對嗓子是没有好處的，你們還没有這種習慣，最好别沾上。用嗓子的人應當象保護自己的生命那樣保護自己的嗓子。他們聽了，誠懇地向我道謝而去。

試拍後不久，我看到樣片，覺得臉上的彩太淺，痣也明顯，眉畫得太細，并有高低；服裝淺色不好，藍灰、雪青等色感光好，紅色感光顯得淡，但底片色彩比較柔和自然。導演説：這種底片是蘇聯出品，用烏絲燈就可以拍攝。我記得一九五五年拍《梅蘭芳的舞臺藝術》片時，調度炭精燈光，最費時間，現在改用烏絲燈，這方面的困難可以大大減少。

接着再度試拍，化裝及插戴作了調整，并向慧珠借穿素紅、玫瑰紫花斗篷。拍過鏡頭後，導演認爲綢子包頭，不如用紗來得綽約多姿，所以改用洛神的粉色、湖色的披紗包頭，又各試拍了一個鏡頭。看第二次樣片時，感到化裝方面大有進步，痣平了，紅彩加重後顯得厚實了，頭面插戴減少後，看起來也比第一次好。斗篷以素紅較爲古雅，有畫中人的感覺，玫瑰紫花斗篷不理想，粉紅、湖色的包頭紗都不錯，但要配合斗篷的顔色作決定。孫鴻魁同志約我明天到北影，準備給我做一個面部模型，以便根據這個模型來進行塑形化裝的嘗試。

我與玉芙、季黄、姬傳到北影一間專爲塑形化裝而設的屋子裏。孫鴻魁讓我坐在一張寫字椅上，胸前圍一幅白綢的單子，孫給我臉上先抹油，鼻中插入橡皮通氣管，然後將石膏粉倒入鉢内，用手調和敷塗面部。玉芙説：「塗上去恐怕不好受。」孫接口説：「現在鼻管可以通氣，已經比較舒服了，前幾年初做試驗，石膏塗滿面部，呼吸困難，有一位同志不到一分鐘就憋得受不了，把臉上塗的石膏剥下來往地下亂摔。以後大家鑽研，又學習了蘇聯的先進經驗，才找到了竅門。」五分鐘後，孫就來給我揭面模。朱季黄説：「這時最要小心，我們故宫博物院複製的銅器如『虢季子盤』……就用石膏翻砂，與真器無異；但有時石膏塗得不够厚，揭時就會破損。」孫揭下石膏模型給我看，果然完整清晰。做模時，恐怕頭部移動，有一位女同志扶住我的頭，我感到不安，就對孫建議做幾張理髮椅子。他説：「已經定做，等裝起來就便當多了。」

有一天，劇裝廠的孫同志到我家來斟酌服裝的圖案、顔色。他取出斗篷上玉蘭花的花樣徵求我的意見，我説：「早年舞臺上綉大花樣的斗篷，大半是武旦穿的，閨門旦一般都穿純色斗篷，如大紅、銀紅、玫瑰紫……這對用色彩、圖案來表現劇中人的性格身份是有一定道理的。我近年常穿的一件綉大花的斗篷，目的是爲《别姬》中的虞姬做的，虞姬這個角色，很難歸入旦角中哪一類型，但有舞劍場面，裏面還穿着魚鱗甲，又身在軍營中，因此穿這件斗篷是合適的。這次拍《游園驚夢》，我不打算用大花樣的斗篷。那天試拍樣片，覺得素紅的比較適合杜麗娘的性格，你看如何？」孫説：「照您的意思，改做素紅斗篷加綉花邊，領下一圈花邊稍稍溢出些就可以了。」我同意這個做法。又看帔和褶子的圖案，決定從我自己的行頭中挑選花樣複綉，因爲這些是經過舞臺上的不斷實踐，在羣衆面前考驗過的。

導演、美工把畫好的閨房、花園、牡丹亭畔等幾堂景的樣本拿來與我們研究商榷。我説：「湯顯祖在《游園驚夢》裏對人物、景致的描寫是費盡深心的，我們在色彩構圖方面就要考慮到如何來表達這種含蓄、淡雅的詩情畫意。那麽，游園時的『畫廊金粉半零星，池館蒼苔一片青』，與夢中的『好景豔陽天，萬紫千紅盡開遍』，就需要對照，才能表現出現實環境與理想境界的區别。」許珂説：「我們儘量設法體現原作的精神。游園的曲文裏雖然有些衰颯的描寫，但也要照顧到它是春景，而彩色片對色彩的表現，與繪畫的表現方法也還有不同之處，因此像『……斷井頽垣』這句曲文就未便如實地表現出來。」我同意他的看法。

振飛説：「『遍青山啼紅了杜鵑』，究竟是遠景還是園内之景？」有人認爲：「青山」這個名詞在元、明、清的文人筆下是靈活運用的，要看他描寫的風景是山野中，還是庭園裏，才能決定指的是真山還是假山。我覺得：明、清以來，堆假山成爲園林結構中重要一環。清初的李笠翁、張漣、石濤和尚、戈裕長……就是精通畫理和美學的堆石名家。像蘇州的「獅子林」、「耕蔭山莊」，北京的「暢春園」、「瀛台」、「玉泉」……就都出自名手的匠心布置堆壘，有的迂迴曲折，小中見大；有的氣象開闊，峯巒競秀。由此可見，游園裏指的應該是青苔緑草的假山。但拍攝電影却不能因爲一句臺詞牽動布景的全局。最後大家主張身段虛指一下，布景不作具體設置。

十一月二十八日，全體演員、樂隊都到演員劇團彩排録音。先排《驚夢》的夢會一場，柳夢梅初見杜麗娘時的念白，有音樂陪襯，我認爲聲音太響，影響念白。許珂説：現在是試地位與音樂的速度，作爲正式録音的根據；正式録音時，唱與音樂是兩個話筒，高低輕重均可控制，并須作細緻的審核工作。在電影裏如不用音樂陪襯，則顯得單調。

在舞臺上，柳夢梅唱完〔山桃紅〕末一句：「……我欲去還留戀，相看儼然，早難道好處相逢無一言。」原場把杜麗娘送入閨房，坐到桌子後面正擺的椅子上（舞臺術語稱爲「内場椅」）。下面柳夢梅的念白和下場詩都是在「大邊」念的（舞臺術語，靠下場門叫「大邊」，靠上場門叫「小邊」）。我們在試排時，崔嵬提了個意見：「電影裏，柳夢梅不送杜麗娘回房，唱〔山桃紅〕時就把她扶到石桌旁邊的石凳上坐下來。柳夢梅的念白：『啊，姐姐，你身子乏了，將息片時，小生去也。』可以改到『小邊』杜麗娘身旁念，念完再走到『大邊』念詩下場，這樣處理可能更親切、緊凑些。」振飛即照他的意思試做一遍，果然順適。

接着排《游園》，我覺得鏡頭比較複雜，出房進房、進園出園均用音樂配合，有時音樂停下來，未能恰當。我向樂隊建議，我們是根據音樂速度走位置的，應有固定的段落，否則不好聽。主持配曲的同志們表示還需要繼續加工。我覺得《驚夢》的曲子没有過門切斷，比較整齊，容易貫串情緒，將來拍攝時較爲省事；《游園》則需要導演、演員、樂隊作更多的協作創造，才能適應電影的要求。

三十日晚飯後，到演員劇團正式録音，録音師吕憲昌和他的助手已經做好了必要的準備工作。我和慧珠同録《游園》裏〔步步嬌〕一支曲子。這間寬廣的録音室内用兩個話筒，一個對着演員，一個對着樂隊，雖然距離不近，但彼此都聽得見、看得見。回憶五年前録音時，我在臨時搭的木屋内，樂隊在外面，彼此只能用耳機聯繫，比較起來現在就有了很大的進步。一九五五年曾經替我録過音的王紹曾同志剛好到録音室來看我們録音，他告訴我，吕憲昌從蘇聯學習回來，這種録音方法是最新的。開始録音的時候，録音師指定慧珠站的地方比我前一步。試音時，我覺得嗓音太寬，杜麗娘是閨門旦，嗓音寬就會減弱少女的感覺，所以竭力收斂控制我的音量。録完放出來聽，許珂主張掉换地位，我挪前一步，慧珠退後一步。他認爲這段曲文是描寫杜麗娘的閑適心情和晨妝生活，應當突出我的嗓音。〔步步嬌〕共録三次，吕憲昌認爲第三次可以保留。我的嗓音初唱時頗覺悶澀，這時已漸唱開，正擬續録〔皂羅袍〕，時已午夜十二時，樂隊和工作人員已經工作了七小時，需要進食，就都到新街口食堂。我和慧珠没有去，怕吃飽了影響嗓子。半小時後，我覺得腹中轆轆，就要找點東西吃，因爲這次所用話筒，非常靈敏，如果肚裏咕嚕作響，也能收進去。有一位值班的同志正在吃餅乾，我向他索取幾片點饑。大家回來後開始録〔皂羅袍〕，我的嗓音因這一停頓，没有前一段光潤了。導演説：「今天累了，明日再録吧！」

十二月一日，到演員劇團，與慧珠排〔步步嬌〕、〔醉扶歸〕、〔皂羅袍〕幾支曲子的身段，舞臺上是邊唱邊念邊做，一氣呵成，電影用了比較寫實的景，就要求更具體細緻些，所以只能切斷加音樂。在録音室裏所走的臺步，必須符合布景的尺寸，因此不易掌握。我向樂隊建議，在春香夾白之前加一擊小鑼，作記號，他們同意。

我與振飛同録〔山桃紅〕，這是柳夢梅的主曲，杜麗娘只有幾句合唱。第一次振飛唱的尺寸慢了些。朱傳茗説：「將來拍攝時，身段是跟着唱腔節奏做的，唱慢了就會顯得鬆，再録時尺寸要緊些。」我説：「我録〔皂羅袍〕時，也有這種情形，後來一邊唱，一邊心裏做身段，量尺寸，這樣節奏比較緊凑。演員在舞臺上生活久了，就怕録音和清唱，邊唱邊做，節奏準確靈活，站着不動就顯得呆板拘束。」振飛説：「我再録時吸取你們的經驗試試看。」我們再録第二次時，果然尺寸合適了。但振飛的嗓子發毛，只好暫停，明天補録。

重録〔皂羅袍〕兩次，我們覺得還可以，但録音師不滿意，提出兩點：一，慧珠有一句念白的音太弱；二，「聽生生燕語鳴如翦」的鳥聲，樂隊的顧兆祺吹得太低，效果不强。接録第三次，慧珠的念白提高了調門，顧兆祺把玻璃鳥的水灌足了，站起來對着話筒使勁吹，效果就比以前好了。最後録《游園》的〔隔尾〕（曲終時最後一支曲子稱作〔尾聲〕，這裏中途作小結故名〔隔尾〕），我感覺嗓子起痰，向導演要求停録，録音師也認爲勉强録下去徒耗精力，不會符合標準。

以後幾天，因振飛患咳嗽服中藥調理，未參加録音，我録了《游園驚夢》的前後各段。着重在考訂檢查每一個字的出字收音、行腔换氣如何掌握最正確的口形和開齊撮合的技巧，下决心做到字清、腔純、板正。我認爲唱、做、念、打，唱居首位，所以老輩説過唱曲要唱出曲情，這句話的意思就是今天我們要求的刻劃人物性格，表達思想感情。這裏面還必須鑽透劇本涵意，假使有一個字不能解釋，唱到那裏就是一個問號，所以，我還抓工夫和幾個有舊文學修養的朋友們逐字推敲，反復辯證，有些多少年來含糊過去的問題，這次也找到了答案。以前我在理解曲文、鑽研唱法方面雖然也不斷下過工夫，但限于當時的思想水平，未能全面鑽透，近年來經過學習，才知道遇事必須深追到底，才能水落石出，暢通無阻。因此，這次拍攝《游園驚夢》，對我來説是一次很好的學習、整理。

録了出場時所唱〔遶地游〕和念白後，我感到有幾個字念得不够準，就與振飛、傳茗、源來等研究，他們指出了「夢回鶯囀」的「囀」字，「人立小庭深院」的「院」字，以及「曉來望斷梅關」的「關」字。我知道病在口敞，像「囀」字屬于中州韻的「天田」，唱時應收「舐腭」音，并且口形要「扁」，「囀」字的「擻」腔，是杜麗娘對黄鶯鳴叫的反映，必須唱得幽静靈活，「做腔」圓轉，「落音」從容，才能表達杜麗娘「曉來望斷梅關，宿妝殘」的閑適心情。我又想到前人對度曲的口訣中有「字宜重，腔宜輕，字宜剛，腔宜柔」，而我的嗓音比較寬，既要注意收斂，又須達到輕圓飄逸的要求。道裏還涉及用氣的問題，發音清濁的問題，我仔細琢磨、反復哼練，直到大家認爲可以了纔重録。

杜麗娘唱〔山坡羊〕之前的一段念白是帶有含蓄意味的有韻律的詩歌：「默地游春轉，小試宜春面，春哪春，得和你兩流連，春去如何遣，恁般天氣好困人也。」作者在這裏着力抒寫了這位女詩人的幽深情緒，我在録音時，特别注意這段念白的節奏和感情，録了幾次才稱意。

〔山坡羊〕録了兩次，我自己覺得還可以，導演説樂隊方面簫和笛子接得太硬，要求再録；許源來認爲：「没亂裏」的「亂」字，「懷人幽怨」的「怨」字，口形太敞，不够準確。姚玉芙説：「唱慣皮簧的演員，口形總是偏敞，唱昆曲時就要注意收斂。」我感到「怨、亂」二字與「囀、院」的韻轍相通，所以也犯了上述的毛病。這裏杜麗娘倦游歸來，對着摇漾如綫的春光，才發出「懷人幽怨」的情緒，而〔山坡羊〕又是抒情的曲調，使我體會到「小口曲，腔要細膩，字要清真，南曲腔多調緩，須于静處見長……」的口訣。我在這方面用心揣摩，不僅校正口形，在唱出曲情上也有所加工。

末一場，杜麗娘送母親下場後的念白：「……不知哪一種書才消得我悶懷喲！」上海戲校的笛師許伯遒説：「『消』字是陰平聲，應當拉長些，這樣也更能表達杜麗娘的嬌慵意態。」我接受了他的意見。

振飛嗓音恢復後到演員劇團試音那一天，録音師把前後所録的〔遶地游〕、〔步步嬌〕、〔醉扶歸〕、〔皂羅袍〕、〔好姐姐〕、〔隔尾〕、〔山坡羊〕、〔綿搭絮〕、〔尾聲〕，全部放出來審查，大家都還滿意，只有〔遶地游〕、〔隔尾〕、〔尾聲〕這三節雖然能用，但有人認爲這幾段唱念的尺寸不够緊湊，尤其是春香的唱念，應該比杜麗娘快些。姚玉芙説：「開門炮和收場都重要，明天梅、俞二位録〔山桃紅〕時應該考慮重録這三節。」

這三節前後録的次數最多，老出岔子，内行稱爲「鬧鬼」。有一次我因爲陪外賓吃烤鴨、喝酒、喝釅茶，影響嗓子的清潤；也有時是因爲過門中伴奏樂器發生問題；有幾次又正巧遇上火車經過，録進了雜音；還有是杜麗娘、春香合收〔隔尾〕時，「遣」字出口略有前後。總的來説，録音師、導演固然要求嚴格，演員、樂隊也很認真，哪怕很小的問題，都不肯輕輕放過的。

録音的最後一天，我先與振飛同録〔山桃紅〕，大家嗓音都好，連録兩次都有保留價值。又補録這齣戲的頭腹尾三段——〔遶地游〕、〔隔尾〕、〔尾聲〕，也相當順利。我感到嗓音雖經控制，似乎還嫌寬，就與吕憲昌商量有無辦法調節。他説可以調節，接着又從頭放了一遍，發音果然細一點了。據他表示還能作更精密的調節，科學力量確是能幫助我們解決過去所不能解決的問題的。

十二月七日是進入拍攝階段的第一天，孫鴻魁陪我到廠長辦公室化裝。用塑形法，先把塑料做成的薄片，貼在我的鼻間，正好擋住了痣，接着在眼窩及額上都貼了塑料片和塗抹乳膠，外面又塗另一種膠。我問：「這種膠是否特製？」孫説：「是非洲産品，不易購買，這一小瓶是蘇聯專家送給我的，乳膠怕油，所以貼牢後必須塗一層隔離性的膏脂再上油彩。」

劇裝廠送來褶子、裙子，我覺得褶子顔色太深，水袖和裙子近乎粉紅色，不甚滿意，仍把舊的行頭帶到棚内。進棚後，感到氣氛熱烈，攝製組全體同志都寫了大字報貼滿牆上，向黨保證拍好這部片子。還建立了「青年監督崗」，用牆報指出工作中的優點和缺點。電影局副局長蔡楚生陪着上海電影製片廠參觀團桑弧、吴蔚雲、舒適等來棚參觀。

我先穿新做的褶子、裙子和振飛合拍一個鏡頭，又换了灰藍色舊褶子與慧珠合拍了鏡頭。今天仍是試裝性質，我覺得面部肌肉的活動似乎受到限制，就對製片主任説：「今天的片子洗出後，最好與前兩次的様片一同放映，比較一下。」

幾天後到北影放映室看一、二、三次試裝的様片，北影的領導幹部、攝製組有關方面的人員都參加了審片的工作。看來一、二次都不錯，第三次大家認爲面部失之呆板。姚玉芙贊成第一次，因未黏睫毛，接近舞臺化裝。但大多數人以爲第二次較好，所以最後還是决定以第二次爲基礎進行加工。我覺得頭面插戴倒是第三次較好，美工秦威主張鬢邊不戴紅花，露髮處多適宜于電影的裝飾。服裝的顔色，新做的比舊的合適，與我那天的估計相反，我只提出水袖應改米色。

三次試裝的經驗，第一次是不足，例如眉、眼的畫法，敷彩深淺等；第二次糾正了上述缺點，還隱秘了面部的痣，推進了一大步；第三次是致力于彌補面部的缺陷。造成矯揉造作的現象，一來失真，二來面部肌肉綳緊，無法活動。杜麗娘的化裝，自然要注意顔面美麗。但這出戲主要依靠内心表演。如果專從美容方面着力，使面部肌肉不能活動自如，就等于取消了我的表演武器。胡其明等同志認爲：没有第三次的試裝，也就得不到下次改進的經驗，這次雖然不成功，但對摸索着進行的化裝工作是有好處的。

十一日正式開拍，我向孫鴻魁説明我的意見：以第二次試裝作基礎調整加工，放棄塑形，化裝色彩要濃些，以便與服裝頭飾相稱。孫根據我和大家的意見，爲我仔細改進化裝。扮好後我走入蔚藍天、流雲片、亭子、粉牆、小橋、花樹、假山、石桌、石凳、花臺……的夢會一場的演區，大家端詳着我的化裝都説這次扮得不錯。今天只拍「堆花」末段，花神圍繞着杜麗娘、柳夢梅象徵一朶花的花瓣花心的鏡頭。拍攝時用二氧化碳噴氣代表雲霧。

十二日下午進棚，看花神排舞蹈身段，「堆花」在舞臺上演出，本是羣衆歌舞場面，由十二個花神分扮生旦浄丑各種不同的角色，手持畫着代表一至十二月的各種花枝的絹燈，先由五月花神鍾馗登場舞蹈，衆花神以次出來，站定後引大花神穿黄帔，戴九龍冠持牡丹花出場，合唱幾支曲子，唱時，有的配合舞蹈動作，有的站定唱，大花神没有動作。我當年初演《游園驚夢》，特約斌慶社科班學生協助，以後就請富連成的學生配演，這次拍攝電影，導演主張全部由上海戲校女生扮演，人數增至二十人，一律是旦角穿古裝，外披紅緑紗，舞蹈形式也有所改變，舞臺上用的是「編辮子」（南方稱爲「三插花」）、「四合如意」、「十字靠」（南方稱爲「絞十字」）等各種舞蹈程式，這次由戲校老師鄭傳鑒、方傳芸編舞，參用了「絞十字」等隊形，身段中採用了卧魚、鷂子翻身……的動作，加以集體化，頗適合仙女的蹁躚舞姿。我問鄭傳鑒：「似乎大家的脚步還不够匀整？」他説：「這二十個人雖然都唱旦，但老旦、正旦、作旦、刺殺旦、閨門旦、貼旦而外還有武旦、刀馬旦，脚步所以不一樣，貼旦比閨門旦快，老旦就走不快，武旦則最快。」我看到方傳芸在排身段時就很注意每個人的臺步動作，一連排了幾次，糾正了不少。接着就拍了幾個鏡頭，還用灰色背景大紅花一朵，拉開變成四朵，又用黑絲絨背景拍粉紅花、紅緑綢、亮片，象徵夢景中萬紫千紅。花神的唱詞，也經過上海戲校重寫，改爲一曲（萬年歡）：「好景豔陽天，萬紫千紅盡開遍，滿雕欄寶砌，雲簇霞鮮。督園工珍護芳菲，免被那曉風吹顫，使才子佳人少繫念，夢兒中，也十分歡忭。湖山畔，湖山畔，雲蒸霞焕；雕欄外，雕欄外，紅翻翠妍。惹下蜂愁蝶戀，三生石上緣，非屬夢幻，一陣香風送到林園。一邊兒燕喃喃軟又甜，一邊兒鶯嚦嚦脆又圓；一邊蝶飛舞往來在花叢間，一邊蜂兒逐趁眼花繚亂；一邊紅桃呈豔，一邊緑柳垂綫，似這等萬紫千紅齊裝點，大地上景物多燦爛。柳夢梅，柳夢梅，夢兒裏成姻眷；杜麗娘，杜麗娘，勾引得香魂亂。兩下緣非偶然，夢裏相逢，夢兒裏合歡。」這一段詞改得不錯，能合乎當時的情景。

有一個鏡頭是花神分列兩行擺成一條「花胡同」，杜麗娘、柳夢梅從胡同中走出來，鄭傳鑒向振飛和我建議：花神都有動作，杜、柳没有身段，似乎單調，是否可以對做二「推磨」的身段？我們照他的意思試排了一遍，似乎還不錯。正擬開拍，我忽頭暈，身上寒戰發燒，支持不了。導演爲了愛護我的身體，决定停拍。

從北影回家後，請醫生診治，熱度高達三十九度餘，斷爲惡性感冒。打針服藥後，我静卧休息，想到今天致病之由，是我自己勞逸没有安排好，外感多半是由于過分疲勞，抵抗力不强感染的。

十四日燒已退，但人感到疲軟，醫生仍囑我休息。我想爲了一個鏡頭，使攝影機擱淺，戲校的師生也不能早日南歸，耽誤他們的學業，我實在于心不安，就通知北影，請準備今天繼續開拍。

以後幾天，拍的是我與振飛同場的鏡頭，戲曲搬上銀幕，身段部位都必須經過一番設計，像「轉過這芍藥欄前」的身段，舞臺上是斜一字形，動作是先向外，又轉向裏，電影裏的要求都朝外，振飛要從我身後繞過去，在表演位置上，似乎變動不大，但我們都臨場排演了好幾遍才達到圓順的程度。

「是那處曾相見，相看儼然，早難道好處相逢無一言。」有人提出：「曾相見」與「相逢」的身段犯重。我與振飛研究，覺得從杜、柳碰面一直到進場爲止，對眼光的地方很多。我感到演員彼此交流情感是必要的，但重複則難免令人生厭。崑曲的身段是按照唱詞内容來做的，譬如「曾相見」、「相看」、「相逢」等都要對眼光，我們變更「曾相見」的角度，改爲斜看。

有一天拍攝時，姚玉芙叫我眼睛不要往上翻，同時要睁左眼，因爲他感到左眼的神氣似乎不如右眼飽滿；梅劇團的舞臺監督李春林提醒我吸氣、收肚子。演員看不見自己，須靠旁觀者的冷眼鑒别，這些人如同四面八方的鏡子，照得十分清楚的。

看了最近拍的「堆花」的鏡頭，「夢兒中，也十分歡忭」。衆花神先做「鷂子翻身」的動作，跟着「卧魚」着地，起來時有先有後，感到不够整齊；羣舞場面，有人動作停頓；「湖山畔，湖山畔，雲蒸霞焕」的「絞十字」隊形太擠，没有走開。鏡頭邊上的流雲片；看出是布景，有幾個鏡頭的雲氣——二氧化炭放得不錯；柳夢梅唱〔山桃紅〕第二段「這一霎天留人便……」，振飛的身段很瀟灑。我和振飛對做的身段還有不够自然的地方，一則因爲先期録音，又加了過門，部位和舞臺上也有所不同，拍攝時有時等音樂過門，有時還就鏡頭範圍；二則因爲總是由副演員代我們對光走地位，我們只在開拍前排兩三遍就上鏡頭，準備也不充分，以後争取事先多醖釀，臨場多排就好了。至于我的化裝光潤勾浄是比較滿意的，回憶一九五五年拍《梅蘭芳的舞臺藝術》時，我基本上用舞臺化裝的方法，没有收到應有的效果。這次把面部化裝責任完全交給孫鴻魁，我只在必要時提出些要求，今天在銀幕效果上看，這辦法是對了。拍攝戲曲片，面部化裝一定要採用電影的化裝技術，同時必須達到舞臺化裝的應有的效果，又高出于舞臺化裝，因爲它不僅適于遠觀，還要宜于近看。今天看到幾個近景，面部化裝既與頭飾、貼片及戲服等相調協，而且自然、美好，所以大家都認爲是成功的。

幾天後，我們到北影開會，對上次看的樣片大家交换意見。廠長汪洋首先發言：他認爲已拍成的片子有如下幾點缺點：一、布景方面，樹上的花，花臺的花，地上的花，過于堆砌，牡丹亭的色彩、式樣、位置也不合適。二、色彩方面，運用色彩不够靈活。例如仙女身上披的紅緑紗象一大塊紅緑布一樣差不多將大半個身體裹住，過于强調顔色就掩蓋了服裝的圖案，同時也缺乏仙氣。三、舞蹈方面，仙女二十人同舞，擁擠得走不開，隊形也不好處理，應改爲三個、五個、十個、八個，次第出現。仙女如用披紗，水袖可以免去。四、鏡頭處理，柳夢梅與杜麗娘的鏡頭，不敢大膽突破舞臺框框，分切鏡頭，顯得呆板，應參用畫外音，變更位置，不要兩人老是對立着。他説：「這些意見是最近廠裏開會，大家提出來的，討論結果，建議重拍，現在徵求你們的意見。」我與振飛贊成重拍。許珂説：「上次分鏡頭時，有朱傳茗幫忙，現在他已回上海，最好再找一個人來幫忙。」汪洋説：「不必兜圈子，乾脆直接找梅、俞二位。」我和振飛都表示不怕麻煩，儘管當面談。

最後，我問起閨房景已否搭好，汪洋説：「搭好了，我們看過，是三夾板現雕花，寒傖單薄，現在打算用舊格扇門楣重搭。」説着邀我們一起去看搭着的閨房内景，果如他所説不能適合這個戲的需要。汪洋指着排列在棚内的一些舊建築上拆下來的門楣格扇説：這是廠裏從各地搜集來的，請大家來挑選。朱季黄認爲，這堂景應該在符合舊住宅習慣的基礎上再求美觀。他指出堆積着的一槽格扇和一槽欄杆説：「雖然這兩件風格不太一致，但可以在横楣上求得協調。」我們挑選桌椅几凳木器時，有幾件够得上明代製作的可用。我向導演表示：「我有幾件紫檀家具，式樣、花紋、雕刻都很細緻古雅，已使用了好多年，如果擺到杜麗娘的閨房裏，倒也很有意思。」許珂説：「紫檀家具在彩色影片中拍出來特別黑，用在閨房内就顯得陰暗。」他的話很對，我覺得黄花梨木的顏色在電影裏一定好看，就向導演建議向故宫博物院商借一些，一九五五年我拍片時就借過的。又看磁器文房等陳設，感到色彩、式樣太一般化。約定到琉璃廠古玩店選購補充。我説：「色彩、式樣一定要適合電影的要求，還要够年份，有點小毛病倒不要緊，因爲在影片裏是看不出來的。」

十二月二十六日我和振飛、姬傳、源來等到演員劇團與導演等有關方面開了一個小會。許珂、陳方千談起這幾天的工作情況：《驚夢》的景已經重新搭好，他們和上海戲校的老師們每日排練花神的舞蹈，是根據大家提出的意見重編的，基本上已突破了舞臺框框，改變了面貌。我説：「電影比舞臺有利的條件是善變，堆花的舞蹈，要做到疏密相間、飄飄欲仙。前人對寫字的歌訣有八個字：疏能走馬，密不通風，很能説明問題。」畫家也主張留空白，藝術都需要虚實結合，突出主題。大家都知道《驚夢》這一折戲，原作者實際上是用現實主義和浪漫主義的手法結合起來描寫的。所以那天汪廠長要求有仙氣，這句話的意思就是要我們鑽透劇本含意、人物性格，體現出詩一般的、夢一般的理想的境界。另外，扮演花神的青年演員，都是後起之秀，有些還是主要演員，在鏡頭處理上也需要適當地突出她們的面貌神情。以前拍的擠在一起，是不合適的。二位導演同意我的看法，大家認爲這次重拍，鼓舞了所有工作人員，是一種積極的措施。導演又向我們解釋修改了的分鏡頭計劃：更動鏡頭角度，大半在對白及過門中，如「山桃紅」等長曲，變動較少。我們覺得這樣做是使電影藝術與舞臺藝術互相發揮它們的特點。非常恰當。

接着我們又看了《驚夢》的樣片，作爲重拍的參考。我提出：「轉過這芍藥欄前……」的身段，上次拍得太正，顯得平板，再拍時角度要斜一點，比較凌空有立體感。姬傳認爲，振飛撩袍走矮步的動作，應拍全身，才能看到腰以下的舞蹈姿式，可供青年演員學習參考。振飛說：「這是崑曲特有的身段，突出介紹它的全貌是有必要的。」他又說：「『袖梢兒搵着牙兒苫也』的身段，柳夢梅以兩指夾住杜麗娘的水袖作搖曳姿態。上次拍攝時，因爲要保持水袖的整齊好看，就專注意這個動作，反而感到不够自然。」陳方千說：「如果要避免這個動作，我們可以改拍杜麗娘的特寫，再搖過來就看不見這個身段了。」我說：「這個傳統身段，很能烘托夢中飄忽凌空的意境，必須把它保留在電影裏，我們只要多排幾遍，多拍幾個鏡頭，一定能拍好的。」源來說：「在前一階段的拍攝中，好像存在着這樣一個問題，梅先生認爲應該服從導演，對戲曲表演的某些方面，不便提出意見來變更導演的意圖，而導演則爲了尊重梅先生，對電影的要求也不好意思提出過多的意見。雙方的合作關係，似乎太客氣，反而于工作有損。」我和兩位導演都接受他的意見，以後就打開了這種互相遷就的局面。

第二次開拍進行得比較順利，速度也快了。我有幾次一天完成七個鏡頭，而且不用炭精燈，用平光的烏絲燈來拍攝，也是縮短戰綫的有利條件；布景重搭後，疏曠清朗，色彩淡雅，糾正了堆砌擁擠的弊病。我們看到拍「堆花」的鏡頭，花神五人一組輪番出現，飄忽有致。最後羣舞場面，經過老師們的嚴格排練，學生們的勤苦鑽研，在隊形和集體動作方面，都有很大的進步。夢會這場戲，在舞臺上，我與振飛合演過多少次，在角色間情感交流方面，已經有一定的體會，這次重拍，我們又反復研究，作了進一步的分析。我認爲夢會一場，劇作者是以熱情而大膽的詞句，歌頌這一對青年男女的遇合來諷刺當時的封建社會制度的。杜麗娘在夢中碰到了理想的對象，柳夢梅則以「那一處不尋到却在這裏」的誠摯感情，打動了這位少女的心。杜麗娘初見柳夢梅，又驚又喜，儘管有些靦覥羞澀的樣子，却掩蓋不住奔放的熱情，使觀衆覺得這位「淹通詩書」的少女，在那個社會裏被封建禮教束縛得喘不過氣來，只有在迷離恍惚的夢中，才能回復她青春的熱情與少女的純真。這一段表演，夢中的歡樂和夢前夢後的寂寞空虛要形成鮮明的對比，所以與柳夢梅的多少次對眼光，以及追撲閃避的身段，都必須做到如穿花蝴蝶、翩翻對舞，情投意暢，心心相印，這樣才能襯托出封建社會現實生活的陰暗和虛僞，這一對只有在夢中才能得到自由的青年男女，却賺得觀衆的同情和喜愛。

拍完「夢會」、「堆花」，振飛和戲校的師生大部分回上海去了。只留下慧珠和副演員拍《游園》和《驚夢》的一頭一尾。一天，我們到一棚看花園布景，只見四圍山連山，太守衙門好像建築在太行山中，觀者不禁啞然。導演向我們解釋說：這堂布景不合用。美工已着手重畫。我覺得第一次《驚夢》的花園布置，堆砌擁擠，現在又變成寬大無邊，矯枉不免過正，我想再畫一次就一定合適了。這和我三次試裝、最後才找到正確的標準，是一樣的道理。

原作在杜麗娘、春香第一場出場後，通過「吩咐花郎掃除花徑」，梳妝、更衣等日常生活，以及對季節、環境、服裝、插戴、室内陳設等的具體描寫，來介紹這位女主人的美麗秀雅，顧影自憐。我在這段戲裏一向是抓住她「一生兒愛好是天然」的性格來表演的，同時也要表達出環境的安閑幽静。這次拍攝電影，在寫實的布景中，一些戲曲的表演程式也作了相應的改變和收斂。

閨房内景分爲三間：一、内室，二、書房，三、梳妝室。内室的邊上有八角月洞窗。從故宫博物院借來的家俱，琉璃廠選購的明霽紅、窑變、仿宋官窑磁瓶、宋製銅罏，和廠裏原有的家俱文房陳設，都分别擺列在這三間屋子裏。這些東西的色彩式樣都很古雅，位置也不疏不密，很符合一個古代閨秀的居住條件，演員在這個環境裏是能够見景生情，有助表演的。

在布置閨房陳設時，有人主張擺得多些、富麗些，才符合太守衙門裏閨閣的氣派。許珂認爲不宜過多，而着重在造型色彩的調和適應，畫面構圖的統一。我擁護他的見解。這位導演是對美術雕塑下過工夫的，所以處理閨房内景很恰當。我們知道湯顯祖描寫的杜麗娘不是一般的千金小姐，而是淡雅嫻静的女詩人，我們替她布置閨房是必須注意到她的性格特徵的。還有，舞臺上是通過演員的表演來勾勒環境氣氛的，電影裏雖然用了寫實的佈景道具，但其目的仍以襯托人物活動——表演爲主，因此出現在畫面上的陳設，如果影響表演，再好也是枉費心機，勞而無功的。鏡頭開始，杜麗娘頭上包紗、披素紅斗篷從帳幔内出來唱〔遶地游〕：「夢回鶯囀，亂煞年光遍，人立小庭深院。」走到書房内桌子旁邊坐下來。春香手拿一朵鮮花，從内院門中上場走進來唱：「炷盡沉烟，拋殘綉綫，恁今春關情似去年。」下面幾句對白是有韻律的詩歌體：

杜：曉來望斷梅關，宿妝殘。

春：小姐，你側着宜春髻子，恰凭欄。

杜：剪不斷，理還亂，悶無端。

春：已吩咐催花鶯燕借春看。

接着杜麗娘用一般的戲曲念白問春香：「可曾吩咐花郎掃除花徑麽？」春香答：「已吩咐過了。」她把手内的花遞給小姐。杜：「取鏡臺過來。」春香出畫面持鏡臺上念：「雲髻罷梳還對鏡，羅衣欲換更添香。」對杜說：「小姐，鏡臺在此。」杜說：「放下。」春香先到梳妝室，杜向窗外一看，念：「好天氣也。」唱〔步步嬌〕：「裊晴絲，吹來閑庭院，摇漾春如綫。」在下面過門中！杜脱斗篷，交與春香，走到梳妝臺前對鏡坐下，春香爲小姐梳妝。杜唱：「停半晌，整花鈿，没揣菱花偷人半面。」唱到「菱」字，從背後反拍一個鏡中人影的鏡頭。「偷人半面」的身段，在舞臺上，春香手拿有柄的銅鏡照杜的髮髻。電影裏是嵌玻璃的鏡子，玻璃有反光，所以用金粉塗去亮光。唱「迤逗的」時，杜對春香有一指的身段，暗示她取衣來換，春香出畫面，唱到「彩雲偏」的「雲」字，春香回來，打開帔向杜麗娘身上一披，這時就變鏡頭。因爲我曾提出：穿衣的身段很難討巧，在舞臺上，我就覺得不够舞蹈化，戲曲表演的原則，從生活中提煉，經過藝術加工，一舉一動都要求美化，一人獨做的身段，可以反覆練習，容易熟練。例如，京劇《汾河灣》、《坐樓殺惜》中的搬凳子，《鐵弓緣》茶館一場的生活細節，《掃松》、《鐵蓮花》的掃松、掃雪等動作，必須做得逼真好看，才是藝術。穿衣的動作在舞臺上是常見的，但《游園》裏須在唱腔進行中做動作，就往往顯得偪促。導演根據我的意見，删去瑣碎的生活細節，這在電影裏就比較恰當了。

記得總排《游園驚夢》時，副演員蔡瑶銑、楊春霞代我們走地位，照鏡的動作有兩個轉身做得不錯，我說：「兩位小師父再來一遍。」她們就照樣再做一遍給我們看。振飛説：「她們在臺上没有演過杜麗娘、春香，這次的身段是朱傳茗根據電影分鏡頭劇本給她們排的，通過拍片的工作，她們可以跟您學到不少東西，手眼身法步的運用，經過鏡頭分切，比舞臺上看得更清楚。因此，不僅她們兩人，凡是扮演花神的同學們都上了生動的一課，收獲是不小的。」我説：「我看你們學校的青年演員聰明秀麗，工夫扎實，前途大有可爲，當然這與老師們的辛勤勞動是難以分開的。」

杜麗娘梳妝更衣畢，唱：「我步香閨怎便把全身現。」下面用唱詞作對話，介紹杜麗娘的服裝插戴的豔麗好看。春香唱〔醉扶歸〕：「你道翠生生出落的裙衫兒茜，豔晶晶花簪八寶瑱。」杜唱：「可知我一生兒愛好是天然。」這裏的表演，要從唱腔、神情、動作中來突出杜麗娘愛美的性格。以下春香説：「請小姐出閣去吧！」就掀簾同出閨房。

從閨房到庭院。庭院這堂景是最後拍攝的，景裏布置了一個長廊，原定計劃，杜、春在院落内唱完：「恰三春好處無人見，不提防沉魚落雁鳥驚喧，則怕的羞花閉月花愁顫。」穿廊而過，三兩步就走出了畫面。我覺得這樣美麗的長廊，没有利用它是很可惜的。導演同意我的建議，和攝影師研究，變更鏡頭部位，穿廊改爲繞廊。這樣，杜麗娘、春香就可以在音樂過門中，沿長廊暢覽春色，出庭院走向花園。入園後，杜麗娘念詩：「畫廊金粉半零星，池館蒼苔一片青。」春香接念：「踏草怕泥新綉襪，惜花疼煞小金鈴。」這幾句詩是從建築和花徑點出這座花園不是經常有人來游玩的。排戲時，對小金鈴有兩種看法：一種是説脚上的鞋子，我記得早年婦女的鞋上有綴鈴鐺的，我們向老師學的身段也是向裙下指的；有人主張根據新出版的《牡丹亭》的注解，金鈴是掛在樹上的，應該往樹上指，我覺得這樣與劇本含意不符，同時，「疼煞」二字也難以索解。所以金鈴還是應該指鞋上的鈴鐺。

入園後的曲文，是愉快和傷感的情緒交織起來描寫的，我們從〔皂羅袍〕這支曲子裏，還可以意味到杜麗娘對現狀的不滿：

原來姹紫嫣紅開遍，似這般都付與斷井頹垣。良辰美景奈何天，賞心樂事誰家院。朝飛暮捲，雲霞翠軒。雨絲風片，烟波畫船，錦屏人忒看的這韶光賤。

作者用百花盛開和建築的荒蕪失修來説明熱中于功名利禄的「錦屏人」是無暇領略自然界的良辰美景的，其中當然也包括她父親杜寶在内。因此我們在表演上，必須要表達她的複雜心情，這主要是體現在面部表情和眼神。

〔好姐姐〕一曲中，電影的處理方法不錯。「遍青山啼紅了杜鵑，那荼蘼外烟絲醉軟。」下面在過門中，杜麗娘與春香穿過花架，鏡頭跟着移到牡丹臺前，春香念：「是花都開，牡丹還早呢？」杜麗娘沉思了一下，借花自況地接唱：「那牡丹雖好，他春歸怎占的先。」接着用鳥聲的效果引出春香的話：「小姐，那鶯燕叫得好聽吓。」杜麗娘與春香合唱：「生生燕語明如翦，嚦嚦鶯歌溜的圓。」舞臺上的表演，唱完這支曲，春香接念：「小姐，這園子委實觀之不足。」杜麗娘帶着傷感的神情説：「提他怎麽。」春香：「留些餘興，明日再來耍子罷！」杜：「有理。」接着同唱〔隔尾〕：「觀之不足由他繾，便賞遍了十二亭臺也枉然，倒不如興盡回家閑過遣。」邊唱邊走出花園，唱到「倒不如」已經走到閨房門口，「回家」進房，「閑過遣」三個字中，杜把扇子交給春香，脱帔坐下。這一段過程，戲曲是在不設布景的空臺上，用虚擬的出園、進房等動作來表現的。電影的處理是唱完〔好姐姐〕後，杜麗娘在音樂過門中緩步向前，佇立凝思，春香叫第一聲「小姐」時，她流連園中春景，想出了神，没有聽見。春香再叫「小姐」，她才如夢方醒地接念「提他怎麽」。這一段對白念完了，二人轉身出畫面，又從花架進入畫面，一邊唱〔隔尾〕，一邊穿花架，唱完了，轉身上小橋而去。我和慧珠在録音時就和導演、樂隊方面計算時間，反覆排練了多次，所以拍攝時比較順利。

拍攝杜麗娘游園回房後的一段獨白之前，預先在家裏琢磨了幾天。這段獨白在舞臺上是一個人獨坐念的，全靠面部表情和手的小動作來刻劃她倦游歸來、寂寞傷感的神情，而電影則在室内邊走邊念，還有捲簾、憑窗眺望等身段，給了我更多發揮的機會。這便使我想到要從具體環境中透露出時代氣息，使觀衆意味到三百多年前，湯顯祖筆下塑造的杜麗娘是如何生活在那個封建社會裏的。我又想到舞臺上的基本動作，必須靈活運用，使觀衆忘記了扮杜麗娘的演員是在做戲，而相信這是古代女子深鎖閨中的寂寞生活。

但我在家裏想到的只是一個輪廓，不到現場，不看見景，單憑想象是不够的，一個多月的拍攝經驗，使我知道更重要的是做好現場的準備工作。所以當拍攝這場戲開始，我在每一個鏡頭開拍之前，到表演區域向導演、攝影師仔細了解角度部位，儘量思考這個鏡頭裏電影與舞臺的區別，如何來安排變換，這比到了鏡頭面前臨時想辦法就從容得多。

杜麗娘走進内室，眼睛向房内看了一遍。配着幽細的音樂，愈顯出深閨的清静冷落，她帶着感傷的聲調念：「默地游春轉，小試宜春面。」念完走到窗前，拉起竹簾，憑窗眺望着惱人的春色，念：「春呀春，得和你兩流連。」攝影師用反打鏡頭拍一個全景推到杜麗娘的近景。杜麗娘轉過身來念：「春去如何遣，恁般天氣，好困人也。」輕輕抖一下袖，緩緩地走到圓桌邊坐下來唱〔山坡羊〕：「没亂裏春情難遣。」這裏要從春困中表達她百無聊賴、寂寞空虚的意境。站起來唱「驀地裏懷人幽怨」，這個「人」字是假設的對象。「只爲俺生小嬋娟」，就要露出顧影自憐的神氣，與前面游園裏「一生兒愛好是天然」的感情呼應起來。「揀名門一例一例裏神仙眷」，這一句的動作表情是在書房裏邊唱邊走，同時兩手輪换着朝前指，眼裏露出樂觀的希望，最後蹲身做一個舞蹈身段，目的是顯出她雖然伏處深閨，但却充滿着向往幸福生活的積極願望。「甚良緣，把青春抛的遠，俺的睡情誰見，則索要因循靦覥。」這幾句的表情從上面的樂觀情緒，一變爲抑郁不滿。「想幽夢誰邊，和春光暗流轉，遷延，這衷懷哪處言，淹煎，潑殘生，除問天。」這裏的動作是緩慢而收斂的，要以唱腔和面部表情透露出杜麗娘感到年華蹉跎，光陰默默地像逝水般流去，而自己的内心苦悶却找不到傾訴的對象，只有天知道。

杜麗娘唱完〔山坡羊〕倚桌而眠，舞臺上由一個睡魔神用兩片銅鐃鈸引杜、柳在夢中相會。電影裏用兩個花神分引杜、柳夢會。還使用了特技來表現杜麗娘離魂時「出竅」和「入竅」。

拍攝「出竅」、「入竅」，搭一高臺，加窄的斜坡，「出竅」從下面向高臺走上去，「入竅」是從高臺走下來，臺上和幕布都用黑絲絨，因黑色不感光，就有凌空飄蕩的感覺。我在試拍時，因穿的是皮底綵鞋，下坡時滑了一跤，使全場工作人員大吃一驚，于是當場研究把斜坡放寬，絲絨下面加釘木條，彩鞋底加黏膠皮，再走上去就不滑了。第二天，大家開動腦筋，又想出新的辦法：杜麗娘站在一輛車子上，不必自己走，由別人推車移動，這樣就更爲穩妥。

我們這次的工作方法，拍成的片子，隨時審查，如發現問題，立即補拍。有一次發現了那天拍的《驚夢》的獨白中，杜麗娘嘴裏念的是「春哪春，得和你兩流連。」但從畫面上看，感覺到和「春」字沒有接上氣。我們決定重拍這個鏡頭。我回想上次拍時，只是站在一個八角形的窗口，沒有靠到窗户内的欄杆上，那架朱漆雕花的窗欄杆，擋住我的上半身，使我露在畫面上的部分比較少，我的眼睛又是平視，不往上看，這些問題，可能都是和「春」字不接氣的原因。重拍前排練時，我試着站到窗前，用手臂靠倚欄杆，但欄杆太高，做了幾個姿式都不好看，我便建議把我脚下墊高些，手臂就靠上了欄杆，上半身露在欄杆外邊，右手扯着左手的水袖，眼睛朝上看，頓時感覺到對窗外的春色有了感應。導演們説：「剛才開拍時，燈光打到您身上，真像畫中人。」我的確在醞釀時，想到許多古畫上美人的姿態，但我却不是有意識地去模仿哪一種樣子，因爲我的思想必須集中在表達杜麗娘流連春景的感情。拍完這個鏡頭，我覺得拍電影的工作真是細緻而微妙的，關鍵只在靠不靠欄杆很短的一點距離的改動，效果就大爲不同。同時也可以看出，補拍工作對提高質量是有作用的。

《夢會》、《堆花》以後，杜母喚醒杜麗娘這短短一段戲，也是很要緊的。上海戲校的老師華傳浩扮杜母，很够一個「夫婿坐黄堂……」的夫人氣派。劇本對這個人物的描寫。是通過她問女兒「爲何晝眠在此？」「爲何不到學堂中去看書？」以及告誡女兒「花園冷静，少去閑游」等家常閑話來刻劃一個封建家庭的老夫人的典型性格的。但這個老夫人還是很愛女兒的，所以在下場時説：「女兒家長成了，自有許多情態，且自由她。正是，宛轉隨兒女，辛勤作老娘。」杜麗娘送母親下場後念：「娘啊，你叫孩兒到學堂中去看書，不知哪一種書才消得我悶懷喲！」這句道白，要表達杜麗娘慵懶、空虛、煩悶的内心世界，「喲」字要念得低沉，緩慢地叫起板來唱〔綿搭絮〕。

〔綿搭絮〕這支曲子是描寫杜麗娘回憶夢景的心情：「雨香雲片，才到夢兒邊。無奈高堂喚醒紗窗睡不便。潑新鮮，俺的冷汗黏煎，閃的俺心悠步嚲，意軟鬟偏。不爭多費盡神情，坐起誰忺（念作仙，忺字古人解釋作「意所欲也」，又説「所好爲忺」）。這句曲文是説杜麗娘夢醒以後，舉目全非，在這個陰沉沉的環境裏，沒有一個知心可談的人），則待去眠。」這一段戲很難演，太露骨則失之庸俗，過于莊重又與曲文含意不符。我在這裏是着重表達她纏綿複雜的情緒和嬌慵意態，體現原作對一個懷春少女的初戀情景的描繪。因此，動作要隨着紆緩的唱腔來做，不宜太多，也不宜太快，目的是刻劃她那種不便對人講的，就是守在她身旁的春香也不能理解的心情。〔綿搭絮〕這一段，分鏡頭劇本規定拍兩個鏡頭，我和導演談起這幾天拍攝的體會，有些曲子鏡頭分切多了，影響情緒的貫串。導演們也正在考慮把這段戲改成一個長鏡頭，他們認爲：這段戲重在面部表情，當然要多拍上半身，但是唱到「心悠步嚲」，脚上有戲了，鏡頭就須要拉開來，才看得清楚。結果這個鏡頭一次拍了三百幾十尺，是全部戲裏最長的一個鏡頭。

下面一個鏡頭是春香來請小姐回房歇息，杜麗娘站起來唱〔尾聲〕：「困春心，游賞倦，也不索香薰綉被眠。春哪，有心情那夢兒還去不遠。」唱到「還去不遠」時，唱腔的尺寸漸漸緩慢下來，杜麗娘微微一閃身，扶着春香用手緩緩地往遠處指，眼神要跟着虛擬的目標看，表達出她在追憶夢中見到的那個瀟洒倜儻、吐囑雅雋、情投意合的人。這樣，就可以和前面〔山坡羊〕裏「驀地裏懷人幽怨」的「人」字作虛與實的對比。而攙着她的春香必須露出莫名其妙的樣子，但他也覺得今天這位女主人的神情與往日有些不同了。

杜麗娘扶着春香緩緩走入了内室，畫面只剩下寂寂春閨。這裏配的音樂很合適，幽静的簫聲，夾着幾下彈撥三弦的丁冬聲，就把觀衆帶到「深院無人春晝晚」的意境中，餘音裊裊地結束了這個詩劇。

《游園驚夢》的攝製工作，基本完成後，我們懷着興奮的心情去看樣片。花神的披紗，以前用的是喬其紗，色濃質重，貼在身上，飄不起來，現在换了顔色淡雅的薄紗，就顯得靈活多了。花神的舞蹈隊形也變了，每五個人一組，有的從地上涌現，有的從朱欄邊、花臺上各個不同的角度次第出現，也有兩人對舞的鏡頭，或是從一個人的近景拉開來，或是從全景推到一個人的近景。一個花神先以輕紗障面，漸漸露出面貌的特寫鏡頭，是非常綽約多姿的。這些都令人感到凌空飄忽，來去無蹤。隊形舞蹈也達到了整齊美觀的程度。還有衆花神圍繞杜麗娘、柳夢梅構成一朵花的俯瞰鏡頭，花神在轉動的圓臺上，花與花神交叉疊印，花片散落在花神身上的鏡頭，都很有藝術性。

我與振飛的鏡頭，重拍後，一些對做的身段、表情都比以前融洽自然，鏡頭的處理也較前靈活。「春哪春」的鏡頭補拍後，感情的確與窗外的春色聯繫起來了。但我覺得這一段獨白當中，還有侷促的地方，像獨立窗前憑眺春景時，如果多停留一下，就更能表現春困發幽情的意境。這由于我在録音時對布景的演區，只知其大概，基本上還是按照舞臺上的尺寸放慢一些録的，到了現場試鏡頭時，才覺得假使多留些空白，還可以有所發揮。還有我認爲杜麗娘出場時的鏡頭不够突出。導演説，可以加拍一個近景。加拍時，鏡頭從月洞窗摇過來，几上瓶梅初放，爐烟裊裊，杜麗娘掀開帳幔走出來。接着重拍了〔遶地游〕的鏡頭。這一天是一九六〇年一月二十一日，至此，《游園驚夢》就全部攝成了。

一月二十六日，在北影標準放映間看到了全部接好的樣片。我想起二十三歲那年，一九一六年一月二十三日，我在吉祥園初演《牡丹亭·鬧學》裏的春香。我第一次拍電影，就是在上海商務印書館影棚裏拍的《春香鬧學》；在一九一八年我演出了《游園驚夢》的杜麗娘，流光似箭，一晃已經四十多年了。

看完樣片以後，汪洋同志告訴我，在洗印、剪接方面還需要加工，他主張剪去「入竅」的鏡頭。我很同意，爲了表達劇本規定情景，用一下電影特技是有必要的，一再出現就近于繁瑣了。

不久，北影參觀團到上海去交流經驗，這部片子也帶了去，請上海的同志們批評鑒定。後來，我接到上海海燕製片廠岑范來信説：「看到《游園驚夢》的樣片，對色彩、化裝、表演、布景等都很滿意。」他祝賀我們這次攝製工作的成功，并且爲我高興。他是一九五五年拍《梅蘭芳的舞臺藝術》片的副導演。

振飛寫信給我説：「上海電臺春節播送《游園驚夢》録音帶，細聽之下，覺得您唱出了曲情，能够從唱腔、嗓音方面傳達杜麗娘的思想感情，可以聽出確是經過幾十年的勤學苦練的。尤其是〔山坡羊〕、〔綿搭絮〕兩支曲子得到『静』字訣，這是度曲藝術的高峯，聽了使人心情舒暢。」振飛同志對我的鼓勵，使我感到慚愧，我從少年時起就愛好崑曲，多年來，斷斷續續的確下了不少工夫，這次拍演時作了加工，雖然有些提高，但我認爲在唱法上還是不够完善的，我還像學生般抱着需要學習的心情去繼續鑽研。

在我的表演部分我覺得還有不足之處，因爲戲曲表演的習慣，演員常常是面對觀衆做戲的，而電影的規則，演員不能看鏡頭，這就使我在拍攝時思想上有顧慮，眼睛的視綫會有意識地迴避鏡頭。我曾這麽想：電影在拍攝一般故事片時，演員應該遵守這一條規則，但拍攝戲曲片時，不妨變通一下。當然，我們不能故意去看鏡頭，如果無意中看一下，也不致影響藝術效果，或者還有助于面部表情的更爲自然。我這種想法，并没有實行，將來再拍攝影片時，打算通過實踐來證明我的看法是對還是不對。

（《戲劇報》一九六一年第六、七、八期）

演唱・演員

張大復

梅花草堂筆談

趙必達扮杜麗娘，生者可死，死者可生。譬之以燈，取影横斜平直，各相乘除；又如秋夜月明林間，可數毛髮。（卷十一）

某不見葉翠竹作伎，而知其佳，其體適也；不與深語，而知其解，其顧盼疾也；不與作緣，而知其妥，其神周而不支也。頗聞鶯花間有心人，多混迹梨園，可以辭所惡而就所好。昔臨川翁一曲纔就，爲玉雲生朝歌夜舞而去。斯其人歟，斯其人歟！（卷十四）

（《梅花草堂筆談》）

潘之恒

曲　餘

余十年思致其調，未得也；又十年思致其情，則臨川《杜麗娘還魂》盡之矣。推本所自：《琵琶》之爲思也，《拜月》之爲錯也，《荆釵》之爲亡也，《西廂》之爲夢也，皆生于情而未致也。杜麗娘情窮于幻，湯臨川曲極于變。而登場爲劇，或未致其技于真，則謂之何？善乎吴人王渭臺之言曰，此未得曲之餘也。未得曲之餘，不可以言劇。夫所爲餘者，非長而羨之之謂，蓋滿而後溢，乃可以爲餘也。大喜大悲，必多溢于形，爲舞蹈，爲叫號；小喜小嗔，亦少溢于色，爲嬉靡，爲顰蹙。何所溢之？溢于音也。故爲劇必自調音始。音也者，聲與樂之管也。聲之微爲音，音之宣爲樂。故曰，知聲而不知音，不能識曲；知音而不知樂，不能宣情。音既微矣，悲喜之情已具曲中，一顰一笑自有餘韻，故曰曲餘。今之爲劇者，不能審音而欲劇之工，是愈求工而愈遠矣。

情癡 觀演牡丹亭還魂記書贈二孺

古稱優孟優施能寫人之貌，尚能動主，而况以情寫情，有不合文人之思致者哉。余友臨川湯若士嘗作《牡丹亭還魂記》，是能生死死生，而別通一竇於靈明之境，以游戲于翰墨之場。同社吴越石家有歌兒，令演是記，能飄飄忽忽，另番一局于縹緲之餘，以悽愴于聲調之外，一字不遺，無微不極。既感杜柳情深，復服湯公爲良史。吴君有逸興，然非二孺莫能寫其形容，非冰生莫能賞其玄暢。乃今而後知《牡丹亭記》之有關于性情，可爲驚心動魄者矣。蓋余十年前見此記，輒口傳之，有情人無不歔欷欲絶，恍然自失。又見丹陽太乙生家童子演柳生者，宛有癡態，賞其爲解。而最難得者，解杜麗娘之情人也。夫情之所之，不知其所始，不知其所終，不知其所離，不知其所合，在若有若無若遠若近若存若亡之間，其斯爲情之所必至，而不知其所以然；不知其所以然，而後情有所不可盡，而死生生死之無足怪也。故能癡者而後能情，能情者而後能寫其情。杜之情癡而幻，柳之情癡而蕩，一以夢爲真，一以生爲真，惟其情真，而幻蕩將何所不至矣。二孺者，蘅䔍之江孺，荃子之昌孺，皆吴閶人，各具情癡，而爲幻爲蕩若莫知其所以然者。主人越石，博雅高流，先以名士訓其義，繼以詞士合其調，復以通士標其式，珠喉宛轉如弗，美度綽約如仙。江孺情隱于幻，登場字字尋幻而終離幻。昌孺情蕩于揚，臨局步步思揚而未能揚。政以杜當傷情之極，而忽值鍾情之夢，雖天下至情，無有當於此者；柳當失意之時，忽逢得意之會，雖一生如意，莫有過於此者。或尋之夢而不得，尋之溟漠而得，其偶合于幽而不暢，合于昭昭而表其微。雖父母不之信，天下莫之信，而兩人之自信尤真也。臨川筆端直欲戲弄造化，水田豪舉且將凌轢塵寰，足以鼓吹大雅，品藻藝林矣。不慧抱恙一冬，五觀《牡丹亭記》，覺有起色，信觀濤之不余欺，而夢鹿之足以覺世也。遂書以授兩孺，亦令進于技，稍爲情癡者吐氣。他日演《邯鄲》、《紅梨花》、《異夢》三傳，更當令我霍然一粲爾。

（《亘史·雜篇》卷四）

據梧子

筆　夢

侍御止宿女樂，不蓄梨園子弟。邑中向有錢府班名，特托錢牌額，非錢府教成也。然宴外賓演劇多用梨園，而女樂但用家宴。惟先生常得寓目焉，餘雖至戚莫得見也。附記演習院本：《躍鯉記》、《琵琶記》、《釵釧記》、《西廂記》、《雙珠記》、《牡丹亭》、《浣紗記》、《荆釵記》、《玉簪記》、《紅梨記》。

（《筆夢》，載《虞陽説苑甲編》）

侍御指錢岱。岱字汝瞻，常熟人。隆慶辛未進士，官至湖廣道監察御史。據梧子，姓名不詳，錢家西賓。《筆夢》所記，爲泰昌（一六二〇）以前錢岱家居諸事。《牡丹亭》演習，當在原著問世後不久。

蕭士瑋

春浮園偶録

庚午

六月二十六，湖園看演《牡丹》。玉茗堂載：婁江俞二娘，秀慧能文詞，未有所適，酷嗜此記，蠅頭微字，批註其側，幽思苦韻，有痛於本詞者，十七惋憤而終。婁江王相國偶出家樂演此，語周明行中丞曰：「吾老年人，近頗爲此曲惆悵。」王宇泰亦云：「乃至俞家女子好之至死，情之於人甚矣哉！」天下有心人，終當爲情死。若王公政逸，少傷於哀樂之致，又自一懷抱耳。

八月二十六。數日復酷暑，今朝始有秋意。偃仰一榻，聽歌者課小僮度《牡丹》，意甚樂之。

十一月二十，讀玉茗堂五七言近體，石公所云「凌厲有佳句」耳。《牡丹》、《紫釵》，案頭不可無之書也。或病其音律不諧，若士啞然笑曰：「俗人嫌摩詰之冬景芭蕉，割蔗加梅，冬則冬矣，然非王摩詰冬景也。」

（《春浮園偶録》，載《春浮園集》）

王彦泓

櫟園姨翁座上預聽名歌，并觀二劍，即事呈詠（録三首）

練色知聲第一流，檀痕親掐教伊州。呼來絳樹皆瓊樹，倚遍笙樓即鏡樓。

臨川麗曲才人賦，慧業情鍾兼妙悟。妖唱能傳作者心，圓喉脆節如絲度。

隻字悠揚刻漏移，四筵傾耳盡支頤。紅塵卷霧雙鸞出，翠帶從風一燕吹。

（《疑雨集》）

葉紹袁

年譜別記

沈君張家有女樂七八人，俱十四五女子，演雜劇及玉茗堂諸本，聲容雙美。觀者其二三兄外，惟余與周安期兩人耳。安期，兒女姻也。然必曲房深室，僕輩俱扃外廂，寂若無人，紅粧出。

（《年譜別記》，載《葉天寥四種》）

葉紹袁，字天寥。江蘇吴江人。天啓五年（一六二五）進士。著有《甲行日注》等。沈君張，沈璟之侄。

朱隗

鴛湖主人出家姬演牡丹亭記歌

鴛鴦湖頭颯寒雨，竹户蘭軒坐容與。主人不慣留俗賓，識曲知音有心許。徐徐邀入翠簾垂，掃地添香亦侍兒。默默愔愔燈速炧，才看聲影出參差。氍毹祇隔紗屏緑，茗鑪相對人如玉。不須粉項與檀妝，謝却哀絲及豪竹。縈盈澹蕩未能名，歌舞場中别調清。態非作意方成艷，曲别無聲始是情。幽明人鬼皆情宅，作記窮情醒情癖。當筵唤起老臨川，玉茗堂中夜深魄。歸時風露四更初，暗省從前倍起予。尊前此意堪生死，誰似瑯琊王伯輿。

（《明詩紀事》辛籤卷二十二）

朱隗，字雲子。明末長洲人。有《咫聞齋稿》。鴛湖主人，指嘉興吴昌時。

祁彪佳

棲北冗言

崇禎壬申，十一月十四日，入陸園爲同鄉公餞林栩菴。會主其事者，張玉笥、阮旭青也。觀《牡丹亭記》。

十六日，赴張三峩席。同席爲郭太薇、楊忠吾。觀《牡丹亭記》。（《祁忠敏公日記》）

錢謙益

春夜聽歌贈秀姬十首

煙蛾掩斂睡痕輕，撼起朦朧意態生。無那泥人腸斷處，似酲如夢最關情。

其　二

懵騰夢起逗春寒，薄鬋叢叢宿粉殘。臺上争傳《尋夢》好，恰留殘夢與君看。

其　三

依約新鶯乍囀喉，含情含睇總含羞。一聲迸駻嬌歌發，玉裂珠跳不自繇。

其　四

當歌解得唱歌情，無限情從歌裏生。唱到夫憐絃管急，就中簇拍更分明。

其　五

一曲霓裳教一迴，九歌天上少人猜。明珠萬顆歌喉裏，不信明珠换得來。

其六

口叶宫商耳辯詞，一聲偷誤恰先知。安歌顧曲誰兼得，驚倒當筵老曲師。

其七

歌聲摇曳發陽阿，急雪停雲舞袖多。骨節會歌聲解舞，請君評泊道如何。

其八

燭花偏趁舞傞傞，畫鼓銀筝揭豔歌。只有氍毹不解語，勾留紅袖似迴波。

其九

蘭釭如晝夜烏棲，漏點歌聲簇簇齊。一曲未闌郎未醉，莫教明月過花西。

其 十

歌罷輕身下舞筵，歌場如月舞如煙。儂今也解尋他夢，三日歌聲在耳邊。

（《初學集》卷十六）

讀豫章仙音譜漫題八絶句，呈太虚宗伯并雪堂、梅公、古嚴、計百諸君子（録第三首）

《牡丹亭》苦唱情多，其奈新聲水調何。誰解梅村愁絶處？《秣陵春》是隔江歌。

（《有學集》卷十一）

李元鼎

春暮偕熊雪堂少宰、黎博菴學憲讌集太虛宗伯滄浪亭，觀女伎演牡丹劇，歡聚深宵，以門禁爲嚴，未得入城，趨卧小舟，曉起步雪老前韻，得詩四首

比年歸卧共滄江，每過談心倒玉缸。搆得草亭剛有半，撥來檀版定無雙。
落花滿地愁紅雨，深柳當門耀碧幢。一自焚魚傳學士，幾回清宴美閒窗。

無端草色暗晴江，歌舞當筵月滿缸。豔曲旌動花錫九，香塵染砌燕飛雙。
盟聯洛社娱簫管，幟樹騷壇陋節幢。睽越天涯今快對，疏星點點下檐窗。

留春無計尋芳甸，勝集同疑坐蕊宫。落雁千峯梨苑雨，垂陽三月酒旗風。
幾從珮珞驚摇翠，不向臙脂怨洗紅。今古鍾情推玉茗，夢回愁絶嘆飛蓬。

滄浪亭下空流水，誰按霓裳譜舊宫？細囀鶯聲籠澹月，輕翻蝶羽怯迴風。
午橋景物人同醉，子夜煙光燭映紅。歸路不愁城析晚，春江一榻寄漁蓬。（卷八）

丁酉初春，家宗伯太虚偕夫人攜小女伎過我，演燕子箋、牡丹亭諸劇，因各贈一絶，得八首

平陽歌舞舊馳名，占盡風情最此生。欲揖不煩羞掩袂，冠裳久已愧卿卿。生

新妝十五正盈盈，唱徹涼州舉坐驚。若使甄妃今日見，應須還讓小傾城。旦

斜櫳犀梳澹點脣，向人含笑整綸巾。迴風一曲花如霰，疑是何郎傅粉匀。小生

飛飛燕子曲江濱，爲妒雲孃獨擅春。畫到有情渾入畫，這回忘却女兒身。小旦

銜居副末職爲先，窈窕師生意更研。巧詠關雎真比興，牡丹亭畔月娟娟。末

强囀鶯簧放調歌，桂枝香杳動雲和。嬌容暗逐韶光老，兒女逢場取次多。外

遏雲纔度又凌霄，縱效雄裝髮尚髫。跳躍一身輕似葉，楚王原自愛纖腰。净

不顧周郎羡小伶，發科全賴假惺惺。喬裝最喜般般似，點綴同場樂滿庭。五（卷十七）

初春寄宗伯年嫂，并憶烟波曉寒諸女伶

又值陽春景物和，怡懷誰解曉寒歌。年光荏苒閒愁劇，風雨淒其感詠多。玉茗尚然迷柳夢，滄浪空自鎖烟波。花鯀錫九應增豔，憶掐檀痕唤奈何。（卷十七）

（《石園全集》）

李元鼎，字梅公。江西吉水人。天啓二年（一六二二）進士。有《石園全集》。

梁清標

冬夜觀伎演牡丹亭

優孟衣冠鬼亦靈，三生石上牡丹亭。臨川以後無知己，子夜聞歌眼倍青！

（《本事詩》卷八）

侯方域

答田中丞書

僕之來金陵也，太倉張西銘偶語僕曰：「金陵有女伎李姓，能歌玉茗堂詞，尤落落有風調。」僕因與相識，間作小詩贈之，未幾下第去，不復更與相見。

李姬傳

李姬者，名香。母曰貞麗。貞麗有俠氣，嘗一夜博，輸千金立盡，所交接皆當世豪傑，尤與陽羨陳貞慧善也。姬爲其養女，亦俠而慧，略知書，能辨別士大夫賢否。張學士溥、夏吏部允彝急稱之。少風調皎爽不羣，十三歲，從吴人周如松受歌玉茗堂四傳奇，皆能盡其音節。

（《壯悔堂文集》）

據康熙刊本《桃花扇·傳歌》齣眉批，周如松爲名藝人蘇崑生本名。吴偉業《口占贈蘇崑生》詩（《吴詩集覽》卷十八上）載崑生際遇技藝甚詳。

侯方域，字朝宗。河南商丘人。崇禎十二年（一六三九）應南京試。有《壯悔堂文集》、《四憶堂詩集》。

冒　襄

水繪庵修禊記

（阮亭）先生顧予曰：「今日之集，詩不限韻，人不一體。」各踞一勝，賓主不相顧。先生選枕煙之左因樹樓，余居寒碧堂，東偏湖中閣則毛生亦史、許生山濤，而其年與禾兒則在小三吾；其輕舟委浪，往來于煙波雲水間者，次兒丹書也。是役也，先生謬以五字見許，命予爲五言律。亦史得七言律，丹兒得五言絶，山濤得七言絶，其年與禾兒得五言古，而七言古則屬之先生。……時日已將暝，乃開寒碧堂，爰命歌兒演《紫玉釵》、《牡丹亭》數劇，差復諧暢。

（《同人集》卷三）

冒襄，字辟疆，號巢民。江蘇如皋人。崇禎壬午（一六四二）副舉。有《樸巢詩文集》等。

余懷

鷓鴣天

王長安拙政園宴集，觀家姬演劇。

秋水芙蓉繞畫廊，朱樓縹緲半斜陽。參差鶴舞堦前樹，宛轉橋通竹外牆。披翠被，擁紅粧，柳欹花醉惱襄王。笙歌院落人歸去，鬒路猶騎白鳳凰。

又

麗人演《牡丹亭·驚夢》、《邯鄲夢·舞燈》，嬌豔絶代，觀者消魂。

戚里風流凝晉卿，西園重集闔閭城。清歌妙語紅紅麗，細骨微軀燕燕輕。驚夢杳，舞燈明，疏桐缺月掛三更。温柔鄉裏神仙降，十斛真珠滿地傾。

玉樓春 前題

華堂列炬堆紅雪，碧串玲瓏摇片月。海山初湧見蓬萊，梅閣新開疑太液。輕綃十尺遮羅襪，洛浦流波驚落葉。素娥幾隊出銀屏，絳樹雙聲横寶瑟。

又

祇應天上聞斯曲，何處人間攢碧玉？燈前嬝娜鬥腰肢，畫裹分明傳竹肉。紅絲布障圍金谷，十二巫峯猶恍惚。歌成白雪妬周郎，唤起紫雲留杜牧。

（《玉琴齋詞》）

余懷，字廣霞，一字澹心，别號曼持老人。福建莆田人。明末布衣。有《研山堂詩》、《玉琴齋詞》、《板橋雜記》等。

黄宗羲

聽唱牡丹亭（乙丑八月十八日）

掩窗試按《牡丹亭》，不比紅牙鬧賤伶。鶯隔花間還嚦嚦，蕉抽雪底自惺惺。遠山時閣三更雨，冷骨難銷一綫靈。端爲情深每入破，等閒難與俗人聽。（臧晉叔改《牡丹》詞，若士有詩：「總饒割就時人景，却愧王維舊雪圖。」圖乃雪裏芭蕉也。遠山，眉也。閣雨，言淚。）

（《南雷詩歷》卷四）

尤侗

春夜過卿謀觀演牡丹亭

私幸春風第一行，女郎新唱竹枝聲。翠簾衣煖飄香霧，紅燭花低試玉箏。永夜畫眉粧半面，殢人困酒到三更。十年惆悵今猶在，小院歸來起夢情。

（《西堂剩稿》卷下，載《西堂全集》）

王士禛

望江南（録一首）

秦郵有贈

江南好，畫舫聽吴歌。萬樹垂楊青似黛，一灣春水碧于羅，懊惱是横波。

江南好，又過落花朝。玉茗歌殘情歷歷，金堂人散水迢迢，魂去不須招。

（《衍波詞》，載《清名家詞》）

朱彝尊

清平樂 贈歌者陳郎

偷聲減字，且洗衰翁耳。惱亂多情人欲死，只有臨川曲子！　陳郎巧囀歌喉，尊前倍覺風流；一霎塗妝綰髻，十三十四丫頭。

（《曝書亭集》卷二十六）

陳維崧

同諸子夜坐巢民先生宅觀劇，各得四絶句（其三）

少日魂銷湯義仍，而今老去意如冰。聽歌忽憶當年事，月照中門第幾層。

（《湖海樓詩集》卷一）

綺羅香

初夏連夜於許茹庸仲修席上看諸郎演牡丹亭有作。

許掾多情，清和佳節，連夕嬌歌妙舞。料得眉峯，碧到愁時都聚。記昨宵，銀瑟初停；又此夜，紅牙再補。看一羣燈下諸郎，依稀盡解此情苦。　獨有江東詞客，爲家山路遠，倍增凄楚。回首朱門，略記蟲娘庭户。好院本，全部笙簫；没心情，半生羈旅。比年時攜手聽歌，多了黄昏雨。

（《迦陵詞全集》卷二十二）

陳維崧，字其年。江蘇宜興人。康熙己未，試博學鴻詞。有《陳迦陵文集》、《湖海樓詩集》、《迦陵詞》等。

曹寅

念奴嬌

題贈曲師朱音仙。朱老乃前朝阮司馬進御梨園。

白頭朱老，把殘編幾葉，尤躭北調。事去東園鐘鼓散，東園内監梨園鐘鼓司，見明内府志。司馬流螢衰草。燕子風情，春燈身世，零落桃花笑。當場搬演，湯家殘夢偏好。　高皇曾賞琵琶，家常日用，史記南音早。悞國可憐餘唾罵，頗怪心腸雕巧。紅豆悲深，氍毹步却，昔日曾年少。鷄皮姹女，還能卷舌爲嘯。

（《楝亭詞抄》）

曹寅，字子清。號楝亭。滿洲正白旗包衣旗籍，《紅樓夢》作者曹霑之祖父。有《楝亭詩抄》、《楝亭詞抄》。

裘君弘

西江詩話

李明睿，字太虛，南昌人，天啓進士，歷官少宗伯。歸里搆亭蓼水，榜曰滄浪。家有女樂一部，皆吴姬極選。……公嘗于亭上演《牡丹亭》及新翻《秣陵春》二曲，名流畢集，競爲詩歌，以志其勝。其最警者云：

雲鎖天台鶴路遥，武谿春信隔花潮。鍾陵自有遊帷觀，咫尺城闉度玉簫。　老來歌管聽全稀，今夜行雲繞不飛。數剪銀缸猶似霧，幸君先撤夏侯衣。（朱遂初徽）

銀紅衫子玉香鞵，學就菱歌出館娃。自撥琵琶纖手見，未須報道墜金釵。　蘭亭俳場紗帽傲吾曹，學士依然御錦袍。拭吐龍巾佳話久，何如今夜擁姬豪。　勝迹未能兼，盡醉流觴再捲簾。紅粉圍來花氣轉，《牡丹》唱徹韻籌添。　縈懷底事聊憑褉，作語生香僅八奩。座上風光今正好，明朝又怕雨霏霏。　社聚自宜厭夜飲，姗來况欲試春衫。綺筵後動真人劍，書幌時摇估客帆。　女樂教成曲不誤，後堂制小杖爲函。　先生南郭鳴天籟，感舊憐新亦大凡。（黎博菴元寬）

雲間歌管已成塵，淚洒荒烟十五春。又聽貞元供奉曲，樽前驚見玉堂人。

幾年圖史水雲鄉，元老翩然羽客裝。只有情緣今尚在，緑波影裏看西廂。

供奉當年詠太真，錦袍何處覓佳人。今日翰林還姓李，遭逢却勝夜郎身。（陳士業弘緒）

金縷瑶臺燭正紅，翻然舞態見驚鴻。宵來夢入神仙去，醒後東山伴謝公。（孫豹人枝蔚）

濃髻鬆鬟總嬌嬈，檀板清絃間玉簫。風過急須持舞袖，恐隨高響上雲霄。（歸元恭莊）

宛轉歌喉窈窕娘，烟波縹緲出紅妝。可憐燕婉猶羞客，只顧風流老侍郎。（靳茶波應昇）

春日春歸學士堂，霓裳一曲换新粧。坐來不覺頻回首，錯認江東顧誤郎。（周計百令樹）

（《西江詩話》卷十）

宋　犖

與吴孟舉

董氏梨園樂部足冠一時。吴寶郎演玉茗堂倩女離魂，真不禁聞歌唤奈何矣。惜足下遄返，虚此一段佳話，增悵悵也。

（《西陂類稿》卷二十九）

宋犖，字牧仲，號漫堂。河南商丘人。康熙間任江西巡撫，累官至吏部尚書。有《西陂類稿》等。

戴延年

吴語

杜玉奇以湯若士離魂齣擅名，年六十餘登場，宛是亭亭倩女，絶可憐人也。（《吴語》）

戴延年，康熙乾隆間人。生平、籍貫不詳。有《摶沙録》、《吴語》等。

王文治

冬日浙中諸公疊招雅集，席間次李梅亭觀察韻四首（其四）

稗畦樂府紹臨川，字字花縈柳絮牽。芍藥欄低春是夢，華清人去草如烟。時演《牡丹亭》、《長生殿》全本。天留餘暖資調笛，酒到微醺更擘牋。雅集西園真不忝，倩誰圖向竹風邊？

汪劍潭偕何數峯雨中過訪寓齋，留飲竟夕，命家伶度湯臨川還魂、邯鄲二種曲。翌日，劍潭製詞見贈，悽怨温柔，感均頑豔。余弗能爲詞，以詩答之

柴扉陰雨不曾開，忽報江南二妙來。聽罷臨川腸斷曲，始知惆悵爲多才。

春草煙湖緑半斜，紅牋珍重寄瓊葩。人間有此銷魂句，莫怪仙人恨落花。

（《夢樓詩集》）

鐵津山人　問津漁者　石坪居士

消寒新詠

王百壽，萬和部，小生，吴人。比玉茗青鸞。最妙者：「拾畫叫畫」（《牡丹亭》），

「茶敍」、「問病」、「秋江」(《玉簪記》)。（《消寒新詠》）

李　斗

揚州畫舫録

江班，亦洪班舊人，名曰德音班。江鶴亭愛余維琛風度，令之總管老班，常與之飲及葉格戲。謂人曰：「老班有三通人：吴大有、董掄標、余維琛也。」掄標，美臣子，能言史事，知音律，《牡丹亭記》柳夢梅，手未曾一出袍袖。金德輝演《牡丹亭・尋夢》、《療妬羹・題曲》，如春蠶欲死。（卷五）

顧阿夷，吴門人，徵女子爲崑腔，名雙清班，延師教之。初居小秦淮客寓，後遷芍藥巷。班中喜官「尋夢」一齣，即金德輝唱口。……小玉爲喜官之妹。喜作崔鶯鶯，小玉輒爲紅娘；喜作杜麗娘，小玉輒爲春香；互相評賞。

鹽務自製戲具，謂之内班行頭。……小張班十二月花神衣，價至萬金。（卷五）

小唱以琵琶、絃子、月琴、檀板，合動而歌。最先有《銀紐絲》、《四大景》、《倒扳槳》、《剪靛花》、《吉祥草》、《倒花籃》諸調，以《劈破玉》爲最佳。有于蘇州虎丘唱是調者，蘇人奇之，聽者數百人。明日來聽者愈多，唱者改唱大曲，羣一噱而散。又有黎殿臣者，善爲新聲，至今效之，謂之黎調；亦名《跌落金錢》。二十年前尚哀泣之聲，謂之《到春來》，又謂之《木蘭花》。後以下河土腔唱《剪靛花》，謂之網調。近來羣尚《滿江紅》、《湘江浪》，皆本調也。其《京舵子》、《起字調》、《馬頭調》、《南京調》之類，傳自四方，間亦效之。而魯斤燕削，遷地不能爲良矣。于小曲中加引子尾聲，如《王大娘》、《鄉里親家母》諸曲。又有以傳奇中《牡丹亭》、《占花魁》之類，譜爲小曲者，皆土音之善者也。（卷十一）

（《揚州畫舫録》）

焦循

劇說

《磵房蛾術堂閒筆》云：「杭有女伶商小玲者，以色藝稱，於《還魂記》尤擅場。嘗有所屬意，而勢不得通，遂鬱鬱成疾。每作杜麗娘《尋夢》、《鬧殤》諸劇，真若身其事者，纏綿淒婉，淚痕盈目。一日，演《尋夢》，唱至『待打并香魂一片，陰雨梅天，守得個梅根相見』，盈盈界面，隨聲倚地。春香上視之，已氣絶矣。臨川寓言，乃有小玲實其事耶？」

（《劇說》卷六）

小鐵笛道人

日下看花記

桂林，姓陳，字仙圃。揚州人，年十八歲，三慶部。初見其登場，歌喉清滑，嬌靨鮮妍，顧盼玲瓏，風情柔韻。藝有《盜令》、《遊街》、《學堂》、《思凡》、《拷紅》、《戲叔》等齣，靈心慧齒，如聽百轉林鶯，體段亦停勻合度。後來之秀，應數此人。

福壽，姓吴，字春祉。年十六歲，揚州人，春臺部。姿容明媚，骨肉停勻。演《學堂》，閨閣風儀，別饒韻致。

（《日下看花記》卷一）

小鐵笛道人，蘇州人。姓名不詳。《日下看花記》成於嘉慶八年（一八〇三）。

箇中生

吴門畫舫續録

崑曲講四聲，出口收音，靡不留意；而闊口甚難得。……昨泊虎丘，見鄰船載小娃約八九齡，唱《牡丹亭·冥判》全齣，神色不亂，豈俗所謂童音耶？惜未詳其里居姓氏。

（《吴門畫舫續録》卷下）

《吴門畫舫續録》成於嘉慶十八年（一八一三）。

張際亮

閲燕蘭小譜諸詩，有慨於近事者，綴以絶句（録一首）

撩眼春光妙悟生，天然易理出音聲。年來略解詩人意，癡婦豪僧怨女情。向年在會城見演《醉打山亭》，乃悟詩人所謂悲壯。近見韻香演《小青題曲》、《游園驚夢》，乃悟詩人所謂纏綿。山樵解易，固非戲語。

（《金臺殘淚記》卷二）

張際亮，字亨甫，別號華胥大夫。福建建寧人。有《張亨甫全集》。《金臺殘淚記》成於道光八年（一八二八）。

珠泉居士

續板橋雜記

周玲，乳名姐官，字瑟瑟。蘇州人。方全，後改名璇，字姍來，江陰人。吴雙福，張大義女。汪銀兒、胡四喜、秦巧姐等，皆蘇州人，並工院本；而周玲實創厥始，四喜獨冠其曹。鑑湖邵子升巖嘗語予云：「周玲之《尋夢》、《題曲》，四喜之《拾畫》、《叫畫》，含態騰芳，傳神阿堵，能使觀者感心嫮目，迴腸蕩氣，雖老伎師自嘆弗如也。」

（《續板橋雜記》卷中）

《續板橋雜記》成於道光二十四年（一八四四）。

蜃橋逸客　兜率宫侍者　寄齋寄生

燕臺花史

天壽，姓趙氏，字菊仙，江蘇長洲人也。性恬静如處女，對客寡言笑而深於情。問從人論古今書法，頗有會心處。善横吹及南北曲，演《游園驚夢》諸齣，妙絶一世，都人士知不知，咸嘖嘖稱羨，時年十有六。

天上謫來第幾仙？舞衫歌扇劇堪憐。青春本是良家子，絳樹争誇美少年。宛轉氍毹催鳳管，玲瓏節拍赴鵾絃。星眸炯炯傳新曲，一度紅牙一悵然。

一串珠喉韻繞梁，登場出試舞衣裳。琵琶幽怨咽流水，環佩琤瑽度響廊。射覆藏鈎花月榭，倚紅偎翠木樨堂。曹騰夢裏春如海，唤醒癡情杜麗娘。

（《燕臺花史》）

殿春生

明僮續録

麗華，沈全珍，字芷秋，吴人。玉立亭亭，擅「碩人其頎」之勝。演《游園驚夢》、《鵲橋密誓》等劇，體閒儀静，纏綿盡情。每登場，恒芷儂偶，璧合珠聯，奚啻碧桃花下神仙侣也。

（《明僮續録》）

萬希濂，字芷儂，藝名棣華，唱崑生。

《明僮續録》成於同治五年（一八六六）。殿春生，安徽歙縣人，姓名、生平不詳。

藝蘭生

評花新譜

景春陸小芬，字薇仙，隸四喜部，吴産也。氣韻沈著，儀度幽閑。工《游園驚夢》

諸劇，粉膩脂柔，真足令柳郎情死也。麋月樓主贊曰：「清詞不負《牡丹亭》，翠剪春衣覺有情。庭院無人鳴鳥歇，丁香花下坐調笙。」

（《評花新譜》）

邗江小遊仙客

菊部羣英

樂安主人孫彩珠，號絢華，又號紫沅。蘇州人。甲辰生。隸永勝奎部。唱旦兼崑亂。工演《雙拜月》（蔣瑞蓮）、《游園驚夢》（杜麗娘）。

桂林，姓任。本姓王，號燕仙。本京人。戊午生。隸四喜。唱崑旦。桂官，姓王，號楞仙。本京人。己未生。正名樹榮。部同，唱崑生。兩人工演《打番》（番兒），《游園驚夢》（桂官柳夢梅，桂林杜麗娘）。

桂芝，姓薛，原名玉福，小名鎖兒。本京人。庚申生。隸四喜。唱崑旦。工演《學堂》（春香），《打番》（番兒）。

菊秋，姓張，正名椿，號憶仙，小名利兒。本京人。庚申生。隸四喜。唱崑旦兼青衫。工演《湖船》（張大姐），《女詞》（李大姐），《學堂》、《游園驚夢》（春香）。

琴芳（芳一作舫），姓周，號韻笙，小名二定。本京人，丁巳生。隸三慶、四喜。唱崑旦，工演《游園驚夢》（小姐），《寄扇》（李香君），《園會》（荷珠），《折柳》（霍小玉）。

瑞生，姓仲，號秀芳。本京人。辛酉生。隸三慶、四喜。工演《後約》（秋香），《游園驚夢》（春香）。

錫慶少主人小芬，號薇仙，小名福兒。丙辰生。隸春臺。唱崑旦兼青衫。善胡琴。工演《湖船》（張大姐），《游園驚夢》（杜麗娘）。

鳳林，姓戴，號儀雲。本京人。辛酉生。隸三慶。唱崑旦兼花旦。本師醇和羅巧福。工演《花鼓》（漢子），《學堂》（春香）。

麗華主人沈芷秋，正名全珍。蘇州人。丁未生。唱崑旦。出春華。前浄香鄭蓮桂之婿。工演《思凡》、《下山》（趙尼），《游園驚夢》、《尋夢》、《圓駕》（杜麗娘），《折柳》（霍小玉），《瑶臺》（公主）。

敬福，姓張，號紫仙。順天人。庚申生。隸四喜。唱崑旦兼青衫。工演《學堂》（春香），《藏舟》（鄔飛霞）。

敬禄，姓江，號荷仙。本京人。癸亥生。隸四喜。唱崑旦。工演《學堂》（小姐），《規奴》。

聯星主人沈阿壽，號眉仙。蘇州人。辛丑生。唱旦兼崑亂。前四喜名旦沈寶珠之胞弟。工演《水鬥》、《斷橋》（小青），《游園驚夢》（春香）。

蕉雪二主人王湘雲，改名緗雲，號次瀛。本京人，乙卯生。隸四喜，唱崑旦。出景龢。工演《湖船》（張大姐）、《游園驚夢》（杜麗娘）、《折柳》（霍小玉）。

桂亭，姓陳，號秋園（園一作「原」）。本京人。原籍蘇州。丙辰生。隸三慶。唱崑生。名生陳金爵之孫，四喜崑生陳永年之子。工演《游園驚夢》（柳夢梅）、《琵琶行》（白居易）。

桂枝，姓諸，號秋芬。本京人。丙辰生。隸三慶。唱崑旦。善弈。工演《思凡》（趙尼）、《游園驚夢》（杜麗娘）、《瑶臺》（公主）、《折柳》（霍小玉）。

桂蟾主人，姓錢，號秋菱，又號荇香。本京人。原籍蘇州。乙卯生。前春和錢如蘭之子。隸三慶。唱崑旦。善畫。工管絃。擅《思凡》（趙尼）、《游園驚夢》（杜麗娘）、《折柳》（霍小玉）。

桂鳳，姓劉，原名小芳，號菱仙，又號秋芳。本京人。戊午生。隸三慶。唱崑旦。前景春朱祖喜之徒。工演《琵琶行》（花秀紅）、《游園驚夢》（春香）。

喜穎主人李豔儂正名德華，小名套兒。順天人。辛亥生。唱青衫兼崑生。善彈琴、吹笛、弈、畫。出嘉蔭。工演《連相》、《游園驚夢》（柳夢梅）、《醉歸》（秦鍾）、《折柳》（李益）。

紫陽主人朱蓮芬，名福壽，正名延禧，行二，蘇州人，丙申生。唱旦，兼崑亂。工書，善管絃。前景春朱福喜之胞弟。工演《思凡》（趙尼）、《寄扇》（李香君）、《游園驚夢》、《尋夢》（杜麗娘）。

岫雲主人徐小香，正名炘，原名馨，號蝶仙。蘇州人。原籍常州。辛卯生。唱小生，兼崑旦。出吟秀。工演《游園看狀》（蘇公子），《賞荷》（蔡伯喈），《見娘》（王十朋），《游園驚夢》、《拾畫叫畫》（柳夢梅）。

岫雲少主人徐如雲，名連馨，正名玉楝，號蓉秋。丁巳生。隸四喜。唱崑旦兼青衫。工演《舟配》（周玉姐），《游園驚夢》、《尋夢》（杜麗娘），《戲目蓮》（觀音）。

度雲，姓董，名連慶，號桂秋，小名鈕兒。本京人。丁巳生。隸四喜。唱崑旦兼花旦。工演《搜菴》、《茶敍》、《問病》（小尼），《游園驚夢》（春香），《折柳》（霍小玉）。

嘉禮主人杜阿五，正名世樂，號步雲。蘇州人。甲辰生。隸四喜部。唱崑旦。前嘉樹杜蝶雲之胞兄。工演《絮閣》、《小宴》（楊貴妃），《拜冬》（万俟小姐），《游園驚夢》（春香）。

（《菊部羣英》）

蘿摩庵老人

懷芳記

徐小湘，字蝶仙，蘇州人。年十三登場，即名噪一時。性極聰警而能靜密。柔

情慧語，宛轉可憐。十五六扮《拾畫叫畫》，神情遠出齒長。後扮演益工，凡名伶皆樂與相配，遂爲小生中之名宿。（《懷芳記》）

《懷芳記》成於光緒二年（一八七六）。

佚名

菊臺集秀録

雲龢主人朱藹雲，字霞芬，蘇州人。隸四喜。唱崑旦。工演《小宴》（楊貴妃），《琵琶行》（花秀紅），《游園驚夢》（杜麗娘）。（《菊臺集秀録》）

《菊臺集秀録》成於光緒十二年（一八八六）。

佚　名

新刊鞠臺集秀録

穎川主人陳石頭，名德林，號瘦雲。唱青衫，兼崑旦。隸福壽部。工演《思凡》、《美人計》、《游園驚夢》。（《新刊鞠臺集秀録》）

《新刊鞠臺集秀録》成於光緒年間。

李慈銘

越縵堂菊話

同治十三年八月十五日，錢秋蓤來攲節。秋蓤名青，小字桂蟾。貌不揚而按曲妍静。能作小行書，有魏人風格。人亦閒雅。潘星丈、紱丈及秦宜亭皆極賞之。今年三月諸同年讌長安徽館，秋菱演《驚夢》一齣，趙桐孫嘆爲僅見，予曰：「君未見沈芷秋耳。若令比執，不止拔茅棄旌矣。」

（《越縵堂菊話》）

羅惇曧

菊部叢譚

樊樊山爲梅畹華詠《天河配》，作《明河篇》云：「五十年前菊部頭，芷秋豔儂霓裳羽。」芷秋姓沈，唱崑旦。豔儂姓李，唱崑生，兼青衫。芷秋工演《游園驚夢》。《鵲橋密誓》、《梳妝擲戟》，恒與豔儂合演也。

（《菊部叢譚》）

羅淳曧，字癭公。廣東順德人。

張肖傖

燕塵菊影録

徐小香，蘇人。面白皙。風格灑然。一身饒書卷氣。唱小生，崑亂文武不擋。……小香之唱，幽逸清新，疏宕雋秀，一洗塵俗。尤以其唱不同雌音，純屬雉尾生本色，爲難能可貴。崑戲《游園驚夢》、《喬醋》、《拾畫叫畫》、《鳳儀亭》諸曲，堪當風流藴藉、飄逸委婉之稱。與長庚雅相敬服。

繼小香而以小生獨步者，厥爲王楞仙。楞仙名桂官，以字行。眉宇爽朗，清雅不凡。崑亂文武俱精。不善唱而工於表演，最擅崑曲。唱白字眼，能根據崑曲，雅有所宗。演劇温文爾雅，秀逸拔俗。……崑曲如《梳妝擲戟》、《折柳陽關》、《喬醋》、《驚夢》、《琴挑》、《奇雙會》等，亦佳絶一時。

李豔儂，初唱青衫，後始改習小生。崑腔亂彈，俱稱佳妙。……崑戲如《琴挑》、《游園驚夢》、《獨占》、《跪池》，皆稱佳妙。

姜妙香，初唱青衣。丰姿秀美閒静，婉似大家閨秀。……後從馮惠林習小生。《玉門關》、《岳家莊》、《奇雙會》、《游園驚夢》等，爲其常演之劇。……梅蘭芳之新劇，皆妙香與之合演。

朱霞芬，吴人。唱崑旦。骨俊神妍，娟好如處子。愛作淡妝，洗塵滌俗，彌覺清妍，無濃脂障袖之習。工度崑曲。《佳期》、《思凡》、《琴挑》、《鬧學》諸曲，冠絶一時。

喬蕙蘭，一字紉仙。蘇人。佩春堂弟子。其先本仕宦。隷三喜部。唱崑旦。……梅蘭芳學崑戲，一曲將成，常乞指正於喬伶。近代崑旦，惟蕙蘭與德霖兩人最有名。喬久不登臺，梅蘭芳演《葬花》，在後臺唱《牡丹亭》者，即喬也。

諸如香，唱貼旦。丰裁清麗，歌聲朗潤。……兼擅崑曲，與尚小雲配《游園驚夢》、《春香鬧學》，工整愜當，誠裏子之秀者。

尚富霞，小雲弟也。髫齡時即登臺。唱貼旦，無驚人處。近年始植體裊娜，娟娟如十七八女郎。能唱《掛畫》、《下河南》、《思凡》、《鬧學》、《驚夢》等作。小雲之《鬧學》，聞亦向富霞研討云。

（《燕塵菊影録》）

梅蘭芳

遊園驚夢

一九五〇年秋天在北京有一個招待國際友人的晚會，要請梅先生參加演出。他自動提議演一次《游園驚夢》。因爲崑曲場面，用小鑼的地方多，外賓聽了，比較清静。京戲場面，大抵是金鼓喧闐的。没有這種習慣的聽了，容易感到吵得慌。演員方面，是梅先生的杜麗娘，他的兒子葆玖的春香，姜妙香的柳夢梅，王少亭的大花神。那天一共有三個戲碼，八點鐘開鑼，十一點鐘散戲。時間上支配得也非常合適。

過了兩天，梅先生在大衆劇場表演《醉酒》。王少卿拿着胡琴走進後臺，掏出一張報紙，對我説：

「今天的《新民報》看了没有？這裏面有一段關于《遊園》曲子裏『迤』字的讀音問題，要跟梅大爺商榷。您把這張報帶回去，跟他研究研究到底應該怎麽念？」唱完戲，我帶了那張報回來。大家正在吃夜宵。梅先生説：

「剛才我在扮戲，仿佛聽到您跟少卿在談甚麽迤逗迤逗的。是説我念錯了嗎？」

「有一位宋雲彬先生提的意見。」我説：「題目是《談迤逗就正于梅蘭芳先生》，他認爲迤逗的『迤』字，應該唱『拖』音。您唱的『移』音，是唱錯了。少卿是讓我跟您來研究這個問題的。」

吃完夜宵，我們就一起走進客廳。梅先生坐下就説：「請您把這段報念給我聽。」他的樣子好像有點疲倦，把頭靠在沙發上，閉着眼睛在養神。手裏拿着一支烟捲，静静地聽我念這段報：

昨夜有機會看梅蘭芳先生演《遊園驚夢》。這是崑腔戲，又是有名的「臨川四夢」之一。二十五年前我會唱崑腔，《遊園驚夢》是最愛唱的一齣；現在喉嚨嘶啞，唱不成聲了。因爲從前愛唱，所以特别愛聽。梅先生唱得非常細膩，咬字又很清楚，我除了讚嘆之外實在無話可説。可是有一個字他唱錯了，那就是把「迤逗的彩雲偏」的「迤」字唱作「迤邐」的「迤」字聲音了。

「迤逗」的「迤」跟「迤邐」的「迤」不同，前者是雙聲聯綿詞，後者是疊韻聯綿詞，所以「迤逗」的「迤」不讀移，讀拖。商務印書館出版的《崑曲集成》特别在這裏注明：「迤，元曲音注皆叶拖，陰平聲。近有讀本音移者，非。後《尋夢》折同。」手頭没有《元曲選》之類的書，不能舉例，但我相信讀「拖」字音是對的，因爲這是雙聲聯綿詞，跟《荀子》（《非十二子》）「弟佗其冠」的「弟佗」同類。迤字可以寫作「迆」。《集韻》：「迤，邪行也，或作迆。」也可以寫作「迱」。《集韻》：「迱，逶迱，行貌，或作迤。」迆、迱、迤形近而譌混。「迤逗」的「迤」可以寫作「迱」的。

崑曲保存到今天是一樁很有意義的事情。《牡丹亭》曲譜曾經葉堂、王文治等專家訂定，我希望能够依照原來的字音唱，不「走樣」才好。記得二十年前請教過俞粟廬先生，他同意我的説法。梅先生是這方面的專家，崑、亂都唱的到家，我特地提出這個小問題跟他商榷。

梅先生聽完了就説：

「我對這『迤逗』的『迤』字的唱法，是有過一段轉變的經過的。我在北京剛學《遊園》，是唱『拖』音。早期到上海表演這齣戲，也還是唱『拖』音的。等到九一八以後移家上海，聽到南邊許多曲家都把它唱作『移』音，我提出來跟俞五爺還有令弟伯遒討論過爲什麽改唱『移』音的道理。俞五爺告訴我：『這個「迤」字，我在八九歲上聽到所有曲家都唱「拖」音。後來先父與吴瞿庵先生經過了一番考證，把它改唱「移」音。不多幾年工夫，南邊崑曲家，就没有再唱「拖」音的了。』我聽完俞五爺的話，才知道南邊的改『拖』爲『移』，是打吴瞿庵、俞粟廬兩位老先生行出來的。吴老先生是一位音韻專家，俞老先生是一位度曲名宿。經他們的考證，要把它改唱『移』音，一定是有根據的。我從此也就不唱『拖』音了。至于迤邐的『迤』字，該唱什麽，我們先來問問這不説話的老師吧。」説着他拿出一種韻書，查到迤邐的「迤」字，歸在上聲紙韻裏，讀作「以」音。

「這一下可更亂了。」梅先生接着説，「現在這個『迤』字已經有『拖』『移』『以』三種讀法。一個陰平，一個陽平，一個上聲。在戲裏面應該採用哪一種呢？真不好辦了。我是一個演出的人，不是一個音韻專家。這個問題，馬上我是没有法子解決的。這麽辦，請您代我寫一封信給俞五爺，問他俞老先生當初到底是根據甚麽改的。再寫一封信給令弟源來，請他跟俞五爺細細考證以後，給我一個具體的答覆，同時我要感謝這位宋先生提的意見。因爲我從改唱到今天，總没有徹底去追究它的道理，這次或者可以借此打開這個多少年來的悶葫蘆了。」

第二天我就發出這兩封信。隔了半個來月，經他們查了許多韻書的結果，答案是寄來了，振飛的回信，是這樣説的：

接到您的來信，説在《遊園》曲詞裏有一句「迤逗的彩雲偏」的「迤」字，您先唱「拖」音，後來改唱「移」音。現在有一位宋雲彬先生，根據《集成曲譜》注明《元曲選》音注，説應該仍唱「拖」音。這個「迤」字的唱法，在我幼時十歲以前，聽到蘇州的一般老曲家，連我先父在内，是都唱「拖」字音的。到了我十幾歲上，就由先父與吴瞿庵先生商同了把它改唱作「移」字音。從此南方的曲家，都照這樣唱。現在可以説没有人再唱「拖」字音的了。他們兩位根據什麽理由把它改唱「移」字音，這一點我可慚愧得很，因爲那時我的年紀太輕，衹知道按照先父改的來唱，却没有加以研究。

他們兩位都已經過世，我們當然無法請教了。但是我想他們修改的根據，也出不了前人的韻書。我手邊這類韻書不多，就同兩位愛好崑曲歡喜研究音韻的朋友，到我的一位藏有很多韻書的老朋友家裏，請他找出了十幾種來。

（一）《顧曲麈談》是吳瞿庵先生的著作。「迤」字見于齊微韻內，讀作「移」，歌羅韻內讀作「駝」。

（二）《韻學驪珠》是清乾隆時沈乘麐著的。他把「迤」字衹收在齊微韻內讀作「移」。

（三）《音韻須知》是清乾隆時王鵕著的。他說「委蛇」的「蛇」字或作「迤」，有兩種讀音：（1）作自得貌解，讀作「移」。（2）作行貌解，讀作「駝」。

（四）《洪武正韻》裏面，對這「迤」字有三種讀法：（1）委蛇的「蛇」，亦作「迤」，自得貌，讀「移」；（2）逶迤的「迤」，行貌，讀「駝」；（3）「迤邐」的「迤」，讀紙韻的上聲，與「以」同聲。

（五）《中原音韻》裏面，對這「迤」字衹收入齊微韻，讀作上聲。

（六）《度曲須知》是明沈寵綏著的。他在《北曲正訛考》內說「迤」字叶「陀」，不作「拖」。其餘的許多種韻書內，根本不收「迤」字，也不必例舉書名了。

這部《元曲選》有四百套曲子，我還沒有時間細查。照您來信說宋先生是根據《集成曲譜》注明《元曲選》音注讀作「拖」，想必是可靠的。

我們查下來的結果，「迤」字有三種讀法：讀「移」，讀「駝」，讀「以」。加上《元曲選》音注讀「拖」，共有四種了。這「迤逗」連用，衹見于元曲，他書都不提起。

從以上各書中，可以知道從前的老曲家都把「迤逗」唱做「拖逗」，這無疑地是根據了《元曲選》的音注來唱的。先父與吳瞿庵先生的不唱「拖」字，大概是看見了沈寵綏在《度曲須知》裏「不作拖」的注解，才動議要改的。

他們三位爲什麽都認爲不作「拖」呢？這很簡單。一定是他們看到所有的韻書内都没有提到這「迤」字可以讀作拖的根據的原故。

我們再來研究一下，這「迤」字同「委」或「逶」連用了的寫法，如「委迤」、「委移」、「委蛇」、「逶迤」、「逶移」、「逶蛇」、「逶迆」、「倭俠」，多得不可計算。《正字通》裏對這兩個字是這樣説的：「載在史傳者，各家文畫雖異，其音義則同。」總而言之，都出不了一個來源，就是《詩經》裏的「委蛇委蛇」，與「委委佗佗」。如果「迤」字與别的字連用，我們還是采用它的「移」音呢，還是采用它的「駝」音呢？這就不好辦了。有人説何不根據「迤」字的解釋，來定它的讀音？那麽「迤邐」的意思，在《爾雅·釋訓》裏就解作「旁行也」。不是所謂行貌嗎？可是韻書裏又指定了要讀「以」音，我們當然不能把它讀作「駝邐」的。

所以韻書上告訴我們，是説看見「委迤」或「逶迤」連用的時候，應該先確定它的解釋，才好分别它的讀「移」讀「駝」。不是説看見「迤」字，就要把它讀作「駝」音的。又告訴我們，「迤邐」連用，是要讀作「以」音。也不是説看見「迤」字都讀作「以」音的。因此先父與吴瞿庵先生對于以上幾種讀音，實在都無法採用。衹有讀它的本音，唱作「移」音了。

這是我們根據了韻書，事後推測他們改唱「移」音的道理。不敢説是準對的。也不過供您參考而已，還要請宋先生共同來研究一下。匆匆作答，言不盡意，請您原諒。

梅先生看完了信，説：

「關于迤字改唱移音的理由，俞五爺信裏已經講得比較具體。可是海内不少音韻專家，能够再提些寶貴的意見，使這種闡幽發微的工作，做得更深入而明朗，這是我更爲希望的。」

梅先生談完了迤逗讀音問題，順便又從學習《遊園驚夢》説到四十年來演唱這齣戲的經過。這當中是也有一段轉變的過程的。

「在我先祖學戲時代，」梅先生説，「戲劇界的子弟最初學藝都要從崑曲入手。館子裏經常表演的，大部分也還是崑曲。這是我在前面已經講過的。我家從先祖起，都講究唱崑曲。尤其是先伯，會的曲子更多。所以我從小在家裏就耳濡目染，也喜歡哼幾句。如《驚變》裏的『天淡雲閒……』、《遊園》裏的『裊晴絲……』。我在十一歲上第一次出臺，串演的就是崑曲。可是對于唱的門道，一點都不在行。到了民國二、三年上，北京戲劇界裏對崑曲一道，已經由全盛時期漸漸衰落到不可想像的地步。臺上除了幾齣武戲之外，很少看到崑曲了。我因爲受到先伯的薰陶，眼看着崑曲有江河日下的頹勢，覺得是我們戲劇界的一個絶大的損失。我想唱幾齣崑曲，提倡一下，或者會引起觀衆的注意和興趣。那麽其他的演員們也會響應了，大家都起來研究它。您要曉得，崑曲裏的身段，是前輩們耗費了許多心血創造出來的。再經過後幾代的藝人們逐步加以改善，才留下來這許多的藝術精華。這對于京劇演員，實在是有絶大借鏡的價值的。

「我一口氣學會了三十幾齣崑曲，就在民國四年開始演唱了。大部分是由喬蕙蘭老先生教的。像屬于閨門旦唱的《遊園驚夢》這一類的戲，也是入手的時候，必須學習的。喬先生是蘇州人，在清廷供奉裏，是有名的崑旦。他雖然久居北京，他的形狀與舉止，一望而知是一個南方人。説起話來，是那麼宛轉隨和，從來没有看見他疾言厲色地對付過學生。他的耐心教導，真稱得起是一位循循善誘的老教師。

「我學會了《遊園驚夢》，又請陳老夫子給我排練。想在做工方面補充些身段。陳老夫子就把他學的那些寶貴的老玩藝，很細心地教給我。例如《好姐姐》曲子裏『生生燕語……嚦嚦鶯聲』的身段，是要把扇子打開了，拿在手裏摇擺着跟丫環春香並了肩走雲步的。在這上面一句『那牡丹雖好』，是要用手拍扇子來做的。」梅先生説到這裏，就在桌上，拿過一張報紙，摺叠成扇子的式樣，抓在手裏，蹲下身子，比給我看。他説：

「這個身段，是唱到『雖』字上，就用右手拿着的扇子，與左手相拍。隨着『雖』字的行腔拍幾下，還要合着場面上的鼓點呼應。在臺上做的時候，未必有人注意。可是學的時候，倒也不見得簡單。再上面的一句『啼紅了杜鵑』的身段，更費事了。」他索興回到卧室，找出一把舊扇子，用兩個指頭倒提着這把扇子，在打小圈子。左手拉着右手的袖子，身子微帶斜勢站着，左脚向前，一半翹起來，做了一個探步的姿勢。只就他比出來的樣子，已經覺得柔和而輕鬆極了，好像有着無限的詩意似的。

「陳老夫子告訴我，」梅先生接着説，「當年他在科班學戲時代，學到這一類的身段，可没有少挨打。因爲這種身段，手脚都有工作，顧了上面手裏的扇子，又要注意到下面脚步的姿勢，一不留神，就站不穩了。他說要挨打，恐怕就是爲了這個原故吧？我做得没有他那麽結實，不過姿態上的柔軟，或許差不了許多。

「陳老夫子教到身段，也是不怕麻煩，一遍一遍地給我說。步位是非常準確，一點都不會走樣的。他跟我一樣也不是一個富有天才聰明伶俐的學藝者。他的成名，完全是靠了苦學苦練的。所以他學的時候，雖然多費了一點事，學會了可就不容易忘記了。」

梅先生說到這裏，姜六爺在旁邊，就告訴了我們一段關于陳老夫子苦練的故事。他說：

「陳老夫子在三十歲左右，正當年富力强。因爲一面在宫裏當差，一面又搭城外的班子，工作過于疲勞的關係，曾經染上了嗜好。嗓子就一天一天地壞下去了。有一次後臺管事派他唱《三娘教子》。我們内行有兩句術語，男怕西皮，女怕二黄。（這裏指的男女，是戲裏的生旦，不是扮演人的性别。是說明假音和本嗓的區别。）他感到有點對付不了。同班還有一位唱青衣的孫怡雲，派唱的戲是《御碑亭》。他是一條寬亮充足的好嗓子，正在走紅。老夫子過去跟他商量說：『大哥，我今天嗓子不成。給您掉一個戲碼，行不行？』孫怡雲冲着老夫子看了一眼，冷冷地說：『這是管事派定的戲碼，不能隨便掉换的。』說完了，自顧自地扮上孟月華了。老夫子没法，只能拚着唱吧。後來他告訴朋友說：『那天的《教子》，哪兒是唱戲，簡直是號了一齣，哭了一齣。』他受了這樣的刺激，就把外班的契約解除，盡在宫裏應差。打那兒他發憤自勵,首先戒除了嗜好。每天黎明起來,出去蹓彎,喊嗓子。吃飯睡覺,會客訪友,都規定好了時間來約束自己。這樣苦練了好幾年,嗓子又出來了,比以前還要好。一直唱到六十幾歲,他自己嚴格規定的日常生活,始終沒有改變過。這才把他那條又亮又潤的好嗓子,保持得如此長久。老夫子的嗓子出來了,相反的是孫怡雲的嗓子可就塌中了。」姜六爺是跟陳德霖學過戲的,這段經過,是親耳聽陳述説的。梅先生又接下去説:

「最初我唱《遊園驚夢》,總是姜妙香的柳夢梅、姚玉芙的春香、李壽山的大花神。『堆花』一場,這十二個花神,先是由斌慶社的學生扮的。學生裏有一位王斌芬,也唱過大花神。後來换了富連成的學生來扮,李盛藻、貫盛習也都唱過大花神。」姜六爺在一旁,又夾敍了幾句:「這齣《遊園驚夢》,當年剛排出來,梅大爺真把它唱得紅極了。館子跟堂會裏老是這一齣。唱的次數,簡直數不清。把斌慶社的學生唱倒了倉,又换上富連成的學生來唱。您想這勁頭够多麽長!」

説到這裏,我把昨天找出來的一張民國七年曹宅堂會的舊戲單遞給梅先生看。問他還記得這一回事情嗎?

「我怎麽不記得。」梅先生説,「那天我演雙齣,先是跟余叔巖合演《汾河灣》。這齣戲我一向總跟鳳二爺唱,很少跟叔巖唱的。大軸是《遊園驚夢》,姜、姚二位照例分扮柳夢梅和春香。喬玉林的大花神、羅福山的杜母、曹二庚的睡夢神、斌慶社學生的十二花神。這次的角色選擇得相當整齊。羅福山的老旦,有些崑戲裏,少不了他。尤其是《別母亂箭》的周母，更非他不可。喬玉林是喬先生的兒子，曹二庚是曹心泉的兒子，都是崑曲世家。到了臺上有準地方準詞兒，不會弄錯的。只要重要配角裏面換掉一個熟練的演員，我往往就感到吃力。我在戲裏既然是一個主角，如果發生了錯誤，首先我是要向觀衆來負責的。過去有些角兒，喜歡在臺上開玩笑，暴露別人的弱點，顯出自己的機靈，實際上等于開自己的玩笑。這種舉動會造成互相報復的因素，破壞觀衆的情緒，影響業務的發展，可以説是損人而不利己。我一生在臺上從來没有跟人開過玩笑。別人也没有暗算過我。有時偶然發生一點意外的事件，我一定要把責任先弄清楚了。錯在我，就應該很坦白地責備我自己。錯在別人，就用一種嚴肅的態度來勸告他，決不用諷刺的話來調侃他。這樣，受到批評的人，自然會心平氣和地接受我的善意的糾正了。

「有一次張四先生（季直）約我到南通，我還在那兒的更俗劇場唱過一回《遊園驚夢》。十二花神是伶工學校的學生扮的。這是民國十一年夏季的事。」

梅先生正要接着往下説，忽然發生了一件小小不如意的事，他就走回卧室休息去了，只好留待明天再談。

所謂小小不如意的事可以當作一個插曲，我也順便把它寫下來。當梅先生興致正好，滔滔不絕地在講他學習身段的時候，俞媽（葆玖的奶媽）過來報告他説：「小灰貓前兩天就不吃東西，也不大行動，今天又有點抽風，恐怕不大好吧。」梅先生過去看它躺在火爐旁邊，是有抽風的樣子。就叫小劉拖它到醫生那裏去瞧病。過了一會兒，小劉回來説，恐怕不行了。醫生給了兩包藥粉，也没説什麽。俞媽打開來一看，是紅粉色的藥面，就笑起來向梅太太説：「這不是您吃過的瀉藥嗎？這個大夫簡直是蒙事。」梅先生看了這種情形，坐不住了，就回到房裏去躺在床上休息。隔了半點鐘，這隻小貓還能從客廳裏的火爐邊，挣扎着慢慢地走進梅先生的卧室的裏間。蹲在門口，面對着躺在床上的主人。

第二天我剛起床，俞媽就告訴我：「許先生，那隻灰色貓死了。擾得大爺一夜就没有好睡。」我聽了覺得這很可以説明一個人到了中年，他的心情是會變得更富感情了。過了幾天，他的親戚，又送來一隻玳瑁貓，可是梅先生看得比先淡了許多。他説：「我們養貓的方法，過于喜愛，是不很相宜的。以後應該讓牠自然地生活着，倒能延長牠的生命。像死去的這隻灰色貓，恐怕就是吃壞的。」

「昨天説的是我在北方學習和演唱崑曲的經過。今天我再接着來説南遷以後的轉變。

「南方是崑曲的發源地。我想既然移家上海，有這樣一個機會，應該在崑曲的唱念和身段方面，再多吸收一些精華，來充實我的演技。先説唱念部門，第一個碰到的就是令弟伯遒。我記得還是住在滄洲飯店的時候，有一天不是您約我在家裏吃飯嗎，我初次會見了令弟。他帶着笛子，就給我吹了兩支《思凡》。我唱完了，覺得十分痛快。因爲他是吹的所謂『滿口笛』，又寬又亮，正配上我這條寬嗓子。拿他吹的笛子的外形來説，就跟北方的有了區别。他的笛子比較粗些，所以發音寬而亮。北方用的笛子細一點，發音就高而窄了。

「我從飯店搬到了馬思南路（今名思南路），就常請他來替我溫理曲子，這是我接觸到俞派唱法的開始。他給我理的曲子，真不算少。理熟了，他拿起笛子就吹。他吹的癮頭真不小，我那時唱的興致也不差，我們兩個人簡直唱出癮來了。

「大概是一九三二年的冬季，他第一次在天蟾舞臺給我吹的就是《遊園驚夢》。那天除了姜、姚二位照例分扮柳夢梅和春香之外，大花神跟十二花神都是仙霓社的崑班演員（傳字輩的學生）扮的。第二個碰到的就是俞五爺了。我正在天蟾舞臺演出，全體團員，都住在大江南飯店。戲館方面也給我留了兩間房間，每天唱完戲，就到飯店吃夜宵，同時也便于我跟管事的接洽一切有關業務上的事情。有一天，你們昆仲三位，同了俞五爺來看我。見了面，說完了一些彼此仰慕的客套話，正巧令弟帶了笛子，就請俞五爺給我吹了《遊園》裏〔皂羅袍〕和〔好姐姐〕的兩支曲子。這是我第一次聽到他的絶技。笛風、指法和隨腔運氣，是沒有一樣不好的。這〔皂羅袍〕裏『雨絲風片』的風字，我在北方唱的工譜比南方的高些。那天俞五爺是初次給我吹，隨了我的腔也吹高的，一點都不碰。吹完了，你們幾位不還稱道他善于應變嗎。後來令弟告訴我，這風片二字的唱腔，很難安排。一個是陰平，一個是去聲。照北派的唱法，風字唱對了，片字不大合適。照南派的唱法，片字唱準了，風字又差了一點。我想請教俞五爺的崑曲，他說：『閨門旦貼旦的曲子，大半你都學過的。我舉荐一套《慈悲願》的《認子》。這裏面有許多好腔，就是唱到皮黄，也許會有借鏡之處。』我接受了他的提議，就請他常來教我。這套《認子》學會了，的確好聽。我們這個研究崑曲的小團體裏，加上了俞五爺，更顯得熱鬧。那一陣我對俞派唱腔的愛好，是達于極點了，我的唱腔，也就有了部分的變化。這『迤』字改唱『移』音，就是在那個時期開始的。

「俞派的唱腔，有『啜、疊、擻、嚯、撮』五個字的訣竅。講究的是吞吐開闔，輕重抑揚，尤其重在隨腔運氣，的確是有傳授的玩藝兒。我跟他們研究之後，雖說不能很深刻地全部了解，就拿已經體會到的，運用在表達情感方面，似乎比從前又豐富了一些。這對我後來表演崑戲，是有很大的幫助的。我隨便舉一個例，如《刺虎》裏面〔滾繡球〕的最末一句，『有個女佳人』的『佳』字，本來我也是出口就使一個長腔，可是在換腔的地方，我換了一口氣。俞派是一氣呵成，把『佳』字唱完，到『人』字上才换氣的。這樣的唱法，在表現劇中人怨恨的情緒上，是能增强不少力量的。這是運氣方面，我得到的益處。還有我們北方唱到崑曲的入聲字，總不十分合適。如《遊園》裏『不提防』的『不』字，我們唱作『布』字的音。《驚夢》裏『没亂裏』的『没』字，我們唱作『模』字的音。其實應該唱『卜』和『木』的音的。『不』字讀法，還有南北曲之分，南曲讀『卜』，北曲讀『補』。這都是經過了他們的指示我才改過來的。

「總結起來說，俞腔的優點，是比較細緻生動，清晰悦耳。如果配上了優美的動作和表情，會有説不出的和諧和舒適。凡是研究過俞腔的，我想都有這種感覺吧。

「巧得很，我跟俞五爺在臺上第一次合演的戲，也是《遊園驚夢》。仿佛是一九三四年，爲了崑曲保存社籌款，就借新光大戲院會串兩天崑曲。我接受了當地幾位老曲家的要求，答應他們參加演出。第一天就唱的是這齣戲。俞五爺的柳夢梅，一位女崑票的春香，鼓是崑班裏的能手『阿五』給我打的，可惜他的名姓，我已經記不起來了。還有陪令弟吹的是趙桐壽（即趙阿四），也是南方的名笛手，不過他那時的年紀已大，笛風就不如令弟的充滿肥潤了。

「崑曲的做工方面，我請教過丁蘭蓀老先生好些身段，得到他的益處也不少。唯有表情上的逐步深入，那只能靠自己的琢磨，老師是教不會的了。所以我承認，這四十年來，我所演的崑、亂兩門，是都有過很大的轉變的。有些是吸收了多方面的精華，自己又重新組織過了的。有的是根據了唱詞賓白的意義，逐漸修改出來的。總而言之，『百變不離其宗』，要在吻合劇情的主要原則下，緊緊地掌握到藝術上『美』的條件，儘量發揮各人自己的本能。

「從前教戲的，只教唱、念、做、打，從來没有聽説過有解釋詞意的一回事。學戲的也只是老師怎麽教我就怎麽唱。好比猪八戒吃人參果，吃上去也不曉得是什麽味兒。二黄的臺詞，比較淺近通俗，後來還可以望文生義地來一個一知半解。像崑曲那麽典麗藻飾的曲文，就是一位文學家，也得細細推敲一下，才能徹底領會它的用意。何況我們戲劇界的工作者，文字根底都有限，只憑口傳面授，是不會明瞭全部曲文的意義的。要他從面部表情上傳達出劇中人的各種内心的情感，豈不是十分困難！我看出這一個重要的關鍵，是先要懂得曲文的意思。但是憑我在文字上這一點淺薄的基礎，是不够了解它的。這個地方我又要感謝我的幾位老朋友了。我那時朝夕相共的有羅癭公、李釋戡……幾位先生，他們都是舊學湛深的學人，對詩歌、詞曲都有研究。當我拍會了幾套崑曲，預備排練身段之前，我就請教他們把曲子裏的每一字每一句仔細講解給我聽；然後做的表情身段，或者可能跟曲文、劇情一致地配合起來。有的身段，前輩已經把詞意安進去了，可是還不够深刻。有的要從另一種角度上來看，倒比較更爲合理。這就在乎自己下功夫去找了。

「我在這一段讀曲過程當中，是下了一番决心去做的。講的人固然要不厭其詳地來分析譬喻，聽的人也要有很耐煩的心情去心領神會。中國的詞曲有些是真不好講，就拿『迤逗的彩雲偏』一句來舉一個例。因爲上面有『没揣菱花，偷人半面』的兩句詞兒，是説在鏡子裏偷看到半個臉子，那麼下面的『彩雲偏』必是指女人的髩髮歪在一邊了。可是講到『迤逗』兩個字，有的説是牽惹的意思，有的説是形容這彩雲偏的，就不容易下一個很肯定的斷語了。所以今天我能够大致了解一點曲文，都是這幾位老朋友對我循循善誘的結果。這裏面我尤其要感謝的是李先生，他給我講的曲文最多，也最細緻。

「我從去年起唱的《遊園》，身段上有了部分的變化。這不是我自動要改的，完全是爲了我的兒子葆玖陪我唱的原故。他的《遊園》是朱傳茗給他排的，在花園裏唱的兩支曲子的身段和步位，跟我不很相同。當時有人主張我替葆玖改身段，要改成我的樣子，跟着我的路子走。我認爲不能這樣做。葆玖在臺上的經驗太差，而且這齣《遊園》又是他第一次表演崑曲。在這種條件之下，剛排熟的身段，要他改過來，在他的記憶裏，就會有了兩種不同的身段存在，這是多麽冒險的事。到了臺上，臨時一下子迷糊起來，就會不知道做哪一種好了，那準要出錯的。這樣，就只有我來遷就他了。

「杜麗娘跟春香在花園裏的動作和步位，有分有合。分的身段，都成爲對照的形式。他們有時斜對面站着的距離不太近，可是又要做得自然、大方而緊密。如果做得參差不齊，因爲臺上只有兩個人，觀衆是很容易發覺出來，感到不好看的。

「崑戲的身段，都是配合着唱的。邊唱邊做，仿佛在替唱詞加註解。我看到傳茗教葆玖使的南派的身段，有的地方也有他的用意，也是照着曲文的意義來做的，我又何嘗不可以加以採用呢？我對演技方面，向來不分派别，不立門户；只要合乎劇情，做來好看，北派我要學，南派我也吸收。所以近來我唱的《遊園》，爲了遷就葆玖，倒是有一點像『南北和』了。

「講到《驚夢》，那又是一齣着重表情的戲了。我前面説《宇宙鋒》的時候，不是提到演員在臺上要表達劇中人的内心情感，是有兩種性質的嗎？這位杜小姐就是屬于内心有『難言之隱』的一種。其實杜麗娘口裏説不出的話，要擱在現在，真太不成問題了。男大當娶、女大當嫁，本來是天公地道、光明正大的事，儘可拿出來跟家裏的人商量進行，或者根本就由自己選擇愛人。有什麽不可告人的神秘的地方呢？可是中國的古典歌舞劇是有它的時代背景的。在《牡丹亭》創作的時代，就不這樣簡單。任何一個女子，衹要談到她的所謂終身大事，馬上就會連脖子都紅起來，低了頭，羞答答的一句話也説不出來了。我們扮的既是這種時代裏的一個女子，在她够上了婚配的年齡，自然也想嫁一個如意郎君。嘴裏又不肯説，衹能在她的神情上把她的内心的需要描寫出來。你想這是够多麽細緻的一個課題！

「劇中人既有了這樣的心情，于是老派的身段，不論南北，就都要在這一方面着重形容。這樣使一些表情能力不够强的演員們，可以由固定的身段上表達出來。所以這支〔山坡羊〕裏，就都是流傳有緒的好身段。

「杜麗娘逛完花園回來坐下，念完『驀地遊春轉，小試宜春面。春吓春！得和你兩留連，春去如何遣。咳，恁般天氣，好困人也！』就接唱〔山坡羊〕的『没亂裏春情難遣，驀地裏懷人幽怨』兩句。此時杜麗娘還坐在桌子裏邊，不可能有多少身段，衹有全靠手勢和神情了。在唱〔山坡羊〕以前，演員先要能够得一個『静』字訣。換句話説，就是儘量先要把自己的氣沉下來，才好唱這一支曲子。因爲這兒的表情，實在太細緻了，全要在有意無意之間透露出一點劇中人的内心情感。如果扮演人没有做到静的工夫，臺底下怎麽能看出此中微妙之處呢？

「唱到『則爲俺生小嬋娟』一句，她才慢慢地站起來，邊唱邊做的走出了桌子。這以後就要用身段來加强她的『春困』心情了。等唱到『和春光暗流轉』一句，就要把身子靠在桌子邊上，從小邊轉到當中，慢慢往下蹲，蹲了起來，再蹲下去。這樣的蹲上兩三次，可説是刻畫得最尖鋭的一個身段了。這是南北相同的一個老身段，我從前也是照樣做的。後來我對它有了改動的企圖，是根據了這樣兩種理由：（一）我的年紀一天天地老起來了，再做這一類的身段，自己覺得也太過火一點吧。我本想放棄了不唱它，又因爲這是很有意義的一齣戲。它能表現出幾百年前舊社會裏的一般女子，受到舊家庭和舊禮教的束縛苦悶；在戀愛上渴望自由的心情是并無今昔之異的。再拿藝術來講，這是一齣當年常唱的戲。經過許多前輩們在身段上耗盡無數心血，才留下來這樣一個名貴的作品。我又在這戲上下過不少的功夫，單單爲了年齡的關係就把它放棄了不唱，未免可惜。（二）照我的理解，杜麗娘的身份，十足是一位舊社會裏的閨閣千金。雖説下面有跟柳夢梅夢中相會的情節，到底她是受着舊禮教束縛的少女，而這一切又正是一個少女的生理上的自然的要求。我們衹能認爲這是杜麗娘的一種幻想，決不是蕩婦淫娃非禮的舉動。這是少女的『春困』，跟少婦的『思春』是有着相當的距離的，似乎也不一定要那樣露骨地描摹。所以我最後的決定，是保留表情部分，沖淡身段部分。

「抗戰勝利之初，觀衆因爲有八年没有見着我了，很想看我的表演。我離開了觀衆很久，也想在臺上跟他們見面。可是南北的交通還没有恢復，我的這班老團員，遠在北京，不能到上海來跟我合作演出。没有徐蘭沅的胡琴和王少卿的二胡，京戲我是唱不成的。正巧姜妙香和俞振飛兩位都在上海，加上仙霓社全班演員，就在美琪大戲院表演了一期崑曲。規定四天戲碼是（一）《刺虎》，（二）《遊園驚夢》，（三）《思凡》、《斷橋》，（四）《奇雙會》。來回倒着唱了好幾回，《遊園驚夢》的次數唱得不少。我在那時開始把我的新的理解做了初步的嘗試。我看臺下的反映，并不以爲我減掉了部分的身段，就破壞了整個的劇情。到了去年，我在上海中國大戲院演出，我把保留下來的身段，進一步再沖淡了一些。把這『和春光暗流轉』的身段，改成轉到桌子的大邊，微微作一斜倚而又慵懶的樣子，再加上一個抖袖，就此結束了這一句的動作。

「我來總結一下。我現在唱《驚夢》的身段，如果對照從前的話，是減掉的地方比較少，沖淡的地方比較多。同時我也按照詞意添了一些并非强調春困一方面的身段。這説明了我這樣的改動，是想加强表情的深刻，補償身段的不足的。本界的青年藝人們，如果照着老路子的做法，我也并不反對。可是杜麗娘的身份，應該先要認清，千萬不可做過了頭。弄成蕩婦思春，那就大大地遠離了她的身份，而且違背了原作者湯顯祖的用意了。

「《驚夢》裏堆花的形式，南北稍有不同。北方的花神是一對一對地上場，每一對出來單獨做些舞蹈姿勢。南方的是集體同上。唱的曲子，也有一點區别。

「從一九四九年起，在我所演的《驚夢》裏，有兩個角色的出場，有了部分的增減：（一）減去的地方是把一個睡夢神免了職。這中間的經過是這樣的。在上海中國大戲院，葆玖第一次陪我唱《遊園驚夢》，是俞五爺的柳夢梅。臺下有一位文工團的同志，看完了戲到後臺來提出一個意見。他説：『有没有方法，去掉睡夢神的上場？』我接受了他的提議，回家考慮了一下。覺得杜麗娘和柳夢梅的夢中相會，既然可以看作是杜麗娘的一種幻想，當然就不必再勞這位月下老人的駕了。不過要去掉睡夢神，對我這已經出場的杜麗娘，關係還輕。柳夢梅是要靠睡夢神引出來的，這就必須要跟俞五爺細細研究才行。好在俞五爺是崑曲行家，這一個題目，想必是難他不倒的。第二天我就請他來商量。他說：『讓我回家想上一想。去掉睡夢神之後，柳夢梅如何上場；與杜麗娘如何相會。還要改得自然才行。』果然他想出一個辦法來了，我們在第二次貼演《遊園驚夢》，就是這樣改的：

「《驚夢》的演出慣例，是在杜麗娘唱完〔山坡羊〕曲子以後，場上接吹一個《萬年歡》的牌子，她就入夢了。吹打一住，睡夢神就要出場。手裏拿着兩面用綢子包扎成的鏡子，念完『睡魔睡魔，紛紛馥郁。一夢悠悠，何曾睡熟。吾乃睡夢神是也。今有柳夢梅與杜麗娘有姻緣之分，奉花神之命，着我勾引他二人香魂入夢者！』這幾句，就走到上場門，把右手拿的一面鏡子舉起來向裏一照，柳夢梅就拱起雙手，遮住眼睛，跟着出場了。睡夢神把他引到臺口大邊站住，再用左手拿的一面鏡子，在桌上一拍，也照樣把杜麗娘引出了桌外站在小邊。然後睡夢神把雙鏡合起，就匆匆下場了。他們二人放下手來，睜開眼睛，就成了夢中的相會。老路子一向都是這樣做的。

「現在我們改的是，杜麗娘唱完曲子，吹牌子入夢。吹打住，柳夢梅自己出場。亮完了相，就轉身面朝裏，背沖外，慢慢退着走向大邊去。他的神態仿佛一路在找人似的。同時杜麗娘也自己離座，由大邊走出桌子，背沖着柳夢梅，也退了走。等他倆剛剛碰背，就轉過身來，先互換位置（仍歸到柳站大邊，杜站小邊）。杜麗娘舉起左手，擋住面部。由柳夢梅用手按下杜手，歸到夢中相會了。

「這個方法，一點没有生硬牽强的毛病。反倒增加了夢中迷離惝恍的情調，可以説改得相當成功。就是俞五爺本人也覺得從前每次拱起雙手，在等杜麗娘的時候，總是顯得怪僵的，倒是改後出場生動得多了。（二）增加的地方是在末場尾聲之前，春香再上一次場。這是令弟（源來）跟劉先生（訢萬）的提議。他們覺得這支尾聲曲子是接着上面〔綿搭絮〕唱的，中間没有道白，杜麗娘邊唱邊走地就下了場，臺下的觀衆，懂崑曲的自然明白；不懂的要等角兒下場，落了幕，才知道已經曲終了。這很容易使觀衆對這齣戲的結束感到突然，不如使春香再上來一次，攙扶杜麗娘下場。一來使臺下得到一個劇終的暗示，二來攙下的身段，也比較生動好看。本來《牡丹亭》傳奇裏，結尾是有春香上念『晚妝銷粉印，春潤費香篝，小姐薰了被窩睡吧！』幾句原詞的。可是所有曲譜裏都略去了。春香的再上場，恐怕自有表演《驚夢》以來，還是一個創例。我采用了這個方式，的確身段容易討俏，觀衆也得到了劇終的暗示。他們的提議樣樣都好，就是苦了春香，唱完了《遊園》不能卸裝；坐在後臺，要等唱完一齣《驚夢》，才上場念三句道白，可够他等的。這也許就是過去所以不上春香的原故吧。」

（《舞臺生活四十年》）

談杜麗娘

《牡丹亭》是湯顯祖先生的名著之一。我二十幾歲以後就向喬蕙蘭、陳德霖二位老先生學會了這本傳奇中間的《游園驚夢》。在剛剛拍曲子的時候，我也没什麽别的領會，祇是覺得這齣戲裏的曲子爲什麽那樣好聽，令人心醉。在學習身段時，我又感到老先生們教的身段，不但好看而且準確，多少遍都不走樣。

我學會了這齣戲上演以後，就非常喜愛杜麗娘這個角色，而觀衆也很歡迎這齣戲，所以常常滿座。可是我并不滿足于這一點劇場效果，當時我對一般西皮二簧的唱詞是懂得的，但像《牡丹亭》這樣的劇本，老師祇給我拍曲，并不講解，限于我的文化水平，對于其中有些唱詞和賓白就不能全部了解。這樣，要從唱、念、做上傳達出劇中人的内心情感，豈不發生困難？我看出了這一個重要關鍵，必須先懂得曲文的意思，于是我就向有古典文學修養的朋友們請教，他們給我逐字逐句地講解，我自己也反復玩味。漸漸能够領會了。跟着，我又把身段、唱法和曲文三方面結合起來下了工夫，再到臺上演出時，就覺得有些不同了。幾十年來，這齣戲演的次數相當多，由于演出的次數逐漸增加，我對杜麗娘的性格也逐漸深入。

湯顯祖所描寫的杜麗娘，是一個可以代表封建時代「千金小姐」身份的典型人物，她生在生活優裕的家庭裏，父母對她十分鍾愛，她是美麗而且精通詩書的才女，她希望有一位品貌兼優的書生而又是能够理解她的人作爲終身伴侣，同時她也知道父母對于女兒的婚姻大事是不會草草的，但是理想中的人是可遇而不可求的，因而有着寂寞、空虚、徬徨、抑鬱的心情，不免游春傷感。象杜麗娘這樣一個典型女性，如果僅僅從表面上描寫她的相貌美麗和性情温柔，而没有把她藏在心靈深處的這一點思想刻劃出來，那就成爲一般的了，湯顯祖作品的動人之處，就在這種地方。他是先從環境寫起的，在《牡丹亭》前幾齣戲裏都有了交代，這就等于角色的小傳，隨後就一步一步地進入核心，雖然現在一般都不演全本《牡丹亭》，我認爲演員仍然應該把全部曲文擇要閱讀、揣摩。

《游園》一齣，着重地描摹杜麗娘的閑適心情，在「裊晴絲吹來閑庭院」這樣安静清雅的環境裏，一個具有詩人情感的人當然是很愉快的，所以《游園》的曲文從景中寫情，情中有景，都充滿了春光明媚的意境，在這種意境中衹微露出「良辰美景奈何天」和「那牡丹雖好，他春歸怎占的先」等一類的詩人式的感慨。作者把環境寫得越美，越顯得杜麗娘在《驚夢》裏奔放了的内在情感更有力量。湯顯祖把夢中相會的情景用「如花美眷」、「似水流年」、「在幽閨自憐」、「是那處曾相見，相看儼然，早難道好處相逢無一言」這些句子來形容、襯托，造成美妙高超的境界，像這種風格，决不是尋常手筆所能做得到的。

一個著名的劇本，除了本身可以獨立成爲文學讀物之外，目的還是爲了上演。在這一點上我欽佩我們過去的優秀的演員和音樂家，他們根據劇本所規定的情景，創造了系統的精煉的表演法則，後起的演員們都應該繼承傳統，掌握演技，向前發展，更重要的就是我前面所説的讀曲，我親身體會到，必須了解曲文的涵義，才能塑造出湯顯祖先生筆下精心描寫的杜麗娘。

演技是如何來體現劇本呢？我個人的體驗是：在唱的方面，象王夢樓先生所説的「被之管弦，又別有一種幽深豔異之致，爲古今諸曲所不能。」（《納書楹·玉茗堂回夢曲譜序》）這幾句話，對《牡丹亭》來説是非常中肯的。關于唱曲的方法，魏良輔先生曾經説過，要字清，腔純，板正。在這以外，我認爲還必須唱出曲情，就是説，要設身處地，細玩曲中的意境，才能感動觀衆。《游園驚夢》這齣戲的唱法，高的腔要唱得宛轉，不可有賣弄嗓子的意思，低的腔要重，要發出足够的音量，輕的腔要清細柔媚，這樣才能表達出「幽深豔異」的曲情來。我在一九三二年移家上海，和俞振飛先生研究唱法，他的父親俞粟廬先生是《納書楹曲譜》作者葉懷庭先生的嫡派，也就是崑山腔「水磨調」的一脈相承。經過這個研究時期，我的崑曲唱法起了變化，再唱《游園驚夢》時，我自己感覺到從歌唱方面來表達杜麗娘的心情是比以前深入了。

在《游園》裏杜麗娘和春香對舞的身段是這樣安排的：活潑愉快的情緒由春香表現出來，和杜麗娘端麗穩重的身段互相調和，恰好是「春色如許」的氣氛。兩人的動作和步位有分有合，有高矮象的身段，有合扇的身段，這些身段拿演員的術語來説，要把頓挫的「寸勁」包涵在裏面，假使没有「寸勁」，就會感到節奏性不强；但是如果「寸勁」外露，又顯得過火。主要是爲了體現「摇漾春如綫」的意境，兩人手中的扇子，就是在柔軟之中表現明快的重要點綴，在「那牡丹雖好」一句的身段裏，杜麗娘也是用折扇拍兩下手心，微露出一點感慨。

到了尾聲「觀之不足由他遣，便賞遍了十二亭臺也枉然」，這種感慨就比較更深一層，使情緒貫串到《驚夢》的環境。

《驚夢》一齣，刻劃杜麗娘的心情，是有三個層次的轉折：第一、是從念獨白到唱〔山坡羊〕爲止，這一段因爲春香已不在面前，所以「懷人幽怨」的心情就表面化了，漸漸地在「困人天氣」中睡去。第二、是兩支〔山桃紅〕曲子，她平時的理想人物在夢中出現了，夢中的情緒是奔放的，這是杜麗娘在全劇中最愉快的一段。第三、是夢醒之後，有些惘然若失的意思，當着母親的面却要故作鎮定，母親走後，又細細回憶夢中的情景。

下面我再把表演的體系分爲三段來談：

第一段從春香下場開始，杜麗娘歸坐，小鑼慢慢地打着，通過鑼聲要把場上的氣氛静下來，然後念「驀地游春轉，小試宜春面，春呀春，得和你兩留連，春去如何遣。咳！恁般天氣，好困人也。」在原作中這段白後面還有很多句，大概是後來因爲劇場演出不宜念得太多，所以删節了。這幾句是《驚夢》念白中的要緊句子，念的時候不可輕輕滑過，兩個對句要念出段落，兩對之間似斷而實連，中間夾着一句很着重的「春呀春」，下面的一個「春」字要陰聲直起（春是陰平聲），念得響，底下兩個對句之間要有停頓；然後念下句，這幾句白要分别賓主，用高低頓挫表達出春困的情感來，使臺下保持着絶對安靜，下面「咳」的一聲輕嘆才能讓觀衆聽得真。杜麗娘在這齣戲中衹有在這裏輕輕發洩一下沉鬱不舒之氣，有了這一聲輕嘆，下面「恁般天氣，好困人也」的叫板再從「也」字低回的尾音很自然地和〔山坡羊〕曲子聯繫起來。

〔山坡羊〕一支主曲，表現入夢以前「在幽閨自憐」的曲折心情，頭兩句「没亂裏春情難遣，驀地裏懷人幽怨」，在曼聲的唱腔中，坐着的姿態和手勢有一種春日遲遲的意境，略微有些轉動和變化來表現静中的動。唱到「則爲俺生小嬋娟」，欵欵地站起來，離開椅子，這時静中的動漸漸在增長。等唱到「和春光暗流轉」一句，靠着桌子，從小邊轉到當中，慢慢往下蹲，起來再蹲下去，如此三次。這是一個刻劃得比較尖鋭的老身段，我當年也是這麽做，抗戰勝利以後我在上海演這齣戲，覺得自己年紀大了，再做這一類的身段有點過火，就極力減弱這一部分動作。後來我就把「和春光暗流轉」的身段改成轉到桌子的大邊，微微地斜倚着桌子，有些情思睡昏昏的嬌慵姿態，最後輕輕地一抖袖，就結束了這一句的動作。最近我又想到，在入夢之前，過于露骨的身段，對一個象杜麗娘那様身份的女子還是不大適宜，所以就是年輕的演員，也不妨照我現在的様子來嘗試一下。

第二段從入睡起，這時候杜麗娘没有臺詞，也没有身段，按説是没有表演；其實不然，這裏要回顧〔山坡羊〕曲文裏「俺的睡情誰見」的意思，趁着這個空隙坐在椅子上，倚着桌子，用袖子托着腮，把睡情表達出來。

在第一支〔山桃紅〕曲子中，是杜麗娘愉快的心情奔放到最高潮的階段，但這種高潮有靦覥含羞的情態在籠罩着，和人物性格還是調和、統一的。這段表演是要表現儀静體嫻的杜麗娘在夢中逸趣翩翩的神態，偶爾一揮水袖和輕快的轉身，都是爲了增加夢中飄忽的形象，和《游園》的身段不同之點也就在這裏。

第二支〔山桃紅〕主要是體現杜麗娘的心情從波動的高潮逐漸地平静下來。第三段，老夫人上場，把杜麗娘唤醒，當她睁開眼説「秀」字的一刹那間，還保留着夢中情態，等看見了老夫人，才清醒過來，由愉快的心情轉入故作鎮静。所以〔綿搭絮〕的身段要體現慵懶和悵惘的意緒，和夢中身段的勁頭完全兩樣了。唱完〔綿搭絮〕後，古本上春香，我當初學的路子不上春香，前幾年葆玖爲我伴演時，有人建議按老本仍讓春香上場，最近我又覺得春香上來還是没有好處，因爲這支曲子和尾聲要從唱、做表達出「有心情，那夢兒還去不遠」的意味，有些身段，當着春香面前是不適合的，同時春香在臺上也無戲可做，所以上個月我和韓世昌先生合演這齣戲，仍恢復了不上春香的路子，我感到唱、做都比較舒服。

去年初冬，我旅行演出到南昌，當地文藝界的朋友告訴我，南昌離湯顯祖先生的家鄉臨川很近，那邊還有湯先生的故居「玉茗堂」的碑碣。他們還談到，據當地傳説：湯先生寫作《牡丹亭傳奇》的時候，有一天家裏人找他吃飯，遍找不着，最後在一間柴房裏找到了，他正坐在柴垜上傷心哭泣，家裏人問他爲什麽？他不響，後來才知道，他是寫到「賞春香還是你舊羅裙」這一句時，壓抑不住内心傷感，乃至于躲起來哭了。我聽到這裏，十分感動，這可以看出湯先生是如何地以深厚真摯的感情來進行《牡丹亭》的寫作！

他們又告訴我，今年（即一九五七年）是湯先生逝世三百四十周年紀念。我隨即表示，爲了紀念湯先生，我這次要在南昌演《游園驚夢》。當時就打電報給中國京劇院把《驚夢》裏堆花應用的紗燈（這批紗燈是我們訪日演出時定製的）專人送來。在南昌臨別以前，我演出了《游園驚夢》，受到江西觀衆特别是文藝界的歡迎。

湯顯祖先生以畢生精力從事文學創作，給我們留下了許多寶貴遺産。他是與英國詩人莎士比亞同時期的劇作家，他的著作不但在國内享有盛名，并且流傳海外，這不是偶然的。我們文藝界以有了湯先生這樣偉大的戲曲家而自豪，我個人也以能够表演湯先生的名著而欣幸，今天把我在表演上的一些體會寫出來，作爲對于湯先生的永恒紀念。

（《戲劇論叢》一九五七年第三輯）

談秦腔幾個傳統劇目的表演

我們很高興，看到了陝西省戲曲赴京演出團一、二、三團在首都的演出。這不僅是他們的戲好，還因爲這些劇種很早就和革命運動相結合，成爲革命鬥争的有力武器，使人們對它産生了深厚的感情，現在，我想來談一談我看過的幾齣秦腔的印象。

《三滴血》是一齣反主觀主義的好戲。它通過一個悲歡離合的故事，説明了違反科學、迷信書本的錯誤。樊新民所創造的晉信書，把一個封建社會裏食古不化、死啃書本的老學究主觀武斷的頑固思想充分地表達出來了。馬少波同志在一次座談會上説這個戲是秦腔裏的《十五貫》，這話説得很好，但我覺得過于執和晉信書雖然都是典型的主觀主義者，在造型方面却各有巧妙不同。過于執是俊扮，晉信書是丑扮；朱國梁扮演的過于執創造了符合蘇昆獨特風格的人物形象，樊新民則發揮了秦腔傳統袍帶丑的特點，排除了低級趣味的庸俗表演。這個戲裏劉毓中演的周人瑞把老人失子後悲慟欲絶的心情，通過那些沉着精鍊的唱念身段，深深地打動了觀衆，他是衰派行當出色的老演員。蕭若蘭、陳妙華、雷震中等都演得好，我們很熟悉他們的表演藝術。青年演員全巧民的賈連香是初見，她塑造的這個鮮明活潑少女的形象，給我留下了很深的印象。

《游西湖》是很有人民性的，李慧娘不僅是個被侮辱被損害的女子，而且她是個反抗復仇的鬼魂。馬藍魚扮演李慧娘，在「鬼怨」一場中，她把慧娘的悲憤心情和善良性格，在那如泣如訴的歌唱和矯捷輕盈的舞蹈中，刻劃得很細致。「救生」時，馬藍魚和扮演裴生的李繼祖把傳統的甩髮、吹火、撲跌技巧，用來表現他們處于千鈞一髮時的緊張心情，十分成功。由于馬藍魚純熟的掌握了吹火技術，所以它和劇情嚴密地結合一處，不是賣弄技術。慧娘的滿腔憤怒、她對賈似道英勇的反抗，在那口噴烈火朝廖寅撲去的表演中體現出來，這和羅四奎演的廖寅的表演是分不開的。

當然，若是吹火技巧更進一步結合着慧娘掩護裴生逃走，刻劃她用火去逼退廖寅的追殺，那麽吹火更能顯出氣氛的緊張，有助于慧娘的性格描寫。緊接着的「鬼辯」一場，把慧娘的形象提到了英勇高潔的峰巔。賈似道不僅是壓迫人民的統治者，而且他敢于審鬼，由此可見他是多麽凶殘，但是慧娘這時挺身而入，大鬧了賈府，懲罰了横行人間的賈似道以及他的爪牙。老藝人田德年把賈似道演得十分出色，他没有從表面刻劃這個惡魔，他幾次發笑都各不相同，很能表現賈似道的内心世界。最後，賈似道被慧娘嚇得昏死過去，蘇醒過來時「哎」的一聲，正意味着代表千萬個被侮辱被損害的弱女子的李慧娘，她站了起來，最後終于戰勝了代表封建統治階級的賈似道！慧娘這個復仇的女鬼，真是壯麗極了，也勇敢極了！

《白玉瑱》是清代陝西劇作家李石山十大本戲之一，它揭示了元代人民反抗元蒙殘暴統治和階級壓迫的鬥争生活，作者繼承了明代傳奇的傳統，以現實主義與浪漫主義相結合的手法來描寫這個題材。《白玉瑱》的戲劇性很强。李應真演的尚飛瓊是閨門旦的路子，去年我帶了劇團到西安演出，我們劇團的同志曾教她《牡丹亭》裏的《游園驚夢》；我還親自爲她與另一青年演員段林菊排過「驚夢」的身段。這次看到「夢訂」一場感到她已把「驚夢」的身段運用在這一場裏，在表現飄忽悠蕩、迷離惝怳的意境以及與李清彦會面時的嬌羞脈脈、半推半就的神情都與杜麗娘、柳夢梅的情景相似，這裏可以看出劇作者在創作時曾受了《牡丹亭》的影響，而演員也吸取了《游園驚夢》的表演手法，把觀衆引導到詩情畫意中，造成前半部戲的高潮。

「店遇」一場是膾炙人口的,李清彦被元順帝的爪牙惡僧捉住,在起解的途中與投水遇救的尚飛瓊同住旅店,一牆相隔,尚飛瓊用手指戳破了紙窗,看到法繩繫頸的夢中郎,悲慟欲絶,但終于未能交言,這是劇情最能震蕩人心的地方,扮演李清彦的蔡志成和扮演尚飛瓊的李應真都突出地體現了劇中人在這種情景中的内心變化,唱、做及表情都給觀衆以深邃的藝術感受。但我對這場戲想提一個意見。我記得去年在離開西安之前,曾看過碗碗腔的《白玉瑱》,「店遇」一場劇本内容基本上與秦腔相同,但處理的方法却不同,碗碗腔的這一場戲,捉拿李清彦的解差是睡在這間店房裏的,當尚飛瓊在隔壁聽到李清彦的聲音,用手指戳穿紙窗,從小孔中看到李清彦,而李清彦也看到她,正想互相詢問,由于有人監視而不敢説話。這樣,就從複雜的環境中造成緊張的氣氛,加重了演員的表現力量,而且是入情入理、無懈可擊。這次秦腔的「店遇」一場,李清彦獨住一室,解差要到最後起解時才上場,我認爲却減少了劇情的緊張性。首先這一對眠思夢想的少年男女,在患難中忽然相遇,在大段唱念的時間裏,始終未交一言,這對于入世不深的一對少年情侣的性格來説,表現出他們的顧慮重重,勇氣不够,就顯得空虚無力,相反地如果李清彦旁邊有解差監視,那末這兩個人的恐懼、顧慮和不敢交言就有了根據,同時觀衆還要替他們兩人擔心。這樣,劇情就顯得緊凑而更有説服力,并能把戲推向高潮的頂尖。

《火焰駒》是彦貴賣水的故事,也是秦腔的傳統好戲。當年,我們曾看過河北梆子的《賣水》、《打路》、《祭樁》,也是很吸引人的。河北梆子這個戲是從秦腔裏演過來的，情節大致相同。這次看到秦腔《火焰駒》，戲中「打路」一場，非常動人，把觀衆帶進極度震蕩人心的境地，和這對婆媳同悲共戚，而去憎惡那勢利陰險的黄璋以及那些權奸。孟遏雲是秦腔中的正工青衣，我在西安看過她的《武家坡》，這次她在《火焰駒》中演李母，出色地創造了這位愛子心切的母親形象。她不是用貧婆子那種路子去簡單地刻劃這個官宦人家的老太太，而是恰切地表達出李母的身份，可以看出她把青衣和老旦的演技熔合在一起了，這是一個成功的創造。蕭若蘭演的黄桂英，有層次的表現出她在被李母突然打了一掌後的驚訝，和後來那種委屈而又忍耐的内心痛苦，觀衆看到這裏，對這一對婆媳的誤會，不由得也要心酸淚下。寧秀雲演的周瑞菊，戲雖不多，却恰如其分地在這場悲劇中起了烘托的作用。《火焰駒》是一齣羣戲，許多人物都有鮮明的性格，「打路」一場就可以説明整齣戲是如何精湛動人了。

陝西戲曲赴京演出團在首都的演出，不僅傳統劇目給人難忘的印象，而且現代戲也取得了可喜的成功。如《鷹山春雷》、《鬧糧》、《梁秋燕》；又如從皮影搬上舞臺的碗碗腔——華劇，演唱都很動人，我就不一一列舉了。陝西戲曲赴京演出團在首都的演出，令人感動的是像劉毓中、孟遏雲、田德年等老藝人，和青年演員同臺演出，有時老藝人戲不多，甚至演次要人物，這都充分説明了他們奬掖後進、扶植新生一代的苦心，而青年演員的表演，確實没有辜負黨和前輩們的培育提攜！

（《人民日報》一九五八年十二月七日）

白雲生

談柳夢梅

柳夢梅這個角色在《牡丹亭》中相當重要，尤其在後半部，但久已無人演唱；前半部祇有「言懷」「驚夢」和「拾畫叫畫」。「拾畫叫畫」是小生的獨角重頭戲，我在《人民日報》上已經談過了，現在談「驚夢」中的柳夢梅表演。

在「驚夢」中，柳的唱念并不多，祇有兩段唱詞，皆是〔山桃紅〕；柳先唱，後與旦合唱，再念兩句詩下場。從表面上看，柳在劇中并不算很重要，實際上則不然。

有必要從杜麗娘談起。在「游園」中，杜麗娘和春香欣賞花園景物已有極其美妙的載歌載舞。到「驚夢」時，杜麗娘的懷春傷感情態，又突出表現在〔山坡羊〕這段曲牌的唱詞和動作表情中。詞句是「没亂裏春情難遣」，在表演上，眼神似閉而未閉，左手托腮，右手按在桌上輕輕地慢慢地畫圈，全身表現軟絲絲地坐而微立，扶案而又坐下。這些微妙的動作都是表示情竇初開的少女的懷春情感。接唱「懷人幽怨」用雙手扶案輕輕起立，走出案邊。「則爲俺生小嬋娟，揀名門一例一例裏神仙眷」，用雙手水袖遮臉，用輕俏的步法走至臺口，雙手水袖慢慢分開，雙背手，頭部微仰，眼微睁，這個姿態表現出一個深閨小姐一方面表示自己美麗的體態，更重要是表現内心情感是如何的動蕩。「甚良緣把青春拋的遠」，步向後退，三拋水袖使之飄揚，這時眼睛睁開，眉尖微蹙，這是表示自己的青春很容易的過去了。「俺的睡情誰見」，不動地轉身作卧雲姿式，這是表現她睡態的美。（但這樣美有誰看見她呢！）「則索要因循腼腆」，這時演員的眼神最重要； 水袖上下的快慢，要掌握得有分寸而使觀衆看得非常清楚，因眼睛如閉得太快則看不出内心的情感，閉得太慢則腼腆情感不够，「想幽夢誰邊」，一手按鬢，頭部微低，走至案邊，接唱「和春光暗流轉」，一手按桌，一手水袖揚在頭部上，眼睛用力向遠處看，表現惋惜春光去得太快。 接唱「遷延」，這兩字有很婉轉纏綿的長腔，杜隨着唱腔靠着桌子轉身，右手按桌，後背緊貼桌邊，左手放在胸前，身子向左斜歪、徐徐卧下，眼睛微睁些，但要用力表現出内心情感，這個姿式很重要，杜的傷春至此已達到最高潮。「這衷懷那處言」，輕輕站起，再靠着桌子轉身，隨唱用手扶案而行。 唱「淹煎」，頭部微仰，眼神向高望，隨着唱腔頭部微晃，表示内心無限幽怨，雙手扶案。「潑殘生除問天」，隨着唱腔坐下、用右手向高指，表示恨天道不公。 在這裏杜麗娘在場上唱腔音色上那種流麗、婉轉、纏綿的韻味，動作姿態上高度的温柔優美，眼神上那樣深厚動人的情感，已經把觀衆籠罩在神妙的化境中。 此時突上夢神將柳夢梅徐徐引上，在這個情形下，小生很難演。 出場時，手執柳枝，雙袖遮面閉目這樣的上場是很難吸引觀衆注意，稍一鬆懈，便將前面那些氣氛沖淡了，所以雖是遮臉閉目，但内心的情感要特別用力抓住，使觀衆能從你全身的動作中，看出柳夢梅是怎樣一個人。

我演柳夢梅這個人物，是先看了全部《牡丹亭》傳奇和關于它的記載。我也明知柳并非實有其人，但是無論根據哪樣的傳説和記載，柳肯定的是一多情善感的書生，在舞臺上出現他的形態必須要「雅」、「灑」、「髮」。「雅」是文秀儒雅；「灑」是風流瀟灑而不放蕩輕狂；「髮」比的是人物全身的動作要像頭髮一樣的柔而有剛。（一切小生動作表面上看着很柔軟，而內裏有一股剛勁在貫穿着周身。）

「驚夢」這一折與其他劇本中的夢境不同，别的夢境是單方面的做夢，夢中人物除做夢者本人以外，都是幻想的人物；而這齣戲則是雙方在同一夢境中，所以在表演上與其它的夢境大不相同，雙方情感交流要很細膩。因爲日後柳在「叫畫」中要回憶這幅畫就是當日夢中相會的美人畫相；而杜「幽媾」時見柳在書房中對畫相沉吟叫唤，也就認識到是當日夢中相會的書生。傳奇故事很長，雖祇單演一折，但在內心情感和表演上，都要掌握全劇情節的前後呼應。

「驚夢」這一折必須上夢神。解放後有些演「驚夢」的因顧慮到迷信關係，取消夢神，祇用音樂伴奏，柳夢梅自己上場，既不遮面，也不閉眼，做出行路尋人的狀態，杜麗娘同時由桌後走出，也做尋人的狀態，二人突然相遇，即念話接唱。這樣處理據一般觀衆反映并未看出是夢境，而是故意尋找；并失去夢神和杜、柳兩人在舞臺優美的畫面，更失去在戲曲處理方法的鮮明簡煉，使觀衆一目了然知道是夢境。而且，由夢神引來相會，這樣才有很大的説服力，也幫助了舞臺上需要的氣氛。

根據個人對柳夢梅這個人物的體會，在「驚夢」中我是這樣表演的。在出場時，雙手水袖遮面，雖是雙目微閉，但眼睛須由內心放出一股神情；要非常的用力，才能表現出面部的神采奕奕。同時雙臂拱成爲曲圓形，雙肘齊平，既有力而又要鬆弛，如臂部肘部掌握不好，就損失了形態上的美化。右手所持柳枝祇用三個手指捏住，不能用滿把。（這也就是古典戲曲表現手式的美。）出場要走雲步，上下身微有聳動，這是表示從遠方飄忽而來。再抬腿用靴尖挑袍邊，脚後跟用力登出弧形綫，全身微微忽高忽低，最好使袍子也隨之上下，這樣的走是表示冉冉而至。夢神引柳到臺口左邊站立，再去引杜時，用左手所持的一面紅鏡照着柳，表示要他停在那裏等候。柳雖然站定，全身不能發滯，要微微有些動蕩，這是表示柳是在迷離恍惚的夢境中。夢神將杜引到柳的身邊，將雙鏡撤出向後退下。杜也是雙手拱起用雙袖遮面閉目。這時二人的雙肘微觸，二人的水袖徐徐落下，二人全身和面部微向外側，睁眼四目相視，彼此微驚，這是表示兩人驀地相逢互相驚詫。柳面部朝外刹那間變成微笑，頭部微點，表示讚美。杜也微笑，用左手水袖遮面，用右手水袖掩口；面部含羞，因爲她的心情是看見這樣的美男子又驚又愛，但她是不出閨門的千金小姐，自然露出嬌羞靦腆。柳看到這樣美麗的女子站在面前，就要借機上前敍話，但是又有點拘泥，所以要做出一點躊躇的意思，因此口部微張後再用温柔的語氣叫她一聲「姐姐」，接念「小生在哪一處不曾尋到，却在這裏，恰好在後花園中折得垂柳半枝」，念這幾句話，眼神隨着手式的變化，一方注意着杜看她有什麽反映。杜在這時用左手水袖遮着面部側耳細聽，聽到柳說的話，面部表現對柳的話覺得很動聽，所以全身作似動而又非動的情態。柳雖然見不到她面上表情，但看到她全身裊娜形態，已感覺到對他是有好感，就接念：「啊，姐姐，你既淹通詩書，何不作詩一首以賞此柳枝乎？」這幾句話的音量要比前幾句高一些，這是表達出柳放胆進一步的要求。這時他左手舉起柳枝，右手指定柳枝，眼睛注視着杜，等待她回答。杜則慢慢地低聲細氣念：「那生素昧平生，因何到此？」念到「因何」時，水袖徐徐落下，看柳一眼，立即又用水袖遮臉作羞狀。柳見她用這樣情態回答他的話，胆子更大一些，向前邁一步念：「啊姐姐，咱一片虔心愛煞你哩」。這時伸右手將杜遮面的袖子輕輕按下，杜則隨之面部稍轉偷看柳生，及眼神相對時，即低頭做出又笑又羞的神情。在這一階段，杜的臉上有三種羞態，隨着情感的變化，要層次分明。柳在「愛煞」兩字，音色稍斷；再念「你哩」的「你」字，要輕柔拖長逐漸到寬亮些，這樣的音色是表示他求愛的纏綿情態，但音色雖然低柔而要用充沛的氣力向外送出音量，使觀衆都能聽得到。

柳唱〔山桃紅〕曲牌「則爲你如花美眷，似水流年，是答兒（古語：到處）閑尋遍，在幽閨自憐」。動作方面，用手式在面部微晃兩次，是説她容貌美麗；回身將柳枝插入瓶中，雙手微動作波動式。隨着步法向前走，表示到處尋找；唱到「幽閨自憐」，雙手反搭水袖，交叉搭在胸前，手腕微用力甩下水袖作雙拖袖，這幾個簡單的動作姿式結合着詞意，訴説由羨慕她的美麗而關心到她深閨孤寂的可憐。在唱和舞時，要結合面部與眼神的複雜變化表達出内心情感。既完全要訴説給杜聽，同時，更主要的，又要使觀衆能看清他用這樣的內心情感來打動杜的心情。杜這時雖然還是站着未動，但從她面部和聽話的表情，頭部有時微點，都表示同情他所説的這些話。柳見杜同意他的説法，就作更進一步的要求，眼神忽然向遠處一看，頭部微微一點，這是表示心中想出辦法和發現了某一角落可以去談話，用温柔多情的語音接念：「啊姐姐，我和你到那答兒（古語：那個地方）講話去。」雙手向左斜角指，眼睛注視杜。杜也用同樣的語音回答：「哪裏去？」眼看柳，表示願意去。柳見她已默許，就更呈出喜悦的心情説「哪」。雙手拍掌。見杜仍用水袖遮臉不動，衹好向前去拉，伸出右手，但不能太快，而且手伸出又稍停，表示恐怕有些唐突而又不得不去拉她，先輕輕用拇指和中指捏住杜將她的左手拉下，見杜并未見怪，再用五指握住她的手。杜這時手指有些顫動，表示少女初戀，心情必然有些紊亂。柳唱「轉過這芍藥欄前」，這句詞在唱腔上婉轉悠長（共十三拍），這時柳向斜角走，右手拉定杜，左手隨招隨向前指，眼睛三看杜。杜隨着柳的步法走，也三看柳，但與柳的眼神相對時即回頭作羞狀；步法上既願走而又慢騰騰地，在三看柳時表示她的心情因愛柳而偷看他，及目光相遇時又羞怯。這時柳與杜雙翻身，柳換左手拉杜右手而向後行，這樣的動作表示走的是花園曲徑。柳唱「緊靠着這湖山石邊」，柳用右手勢形容眼前的太湖山石，杜的眼神隨着柳的手勢看，她的心緒稍安定些，也表示出到了僻静的環境心也放寬些，但又想到恐他有别的要求，還是害羞，所以用左手水袖拂開柳的左手向前邁兩步作避開式。柳見她閃開，接唱「和你把領扣鬆」，舉起雙手向前撲去，用很優美的手式作解扣狀，杜即閃身走一小弧形由右臺口角走至左臺口角，步法既快，上身要穩，爲的不失去小姐身份。柳撲了一個空，雙手搭起水袖接唱「衣帶寬」，向前撲，這個姿勢的意思是解帶寬衣。杜仍急閃身走小弧形至右臺口角，柳又撲一個空，雙投袖作半蹲身，表示心情有些慌張，眼神看杜，心想這是輕狂了些，所以又沉静下來，接唱「袖梢兒揾着牙兒苫」，向前凑至杜的身邊，仍慢慢握住杜的手，因爲這句唱是宛轉纏綿，隨着唱腔，二人身子互相微微擺動，但杜仍是不好意思，又用右手水袖拂去柳的手。這時柳就向後微退三步，唱「也」字拖長腔輕而低，向後退時一腿微屈一腿挑起袍邊，身子隨着微斜，眼神微閉，這樣的步法和動態，表示内心情感已陶醉了。演員這時要掌握不要透出一絲的輕狂。接唱「則待你忍耐温存一晌眠」。是先後微抬雙腿雙手提起衣襟。（用這樣的動作提起衣襟，既美觀而不失去人物的身份。）用快步到杜的身後，隨着唱腔，要有節奏的雙手放下衣襟，揚雙手，再唱「忍耐温存一晌眠」，雙手的手指微動作小圓圈形，這種動作也就是在生活中對人有所要求的極温存的方式。在揚雙手時，用中指微點扮杜的演員後背，爲的是告訴她，身子要隨着扮柳的演員手勢晃動，兩人的動作方能一致。這時杜的臉上有很多情感變化，慢慢地達到了默許。唱到「一晌眠」末一個腔上，柳用右手將杜遮臉的左手，慢慢的拉下；柳到杜的身旁，杜微側臉，四目相視，杜嫣然一笑（這個笑要有高度的脈脈含情）。二人合唱「是哪處曾相見」，對面一看，接唱「嗳，相看儼然」，雙分開，杜由右邊轉身向後臺口走，柳由左轉身向後臺口，相遇又對面看，這次相看要比上次更細膩，隨着唱腔左右上下看，二人又雙分開，仍轉身走至前臺口，接唱「早難道好處相逢」，在「相逢」兩字，二人對臉，并做手式，表示歡合之意，接唱「無一言」，柳後退三步用左腿挑起袍邊，雙手分開，輕輕落下，杜微含羞而笑，又用左手水袖遮住面部，柳見此情景，雙手搭起水袖向前撲去，杜雙水袖微拂，即轉身至下場角作半卧雲斜身看柳。柳微屈右腿，用左腿挑起袍邊舉右手作遮袖式，左手水袖反搭放在胸前看杜，杜微笑，柳雙搭起水袖向前追下。（杜的半卧雲姿式是表示少女在這個環境中必然有些驚惶，表示她因閃身幾乎跌倒，柳的姿式是見她如此，急忙向前作擁抱攙扶的表示。）

二人下場後，衆花神上，有一段「堆花」的載歌載舞，花神的唱詞和舞蹈的姿式都是表現杜、柳歡會的情景，用這種方法來表現青年男女的愛情既不傷大雅而又美觀，這是古典戲曲傳統的表演方法微妙之處。

花神歌舞完畢，杜、柳雙攜手而上。這時有一記鑼聲，杜與柳彼此相視，杜含羞低頭，柳面微笑，表示得意的心情。唱「這一霎，天留人便」，二人用同一步法隨唱隨向前走，二人眼神互相顧盼。又唱「草藉花眠」二人互相雙投袖表示整衣，「則把雲鬟點紅松翠偏」，杜用雙手摸鬢邊，這是女子注意頭上的整齊，柳即忙至杜身側舉雙手給杜整理頭上裝飾。接唱「見了你緊相偎，慢厮連」，柳至杜身前，雙背手并肩作相偎倚的意思。「恨不得肉兒般和你團成片」，二人各雙搭袖作左右貼身，這個姿式表示二人高度的相親相愛，也就是生活中的擁抱；但是在古典戲曲傳統的表演方法，二人的身子有一個距離，祇要使觀衆感覺到是那種情形的意思就行了，决不要象生活中那樣真實。柳接唱「也」字，因爲這個字的腔輕低拖長腔，借這樣的聲調的音色，雙手攙杜坐至桌後，杜在步法上要走出軟絲絲步難移的意思。柳接唱「逗的個日下胭脂雨上鮮，我欲去還留戀」。向前邁一步又撤回，表示留戀不捨，接唱「相見儼然」，杜這時斜卧，用手托鬢作疲乏之狀；柳左右兩看，這是看到她的睡態另有動人處的心情表現，接唱「早難道好處相逢無一言」。微笑點頭，這是表示無限愉快情緒。接白「小姐你身子乏了，在此將息片時，小生去也」。念這幾句話，在語氣上要傳出安慰杜的心情。接念「正是」，用手取瓶中柳枝。接念「行來春色三分雨」，邁右腿作出門狀，杜念「秀」，柳即撤步半轉身白「在」，雖然每人口中祇念出一個字，都不要音太高；杜的心情是知柳要走，故輕輕叫他一個字，柳則隨着杜的音色高低而低聲細氣地，用這個「在」字回答。杜微睁眼看柳一眼而又閉上，這一眼很快而要傳出杜的不忍他走的心情。柳這時面部眼神和眉頭的微動，表示喜悦情緒的洋溢。接念「啊呀妙呀」，「啊呀」兩字音輕而用力，多用氣少用音，表示從内心發出的贊美。接念「睡去巫山一片雲」，左手執柳枝，右手心由朝上而變成朝下向遠處指出，雙目用力向遠處看，表示回憶剛才歡會的情節，這種手勢的表演方法在傳統叫「陽出陰收」。再半回身看杜，再看看自己，頭部微點，輕輕甩下水袖，緩緩而下，表示非常得意的心情。

「驚夢」的唱詞有高度的文學價值，因此也就要有高度的表演藝術來配合方能引人入勝。扮演柳夢梅、杜麗娘的兩個演員全身和步法上要有精湛的工夫，面部隨着情節有瞬息的變化要有極精細微妙的表情。如雙眉運用方法應多在眉頭，少用眉梢。杜、柳二人雖然都是多運用眉頭，但因二人的情感不同，表演上就不一樣；杜在許多情節中雙眉微蹙表示懷春幽怨，柳則眉頭微動表示是感情洋溢。如眼皮上的運用，杜表現的是少女懷春的嬌慵而眼皮低垂，柳的眼皮則表示被情所陶醉。如口部上唇的運用，杜時時向内縮緊，表示心情交織的複雜，柳則向兩旁微咧而收，表示無限喜悦。如鼻孔的運用，杜的雙鼻翅微動表示的是感情被壓抑，柳的鼻翅微動是表示悄語低聲。耳部的運用，杜側耳細聽時頭部偏低，抑則面部微側。面部肌肉也要隨着情感的變化松弛或控制，但是必須要自然。這二人面部五官的運用，杜要含蓄，柳則明顯，方合二人的身份。

總之，在表演藝術上，有許多微妙之處，有時一個情感的如何使它能够恰到好處，仿佛身歷其境的那樣逼真，是要演員自己深刻體會，不是語言文字所能傳達出來，所謂「祇可意會，不可言傳」。

崑曲在傳統劇目上，有許多才子佳人劇，文詞上雖然十分「秀豔」，但并不色情，在男女求愛的動作姿態方面，雖是非常細膩纏綿，但不傷雅道，令人看了，生出同情喜愛而不厭惡。

早年我曾演過杜麗娘，後改小生與韓世昌同志合演多年；也曾與程硯秋先生合演，最近則與梅蘭芳先生合作演出。因爲他們三位有高度表演藝術，所以對我演柳夢梅這個角色得到很多啓發，也就增進了我表演方面的知識。但崑曲藝術高深奥妙，個人久已不演，未免生疏，今後當努力學習鑽研，精益求精，才能達到盡善盡美的境地。

（《戲劇論叢》一九五七年第三輯）

邯鄲記

述　評

臧懋循

邯鄲夢記總評

臨川作傳奇，常怪其頭緒太多，而《邯鄲記》不滿三十折，當是束於本傳，不敢别出己意故也。然使顧道行、張伯起諸人爲之，即一句一字不能矣。（《邯鄲夢記》）

袁宏道

邯鄲夢記總評

一切世事俱屬夢境，此與《南柯》可謂發洩殆盡矣。然仙道尚落夢影，畢竟如何方得大覺也？我不好言，當稽首問之如來。（《邯鄲夢記》）

許中翰

邯鄲夢記總評

《邯鄲》離合悲歡，倏而如此，倏而如彼，絶無頭緒，此都描畫夢境也。噫，可謂獨得臨川苦心者矣，可與讀玉茗堂中著述矣。（《邯鄲夢記》）

許中翰，籍貫、經歷不詳。

劉放翁

邯鄲夢記總評

臨川曲正猶太白詩，不用沈約韻；而晉叔苦束之音律，其不降心也固宜。中間如《夜雨打梧桐》、《大和佛》等曲，及夫人問外補、司户弔場等關目，亦自青過於藍。（《邯鄲夢記》）

劉放翁，籍貫、經歷不詳。

鍾惺

舟中看邯鄲夢傳奇，偶題左方

舟中片時間，世上幾代傳；爨下片時間，夢中幾十年。仙齡亦已促，夢境亦已

延。誰明修短故，疇司伸縮權。（《隱秀軒詩集》地集一）

鍾惺，字伯敬，一字退谷。湖北竟陵人。萬曆庚戌（一六一〇）進士。有《隱秀軒詩集》等。

劉志禪

邯鄲夢記題辭

丙辰秋夕，夜氣初清，有客共坐既久，余爲客言：道家以酒色財氣爲四賊，然非此四者亦別無道；所謂從地蹶還從地起，舍是則必爲旁門爲剪徑矣。臨川早識此者，將四條正路布列《邯鄲》一部中，指引證入悟時自度，詎謂渠爲戲劇？時許彥卿同聞之，嗤然嘆曰：「《邯鄲》本以説夢，先生反以言真。何也？」余曰：「一夢六十年便是實實耳，何必死死認定盧生真伏枕也。不聞仙人丁令威去家千載復來歸乎？計其時直華山道士一盹眠耳；乃城郭人民幾桑田幾滄海矣。彼千年世界與六十年光景，孰夢孰真？識得此者可與言道，可與言酒色財氣。」客謝曰：「余今乃知夢。」垂頭作睡。余起，括帙濡筆爲記。
（《邯鄲夢記》）

劉志禪，生平、里居不詳。序作於萬曆丙辰（一六一六）年。

閔光瑜

邯鄲夢記小引

刻是傳者，地在晟溪里，其室曰隆恩堂。主人夢迷生曰：「昔人有言：詩變爲詞，詞變爲曲。曲之意，詩之遺也；則爲曲者正當與三百篇等觀，未可以雕蟲小視也。元曲勿論，明則玉茗四種，緪貴三都。若《邯鄲》，若《南柯》，托仙托佛，等世界於一夢。從名利熱場一再展讀，如滾油鍋中一滴清涼露；迺知臨川許大慈悲，許大功德，比作大乘貝葉可，比作六一金丹可，即與《風》、《雅》驂乘亦可，豈獨尋宮數調，學新聲鬥麗句已哉！雖然，臨川説夢，夢也；余贅之繪像批評音釋，可謂夢中尋夢，迷之甚矣。因自號曰夢迷生。夢迷者誰？吴興閔光瑜韜孺氏。」時天啓元年立夏日謹識。

邯鄲夢記凡例

一、玉茗堂舊刻刊行既久，不無魚魯豕亥之訛。兹與臨川初本校對，一字不差。其有於義應作某字，而原本借用某字者，附註於旁，不改其舊。

一、新刻臧本，止載晉叔所竄，原詞過半削焉；是有臧竟無湯也。兹以湯本爲主，而臧改附傍，使作者本意與改者精工一覽並呈。

一、批評舊有柳浪館刊本，近爲坊刻删竄，淫蛙雜響。兹擇采其精要者，與劉評共用朱印，惟作字差大以别之。若臧評則梓在墨板，以便看也。

一、音切悉遵《九宫調》、《太和正音譜》，考訂的確，或平聲借仄，仄聲借平，一字而二三音者，俱從本調起叶。

（《邯鄲夢記》）

閔光瑜，字韜孺。浙江吴興人。《小引》作於天啟元年（一六二一）。

王思任

猿聲集序

語不云乎：「詩窮則工，人窮則韻。」則先生之哀，正所以成先生之喜也。湯義仍演盧生，若祇邊功河功，出將入相，亦何多味趣？

（《雜序》，載《王季重十種》）

沈際飛

題邯鄲夢

人生如夢，惟悲歡離合，夢有凶吉爾。邯鄲生忽而香水堂、曲江池，忽而陜州城、祁連山，忽而雲陽市、鬼門道、翠華樓，極悲極歡，極離極合，無之非枕也。狀頭可奪，司户可笞，夢中之炎涼也。鑿郟行諜，置牛起城，夢中之經濟也。君臭喪元，諸番賜錦，夢中之治亂也。遠竄以酬悉那，死讒以報宇文，夢中之輪迴也。臨川公能以筆毫墨瀋，繪夢境爲真境，繪驛使、番兒、織女輩之真境爲盧生夢境。臨川之筆夢花矣。若曰：死生，大夢覺也；夢覺，小生死也。不夢即生，不覺即夢，百年一瞬耳。奈何不泯恩怨，忘寵辱，等悲歡離合於漚花泡影，領取趙州橋面目乎？嗟乎，盧生蔗蘗八十年，躑躅數千里，不離趙州寸步。又烏知夫諸仙衆非即我眷屬跳弄，而蓬萊島猶是香水堂、曲江池、翠華樓之變現乎？凡亦夢，仙亦夢，凡覺亦夢，仙夢亦覺。微乎，微乎，臨川教我矣。震峯居士沈際飛漫書。

（《獨深居本邯鄲夢》）

祁彪佳

明曲品

陳與郊《櫻桃夢》：炎冷合離，如浪翻波疊，不可捉摸，乃肖夢境。《邯鄲》之妙，亦正在此。

（《明遠山堂曲品劇品校録》）

陳　瑚

得全堂夜宴後記

歌《燕子箋》之日，座上客爲誰？余子公佑，錢子季翼、持正，石子夏宗，張子季雅、小雅，宗子裔承，郜子昭伯，冒子席仲，皆吾師樽瓠趙先生之門生故舊也。談先生遺言往行，相與嘆息。越一日，諸君招余，復開樽于得全堂。伶人歌《邯鄲夢》。伶人者，即巢民所教之童子也。徐郎善歌，楊枝善舞。有秦簫者，解作哀音，每一發喉，必緩其聲以激之，悲涼倉兄，一座欷歔。主人顧予而言曰：「嗟乎！人生固如是夢也。今日之會其在夢中乎？」予仰而嘆，俯而躊躕，久之，乃大言曰：「諸君子知臨川先生作此之意乎？」臨川當朝廷苟安之運，值執政攬權之時，一時士大夫皆好功名，嗜富貴，如青蠅，如鶩鳥，汲汲營營，與邯鄲生何異。嘗憶故老爲予言臨川遺事云：「江陵欲貴其子，求天下名流以厭羣望，有以鬱輪袍故事動臨川者，臨川不愛。既過一友家，某亦名士，臨川言之，某色動。臨川曰：『欲之耶？』某曰：『如後日何？』臨川曰：『果爾，公則有疏，私則有書，可以報相公也。』其人果得元，遂以書力諫而去。若臨川者，亦可爲狂流之一柱也。其作《邯鄲》也，義形于外，情發于中，冀欲改末俗之頹風，消斯人之鄙吝，一歌之中，三致意焉。嗚呼！臨川意念遠矣。

豈惟臨川，古之人皆然。鶉首之剪，翟犬之賜，亦當時君子睠念宗周，興懷故國，怪夫强暴如秦，何以一天下，悖逆如趙，何以享晉國，涕之無從，不得已而呼天，笑曰：『此必醉天爲之，此必夢天爲之。』史臣不察，載之册簡，後人信之，遂爲美談。千百年仁人志士之苦心，湮滅盡矣。甚至有借昔人之寓言，助二氏夢幻泡影之説，將使天地間有形有跡之物，大丈夫莫大莫遠之任，一切付之雲飛烟散、酒闌夢覺間。嗚呼！有是理耶？物之有生，必有死也；有始，必有終也。二氏畏之，而思避之，避之不得，乃設爲妄誕之辭，以炫惑當世。吾儒之道，與天地同其健，與日月同其明，與山川草木鳥獸魚龍同其變化；且天賴以成，地賴以平，日月賴以明，山川草木鳥獸魚龍賴以咸若。有物必終，有形皆死，而吾道獨無窮極也，其可諉之一夢已耶？今吾與諸君子同遊吾師之門，皆有志爲古人之學。吾師往矣，而其剛果之氣，挺然不拔之操，尚有能言之者，當與諸君子共勉之，何夢之足云？」諸君起謝曰：「善！敢不早夜以思從吾子之訓，毋忘今日之盟也。」

（《同人集》卷三）

陳瑚，字言夏，號確菴。江蘇太倉人。崇禎壬午（一六四二）舉人，有詩文集。

洪　昇

揚州夢傳奇序

昔涵虚子論元人曲有十二科，一曰神仙道化。故臧晉叔《元曲選》，此科居十之三。馬東籬《黄粱》、《岳陽》諸劇尤佳；而臨川《邯鄲》亦臻其妙。豈非命意高、用筆神，爲詞家逸品與？

（《揚州夢傳奇》卷首）

王正祥　盧鳴鑾

宗北歸音凡例

余所定者，皆通行必須之牌名，故不載及隱僻罕見之牌名。然而好事者偏見探索，每有用及此等怪誕之牌名者，即如《邯鄲夢》傳奇之有［絳都春］，《定天山》傳奇之有［錦上煞拍］以及［哈嘌吡］之類，元人曲本無此等牌名，此曲中之邪魔外道也。

（《曲海揚波》，載《新曲苑》）

《宗北歸音》，康熙丙寅（一六八六）編刻之曲譜。王正祥，字端生。長洲人。盧鳴鑾，字南浦，吴縣人。

曲海總目提要

邯鄲記

明湯顯祖作。萬曆五年爲丁丑科，首輔張居正欲其子及第，因網羅海内名士。聞顯祖及沈懋學名，命諸子延致之，顯祖獨弗往。懋學遂與居正子嗣修偕及第。是科嗣修卷，大學士張四維次名二甲第一；既進御，神宗啓姓名，則拔嗣修一甲第二，而謂居正曰：「無以報先生功，貴先生子以少報耳。」其得鼎甲也，乃出帝意云。顯祖既下第，至十一年始成進士，授南京博士。時申時行爲首輔，顯祖負大才，以不得鼎甲，意常鞅鞅，故借盧生事以抒其不平。指其時之得狀元者，藉黄金，通權貴，故云：「開元天子重賢才，開元通寶是錢財。若道文章空使得，狀元曾值幾文來。」其指閲卷之宰相，則云：「眼内無珠作總裁。」譏之如此。按嘉靖壬戌科鼎甲三人——申時行、王錫爵、余有丁皆入閣，而曲本盧生、蕭嵩、裴光庭，皆以同年鼎甲入相，作者亦有寓意也。沈既濟《枕中記》云：「開元十九年，道者吕翁，經邯鄲道上，邸舍中設施榻席，擔囊而坐。俄有邑中少年盧生，衣短裘，乘青駒，將適於田，亦止邸中，與翁接席，言笑殊暢。久之，盧生顧其衣裝弊褻，乃嘆曰：『大丈夫生世不諧，而困如是乎！』翁曰：『觀子膚極腴，體胖無恙，談諧方適，而嘆其困者，何也？』生曰：『吾此苟生耳，何適之爲！』翁曰：『此而不適，而何爲適？』生曰：『當建功樹名，出將入相，列鼎而食，選聲而聽，使族益茂，而家用肥，然後可以言其適。吾志於學而游於藝，自惟當年朱紫可拾；今已過壯室，猶勤田畝，非困而何？』言訖，目昏思寐，是時主人蒸黄粱爲饌，翁乃探囊中枕以授之，曰：『子枕此，當令子榮適如志。』其枕瓷而竅其兩端，生俛首就之，寐中見其竅大，而明朗可處，舉身而入，遂至其家。娶清河崔氏女，女容甚麗，而産甚殷，由是衣裘服御，日已華侈。明年舉進士，登甲科，解褐授校書郎，應制舉，授渭南縣尉，遷監察御史，起居舍人，爲制誥，三年即真，出典同州，尋轉陝州。生好土功，自陝西開河八十里，以濟不通，邦人賴之，立碑頌德。遷汴州、嶺南道採訪使，入京爲京兆尹。是時神武皇帝方事戎狄，吐蕃新諾羅隆莽布攻陷瓜沙，節度使王君㚟新被殺掠，河隍戰恐。帝思將帥之任，遂除生御史中丞，河西隴右節度使，大破戎虜七千級，開地九百里，築三大城以防要害，北邊賴之，以石紀功焉。歸朝策勳，恩禮極崇，轉御史大夫、吏部侍郎，物望清重，羣情翕習，大爲當時宰相所忌，以飛語中之，貶端州刺史。三年徵還，除户部尚書；未幾拜中書侍郎，同中書門下平章事，與蕭令嵩、裴侍中光庭同掌大政十年，嘉謀密命，一日三接，獻替啓沃，號爲賢相。同列者害之，遂誣與邊將交結，所圖不軌，下獄。府吏引徒至其門，追之甚急。生惶駭不測，泣謂妻子曰：『吾家本山東，良田數頃，足以禦寒餒，何苦求禄。而今及此，思復衣短裘，乘青駒，行邯鄲道中，不可得也。』引刀欲自裁，其妻救之得免。共罪者皆死，生獨有中人保護，得減死論。出授驩牧。數歲，帝知其冤，復起爲中書令，封趙國公。恩旨殊渥，備極一時。生有五子：僔，倜，儉，位，倚。僔爲考功員外，儉爲侍御史，位爲太常丞；季子倚最賢，年二十四，爲右補闕。其姻媾皆天下族望，有孫十餘人。凡兩竄嶺表，再登台鉉，出入中外，迴翔臺閣，三十餘年間，崇盛赫奕，一時無比。末節頗奢蕩，好娱樂，後庭聲色皆第一。前後賜良田甲第，佳人名馬，不可勝數。後年漸老，屢乞骸骨，不許。及病，中人候望，接踵而路，名醫上藥畢至焉。將終，上疏曰：『臣本山東書生，以田圃爲娱，偶逢聖運，得列官序，過蒙榮獎，特受鴻私，出擁旄鉞，入昇鼎輔，周施中外，綿歷歲年，有忝恩造，無禆聖化，負乘致寇，履薄戰兢，日極一日，不知老之將至。今年逾八十，位歷三公，鐘漏並歇，筋骸俱弊，彌留沈困，殆將溘盡。顧無誠效，上答休明，空負深恩，永辭聖代，無任感戀之至。謹奉表稱謝以聞。』詔曰：『卿以俊德，作余元輔，出雄藩垣，入贊緝熙，昇平二紀，實卿是賴。比因疾累，日謂痊除，豈遽沈頓，良深憫默。今遣驃騎大將軍高力士就第候省，其勉加針灸，爲余自愛。譏冀無妄，期丁有喜。』其夕卒。

盧生欠伸而寤，見方偃於邸中。顧吕翁在旁，主人蒸黄粱尚未熟。觸類如故，蹶然而興曰：『豈其夢寐耶？』翁笑謂曰：『人世之事，亦猶是矣。』生然之，良久謝曰：『夫寵辱之數，得喪之理，生死之情，盡知之矣。此先生所以窒吾欲也。敢不受教！』再拜而去。」盧生與蕭嵩、裴光庭同登鼎甲，是借申時行、王錫爵、余有丁事。而盧生藉高力士之援以得之，則指萬曆丁丑張嗣修之榜眼，庚辰張懋修之狀元，皆由馮保傳旨特擢也。傳中本無宇文融，劇言盧生不出其門，又詩語譏之，故相結怨，其初貶官，其後羅織，皆出于融；乃係添出。史稱宇文融、蕭嵩、裴光庭，同時宰相；劇言融相時，二人甫登第，亦是假托。崔氏織錦，蓋借用唐人繡作龜形以獻，得贖夫歸之事。東巡迎駕，蓋借用韋堅鑿潭通漕、牙盤上食兩事。小番作間，蓋借用种世衡使王嵩間野利事。事載《瓊花夢》後。而其時魏學曾、葉夢雄等征哱拜，潘季純、楊一魁等治河，皆宰相申時行輩所主。故湯顯祖序中亦及此二事，而又以爲非爲此二事作也。其摹寫沉着、貪戀於聲勢名利之場，亦頗以爲張居正寫照。

（《曲海總目提要》卷六）

袁棟

書隱叢説

漢張禹病，車駕自臨問之，言老臣有四男一女，又禹小子未有官。上即禹牀下拜爲黄門郎給事中。湯若士《邯鄲夢》傳奇中用之。

（《書隱叢説》卷十一）

焦循

劇説

相傳張江陵欲以鼎甲畀其子，羅海内名士以張之，會諸郎因其叔延致湯、沈兩生。湯臨川獨不往，而宣城沈君典遂與江陵子懋修偕及第。《邯鄲夢》中宇文，即指江陵也。「兩夢」中《弔打》、《欽定》諸劇，皆極詆訕。至云「狀元能值幾文來」，憤悵極矣。蔣心餘太史本此諸事，作《臨川夢》傳奇。

自有《西廂》，續者不一而足矣。然關漢卿之續，乃補其未完之書。如《琵琶》、《拜月》，續者皆然。若《尋親記》，又有《續尋親記》，必言張員外之發配，亦到金山，而爲其子誤殺。《一捧雪》又有《後一捧雪》，必言莫成、雪豔之登仙，莫昊之婚于戚少保。《牡丹亭》又有《後牡丹亭》，必説癩頭黿之爲官清正，柳夢梅以理學與考亭同貶。凡此者，果不可以已乎！乃余則欲爲《續邯鄲夢》，以寫宋天保事。相傳：宋天保者，紹興人，罷官過邯鄲，謁盧生廟，以詩題壁，有「要與先生借枕頭」之句。時年羹堯征青海，出都，亦過此，見詩曰：「吾當借以枕頭。」即檄浙撫，徵宋至軍前，閉扃一寺中，一軍將伴之，時其飲食，不容出閾。如是數年，憂疑已甚。問軍將，則不答。一日忽啓門，言已得知府，即委署，令走馬即之任。至任所，則妻女奴婢先在。詑甚，問之，曰：「自君出門後，不時有家信寄銀歸，頗賴以溫飽。今又得君書，言接來此上任。」宋益詑異，姑理知府事。署事數月，又署他所，凡三任。公廉辦事，甚得民譽。忽有摘印者至，鎖拿，不容與妻子別。執至軍前，有訊之者，責以誤軍事，當斬。宋茫然不知所措，亦不容辨，囚諸獄，凡數月。向者相伴之軍將來，放之使歸。有一字札，封錮，屬其至家開視，先開視恐得禍。宋乃歸紹興，則妻子奴婢已在家。問之，對曰：「自君被執去，一家倉皇無措。有持君書，言事已白，但罷官，令我等先歸也。」宋開札視之，則向年邯鄲題壁之詩耳，方恍然。十餘年真不啻身在夢中。（卷二）

呂翁祠在邯鄲縣北二十里黄粱店。李長沙詩云：「舉世空中夢一場，功名無地不黄粱。憑君莫向癡人説，説與癡人夢轉長。」端溪王崇慶詩云：「曾聞世有盧生夢》，只恐人傳夢未真。一笑乾坤終有歇，吕翁亦是夢中人。」乃元人馬致遠《黄粱夢》雜劇，爲鍾離度吕洞賓事，夢中吕作元帥征吴元濟，則憲宗時事矣。湯若士本之作《邯鄲夢》，則爲吕度盧生，而爲開元時事。按：吕洞賓，關右人，唐咸通中舉進士不第，值巢賊爲梗，攜家隱終南山。《錦繡萬花谷》引此，言出見《雅言雜載》，則憲宗時已非，開元時尤非。《真仙通鑑》有盧生事，恐未然耳。（卷五）

（《劇説》）

鈕樹玉

日記

《全唐詩》吕祖七言律一百十三首：「擊劍夜深歸甚處，披星帶月折麒麟。」湯臨川易「折」爲「斬」，不知何本。

（《鈕匪石日記》）

鈕樹玉，字藍田，一字匪石。吴縣人。生乾隆嘉慶間。詩見《邯鄲記》第三齣《度世》。

梁廷枏

曲　話

湯若士《邯鄲夢》末折《合仙》，俗呼爲「八仙度盧」，爲一部之總匯，排場大有可觀；而不知實從元曲學步，一經指摘，則數見不鮮矣。〔混江龍〕云：「一個漢鍾離，雙丫髻蒼顔道扮；一個曹國舅，八采眉象簡朝紳；一個韓湘子，棄舉業儒門子弟；一個藍采和，他是個打院本樂户官身；一個拄鐵拐的李孔目，又帶些殘疾；一個荷飯笊何仙姑，挫過了殘春；眼睜着張果老，把眉毛褪。」通曲與元人雜劇相似。然以元人作曲，尚且轉相沿襲；則若士之偶爾從同者，抑無足詆譏矣。（《曲話》）

劉世珩

玉茗堂邯鄲記跋

《邯鄲記》傳盧生遇道士吕翁事。長沙楊朋海恩壽《詞餘叢話》謂自《枕中記》，湯若士演爲院本。《枕中記》者，明初谷子敬所作雜劇也。會稽陳浦雲楝論曲云：「《南柯》、《邯鄲》，斂才就範，風格遒上，前無古人，後無來者。」《列朝詩集小傳》：「若士晚年，師盱江而友紫柏，翛然有度世之志。」《邯鄲記》托迹靈幻，陶寫胸中魁壘，要於洗滌情塵，消歸空有，則其微尚所存，略可見矣。惜原刻本不可得，臧晉叔刻本往往强詞就律，不無點竄失真，變易廬山面目。兹據獨深居本寫付梓人，並合汲古閣本、竹林堂本、舊刻巾箱本、十二種曲本，參互讎勘，折衷一是。其圖畫影橅臧晉叔所刻。臧於扮色又獨詳備，並爲參酌；眉批間亦採録，而以「臧曰」別之。曲牌正襯，以葉懷庭譜一一校正，信稱善本。刻入《彙刻傳劇》，得與《還魂》、《紫釵》、《南柯》合成一集，並行於世，庶幾「四夢」之傳，無毫髮遺憾。天壤間有此精槧，豈非藝林中之一大快事耶？況乎黄粱未熟，丹枕遽驚，而紛紛蝸角蠅頭，每於繁弦急筦時，更安得有此一服清涼散也？宣統乙卯閏夏，楚園主人病起漫識。

（《玉茗堂邯鄲記》，載《彙刻傳劇》）

錢静方

小説叢考

《邯鄲夢》係吕翁度盧生事。按沈既濟《枕中記》：開元中，道者吕翁往邯鄲，有盧生同止於邸。主人方蒸黃粱。翁取囊中枕以授盧曰：「枕此當榮適如願。」生但記身入枕穴中，未幾登第，又爲將相五十年，榮盛無比。一夕卒，遂寤。吕翁在旁，主人蒸黃粱尚未熟。盧生憬悟，遂從吕翁仙去。又考《吕純陽集》：洞賓隨雲房同憩一肆中，雲房自起執炊。洞賓忽昏睡，以舉子赴京，狀元及第，歷官清要。前後兩娶貴家女，婚嫁早畢，簪笏滿門。如此幾四十年。最後獨相十年，權要薰炙。忽被重罪籍没，家資分散，妻孥流嶺表。路值風雪，僕馬俱瘁，一身無聊，方興浩嘆，恍然夢覺。雲房在旁，炊尚未熟，笑曰：「黃粱炊未熟，一夢到華胥。」洞賓驚曰：「子知我夢耶？」雲房曰：「子適來之夢，升沈萬態，榮悴多端，五十年間一頃耳。得不足喜，失不足憂。且有大覺，而後知此人世間乃其大夢也。」洞賓感悟，遂拜雲房求度世術。是黃粱一夢，吕翁以之覺盧生者，即雲房以之覺吕翁者也。臨川摭拾兩書中事，而又增飾之，故《雲陽》一齣，出於兩書之外。說者謂臨川更名若士，本有欲仙之意。按《淮南子》：盧敖遊乎北海，經乎太陰，入乎元闕，至於蒙穀之上，見若士軒軒然方迎風而舞。盧敖與之語，若士齤然而笑，舉臂竦身，遂入雲中。又郤正釋訓：盧敖翱翔乎元闕，若士竦身乎雲霄。若士者，古仙人名。臨川於考法削籍後，凡念一空，時涉遐想，其述盧生之夢，襲若士之名，蓋有取於《淮南子》。其說不爲無見。

（《小說叢考》）

王无生

中國歷代小説史論

吾國數千年來，風俗頹敗，中於人心，是非混淆，黑白易位。富且貴者，不必賢也，而若無事不可爲；貧且賤者，不必不賢也，而若無事可爲。舉億兆人之材力，咸戢戢於一範圍之下，如羊豖然。有跅弛不羈之士，其思想或稍出社會水平綫以外者，方且爲天下所非笑，而不得一伸其志以死。既無可自白，不得不假俳諧之文以寄其憤。或設爲仙佛導引諸術，以鴻冥蟬蜕於塵壒之外，見濁世之不可一日居，而馬致遠之《岳陽樓》、湯臨川之《邯鄲記》出焉，其源出於屈子之《遠遊》。

（《小説戲曲研究卷》，載《晚清文學叢鈔》）

此文原載光緒三十三年《月月小説》第一卷第十一期。

魯迅

稗邊小綴

《枕中記》今所傳有兩本：一在《廣記》八十二，題作「吕翁」，注云出《異聞集》；一見于《文苑英華》八百三十三，篇名撰人名畢具。而《唐人説薈》竟改稱李泌作，莫喻其故也。沈既濟，蘇州吴人（《元和姓纂》云吴興武康人），經學該博，以楊炎薦，召拜右拾遺史館修撰。貞元時，炎得罪，既濟亦貶處州司户參軍。後入朝，位吏部員外郎，卒。撰《建中實録》十卷，人稱其能。《新唐書》（卷百三十二）有傳。既濟爲史家，筆殊簡直，又多規誨，故當時雖薄傳奇文者，仍極推許。如李肇，即擬以莊生寓言，與韓愈之《毛穎傳》並舉（《國史補》下）。《文苑英華》不收傳奇文，而獨録此篇及陳鴻《長恨傳》，殆亦以意主箴規，足爲世戒矣。

在夢寐中忽歷一世，亦本舊傳，晉干寶《搜神記》中即有相類之事。云：「焦湖廟有一玉枕，枕有小坼，時單父縣人楊林爲賈客，至廟祈求。廟巫謂曰：君欲好婚否？林曰：幸甚。巫即遣林近枕邊，因入坼中。遂見朱樓瓊室，有趙太尉在其中。即嫁女與林，生六子，皆爲秘書郎。歷數十年，並無思歸之志。忽如夢覺，猶在枕旁，林愴然久之。」（見宋樂史《太平寰宇記》百二十六引。現行本《搜神記》乃後人鈔合，失收此條。）蓋即《枕中記》所本。明湯顯祖又本《枕中記》以作《邯鄲記》傳奇，其事遂大顯于世。原文吕翁無名，《邯鄲記》實以吕洞賓，殊誤。洞賓以開成年下第入山，在開元後，不應先已得神仙術，且稱翁也。然宋時固已溷爲一談，吴曾《能改齋漫録》、趙與時《賓退録》皆嘗辨之。明胡應麟亦有考正，見《少室山房筆叢》中之《玉壺遐覽》。

《太平廣記》所收唐人傳奇文，多本《異聞集》。其書十卷，唐末屯田員外郎陳翰撰，見《新唐書·藝文志》，今已不傳。據《郡齋讀書志》（十三）云，「以傳記所載唐朝奇怪事，類爲一書」，及見收于《廣記》者察之，則爲撰集前人舊文而成。然照以他書所引，乃同是一文，而字句又頗有違異。或所據乃別本，或翰所改定，未能詳也。此集之《枕中記》，即據《文苑英華》録，與《廣記》之采自《異聞集》者多不同。尤甚者如首七句《廣記》作開元十九年，道者吕翁經邯鄲道上，邸舍中設榻，施擔囊而坐。「主人方蒸黍」作「主人蒸黄粱爲饌」。後來凡言《黄粱夢》者，皆本《廣記》也。此外尚多，今不悉舉。

（《唐宋傳奇集》）

吴 梅

邯鄲記跋

臨川諸作頗傷冗雜，惟此記與《南柯》，皆本唐人小説爲之，直捷了當，無一泛語。增一折不得，删一折不得。非張鳳翼、梅禹金輩所及也。今世傳唱有「度世」、「西諜」、「死竄」、「合仙」四折，膾炙已久，皆未入選；僅録「入夢」、「東巡」、「織恨」、「生寤」諸齣者，亦避熟意也。記中備述人世險詐之情，是明季宦場習氣，足以考鏡萬曆年間仕途之況，勿粗魯讀過。蓋臨川受陳眉公媒孽下第，藉此洩憤，且藉此唤醒江陵耳。（卷二）

八仙慶壽跋

《八仙慶壽》四折，純爲祝嘏佐尊之詞。觀憲王小引，以神仙傳奇爲不宜用，知當時忌諱之深。無怪清嘉、道間，官場忌演《邯鄲夢》，以爲不吉也。

半夜朝元跋

元劇凡詠神仙事者，末折輒數述八仙作結。即如臨川聖手，《邯鄲·合仙》，亦未脱爛調。

牡丹仙跋

〔青山口〕一調，考訂較難。緣此調自湯若士《邯鄲》「西諜」折别創格式（《長生殿》「合圍」折依之），王舜耕《西樓樂府》改换句法（「月令承應」又復自立架格），遂至不可究詰，於是此調與中吕之〔道和〕，雙調之〔梅花酒〕，同爲北詞中之難正者矣。

（以上卷一）（《霜厓曲跋》，載《新曲苑》）

顧曲麈談

論北曲作法

越調……又有《看花回》一套，昉於施君美《幽閨記》，湯若士《邯鄲記·西諜》折中亦用之，其詞聱牙詰屈，至不能分正贈，此亦越調中之别格也。缺此不録，則失却光明大寶珠矣。今取《長生殿·合圍》折詞，以爲程式，蓋正贈易於分折也。

〔看花回〕統貔貅雄鎮邊關，雙眸覷破番和（又，掌兒中握定江山，先把這四周圍爪牙迭辦。）

〔綿搭絮〕須要把紫韁輕挽，雙手把紫韁輕挽。騙上馬將盔纓抵按。閃旗影雲殷，没揣的動龍蛇。直的通霄漢，按奇門布下了這九連環，覷定了這小中原在眼，消不得俺衆路强藩。

〔么篇〕這一員身材剽悍，那一員結束牢拴；這一員莽兀剌拳毛高鼻，那一員惡支沙雕目胡顔；這一員會急迸格邦的弓開月滿，那一員會滴溜撲碌的鎚落星寒；這一員會咭吒克擦的槍風閃爍，那一員會淅瀝颯剌的劍雨澎灘。

〔青山口〕端的是人如猛虎離山澗，顯英雄天可汗。振軍威撲通通鼓聲，驚魂破膽，排陣勢韻悠悠角聲，人疾馬閒，抵多少雷轟電轉。可正是海沸也那河翻，折末的銅作壁，鐵作壘，有甚麽攻不破也，攻不破也雄關！擺圍齊這間，這間，四下裏來擠攢，擠攢，馬蹄兒潑剌剌旋風赹，不住的把弓來緊彎，弦來急攀。一回呵滚沙場兔鹿兒無頭趕，都難動彈，可不是撒頑。

〔聖藥王〕呀呀呀，疾忙裏一壁廂把翅摩霄的玉爪騰空散，一壁廂把足駕霧的金獒逐路攔，霎時間獸積，獸積如山。

〔慶元貞〕斟起這酪漿兒滿滿的浮金盞，滿滿的浮金盞，更把那連毛帶血肉生餐，笑擁着番姬雙頰丹，把琵琶忒楞楞彈也麽彈，唱新聲《菩薩蠻》。

〔古竹馬〕聽罷了令，疾翻身躍登錦鞍，側着帽擺手輕儇，各自裏回還，鎮守定疆藩，擺搠些旗竿，裝摺着輪轎，聽候傳番，施逞凶頑。天降摧殘，地起波瀾，把漁陽凝盼，一飛羽箭，争赴兵壇，專等你個抱赤心的將軍，將軍來調揀。

〔煞尾〕没照會先去了那掣肘漢家官，有機謀暗添上這助臂番兒漢，等不的宴華清霓裳法曲終，早看俺鬧鼙鼓漁陽驍將反。

此套純仿若士《邯鄲》，故通篇句字，與舊譜不合者正多；惟時俗相沿，此套反居正格之列。

論作劇法

余寓滬上，聞有人歌《邯鄲·度世》（俗名「掃花三醉」），此北曲也。開場呂祖一段定場白，字字應作北音（北音非今日北京話），其在入聲，尤須謹嚴。白中自「蓬島何曾見一人」起，至「何姑笑舞而來」云云，不下四百餘字，如此長白，原是費力，乃坐聽良久，竟不能明白一字。無論字分南北，即尋常四聲，尚且滿口胡柴；此真無可言喻矣。

談曲

魏良輔僅點《琵琶》之板而不及《幽閨》者，誠以《幽閨》之可疑者多也。即如「詰盟」之〔仙呂點絳唇〕，實則爲越調之《看花回》，而湯若士《邯鄲》之「西諜」、洪昉思

《長生殿》之「合圍」，皆誤以傳誤，而不知其底蘊矣。非經《大成譜》之參訂，蓋幾幾乎不辨魚魯，而反以爲〔點絳唇〕、〔混江龍〕之別調，如詩餘中之又一體也。

（《顧曲塵談》）

王季烈

螾廬曲談

凡唱曲宜知曲情，忠奸異其口吻，悲歡別其情狀，方能將曲中之意，形之於聲音之内。若賓白，尤宜摹寫情狀，使之神理畢肖。故如唱《長生殿》之生，則必以唐明皇自居，使有雍容華貴之象；唱《邯鄲夢》之生，則必以吕純陽自居，而作瀟灑出塵之想。設身處地，忘其爲我，則曲與白之神理俱出，不特使聽者擊節嘆賞，在唱者自己，雖有滿腹牢愁，千層塵網，至此亦都捐棄。較之博之遺興，酒之掃愁，皆勝百倍。度曲至此，始臻樂境也。

傳奇中之主人，雖以一生一旦爲多，而亦有不盡然者。如《邯鄲夢》則以老生（即盧生）爲主，《鈞天樂》則以老生（即沈白）、小生（即楊雲）爲主。作者苟能自出心裁，獨搆奇境，正不必拘守古人之成法也。

《南柯記》、《邯鄲夢》，亦皆湯顯祖撰。義仍晚年，懺綺情而耽仙佛，翛然有出世之思，故作此二本。《南柯》之情盡，《邯鄲》之生寤，洵足發人深省，一洗尋常詞曲家綺語矣。（《螾廬曲談》）

譚　行

略談湯顯祖和他的《邯鄲記》

一

明代中葉是我國戲曲史與宋元南戲、雜劇一度衰落以後的復興時期。這時，傳奇代替了雜劇，盛行于世。從萬曆年間至明末清初先後出現了許多有價值的傳奇，成爲南曲的黄金時代。湯顯祖是明萬曆間傳奇作家羣中，成就最大的人物之一，也是我國歷史上有數的古代戲劇大家。

顯祖字義仍，號若士，又號清遠道人，江西臨川人。他生于公元一五五〇年（明世宗嘉靖二十九年）死于公元一六一六年（明萬曆四十四年），享壽六十八。二十一歲時，顯祖中了舉人，這時，權臣張居正爲了兒子嗣修考進士，到處網羅名士，作兒子的伴考，以擴大影響，因此函聘顯祖，但却爲顯祖所拒絶。他這種舉動，招致當時統治階級普遍的不滿。顯祖三十一歲那年參加殿試，但未被録取。直到三十四歲，他才中進士。顯祖中進士後，出任南京太常博士，後改爲禮部主事。公元一五九一（萬曆十九年）天空發現彗星，神宗以爲這是國家面臨災禍的徵兆，責備大臣平日不肯忠諫。顯祖上書皇帝，認爲星變若是凶兆也非大臣們的過失，而是權臣掌政，皇帝被蒙蔽的結果。神宗看了大怒，將他降職爲廣東徐聞典史，後又改爲遂昌知縣。由于顯祖使用古代良吏的政治方法「縱囚放牒」，被人控告。他辭官回去，在玉茗堂過着二十年的歸隱生活。

錢牧齋的《列朝詩集》説顯祖爲人「志意激昂，風骨遒緊（勁）」，又説：「所居玉茗堂，文史狼藉，賓朋雜坐，鷄塒豕圈，接迹庭户，蕭閑詠歌，俯仰自得。」在這裏，我們可以了解他對人生的基本態度。顯祖是一個有志于爲國家作一番事業的人，由于現實的黑暗，使他受盡了統治階級當權派的排擠、打擊和誣害，心裏感到異常憤懣。他利用了傳奇這一嶄新的文學體裁，反映了現實社會黑暗的一角，并達到對整個封建制度鞭撻的目的。也由于他有一段時間參與政治活動，對整個統治階級内幕有較多的了解，所以對現實矛盾的揭示是那麼深刻。

二

湯顯祖的劇作傳至今天的有《紫簫》、《紫釵》、《還魂》、《南柯》、《邯鄲》五種。後四種被稱爲「玉茗堂四夢」。清梁廷柟說：「玉茗堂四夢，《牡丹》最佳，《邯鄲》次之，《南柯》又次之，《紫釵》則强弩之末耳。」無可懷疑，《還魂》是他最成功的劇作，但《邯鄲記》也在不同的角度上反映了明代萬曆年間的社會風貌，集中地概括了當時社會生活現象，有其獨特的思想内容和藝術風格。

《邯鄲記》共三十齣，它寫山東盧生郁郁不得志，在旅途中偶然遇到仙人吕洞賓。洞賓借一枕給盧生睡。在夢中，盧生和一富家女崔氏結婚，隨後赴京考試，中了進士，被升爲高官，享受富貴榮華，同時也嘗盡了貶謫的苦味。壽至八十歲，一病而死，遂在夢中驚醒。旅店中主人煮黄粱飯還未熟，然而盧生在夢中已經歷了一生。他恍然大悟，跟洞賓入山中修道去了。這故事是依據唐人小説沈既濟的《枕中記》渲染而成的，因此某些文學史研究者認爲它没有什麽創造性，事實是不是呢？在作品中，顯祖塑造了盧生這個有典型意義的封建社會的士大夫形象，透過這個典型藝術形象來揭示明代社會的階級矛盾。盧生這一人物形象是從現實生活中提煉出來的，他與現實社會有着血肉的關係。作者將《枕中記》的故事和現實生活密切地聯結起來，進行創作。這正是他創造精神的體現。

《邯鄲記》保存了《枕中記》的精神特質——神仙故事的幻想性，并且加以天才的想象和創造。它是夢的戲劇，故事是虚構的。然而，它并没有離開現實生活的基礎。盧生夢中所經歷的事情是作者那個時代所常見常聞的，讀者在劇中所獲得的是一種真實的感受；隨着戲中主要人物的行爲和心理變化，作者揭示了當時社會現象的本質，并使讀者對這些醜惡現象産生一種憎恨的情感。

三

《邯鄲記》對當時社會現象的概括是集中的，而且也是多方面的。作者概括了明代封建統治階級内部帶有典型性的生活現象，揭露官吏們互相傾軋、欺騙的本質。對宇文融這個狡猾、陰險、殘酷的人物，毫無保留地加以鞭撻。宇文融爲了個人的名譽地位，不擇手段的陷害盧生。本來在同一政治集團内，從其所代表的階級利益上來説，有其一致的地方，然而，他們還是互相殺戮；那他們對被統治的下層人民的迫害，就可想而知了。

宇文融一次再次謀殺盧生，但是他所用的手段，客觀上却成爲盧生爬上更高統治地位的階梯。這些增加了他們之間的矛盾，也促使宇文融用更毒辣的手段對待盧生，如宇文融所道：

> 深喜吾皇聽不聽，一朝偏信宇文融。今生不要尋冤業，無奈前生作耗蟲。自家宇文融，當朝首相。數年前，狀元盧生不肯拜我門下，心常恨之，尋了一個開河的題目處置他，他倒奏了功，開河三百里。俺只得又尋個西番征戰的題目處置他，

他又奏了功，開邊一千里。聖上封爲定西侯，加太子太保，兼兵部尚書，還朝同平章軍國事，到如今再没有第三個題目了。沈吟數日，潛遣心腹之人，訪緝他陰事。説他賄賂番將，佯輸賣陣，虚作軍功，到得天山地方，雁足之上，開了番將私書，自言自語，即刻收兵，不得追趕。（「飛語」）

封建統治者宇文融就是這樣奸詐、自私。作小官的人如崖州司户也是如此趨勢諂媚，作威作福。利禄象鐵銹一樣侵蝕着他們的靈魂。正如崖州司户所説：

小子崖州司户，真當海外天子，長夢做個高官。忽然半夜起水。好笑好笑，一個司户官兒怎能巴到尚書閣老地位。不想天吊下一個盧尚書來此安置。長説他與朝廷相知，還有欽取之日，小子因此也不難爲他。誰想上頭没有他的路，昨日接了當朝宇文丞相密旨，説他最恨的是盧尚書，叫我結果了他的性命，許我欽取還朝，不次重用。思想起來，八品官做下這場方便事，討了欽取，有甚不好。（「召還」）

等到盧生爲朝廷召回時，司户官便驚慌失措，説道：

那裏知朝廷真有用他之時，宇文公，宇文公，弄得我没上没下的，只得前去請死。

他向盧生請罪道：「司户小人，有眼不識泰山，綁縛堦前，合該萬死。」

盧生笑道：「起來，此亦世情之常耳。」（「召還」）

盧生有必要原諒司户，因爲在當時這種謀財害命，做凶手或幫凶的人多着啦。「此亦世情之常耳」，作者從這裏概括地顯示出明代上層社會風尚的惡劣，人情的虛僞。吴梅先生説：「記中備述人世險詐之情，是明季官途習氣，足以考萬曆年間仕宦況味。」這見解是十分透闢的。

明代萬曆年間，科舉取士制度不是以才録取，而是以錢和勢作標準的。因此，不少有才能的士子没有考上功名，但他們却死心塌地追求，幻想有一天爬到人民的頭上去，在古紙堆裏消磨了一生。如「贈試」寫道：

〔朱奴兒〕生：我也忘記了春秋幾場，則翰林苑不看文章，没氣力頭白功名紙半張，直那等豪門貴黨。（合）高名望，時來運當，平白地爲卿相。

旦：説豪門貴黨，也怪不的他；則你交游不多，才名未廣，以致淹遲。奴家四門親戚，多在要津，你去長安，都須拜在門下。

生：領教了。

旦：還一件來。公門要路，能勾容易近他。奴家再着一家兄相幫引進。取狀元如反掌耳。

生：令兄有這樣行止。

旦：從來如此了。

〔前腔〕旦：有家兄打圓就方，非奴家數白論黄，少他呵，紫閣金門路渺茫。上天梯有了他氣長。

旦：你道家兄是誰？家兄者，錢也。奴家所有金錢，盡你前途賄賂。

生笑道：原來如此，感謝娘子厚意。聽的黄榜招賢，盡把所贈金資，引動朝貴，則小子之文字字珠玉矣。

金錢打動了朝廷裏有權威的人，因此，盧生中了狀元。這裏作者不僅揭發了明代考場的黑暗，同時是明代整個社會制度腐敗的暴露。

作者對當代一般知識分子熱中功名利禄，向上爬的齷齪思想的揭露也是非常深刻和鮮明。這種思想體現在盧生這個人物身上。作者通過吕洞賓和盧生的一場對話，生動地表現出來：

吕：這等，且説今年莊家如何？

生：謝聖人在上，去秋莊家，一畝打七石八斗，今歲整整的打勾了九石七斗哩。

吕：這等你受用哩！

生：可是受用了。

生忽起自看破裘嘆道：大丈夫生世不諧，而窮困如是乎？
吕：觀子肥膚極腧，體胖無恙，談諧方暢，而嘆窮困者何也……
生：老翁説我談諧得意，吾此苟生耳。何得意之有？
吕：此而不得意，何等爲得意乎？
生：大丈夫當建功樹名，出將入相，列鼎而食，選聲而聽，使宗族茂盛，而家用肥饒，然後可以言得意也。（「入夢」）

接着，顯祖描繪了盧生中狀元，享盡富貴逸樂的生活，同時也飽受權臣的嫉忌和誣害，以至一度被貶往嶺南。盧生的一生，八十年時間就這樣混過了。總之，他所渴望的出將入相，家用富饒，夫婦齊眉，家族繁茂等都達到了，可以説「得意」了。但是，他又因壽命過短而抑鬱淒愴，并希望獲得長生不老的方法。盧生年老臨死，還念念不忘兒子的蔭襲；耽心著編歷史的人寫漏了他的功績（見「生寤」）。誠然這類思想是當時封建統治階級的思想，充分表現在大官僚身上，但它在一般有産階級出身的知識分子身上也有不同程度的體現。這種思想是在明代科舉盛行的歷史條件下形成的，也就是説有其社會生活的根源。像盧生這種人，既令人可笑可憐，同時也可憎可恨。唯其可憎可恨，所以作者寫他在黄粱一夢醒，隨吕洞賓仙游去，來體現現實生活的混濁。正如《曲品》所説的：「窮士得意興盡可仙，先生提醒普天下措大，功德不淺，即夢中苦樂之致，猶令觀者神摇莫能自主。」顯祖否定了盧生夢中一生，從他的觀點看來，一個人最悲哀的莫過于沉醉在功名利禄裏而不覺，像《邯鄲記》題詞中所説的「獨嘆枕中生于世法影中，沉酣啽囈，以至于死，一哭而醒。夢死可醒，真死何及？」一個人真的爲了名利而胡混一世是多麽危險，多麽可憐的事情啊！

在這裏，我們如果了解作者平生事迹就會更深入地體味到他的歸隱思想，在盧生身上有了某種程度的反映。爲什麽這樣説呢？因爲文學作品是透過作者的世界觀對社會現象的理解和分析，從而進行集中和概括的；根據作者的美學原則，社會理想去塑造人物形象。因此，作品裏的人物形象激發了讀者産生愛憎的感情，不可能與作者的思想情緒無關。一句話，在文學作品藝術形象的塑造上表現了作者對現實事物或貶抑或肯定的態度。顯祖對封建社會的功名利禄采取了否定的態度，認爲這些東西猶如「夢幻」一樣，突破了當時士大夫階級那種争權奪利的思想束縛，有着一定的社會意義。他批判盧生夢中的一生，誠然不等于對整個人生的否定；但作者認爲盧生迴避現實，「仙游」去是人生更好的道路，滲透着道家的出世思想。在封建社會裏生活的顯祖，歷史條件限制了他，使他看不清正確的生活道路，也没有獲得走向正確鬥争道路的啓示，從而描寫人們向不合理的制度作面對面的鬥争。「仙游」、「出家」雖然對封建社會表現着一種消極抵抗的態度，究竟是逃避現實的。所以，我以爲在作品裏描寫了盧生「仙游」去，固然在批判封建社會的醜惡現象説，有其積極意義，但是另一方面也含有多少消極的感情因素和思想因素。在當時來説，這作品在幫助人們認識社會的黑暗的同時，客觀上也難免不給人們一種超脱現實的感受。尤其是對一些在功名上翻了觔斗的失意之士，縱使不一定把自己作爲「真盧生」，但他們確可從《邯鄲記》找到解脱苦悶、寄托精神的地方。作者認爲人生短速得像黄粱一夢，富貴是空的。當人們接受這種思想影響時，很難説他們不會以同樣的態度來看待自己底貧困的處境，認爲被壓迫被剥削也無足介意，反正一會兒就過去了，因而削弱人們爲争取幸福自由生活的鬥争意志（當然不是指求功名富貴）。

由于作者描寫了夢，因此很容易使人誤會它僅僅表現了「空」的概念，强調「空」的概念。過分强調《邯鄲記》表現了「空」的概念，那是不妥當的。因爲這種觀點會導致我們誤認它是宣傳宗教思想，抹殺它的藝術特色和思想價值。《邯鄲記》雖含有「空」的思想，但它的積極意義并不在于表現了「空」，主要是通過「空」——夢的本身這種浪漫主義的藝術手法去剖析和控訴現實的殘酷和不合理。同時也表現了作者那種傲世的内在精神以及和封建統治階級堅决不合作的態度。

《邯鄲記》是作者晚年的作品（據他的自序寫成于萬曆四十年即六十四歲時），顯祖晚年過着歸隱的生活，生活環境影響了他，使他變得深沉、孤寂，已不及年青時那樣志鋭氣昂。他的晚年作品，也有着老人家閲歷較深，洞察現實的囂張、混濁那種人情風味，缺少《還魂記》裏那種絢爛、熱烈的景象。

四

顯祖運用「夢境」的表現形式去剖析和抨擊現實社會的醜態，大膽地幻想和臆造，使《邯鄲記》具有濃厚的浪漫主義色彩。他依據神仙故事的特點來進行藝術創造，如洞賓把他的磁枕借給盧生，使他一夢而醒，斷絕功名的念頭，然後度他成仙。在「鑿陜」這齣裏，用夸張的筆法描寫盧生運用火燒及鹽蒸醋煮的奇法來開河，把山石鑿穿。這裏充分表現出作者豐富的幻想性。《邯鄲記》在藝術創作上説有幻想、有夸張，也有實實在在的通過一些具體行爲、對話，很概括地揭示某種社會現象的本質，達到浪漫主義和現實主義的結合。「生寤」中有：

（合前内報介）報報報，閣下裴老爺蕭老爺問安到堂。

旦：怎好相待？

生：長兒子答應去。你説有勞蕭叔叔、裴叔叔，晚些下朝，請來有話。

（長子應下内介）公侯駙馬各位老皇親問安到堂。

生：次子答應去。這都是四門親家。説有勞了。容病起叩謝。

（次應介内介）五府六部都通大堂上官八十員名，稟帖問安到堂。

生：三的兒答應去。你説有勞了。

（三子應下内介）小九卿堂上官共一百八十員名，脚色問安到堂。

生：第四的答應去。你説知道了。

（小應下内介）合京大小各衙門官三千七百員名，連名手本問安，門外伺候。

生：堂候官，分付都知道了。

在這裏，作者真實地揭示了明代等級制度的深嚴。盧生病倒，朝廷裏的大臣去探訪，一班官僚、親戚和下屬去拜訪，他對這些來自不同社會階層，不同的身分和關係的人，所採用的態度、禮貌也是不一樣的。

在關目的處理上，《邯鄲記》也有它的特點。如在「入夢」、「招賢」、「贈試」、「奪元」、「驕宴」一連五齣寫盧生納賄求功名的經過。接着插入「虜動」一齣，寫番人違約叛反。再次在「外補」裏描繪崔氏在家久候盧生的憂鬱的心緒，使讀者或觀衆不覺劇情的平板。正當盧生回家團聚時，忽然朝廷又命令他到陝州去開河。等到河功告成，朝廷嘉獎，權臣宇文融又設計陷害盧生，使他出征西番。矛盾始終是一起一伏；一個矛盾解除了，新的矛盾衝突接着而來，猶如波浪式一樣發展着。

《邯鄲記》和《還魂記》在語言方面有所區别，《還魂記》詞句鮮豔，這是由于表現青年男女生活内容的要求。《邯鄲記》的詞句比較質樸、簡煉；有强烈的諷刺性。如「奪元」有：

開元天子重賢才，開元通寶是錢財；若道文章空使得，狀元曾值幾文來。

對明代取士制度的諷刺和嘲笑，是多麽刻骨。王驥德説顯祖「所作五傳，《紫簫》、《紫釵》第修藻豔，語多瑣屑，不成篇章。《還魂》妙處種種，奇麗動人，然無奈腐木敗草，時時纏繞筆端。至《南柯》、《邯鄲》二記，則漸削蕪類，俛就矩度，布格既新，遺辭復俊，其掇拾本色，參錯麗語，境往神來，巧湊妙合，又視元人别一蹊徑，技出天縱，匪由人造」。《邯鄲》的語言確比《還魂》等精煉、質樸。其中有的詞曲也寫得很美，如〔紅綉鞋〕：

趁江鄉，落霞孤鶩；弄瀟湘，雲影蒼梧。殘暮雨，響菰蒲；晴嵐山市語，烟水捕魚圖。

很生色地把洞庭湖一帶景色描繪出來，富于詩意，能給讀者一種自然美的感受。

作者是一個博學多才的劇作家，既有深厚的文學修養，且有豐富的歷史知識和生活知識。「織恨」中織綿作回文詩，作者吸取了相傳前秦竇滔妻蘇蕙的故事。「生寤」一齣中的魚游、雀啄，是我國古代醫學「素問」中關于脈理的知識；「度世」中的黄婆、奼女、偃月爐，則是道家煉丹所用的語言，還有作者用了許多蒙古譯語，這些足以證明顯祖生活知識的廣博。在戲劇裏，採取唐人詩句作爲上下場詩，實始于顯祖，縱然這算不得優點，但由于它用得恰當，而且以後影響了《長生殿》等劇作，故在此我們有指出的必要。從另一方面看，也可了解作者對古典文學，尤其是對前人詩詞的酷愛。

總括來説，《邯鄲記》無論在思想内容、表現方法、語言運用等都有其獨特的面貌，值得我們去探討。尤其是在今天祖國社會主義經濟建設事業蓬勃發展的歷史前提下，要求文學藝術革新和廣泛地發展，在建設社會主義事業中發揮更大的作用。要建成嶄新的社會主義文化，我們必須創造性地繼承祖國古典文學藝術的優秀傳統，從而創作多樣的藝術形式和形象，反映新的現實生活。每一個文學研究者應嚴肅地整理和研究我國豐富的文化遺産，任何輕視、排斥和粗暴對待祖國文學藝術遺産的態度都是不對的。

一九五七年七月

（《中山大學學報》一九五八年第二期）

侯外廬

論湯顯祖《邯鄲記》的思想與風格

一　湯顯祖「四夢」的共同性及其主題思想的特點

十六世紀傑出作家湯顯祖的不朽劇作「四夢」：《還魂記》、《紫釵記》、《邯鄲記》、《南柯記》，有一種共同的精神，即他自己説的「有譏有托」，曲意「轉在筆墨之外」。他這四種劇作都把歷史背景安置在唐宗宋祖所統治的世界，這樣的世界是他所謂「秦皇漢武駐足之地」的繼續。在湯顯祖的筆下，從秦皇漢武以至他生活的十六世紀明代的歷史不是太平日子，都不合于他的「神農之教」的原理，即不合于「生人之意」的衣食富足和疾病相救的理想，而是貧困與死亡、權威與欺詐相交迫的黑暗世界。他曾想一手執劍、一手執筆來砍伐這個世界，與他的友輩「歌舞游俠」，傲睨一切，追隨着泰州學派大師們做一番大事業。例如他講道：「見以可上人（紫柏）之雄，聽以李百泉（李贄）之傑，尋其吐屬，如獲美劍。」然而他的劍却只「能干斗柄、成蛟龍，終不能已世之亂」，因此，清歌便成爲他唯一的武器，在文藝戰綫上「爲與催花早一鞭」，以先覺者自負，爲人間傳送光明將來的春信。他說：

聞之，神器不可爲。……恢然有餘，上也；其次忘身與之決；其次存身。

在湯顯祖的心目中，好像李贄這樣大豪傑，雖然美劍在手，也難作到恢然有餘，他懷弔李贄的詩句有：

自是精靈愛出家，鉢頭何必向京華？知教笑舞臨刀杖，爛醉諸天雨雜花！

世事玲瓏説不周，慧心人遠碧湘流！

湯顯祖走了「忘身」和「存身」之間的一路，但他自己也感到處于「不得去，不得死」的黑暗環境，只能堅守着他所説的「人生精神不欺，爲生息之本」。

「不自欺」的宗旨包含着自覺的意義，這是十六、十七世紀不少進步人物所共同具有的抱負，但他們采取的鬥争方式不甚相同。湯顯祖的不自欺的精神主要是以形象思維而表現在他對舊世界抗議、對新世界呼喚的生花的筆端。他自豪他的曲意的理想在俗人眼中是一種大逆不道(「大戾」)，因此他在詩中自賦説：「玉茗堂開春翠屏，新詞傳唱《牡丹亭》。傷心拍遍無人會，自掐檀痕教小伶！」

「四夢」都是玉茗堂的新詞清歌，但在主題思想和風格的塑造上各有特定的重點。《邯鄲記》的夢境主要是暴露黑暗世界的矛盾，在揭示出矛盾之後，便從矛盾中瀟然物外，走入虚無的懷疑主義；而其他三夢則主要是用「生者死之、死者生之」的生死鬥争精神解決矛盾，而在解决的當兒不能不如恩格斯所説，依靠一種烏托邦式的外力，以期呼唤出春到人間的美景(其中也有虚實之分，即所提答案的傾向各有特定的意旨)。就藝術的風格而言，如果説《邯鄲記》的夢境使人從諷刺的畫面裏激發出憎恨心，那麽其他三夢則使人從理想的向往中感受着同情愛。

二　湯顯祖的社會思想和《邯鄲記》的歷史背景

我們怎樣評價這一作品呢？我們所依據的尺度不是個人的，而是歷史的、社會的。

我們知道，中世紀的「異端」思想家以及近代的進步思想家，都不能從歷史觀點理解歷史發展的總過程。他們或從倫理觀點，或從心理觀點，把世界分做絶對美惡的兩截。這種把人情割裂開來的手法，雖然客觀上表現出了歷史進程的對立轉化的前途，但是其中莫不含有主觀的理想成分，例如「異端」學者對歷史分析的真實與虛僞的對立，近代學者對歷史分析的倫理等級與自由平等的對立，都具有着非歷史主義的絶對態度。十六世紀湯顯祖對歷史的態度也不能例外，他把秦皇漢武、唐宗宋祖以來的世界看做一種人類的「羈絆」，而他所理想的世界則是「霑澤」人類的美好樂土。在他處理從「理」世界走到「情」世界的時候，有的劇作是借助于一種外力，如他到處所强調的「花神」（所謂「花神留玩牡丹魂」）；但在處理從「理」世界走到「仙」世界的時候，有的劇作則采取虛無主義的態度（所謂「便作羽毛天外去」），而簡單地否定了前一種世界。

作者以爲《邯鄲記》從其積極意義上而言，是充滿着一種批判的鬥争的精神的，但也有着懷疑主義的傾向。因爲在歷史上某些持懷疑主義的學者有其理想的青春性和思想的戰鬥性，這是因爲歷史發展的辯證法，如列寧所指出的「包含着否定的因素，并且是它的最重要的原因」；然而他們不能理解歷史，因爲辯證法「不是單純的否定，并不是任意的否定，并不是懷疑的否定、動摇、疑惑」。湯顯祖也和歷史上進步的哲人、作家一樣，在他對舊世界勇敢地鞭撻的時候，曾運用了否定、懷疑的因素，而最後不免受歷史的局限，在一定程度上歸結爲懷疑主義。

《邯鄲記》的藝術思維是和湯顯祖的理論思維相聯繫的。他把唐宗宋祖以下的傳統因襲的世界影射做「橋道斷絶，泥途積染」，這樣不可救藥的社會將要崩潰決裂，他說：

> 颯零零其晦隕，彌凄凄而晝沈，月夜夜而離畢，霞朝朝而載陰，始蒙濊而徐墜，終淵沛而難禁！

在這樣必然要隕沈墜裂的世界，他說，社會財富呢，「精華豪家取」，勞動人民呢，「户口入鬼宿」。然而這却被俗人與道學先生們用權威原理以及性理說教形容爲「盛世」，爲「王業」，爲「大有年」。這種矛盾的社會正和湯顯祖理想中「神農之教」之下的人人富壽康樂的社會相對立。

他根據心理的分析出發，曾借用兩種動物的性格形容了在黑暗世界的兩種生活的權利：

一種是雄偉的老虎，它的自然的性格應該表現爲活生生的「性氣」，但反而陷于羈絆之中：「虎雄蟲，而窮辱于囚，反見牛馬而驚」，「既苦飢而伏檻，敢擇食以懟恩？遂乃改山林之性氣，狎鷄犬之見聞。……飢窘來而餌施，利器往而性泯，足人間之玩擾，何氣決之可存？諒如此而久生，固不如即死之麒麟！」

另一種是殘暴成性的鷂子，這樣吃人害人的怪鳥應該消滅，但是天下首善之地却故縱它爲所欲爲：「闊哉天地籠，壯矣京城鷂，擇肉人手中，翻騰掣光耀。……風穴鳥王深，安知夜吟嘯！」在另一首詩中，他也刻劃了一種「怪鳥」：「太常東署門，連垣接親衛，中有怪大鳥，好作犬號吠。悲嘯無時徙，吉凶須意對，非有伯勞沉，豈無子規廢？開天殺人處，陰風覺沉昧！」

他的文章又根據了倫理的分析，形容出黑暗世界的真人與假人的對立。例如他說，他自己就被假人們目爲「大戾」，而不可能和假人「持平理而論天下大事」，因爲天下大勢，古今相似，「真之得意處少，假之得意處多」。真假的世態是這樣：

> 世之假人常爲真人苦。真人得意，假人影響而附之，以相得意；真人失意，假人影響而伺之，以自得意！

他在不少地方更談到虛僞的俗儒、道學、君子和有「靈氣」、「靈性」、「生氣」的豪俠大儒的對立。據他説，豪俠大儒是以天下人民之生命安樂爲志，他們抱有青春的情意，抱有人道平等的高尚願望，抱有晦以待明、呼喚天曉的心懷，抱有開啓人們一時耳目所不及的創造精神。反之，俗士君子正如《紫釵記》中所説「人從有『理』稱君子，自信無『毒』不丈夫」，「欲作江河惟畫地，能迴日月試排天」，權威和道學是一件事物的兩面。請看他怎樣描繪黑暗世界的君子和俗士：

> 肉食君子，肥不可動，昏不可靈，又使貧士流涎，餂啖其側。此非膏脂之累，乃聖人不制之過也！

俗師之講説，薄士之制義，一入其中，不可復出，使人不見泠泠之「適」，不聽純純之「音」。

湯顯祖的《邯鄲記》集中地描繪了一幅虛僞、醜惡、陰險、欺詐、名利、權威籠罩着的社會景象，在這個大陷阱中，從人倫、社交以至君臣綱常，無不是在「開元盛世」的虛僞的現象掩飾之下，處處是陰風沉昧。他盡情地暴露了這樣不共戴天的世界之後，却最後走向所謂吕洞賓指向的仙界，墮入了懷疑主義。例如當他所主張的人道合于天道的理想在現實世界證明難以期待的時候，他不能不憤慨地説：

夫冬之必有春，而夜之必有旦，亦天道也。予爲嘻然久之曰：固也；語不云乎？天不可與期，道不可與謀！

因而他在「以若有若無爲美」的抒情寫意之中，最後肯定了若有非有的仙界。

他一方面贊揚王安石、陳亮等人的挽救世運的英豪事業，但另一方面當紫柏入京以斷頭的氣概和當權者理論的時候，又以長安道上不是人世界，期期以爲不可行。他更這樣地懷念紫柏：

語落君臣迴照後，心消父母未生前；看花泛月尋常事，怕到春歸不值錢！

他的「花神」畢竟是一種解决矛盾的外力，這種外力是主觀世界所幻想的魅力，最後是期待不到的，于是虛幻就好像成了真覺！高尚就好像成了孤芳！

從上面所論看來，可不可以説湯顯祖的世界觀和方法論是完全不相一致的呢？我想不可以這樣理解。因爲這是一個基本上作爲在歷史積極面前進的懷疑論者并在徬徨的消極面停下步子來的那個時代弱者的矛盾表現。在一定歷史條件之下的懷疑論者，善于控訴，并對黑暗世界敢于全盤地否定，但他不可能科學地、歷史主義地説明世界，也不可能有正確的數據指明他憧憬着的光明的未來。因而，他在如何改造世界的問題上必然徬徨失措。矛盾的外貌表現爲：俗世不容天才，而天才却撼摇不了俗世。

三 《邯鄲記》的主題思想

《邯鄲記》夢境裏的對象是湯顯祖所集中描繪的惡濁世界，正如他常對統治階級所諷刺的：「今日長安醉夢也。」劇中的主人翁叫做盧生，是唐代豪族大姓的盧氏子孫，在夢裏苟且與另一豪族大姓崔氏的女兒配爲夫妻。這崔盧門第在中國封建制社會的傳統族望，是史不絶書的，唐太宗對這兩家豪姓在氏族志的地位還眼紅過。劇作者選取崔盧這樣豪族的代表，安置在《邯鄲記》的主人翁頭上，雖然和他在《牡丹亭》中以杜柳爲封建社會悲劇人物的典型而安置在主人翁頭上是不同的，但是藝術的手法却是相似的。

湯顯祖首先在劇中安排好有品級、有威望、有特權的配偶，所謂：「崔盧舊世家，兩詔華，偶逢狹路通情話。……崔家原有舊根芽，盧郎也不年高大。」盧生沈溺已深，一心想把自己的靈魂售與帝王之家，崔氏女更不甘做一個白衣夫婿的妻子，傾心于一品夫人的誥封。夢就從這樣一對夫婦獵取那種「例外權」的功名榮譽開始，通過榮華富貴的曲折變化情節，反映出玄宗皇帝的「開元盛世」骨子裏是怎樣一種人世之間是非黑白顛倒和君臣之間爾欺我詐的危局。

劇中描寫了玄宗正在大行德政，奉天承運，廣開賢路，招才納士的情節，但黄榜的底面原來是這樣：

盧生　我也忘記起春秋幾場，則翰林苑不看文章。没氣力頭白功名紙半張，直那等豪門貴黨。

崔女　説豪門貴黨，也怪不的他。則你交游不多，才名未廣，以致淹遲。奴家四門親戚，多在要津，你去長安，都須拜在門下。還一件來，公門要路，能勾容易近他。奴家再着一「家兄」相幫引進，取狀元如反掌耳。

盧生　令兄有這樣行止？

崔女　從來如此了。有「家兄」打圓就方，非奴家數白論黄。少他呵，紫閣金門路渺茫；上天梯有了他氣長！

盧生　這等小生到不曾拜得令兄。

崔女　你道「家兄」是誰？「家兄」者錢也。奴家所有金錢，儘你前途賄賂。

盧生　……聽的黄榜招賢，盡把所贈金資引動朝貴，則小生之文字珠玉矣！……

……仗嬌妻有志綱，贈「家兄」送上黄金榜。握手輕難放，少別成名恩愛長！

這個盧生的「天才」果然被朝廷「發現」，點中了頭名狀元。從當時掌權的宦官高力士到玄宗都賞識盧生這位國家的棟梁之材。請看黄榜的表面：

高力士　都經御覽裁，看上了山東盧秀才。知他甚手策，動龍顔，含笑孩！親看御筆題紅在，待剪宫袍賜緑來！……

……也非萬歲爺一人主裁，他與滿朝勛貴相知，都保他文才第一，便是本監也看見他字字端楷哩！

我們從湯顯祖深刻地刻劃的黄榜的底面和表面，可以看出他怎樣運用了《錢神論》到藝術形象所表現出的風格，在綺麗詞句中藴蓄着辛辣的諷刺。這裏揭示了封建社會的誠信榮譽的虚僞性、富貴尊榮的欺詐性。從「家兄」和胞妹之間的親密關係一直到皇帝和臣僚之間的神聖關係，都建立在一種封建式的「權威原理」之上。湯顯祖也在詩句中作了正面的暴露：

開元天子重賢才，開元通寶是錢財；若道文章空使得，狀元曾值幾文來！如此朝綱把握難，不容怒髮不衝冠；則這黄金買身貴，不用文章中試官。

「開元」是一個雙關語，湯顯祖在《紫釵記》就使用過這種冷諷熱刺的手法，例如「一條紅綫，幾個開元。……生買斷俺夫妻分緣，你没耳的錢神聽俺言；正道錢無眼，我爲他迭盡同心把淚滴穿，覷不上青苔面！俺把他亂灑東風一似榆莢錢！」

唐代鑄錢文爲「開元通寶」，「開元」又是唐玄宗的年號。皇帝的年號在中國歷史上本來是封建的最高統治者的神聖靈光圈，它表示皇權和神權的統一。從漢代以來，不知道正宗神學家費了多少心血，擷取經典，附會天意，反復地爲這樣的尊稱塗抹過天命降吉的説教。「開元」這個祥瑞的詞兒，班固《典引》已經頌贊過：「厥有氏號，紹天闡繹，莫不開元于太昊。」然而，就是這個「開元」的神聖的尊稱，一向被道學先生們所贊禮，在湯顯祖筆下却是神奇其表而臭腐其中的怪物。這也是他所謂的「神奇轉爲臭腐，臭腐轉爲神奇」的手法了。一面是開元盛世的賢「才」輩出，一面又是開元通寶的錢「財」買賣。這個「開元」被諷刺爲没耳朵没眼睛的黑暗世界的最有代表性的「神物」。如果把封建學者對靈光圈的贊拜拆穿，那麽它後面正是一種封建性的拜物教。

狀元盧生通過了「開元天子」的「御裁」，證明「開元」通了神。從封建主義功名的邏輯發展，就應該是夫榮妻貴的光耀門庭的利禄場面了。湯顯祖在「驕宴」與「外補」二齣，描繪出才子佳人的天作之合原來是與勛貴的品級分不開的：「今日天開文運，新狀元賜宴曲江池。」在一夥妓女們迎接的羣芳宴中，盧生感到天恩浩蕩，「崢嶸！想象平生，這一舉成名天幸！」他和一些學士在雁塔題名，「昂然端正，便立在鳳樓前，人索稱！」

這個狀元榮歸時節還偷寫了天子封誥，送與狀元夫人：

崔女　盧郎榮歸了！

盧生　夫人喜也！一鞭紅雨促歸程。……

崔女　名揚四海動奴情！……

盧生　小生因掌制誥，偷寫下了夫人誥命一通，……朦朧進呈，僥幸聖旨都准行了。小生星夜親手捧着五花封誥，送上賢妻，瞞過了聖上來也。

崔女　費心了！盧郎，你因何得中了頭名狀元？

盧生　多謝賢卿將金貲廣交朝貴，竦動了君王，在落卷中翻出，做個第一。

一個「鑽」搶而來的金榜狀元，就配着一個「偷」盜而來的誥封夫人。然而，這在倫理的字面上却是君臣相得、夫妻和順的頌揚。請看一下這位天賜名位的狀元，怎樣唱出一套綱常名教的詞句：

文章一色新，要得君王認，插宮花，酒生袍袖春雲。春風馬上有珠簾問，這夫婿是誰家第一人？你夫人兮，有花冠告身，記當初伴題橋捧硯，虧殺卓文君！

《邯鄲記》的情節還塑造了統治階級人物的内部矛盾，即權相宇文融和幸進的盧生之間的權利衝突，其間穿插着混在兩方的虛僞人物，如前朝王孫公子蕭嵩、將相門户裴光庭等。在湯顯祖的筆下，蕭嵩是在忠孝節義的「忠」字上面鑽營的人物，裴光庭是在仁義禮讓的「讓」字上面作僞的人物，他們先前卵翼在宇文融這位奸險陰毒的人物門下，後來又逢迎于富貴之極的盧生門下。在劇情的發展中，因了宇文融對盧生榮位與權利的妒忌，設下了陷阱，然而在一層一層的虛假的朝命中，反而成全了盧生内興河工、外拓邊疆的像煞有介事的「功業」。才子變成了英雄！

在「鑿郟」、「望幸」、「東巡」幾齣戲裏，湯顯祖用他的「正言若反」的手法，描寫出神奇原是臭腐，臭腐却算神奇。盧生接到「聖旨」做了陜州知州，任務是完成打通東西兩京河運而鑿石開河的朝廷大功業。他首先暫不請「錢神」來幫助，而請來的是治水的禹王神。在捧香乞禱之下，那禹王神也不能不大顯靈驗：

洒掃神王廟，親行禮拜，要他疏通泉眼度船簰，再把靈官賽。

禹王如在，吏民瞻拜，石頭路滑倒把糧車兒礙；要鑿空河道引江淮。叫山神早開，河神早來，國泰民安似海！

盧生異想天開，説「昔禹鑿三門，五行并用」，他也要上承三代傳統，學做一番陰陽五行的方術，來感動神靈，于是命令搜索到乾柴百萬束，在山上燒起來，再刮取到幾百擔鹽醋，拿醋澆在火上，石頭便裂開，拿鹽花投去，山石都變成了河水！果然，五行并用，禹王有靈，神聖事業，大功告成：

燒空盡費柴，起南方火電，霹靂摧崖！（快取醋來）料想山神前身爲措大，又逢酸子措他來，這樣神通教人怎猜？怪哉怪哉！看這鷄脚跟、熊耳朵（指鷄脚山和熊耳山）都着酸醋煮稃了！

鸛嘴啄紅崖，似鱗皴甲綻，粉裂烟開！（一面撒鹽生水也）

知他火盡青山在，好似雪消春水來！（河頭水流接來了）

盧生這樣地「五行」并施，功德與大禹并揚。奏明聖上，東游勝景。然而，神奇的背後却有着謎底。湯顯祖就在怪誕無稽的五行方術的情節裏，夾着點畫出一幅苦難勞動人民的「工役」和傷財害民的搜刮：

山磊磊，石崖崖，鍬鋤流汗血，工食費民財。……長途石塊，轉搬難耐！領官錢上役真尷尬，偷工買懶一樣費錢財！

原來河工是「分付十家牌，一人管十，十人管百，擂鼓儹工，不許懈怠」，壓迫出人民的血汗而成功的。最後因「陝州百姓之勞」添置了勝景的陝州，使「食祿前生有地方」的盧生幸取了官爵。

臭腐轉爲神奇，在劇中更加發展了。湯顯祖又塑造出一場更臭腐的神奇場面。這個陝州自從因禹王顯神添畫了勝景而變成了足供游幸的繁榮聖地之後，恩波瀉下，便轉化爲人民的災難。一個陝州新河驛的驛丞自罵自道說：

> 驛係潼關出口，錢糧津貼豐盈。幾領轎，幾擡扛，幾匹驢頭，律令般的紙牌勘合。十斤肉，十鍾酒，十個鷄子，膿血樣的中火下程。本等應付少，也要落幾段；折色分例多，則是没一成！因此，往來公役，常被他唬嚇欺凌！……當今開元皇帝，不安本分閑行，又不用男丁擺櫓，要一千個裙釵唱着《采菱》。……老驛丞無妻少女，尋不出，逼出了人的眼睛，遲誤了欽依當要，小子有計了，西頭梁斷處一條性命爛繩！
>
> 一要錢糧協濟，諸般答應精靈。普天之下一人行，怎敢因而失敬？

不但小驛丞官兒支應這樣的公差要想盡刻削人民的心思，而且知州盧生也要對公役十分周詳地設計：「分付各路糧貨船千百餘艘，着以五方旗色，編齊綱運，逐隊寫着某路白糧，某州奇貨，每船上焚香，奏其本地之樂。」他更要拿出自己的私財，先差人送給高力士一筆厚禮，好讓他約束一班大小宦官，顯得自己做官做的十分「精細」。

盧生唱的是一排聖駕東巡使山水點金染玉的神氣：「峽石翻摇翠浪，茅津細吐金沙！打排公館似仙家，晝夜瞻迎鸞駕。」然而驛丞官兒却教兩名囚婦唱的是用鑾鑾和尖尖詞兒戲弄着「帝王」的曲兒。這兩支曲兒的筆調完全用打諢的口氣，把皇帝的五官身體被影射着成了和動物感受的性能一樣。

這正是神奇與臭腐的明顯對照！

開元天子駕臨新河，樂得山色水光相照，錦江山都迴環着聖朝。在行宫，盧生謹奏一詩，詩頌道：「春日遲遲春草緑，野棠開盡飄香玉；綉嶺宫前鶴髮翁，猶唱開元太平曲。」在龍舟，采女們棹歌，雲霄裏得近天顔微笑，好悦耳的清歌：「君王福耀，謝君王福耀！鑿破了河關一綫遥，翠絲絲楊柳畫蘭橈，酒滴向河神吹洞簫。好摇摇，等閒平地把天河到了！」萬歲爺把新河賜名「永濟河」，早已立下了一尊鐵牛，以鎮河災。裴光庭「長于文翰」，謹奏上一排冬烘先生的俳偶説教，真乃是「文章」與「勛功」并傳千秋，「開元」同「神靈」萬古福照，請看這位「大文豪」的頌詞：

天元乾，地順坤。元一元而大武，順百順而爲牛。牛其春物之始乎，鐵乃秋金之利乎！其爲制也，寓精奇特，壯趾貞堅，首有如山之正，角有不崩之容。至乃融巨冶，炊洪蒙，執大象，驅神功，遂爾東臨周畿，西盡虢略。當函關之路，望若隨仙，近桃林之塞，時同歸獸。……蓋金爲「水火既濟」，牛則「山川舍諸」，所謂「載華岳而不重，鎮河海而不泄」，其在兹與！……

杳冥精兮混元氣，爐鞴椎牛載厚地。巨靈西撑角岧嵉，馮夷東流吼滂沛。堅立不動神之至，層隄顧護人所庇。帝賜新河名「永濟」，玉帛朝宗千萬歲！

這樣看來，大唐天下天佑地靈，神奇到「開元」萬世永貞（然而真實的歷史繼之來臨的却是天寶之亂）！這開元天子也好像因有了大禹鑿三門的功績，儼然成了帝堯再世！然而骨子裏是這樣的矛盾對照：一方面是荒淫與浪費；一方面是死亡與苦難。杜甫的史詩便是這一段歷史實際的實録。

《邯鄲記》的情節還有盧生塞外立功的故事，限于篇幅，不再介紹。這裏只敍述一下盧生後來因開邊千里，封爲定西侯，加太子太保，兼兵部尚書。但是，這位幸進的勛貴却又被大權獨專的宇文融所計害。開元聖皇，聰明睿哲，當然把這位屢立功勛的「棟梁之材」，降旨明正典刑。這正是恩之害之，反復無常。幸虧了高力士公公說項，免除他的死罪，遠謫南陲鬼門關外，他的妻崔氏也被没入外機房做了織作囚徒。這一對夫婦，受了千磨萬折，最後被聖明天子又改變「害之死之」的聖諭，不得不「生之恩之」。雖然在權相是「脚不纏不小，官不纏不大」，一時得計，但是大唐畢竟還是「好堯天」，事情又證明「主聖臣忠道兩全」。盧生被召回朝廷，做了宰相。

下面我們介紹一下《邯鄲記》描寫的盧生夫婦在皇恩浩蕩之下所享受的「極欲」情景：

開元天子賞功毫不吝嗇，爲這位盧貴勛勑造了大功臣坊、勑書閣、寶翰樓、醉錦堂、翠華臺、湖山海子，約二十八所。監修的工部大使唱道：「小官工作場。功臣甲第，蓋造牌坊。魯班墨綫千年樣，高閣樓臺金玉裝。犒賞無邊，願他官高壽長！」

萬歲爺知道盧府公子朝馬肥瘦不一，詔選内厩馬三十匹，送到盧府。管馬大使唱道：「小官羣牧坊。功臣賜馬，夜白飛黄，方圓肥瘦都停當，穩稱他一路鳴珂褭袖香！」

萬歲爺又欽賜田三萬頃、園林二十一所。户部黄册庫大使唱道：「小官册籍廊。爲功臣田土，詔撥皇莊，山田水碓何爲廣，更有金谷名園勝洛陽！」

萬歲爺又賜功臣女樂，欽撥仙音院二十四名，以按二十四氣。樂官唱道：「小官内教坊。要功臣行樂，賜與糟糠。吹彈歌舞都停當，只怕夫人是個吃醋王！」

後來，宰相盧生又進封爲趙國公，食邑五千户，官加上柱國太師。長子蔭爵升爲翰林侍讀學士，次子爲吏部考功郎，三子爲殿中侍御史，四子爲黄門給事中，侍女梅香生了一子，年齡尚小，也挂選尚寶司丞，孫子十餘人都着送監讀書。

在「極欲」一齣裏描繪出的一幅功臣夫婦的窮奢極欲的臭腐生活，是在富貴場裏的醉生夢死，在榮華堆裏的顛倒行爲。這裏我們只録兩段唱詞如下：

崔夫人　依舊老平章，平沙堤上，宴罷千官擁門望。歸來袍袖長，是御爐烟颺。皇恩深幾許，如天廣！……滿床簪笏，盡是綺羅生長；年光休去也，留清賞！

盧宰相　錦綉全唐，真乃是錦綉全唐！鬧堂餐，偏醉上我頭廳宰相。有那些伴飲班行，壓沙堤，歸軟馬，是我到有些美懷佳量。轉東華驀着我庭堂，又逼札的我那夫人酬唱！

我們再看一下湯顯祖用極其含蓄的筆墨怎樣暴露這位開元盛世的盧宰相在臨終的晚景如何虛僞其表而貪欲其裏。宰相夫婦看了翠華樓前面欽賜的碧蓮湖三十六景，真好像富貴榮華勝過了神仙景致。在皇恩賜嬌的風花享樂中，盧宰相還對他的夫人講出了一套冠冕堂皇的詩書名教，而實際上則把歌女分爲二十四房，荒淫無度。封建詩書禮教的背後原來是虛僞面紗所遮蓋的禽獸行爲。

因此他病倒了。

高力士奉旨偕了御醫來診視他的病情，使得他枕上三叩，連呼萬歲，表明「天恩敢忘？願來生做鬼也向丹墀傍。」然而他正如巴爾扎克筆下的老葛朗台舍不下錢幣一樣，也對于很多身後榮譽不能放心。

第一，他怕同年蕭裴二公總裁國史，編造他的豐功偉績，失實不全，叩托高力士額外關顧身後的名譽，「保家門全仗高公（力士），紀功勞借重同堂！」

第二，盧宰相更不能息心的是身後怎樣「加官贈謚」，小兒子如何「蔭襲」，這些都望托高力士照顧！

第三，到了訣別的時刻，他還教兒子寫了草表，「永辭聖代」，「無任感戀之至」。

第四，最後他還想到榮譽地位永遠顯于門庭，他請夫人一同和他解下朝衣朝冠，收在容堂之上，「永遠與子孫觀看」。

真是纏綿瞻顧，怎麽也舍不得死，直到他再也想不出什麽可留戀的了，才在孝子賢孫的哀悼聲裏死去！」夢境到此完結。

盧生被哭聲驚醒，原來是一場空夢。

這裏，湯顯祖極力地塑造出神奇的「皇恩」就是臭腐的「極欲」，權威的朝綱就是無恥的虚妄。這就是湯顯祖筆端的風格：「正言若反！」

最後在「合仙」一齣，湯顯祖總結了封建主義的倫理關係是人類的大網羅。這裏，他把忠孝節義作爲癡人所貪戀的浮生若夢的虚境，一一數得落空，引度人們從乾坤逆旅中掙醒，這在主觀上當然是虚構的所謂「天機」，但他在客觀上却表現出這樣的理想，即人類應該把那些僞道德、真網羅的世界，毫不懷疑地加以衝決。

一、功名苟合的夫婦是這樣：「甚麽大姻親？太歲花神！粉骷髏門户一時新！」

二、鑽營來的狀元身分是這樣：「甚麽大關津？使着錢神！插宫花御酒笑生春！」

三、皇恩封賜的功勛是這樣：「甚麽大功臣？掘斷河津，爲開疆展土，害了人民！」

四、官場同僚的明争暗鬥可以達到這樣的境地：「甚麽大冤親？竄貶在烟塵，雲陽市斬首潑鮮新！」

五、受封的官坊園宇不過是一場浪費：「甚麽大階勛？賓客填門，猛金釵十二醉樓春！」

六、父子蔭襲的勾當使人們貪欲至于這樣：「甚麽大恩親？纏到八旬，還乞恩忍死護兒孫！」

這樣的倫理關係的背後便是一幅封建主義黑暗陰森的社會圖景。一切美的善德就等于醜的惡德。《邯鄲記》就是這樣形象地加劇着封建制社會的矛盾。

湯顯祖用什麽答案來解決這樣的矛盾呢？他被歷史局限住，最後陷入超脱人生的消極一路，用化入仙境，簡單地跳出了他所能認識的迷津。這在認識論上是有着懷疑主義的理論根源的。

他在劇作前部「度世」一齣，雖然有否定封建倫常的思想，特別是否定君臣關係的積極因素，但他依然因襲着傳統的人情分析，爲懷疑主義預立下了前提：

客　難道人有了君臣，才是富貴；有兒女家小，才快活，都是酒色財氣上來的，怎生住的手？

呂　你道是對面君臣，一胞兒女，帖肉妻夫，則那一口氣不遂了心，來從何處來？去從何處去？

我們從上面所分析的可以看出，湯顯祖暴露現實矛盾的藝術風格是深刻的，但他的度人的仙佛思想是不能爲訓的糟粕。不管他怎樣把人情世故都談盡，也不能如他所幻想的那樣，可以使「世上人夢回時心自忖」，翻身脱化爲仙界的超人！近代作家對主人翁的矛盾解答，尋求不出正確的答案時，恒常爲主人翁插上自由的翅膀，飛到不可知的世界所在，湯顯祖爲主人翁所插的自由翅兒就更神秘了，可以飛到的所在，不是現世，而是超世的天邊。

末了，我建議劇作家整理傳統的優秀劇本時，對于「四夢」都應從整本結構來考慮改編。其中《邯鄲記》的題材比較特別，如果删頭去尾，擷取精華，把作者規避迫害而不得不曲曲折折地虚構出的夢境，改編做暴露現實矛盾的歷史諷刺劇，那麽我們可以説，《邯鄲記》固然具有其歷史的特殊背景，不能和十八、十九世紀的創作背景同樣看待，但就思想與風格上看來，并不比《歐也妮·葛朗台》就顯得怎樣低些。

（《人民日報》一九六一年八月十六日）

改　編

馮夢龍

墨憨齋定本邯鄲夢總評

玉茗堂諸作，《紫釵》、《牡丹亭》以情，《南柯》以幻，獨此因情入道，即幻悟真，閱之令凡夫濁子俱有厭薄塵埃之想。「四夢」中當推第一。世俗以黄粱夢爲不祥語，遇吉事不敢演。夫夢則爲宰相，醒則爲神仙，事孰有吉祥于此者？

通記極苦極樂，極癡極醒，描摩盡興；而點綴處亦復熱鬧，關目甚緊。吾無間然。惟填詞落調及失韻處，不得不爲一竄耳。

貴女安得獨處，花誥豈可偷填，招賢榜非一人可袖，千片葉非一人可刺，記中種種俱礙理，然不如此，不肖夢境。

「東遊」折向年串者，累卓掛彩以象龍舟，唐皇與羣臣登之，采女周行棹歌，略如吴王採蓮折扮法，甚可觀。近見優童，殊草草。

（《邯鄲夢》卷首，載《墨憨齋定本傳奇》）

吴 梅

墨憨齋定本邯鄲夢題評

玉茗此記爲江陵發，篇中憤慨甚多。臧晉叔、龍子猶輩皆未之知，各爲删改，真是夢夢。玉茗有知，當齒冷地下。己亥六月，霜厓偶書。（《邯鄲夢》卷末，載《墨憨齋定本傳奇》）

演唱·演員

錢希言

今夕篇 湯義仍膳部席與帥氏從升從龍郎君尊宿叔寧觀演二夢傳奇作

今夕復何夕？凄序迎新涼。明月漸以遲，繁星燦其光。

仰視雲中雁，各各東南翔。有客正思歸，何堪滯異鄉。
幸逢賢主人，式燕此華堂。芳筵溢玉俎，縣膏熺璹粱。
風吹羅帷開，麗妙爛齊行。秦青將宋禕，一一皆名倡。
乍換⿱髟可鬅髾，俄更金縷裳。舞巾既雙映，歌扇亦並颺。
競奏堂下伎，羅行堂上觴。折腰何嫋嫋，集羽何鏘鏘。
妍和當緩唱，駛彈應急張。鈴盤與假面，戲樂非一方。
借問顧曲者，主人勝周郎。平生宦不達，寫韻于宮商。
譜彼虞初説，填詞播教坊。《南柯》似孟浪，《邯鄲》太荒唐。
本言夢中事，借作尊前粧。富貴等浮蟻，功名喻炊粱。
疇云鐘鼎業，而異傀儡場。紛紛聚觀人，誰短更誰長？
追陪盛羣彥，文采誇琳琅。復覩謝庭秀，兼聞荀座香。
羈懷良已陶，清夜殊未央。銀河忽倒挂，瀉影入迴塘。
何以盡一石，促席清謳揚。達人賤珪珇，志士托縹緗。
雕蟲雖小技，信美流芬芳。請看「一夢」言，千秋煥樂章。
劇罷客亦散，城烏下枯桑。樂莫今夕樂，延年壽千霜。

（《松樞十九山・討桂編》卷上）

錢謙益

辛卯春盡，歌者王郎北遊告別，戲題十四絶句，以當折柳。贈別之外，雜有寄托，諧談無端，讔謎間出，覽者可以一笑也（録二首）

可是湖湘流落身，一聲紅豆也沾巾。休將天寶凄涼曲，唱與長安筵上人。

《邯鄲》曲罷酒人悲，燕市悲歌變柳枝。醉覓荆齊舊徒侣，侯家一嫗老吹篪。（卷四）

王郎指明末清初名藝人王稼（字紫稼，一作子玠，又作子嘉，吴人）。尤侗《艮齋雜記》謂：「予幼時所見王紫稼，妖豔絶世，舉國趨之若狂。」吴偉業《王郎曲》，敘其技藝甚詳。

病榻消寒雜詠四十六首（録一首）

硯席書生倚穉驕，《邯鄲》一部夜呼囂。朱衣早作臚傳讖，青史翻爲度曲訞。炊熟黄粱新剪韭，夢醒紅燭舊分蕉。衛靈石槨誰鐫刻，莫向東城嘆市朝。是夕又演《邯鄲夢》。（卷十三）

（《有學集》）

梁清標

劉莊即事次念東韻

是日演《黄粱夢》，追憶昔時同雪堂、淇瞻集此園觀《秋江》劇，不勝聚散存亡之感。

剪剪西風荇藻香，烟波一曲鳳城傍。酒壚客散河山邈，槐國人醒歲月長。便欲觀濤吟《七發》，渾疑落木下三湘。聞歌今夕同流水，莫負溪橋瀲灔光！（《本事詩》卷八）

陳　瑚

秦簫歌

堂上奏葡萄，堂下奏雲璈。左盼舞徐蓁，右眄歌秦簫。秦簫調最高，當筵一曲摩雲霄。《邯鄲》盧生横大刀，磨崖勒銘意氣豪。《漁陽》撾鼓工駡曹，曹瞞足縮如猿猱。長安市上懸一瓢，義聲能激袁家獒。歌《邯鄲》、《漁陽》、《義盧獒》諸曲。一歌雨淙淙，再歌風蕭蕭，三歌四座皆起立，欲招鳴鶴驚潛蛟。喜如蘇門嘯，思如江潭騷，怒如秦廷筑，哀如廣武號。引我萬神之愁腸，生我一夕之二毛。淚亦欲爲之傾，心亦欲爲之摇。（卷一）

和有仲觀劇斷句十首（録二首）

雪滿弓刀血裹巾，燕然山下夢中身。楚囚空灑新亭淚，不見邯鄲作夢人。歌《邯鄲夢》。

莫笑盧生一枕空，神仙亦在夢遊中。蒼蒼烟霧茫茫水，何處蓬萊緑髮翁？（卷四）（《確菴先生詩抄》）

瞿有仲

觀劇雜成斷句呈巢翁先生并似穀梁、青若兩年道兄一粲（録一首）

久逃富貴樂閒閒，烟閣雲臺興未删。識得勳名原是夢，也須乘夢勒天山。是夜歌

《邯鄲夢》。

（《同人集》卷六）

宋　琬

滿江紅　鐵崖、顧菴、西樵、雪洲小集寓中，看演邯鄲夢傳奇。殆爲余五人寫照也

古陌邯鄲，輪蹄路，紅塵飛漲。恰半晌，盧生醒矣，龜兹無恙。三島神仙游戲外，百年卿相蘧廬上。嘆人間，難熟是黄粱，誰能餉？

滄海曲，桃花漾。茅店内，黄鷄唱。閲今來古往，一杯新釀。蒲類海邊征伐碣，雲陽市上修羅杖。笑吾儕，半本未收場，如斯狀！

（《二鄉亭詞》卷三）

杜伶詩序

夫杜伶者，籍本餘姚。幼而慷慨有奇氣，讀書不得志，混跡於諸伶之間。每當廣筵通肆，一發聲若出金石。至其摹寫古人，忠孝節義、放臣俠士，無不逼肖其性

情，千載下如見其人。常演蘇典屬國繫書雁足一劇，觀者無不欷歔泣下；信一時之絶技也。余守紹時，曾爲寓目嘆賞。不幸罹含沙之謗，幾中危法；慬而不死，復來湖上。正如邯鄲盧生，初從雲陽市上得遇金鷄之赦。杜伶爲我一再奏之，輒哽咽不能終曲而罷。嗚呼，以視何勘之「三疊渭城」爲何如哉！及覽其所爲詩數十首，洋洋灑灑，自成一調。且有悲憤無聊、激昂不平之感。雖寄托不同，要亦「簡兮」之意也。

（《安雅堂文集》卷一）

宋琬，字玉叔，號荔裳。山東萊陽人。順治丁亥（一六四七）進士。有《安雅堂文集》、《二鄉亭詞》及《祭皋陶》雜劇等。

【附】

徐釚　詞苑叢談

宋觀察荔裳罷官，遊西湖，與鐵崖、顧菴、西樵宴集，演《邯鄲夢》傳奇。觀察曰：「殆爲余輩寫照也。」即席賦《滿江紅》（詞見上）。詞成，座客傳觀屬和，爲之欷歔罷酒。

（《詞苑叢談卷九》）

徐釚，字電發，號拙存，又號虹亭。江蘇吴江人。康熙己未（一六七九）試博學鴻詞，有《南州草堂集》、《詞苑叢談》等。

曹爾堪

滿江紅　同悔庵、既亭賦柬荔裳觀察

枕畔邯鄲，銅箭水，乍消隨漲。茫茫道，升沈倚伏，盧生無恙。歌舞終歸松柏下，釣竿好拂珊瑚上。去山中，服朮餌松花，羣仙餉。

蓬島路，春潮漾。華胥國，鈞天唱。但蠒窩自蔽，蜜脾休釀。漢苑已分方朔酒，葛陂快擲壺公杖。想此生，夢覺總成空，無殊狀。

（《南溪詞》，載《清名家詞》）

曹爾堪，字子顧，號顧菴，浙江嘉善人。順治壬辰（一六五二）進士。有《杜鵑亭集》、《南溪集》。

【附】

王晫　今世説

宋荔裳、王西樵、曹顧菴同客湖上。一夕看演邯鄲盧生事，酣飲達旦。曹曰：「吾輩百年間入夢出夢之境，一旦縮之銀鐙檀板中，可笑亦可涕也！」

（《今世説》卷二）

王晫，初名棐，字丹麓。浙江仁和人。清初諸生。有《今世説》、《霞舉堂集》等。

鄧漢儀

念奴嬌 戴大司農誕日即席看演邯鄲夢劇

功名極矣，仍朱顔黑髮，温其如玉。邗署剛逢初度日，喚奏臨川妙曲。古道邯鄲，盧生旅店，一霎關榮辱。到來收拾，黄粱依舊難熟。　却去看瓦枕荒唐，合歡及第，早擅人間福。瓠子功成邊馬捷，還向雲陽市哭。煙瘴重回，恩榮無比，衹是青驢獨。尚書笑道，年來吾已知足。

（《唐陵倡和詞》，載《國朝名家詩餘》）

鄧漢儀，字孝威，號缽叟。清初泰州人。

尤侗

漢宮春　觀演邯鄲夢

咄咄臨川，能現夢中身，而爲説法。邯鄲道上，一枕悲歡離合。青驢黄犬，好妝成，紅妻緑妾。等閒看，鬼門關外，何殊洛陽宫闕。　休笑盧生癡絶。算一場春夢，大家收煞。黄粱半甑，炊過幾朝年月。曲終人醒，玳筵前，酒杯猶熱。又歸來，獨眠孤館，今夜應添白髮。

（《百末詞》卷四，載《西堂全集》）

陳維崧

小鎮西

臬署夜坐，聽前庭演劇，似是《邯鄲》「巡河」一齣。追憶東皋舊事，感賦此詞。

小颸夜笛風，碎珠十斛。歌絲裊，擫花輕簌。此何曲？翠陰陰，尋去如塵，想處疑烟，一庭幽瀑，滿場哀玉。　逗紗麯，漸循聲細認，是《邯鄲》曲。年時景，暗中潛觸。瘦蛾蹙，悵零簫剩管，耳邊又續。算來人世，偏有黄粱難熟！（卷九）

滿江紅

過邯鄲道上吕仙祠，示曼殊。曼殊工演邯鄲夢劇。

絲竹揚州，曾聽汝，臨川數種。明月夜，《黄粱》一曲，緑醅千甕。枕裏功名鷄鹿塞，刀頭富貴麒麟塚。只鷄房，唱罷酒都寒，梁塵動。　久已判，緣難共。經幾度，愁相送。幸燕南趙北，金鞭雙控。萬事關河人欲老，一生花月情偏重。算兩人，今日到邯鄲，寧非夢？（卷十一）

（《迦陵詞全集》）

徐紫雲，字九青，號曼殊。康熙初年名藝人。

張永祺

讌集　演盧生雜劇

共有鄉心向客持，春晴更與月相宜。覺來無夢歌留譜，醉裏看人酒去卮。風動爐煙薰蕙細，花催漏鼓落梅遲。河橋幾度東方曙，轉憶當筵人夜時。

（《皇清百名家詩》卷二十三）

張永祺，字爾成。清初大興人。

羅有高

觀劇三首次立方先生韻

驢鳴草店記邯鄲，震主勛名枕上看。豐世悲歡成一笑，晨鐘動處月光寒。

十種禪那果未圓，休從戲論溯因緣。茫茫碧海蓬萊藥，衹在繩床豎指前。

場下盧生太息頻，回頭誰是息機人？世間憂樂知無定，好夢元來太苦辛！

（《尊聞居士集》卷七）

羅有高，字臺山。江西瑞金人。乾隆三十年（一七六五）舉順天鄉試。有《尊聞居士集》。

吴錫麒

滿江紅

朱春橋方藹舊有《觀演邯鄲夢》詞一闋，今刻在《小長蘆漁唱》中。余在都下偶閲是劇，即用其調賦寄春橋。

過眼瞢騰，纔信了，當場顛倒。悔輕被，文人提破，天工應惱。冠蓋一番烏爨弄，筝琶幾曲華胥調。比長房，藥市興如何，壺中跳！　榮辱事，難憑料，烟雲意，誰分曉？走邯鄲道上，故人不少。人哭人歌傳舍换，夢來夢去神仙老。問與君：此段甚因緣，拈毫笑？

（《有正味齋詞》，載《清名家詞》）

吴錫麒，字聖薇，號穀人。浙江錢唐人。乾隆四十年（一七七五）進士。有《有正味齋集》。

李　斗

揚州畫舫録

汪穎士本海府班串客，後爲教師。論没手身段，如《邯鄲夢·雲陽》、《漁家樂·羞父》，最精。善相術，間於茶肆中爲人相面。

朱文元，小名巧福，爲程伊先之徒。演《邯鄲夢》全本，始終不懈。先在徐班，以年未五十，故無所表見；至洪班，則聲名鵲起，班中人稱爲戲忠臣。（《揚州畫舫録》卷五）

郭 麐

靈芬館詩話

陳芝房助教「觀演《邯鄲夢》傳奇」云：「歷代科名記不全，狀頭姓氏也隨烟。何如夢裏魁天下，盛事翻能託舞筵。」

（《靈芬館詩話》卷四）

小鐵笛道人

日下看花記

百福，姓産，年十七歲，安慶人。三慶部。生性玲瓏，姿容俊俏，靈牙利齒，音調清圓。初見「打番」一齣，信口贈云：「牧馬驕嘶勅勒秋，盧生結束儘風流。丈夫得志張儀從，如此佳兒少不得。」

（《日下看花記》卷一）

楊懋建

丁年玉筍志

愛齡，字小香，亦後來之秀也。演《邯鄲夢》爲打番兒漢，緋纓繡袍，結束爲急裝，舞雙槍如梨花因風而起，觀者光摇銀海，萬目萬口，嘖嘖稱嘆：公孫大娘舞劍器渾脱，瀏漓頓挫，有此妙手。（《丁年玉筍志》）

金德瑛

檜門觀劇絶句三十首（録第二十九）

都爲飢驅就世羅，仙人普度竟如何？到頭富貴勝貧賤，枕上甘心受賺多。《邯鄲夢》（《觀劇絶句》卷上）

金德瑛，字汝白，一字慕齋，號檜門。浙江仁和人。乾隆元年進士第一。有《檜門詩疑》。

王先謙

和檜門先生觀劇絶句三十首（録第二十九）

閲盡榮枯一枕中，鄴侯著記有仙風。開元故事分明在，誰把回仙替吕翁。《邯鄲夢》

（《觀劇絶句》）

王先謙，字益吾。湖南長沙人。同治進士。有《漢書補注》、《十朝東華録》、《虚受堂詩文集》等。

朱益藩

和檜門先生觀劇絶句三十首（録第二十九）

春夢一場不自知，老僧無計療貪癡。紛紛牛李相傾軋，請看邯鄲乍醒時。《邯鄲夢》

（《觀劇絶句》）

朱益藩，清末湖南人。

皮錫瑞

和檜門先生觀劇絶句三十首（録第二十九）

鄴侯談論好神仙，將相功名一夢圓。記出枕中親説法，開河未已又開邊。《邯鄲夢》

再和檜門先生觀劇絶句三十首（録第二十九）

富貴常悲春夢婆，徒驕妻妾意云何。奈當得志乘權日，夢醒人稀夢死多。《邯鄲夢》

三和檜門先生觀劇絶句三十首（録第二十九）

富貴神仙未可兼，權高將相勢炎炎。唐人夢醒黄粱後，五代還聞劉海蟾。《邯鄲夢》

《觀劇絶句》

皮錫瑞，號鹿門。湖南善化人。光緒舉人。有《今文尚書考證》、《師伏堂駢文》等。

易順鼎

和檜門先生觀劇絶句三十首（録第二十九）

哀樂中年味飽經，祇今雙鬢已星星。邯鄲枕與中山酒，乞取長眠不願醒。《邯鄲夢》

（《觀劇絶句》卷中）

易順鼎，字實甫，號哭庵。湖南龍陽人。光緒舉人。有《四魂集》、《經史雜著》、《盾墨拾餘》等。

南柯記

述評

柳浪館

南柯夢記總評

此亦一種度世之書也。螻蟻尚且升天，可以人而不如蟻乎？從來災異不應者，未必不應之螻蟻諸國。此宋人所不敢言也，然實千古至論，不意從傳奇中得之。

余嘗謂情了爲佛，理盡爲聖。君子不但要無情，還要無理。又恐無忌憚之人，藉口蘊不敢言。不意此旨在《南柯記》中躍躍言之。

（《柳浪館本南柯夢記》）

沈際飛

題南柯夢

夫蟻，時術也，封户也，雉堞具也，甲胄從也，黄黑鬭也，君臣列也：此昔人之言，非臨川氏之夢也。蟻而館甥也，謡頌也，碑思也，象警也，佞佛也：此世俗之事，臨川之説也。臨州有慨於不及情之人，而樂説乎至微至細之蟻，又有慨於溺情之人，而托喻乎醉醒醒醉之淳于生。淳于未醒，無情而之有情也；淳于既醒，有情而之無情也。惟情至，可以造立世界；惟情盡，可以不壞虚空；而要非情至之人，未堪語乎情盡也。世人覺中假，故不情；淳于夢中真，故鍾情。既覺而猶戀、戀因緣，依依眷屬，一往信心，了無退轉，此立雪斷臂上根，決不教眼光落地，即槐國螻蟻，各有深情，同生忉利，豈偶然哉？彼夫儼然人也，而君父男女民物間，悠悠如夢，不如淳于，并不如蟻矣，并不可歸於螻蟻之鄉矣。《賢愚經》云：長者須達爲佛，起立精舍，見地中蟻子，舍利弗言，此蟻子經今九十一劫，受一種身，不得解脱。是殆不情之蟻乎？斯臨川言外意也。震峯居士沈際飛漫書。

（《獨深居本南柯記》）

張玉穀

滿江紅 題南柯記傳奇

七尺昂藏，問何事，甘儕螻蟻？也只爲，俗腸難浣，夢中迷矣。翠館寵昭公主尚，黄堂績報君王喜。聽謳歌，因境協民情，榮無比。生死别，炎涼異。方出夢，猶餘醉。看槐陰午轉，可過廊際。塵世慣裝東郭態，解人偶著《南柯記》。請看官，掩卷自思量，醒還未？

（《昭代詞選》卷三十四）

張玉穀，字蔭嘉，號樂圃。清初吴縣人。乾隆廩生。有《樂圃詞鈔》。

曲海總目提要

南柯記

明湯顯祖作。大約本陳翰《大槐宫記》演成全劇。其寓意所在，無從考。按《大槐宫記》云：淳于棼家廣陵，宅南有古槐，生豪飲其下，因醉致疾。二友扶生歸卧，夢二元衣使者曰：「槐安國王奉邀。」生隨二使上車，指古槐，入一穴中，大城朱門，題曰大槐安國。有一騎傳呼曰：「駙馬遠降。」引生升廣殿。見一人衣素練服，朱華冠。令生拜王。王曰：「前奉賢尊命，許令女瑶芳奉事君子。」有仙姬數十人，奏樂執燭引導。金翠步幛，玲瓏不斷。至一門，號修儀宫。一女子號金枝公主，儼若神仙，交驩成禮。情禮日洽。王曰：「吾南柯郡政事不理，屈卿爲守。」勅有司出金玉錦繡，僕妾車馬，施列廣衢，餞公主行。夫人戒子曰：「淳于郎性剛好酒。爲婦之道，貴在柔順，爾善視之。」生累日至郡，有官吏僧道音樂來迎。下車省風俗，察疾苦，郡中大理，凡二十載。百姓立生祠，王賜爵錫邑，位居台輔，生五男二女，榮盛莫比。公主遇疾而薨，生請護喪赴國。王與夫人素服慟哭於郊，備儀羽葆鼓吹，葬主于盤龍岡。生以貴戚威福日盛，有人上表云：「元象謫見，國有大恐，都邑遷徙，宗社崩壞，事在蕭牆。」時議以生僭侈之應。王因命曰：「卿可暫歸本里，一見親族，諸孫無以爲念。」復令二使者送出一穴，遂寤。見家童擁篲于庭，二客濯足於榻，斜日未隱西垣，餘尊尚湛東牖。因與二客尋古槐下穴，洞然明朗，可容一榻。上有土壤，爲城廓臺殿之狀。有蟻數斛，二大蟻素翼朱首，乃槐安國王。又窮一穴，直上南枝，羣蟻亦處其中，即南柯郡也。又一穴，盤曲若龍蛇狀，有小墳高尺餘，即盤龍山岡也。生追想感嘆，遽遣掩塞。是夕風雨暴發，旦視其穴，遂失羣蟻，莫知所之。「國有大恐，都邑遷徙」，此其驗矣。劇云，棼與周弁、田子華，槐庭沈醉，是因後有二人預作埋伏也。本傳：生入朱門，酒徒潁川周弁者，亦趨其中，奉命爲駙馬； 相者馮翊、田子華。後生治南柯，表請司隸周弁爲司憲，處士田子華爲司農。擅蘿國來伐，表弁將兵三萬，拒賊衆于瑶臺城，弁剛勇輕敵，師徒敗績，單騎裸身，潛遁歸城。生囚弁請罪，王並捨之，弁疽發背卒。生罷郡赴國，以子華行南柯太守事。劇中「就徵」、「引謁」、「尚主」、「體獵」、「薦佐」、「雨陣」、「圍釋」、「帥北」、「繫帥」、「召還」、「卧轍」諸折，並見二人事迹。沙三、溜二者，本傳所云二友人也。武成侯段功者，本傳之右相也。本無姓名，段功乃是南詔大理之長，影借用之也。議冢相争，是添出；天象示譴，傳止云國人，此亦以屬之右相。「禪請」、「偶見」、「情著」三折，按本傳云：生入贅時，一女謂生曰：「昨上巳日，從靈芝夫人過禪智方丈天竺院，觀石延舞婆羅門。吾與諸女坐北牖石榻上，君亦解騎來。言笑調謔，吾與瓊英妹結絳巾掛于竹枝上。又七月十六日，吾于孝感寺晤上真子，聽契元法師講觀音經，吾捨金鳳釵兩枝，上真子捨水犀合子一枚。君于法師處請釵合視之，賞嘆再三，情意戀戀。不意今日爲眷屬！」此折記其事也。其後「粲誘」、「生恣」、「轉情」、「情盡」諸折，由此而生，則是添飾耳。「得翁」一折，本傳云：命妻饋致賀之禮，答書皆父生平之跡；是也。「啓寇」、「閨警」、「圍釋」三折，本傳云：有檀蘿國者，來伐是郡，王命生訓將練師以征之，周弁拒賊而敗，賊亦收輜重鎧甲而還。劇云檀蘿四太子欲聘瑶芳爲妻，此係添飾。建水陸道場七七，燒指連心，普度檀蘿大槐，並生天界，法師指點，立地成

佛，此係增飾收場，餘悉據本傳無異。（《曲海總目提要》卷六）

梁廷枏

曲話

《南柯》「情著」一折，以《法華・普門品》入曲，毫無勉强，毫無遺漏，可稱傑構。末折絶好，收束排場處，復盡情極態，全曲當以此爲冠冕也。（《曲話》）

劉世珩

玉茗堂南柯記跋

《南柯記》本唐人小説。静志居云：「此記悟徹人天，勘破蟣蝨，言外示幻，居中點迷，直與大藏宗門相脗合，此爲見道之作，亦清遠度世之文也。」山陰王謔菴比部意在校刊此記，彙成「四夢」（見快雨堂冰絲館重刻清暉閣本《牡丹亭還魂記》凡例），並列著壇。原刻凡例七條，其第五條有言，「本壇原擬並行『四夢』，迺《牡丹亭》甫就本，而識者已口貴其紙，人人騰沸，因以此本先行海内，同調須善藏此本，俟三『夢』告竣，彙成一集。佳刻不再，珍重珍重」云云。其矜貴可想。厥後三「夢」終未見行世。竹林堂刻「四夢」亦衹《牡丹亭還魂記》一種，爲山陰王謔菴清暉閣批校本。快雨冰絲僅刻《牡丹亭還魂記》一夢，其餘三「夢」亦未刻有傳本。余彙刻雜劇傳奇五十種，於「四夢」更能無佳刻精本乎？《還魂記》前已據十行二十二字本刊行，並以鈕少雅按對大元九宮詞譜《格正全本牡丹亭還魂記詞調》附後，藉作校記。《紫釵記》則據竹林堂本，《邯鄲記》則據獨深居本。此記初亦據獨深居點次本，嗣得柳浪館批評本，前載目録，聯綴圖畫，惜畫有殘缺。卷首有總評一葉，右角下鈐「三槐堂」朱文大長方印，第一葉右角下鈐「華韋齋」朱文小方印，「吴趨里人」白文小方印，是經雅宜山人所藏。柳浪館或刻有「四夢」，曾於清暉閣刻《牡丹亭還魂記》凡例中見有引及柳浪館本，其爲前明舊刻可知；而所得惟此《南柯記》，餘亦未之見。即依此本付刻。批評圈點極其謹嚴。復合獨深居題辭、批語、圈點於一本。柳浪館本無邊批，並從獨深居本採入。字句偶有異同，加以按語，標出書眉。獨深居本批評亦有從柳浪館本，蓋柳浪館本刻在前也。眉批未加標注者，皆爲柳浪館本原批。有採臧吴興、獨深居兩本者，則標明「臧曰」及「獨深居本云」以别之。獨深居本亦復審慎，間有偶改一二字，多因不合韻脚，非如臧吴興任意改竄，直似與清遠爲仇。要如臧之改訂折目，删節曲詞，皆取便於場上演唱，故於扮色最詳，亦有可取。又以汲古閣、竹林堂各本互相勘訂。如第一齣，柳浪館、汲古閣、獨深居三本，均目作「提世」，竹林堂本目作「提綱」，因從竹林堂本；第三十六齣，柳浪館、汲古閣、竹林堂目作「還朝」，獨深居目作「議塚」，臧吴興本目作「議葬」，是齣多言葬事，改從臧本。清遠填詞，往往得意疾書，不甚檢核宫譜，以故謌舛致多，葉懷庭《納書楹譜》考訂極精，並從葉本校正。扮角有照臧本，闕白參用毛本，圖像則全橅臧本，俾「四夢」皆歸一律。擇善者而從焉，庶以暴清遠之真面，亦可補清暉之缺憾，不敢謂此記之功臣也。世傳「四夢」既鮮善本，今以四家各刻之二「夢」集爲「四夢」，又據諸本互校，乃成此佳刻。海内同調其亦有如清暉所云，善藏而珍重之者耶？宣統丙辰新秋南山村劉世珩識於楚園。

（《玉茗堂南柯記》，載《彙刻傳劇》）

魯　迅

稗邊小綴

《南柯太守傳》出《廣記》四百七十五，題「淳于棼」，注云出《異聞録》。傳是貞元十八年作，李肇爲之贊，即綴篇末。而元和中肇作《國史補》，乃云：「近代有造謗而著者，《鷄眼》、《苗登》二文；有傳蟻穴而稱者，李公佐《南柯太守》；有樂伎而工篇什者，成都薛濤；有家僮而善章句者，郭氏奴（不記名）。皆文之妖也。」（卷下）約越十年，遂詆之至此，亦可異矣。棼事亦頗流傳，宋時，揚州已有南柯太守墓，見《輿地紀勝》（三十七淮南東路）引《廣陵行録》。明湯顯祖據以作《南柯記》，遂益廣傳至今。

（《唐宋傳奇集》）

【附】

李公佐　南柯太守傳

東平淳于棼，吴楚游俠之士。嗜酒使氣，不守細行。累巨産，養豪客。曾以武藝補淮南軍裨將，因使酒忤帥，斥逐落魄，縱誕飲酒爲事。家住廣陵郡東十里。所居宅南有大古槐一株，枝幹修密，清陰數畝。淳于生日與羣豪，大飲其下。貞元七年九月，因沈醉致疾。時二友人於坐扶生歸家，卧於堂東廡之下。二友謂生曰：「子其寢矣！余將秣馬濯足，俟子小愈而去。」生解巾就枕，昏然忽忽，髣髴若夢。見二紫衣使者跪拜生曰：「槐安國王遣小臣致命奉邀。」生不覺下榻整衣，隨二使至門。見青油小車，駕以四牡，左右從者七八，扶生上車，出大户，指古槐穴而去。使者即驅入穴中。生意頗甚異之，不敢致問。忽見山川風候草木道路，與人世甚殊。前行數十里，有郛郭城堞。車輿人物，不絶於路。生左右傳車者傳呼甚嚴，行者亦争闢于左右。又入大城，朱門重樓，樓上有金書，題曰：「大槐安國。」執門者趨拜奔走。旋有一騎傳呼曰：「王以駙馬遠降，令且息東華館。」因前導而去。俄見一門洞開，生降車而入。彩檻雕楹；華木珍果，列植于庭下；几案茵褥，簾幃殽膳，陳設于庭上。生心甚自悦。復有呼曰：「右相且至。」生降階祇奉。有一人紫衣像簡前趨，賓主之儀敬盡焉。右相曰：「寡君不以弊國遠僻，奉迎君子，托以姻親。」生曰：「某以賤劣之軀，豈敢是望。」右相因請生同詣其所。行可百步，入朱門。矛戟斧鉞，布列左右，軍吏數百，辟易道側。生有平生酒徒周弁者，亦趨其中。生私心悦之，不敢前問。右相引生升廣殿，御衛嚴肅，若至尊之所。見一人長大端嚴，居正位，衣素練服，簪朱華冠。生戰慄，不敢仰視。左右侍者令生拜。王曰：「前奉賢尊命，不棄小國，許令次女瑶芳，奉事君子。」生但俯伏而已，不敢致詞。王曰：「且就賓宇，續造儀式。」有旨，右相亦與生偕還館舍。生思念之，意以爲父在邊將，因殁虜中，不知存亡。將謂父北蕃交遜，而致兹事。心甚迷惑，不知其由。是夕，羔雁幣帛，威容儀度，妓樂絲竹，殽膳燈燭，車騎禮物之用，無不咸備。有羣女，或稱華陽姑，或稱青溪姑，或稱上仙子，或稱下仙子，若是者數輩。皆侍從數十，冠翠鳳冠，衣金霞帔，綵碧金鈿，目不可視。遨遊戲樂，往來其門，争以淳于郎爲戲弄。風態妖麗，言詞巧豔，生莫能對。復有一女謂生曰：「昨上巳日，吾從靈芝夫人過禪智寺，於天竺院觀右延舞婆羅門。吾與諸女坐北牖石榻上，時君少年，亦解騎來看。君獨强來親洽，言調笑謔。吾與窮英妹結絳巾，挂于竹枝上，君獨不憶念之乎？又七月十六日，吾於孝感寺侍上真子，聽契玄法師講《觀音經》。吾於講下捨金鳳釵兩隻，上真子捨水犀合子一枚。時君亦講筵中於師處請釵合視之。賞嘆再三，嗟異良久。顧余輩曰：『人之與物，皆非世間所有。』或問吾氏，或訪吾里。吾亦不答。情亦戀戀，矚盼不捨。君豈不思念之乎？」生曰：「中心藏之，何日忘之。」羣女曰：「不意今日與君爲眷屬。」復有三人，冠帶甚偉，前拜生曰：「奉命爲駙馬相者。」中一人與生且故。生指曰：「子非馮翊、田子華乎？」田曰：「然。」生前，執手敍舊久之。生謂曰：「子何以居此？」子華曰：「吾放遊，獲受知於右相武成侯段公，因以栖托。」生復問曰：「周弁在此，知之乎？」子華曰：「周生，貴人也。職爲司隸，權勢甚盛。吾數蒙庇護。」言笑甚歡。俄傳聲曰：「駙馬可進矣。」三子取劍佩冕服，更衣之。子華曰：「不意今日獲覩盛禮，無以相忘也。」有仙姬數十，奏諸異樂，婉轉清亮，曲調悽悲，非人間之所聞聽。有執燭引導者，亦數十。左右見金翠步障，彩碧玲瓏，不斷數里。生端坐車中，心意恍惚，甚不自安。田子華數言笑以解之。向者羣女姑娣，各乘鳳翼輦，亦往來其間。至一門，號修儀宮。羣仙姑姊亦紛然在側，令生降車輦拜，揖讓升降，一如人間。徹障去扇，見一女子，云號金枝公主。年可十四五，儼若神仙。交歡之禮，頗亦明顯。生自爾情義日洽，榮曜日盛。出入車服，遊宴賓御，次于王者。王命生之羣寮備武衛，大獵于國西靈龜山。山阜峻秀，川澤廣遠，林樹豐茂，飛禽走獸，無不畜之。師徒大獲，竟夕而還。生因他日啓王曰：「臣頃結好之日，大王云奉臣父之命。臣父頃佐邊將，用兵失利，陷没胡中，爾來絶書信十七八歲矣。王既知所在，臣請一往拜覲。」王遽謂曰：「親家翁職守北土，信問不絶。卿但具書狀知聞，未用便去。」遂命妻致饋賀之禮，一以遣之。數夕還答。生驗書本意，皆父平生之跡。書中憶念教誨，情意委曲，皆如昔年。復問生親戚存亡，閭里興廢。復言路道乖遠，風烟阻絶。詞意悲苦，言語哀傷。又不令生來覲，云：「歲在丁丑，當與女相見。」生捧書悲咽，情不自堪。他日，妻謂生曰：「子豈不思爲政乎？」生曰：「我放蕩不習政事。」妻曰：「卿但爲之。余當奉贊。」妻遂白於王。累日，謂生曰：「吾南柯政事不理，太守黜廢。欲藉卿才，可曲屈之。便與小女同行。」生敦授教命。王遂勅有司備太守行李。因出金玉錦繡，箱奩僕妾車馬，列於廣衢，以餞公主之行。生少遊俠，曾不敢有望，至是甚悅。因上表曰：「臣將門餘子，素無藝術，猥當大任，必敗朝章。自悲負乘，坐致覆餗。今欲廣求賢哲，以贊不逮。伏見司隸潁川周弁，忠亮剛直，守法不回，有毗佐之器。處士馮翊、田子華，清慎通變，達政化之源。二人與臣有十年之舊，備知才用，可托政事。周請署南柯司憲，田請署司農。庶使臣政績有聞，憲章不紊也。」王並依表以遣之。其夕，王與夫人餞于國南。王謂生曰：「南柯，國之大郡。土地豐壤，人物豪盛，非惠政不能以治之。況有周、田二贊。卿其勉之，以副國念。」夫人戒公主曰：「淳于郎性剛好酒，加之少年。爲婦之道，貴乎柔順。爾善事之，吾無憂矣。南柯雖封境不遥，晨昏有間。今日暌別，寧不沾巾。」生與妻拜首南去，登車擁騎，言笑甚歡。累夕達郡。郡有官吏、僧道、耆老、音樂、車轝、武衛、鑾鈴，争來迎奉。人物闐咽，鐘鼓喧譁，不絶十數里。見雉堞臺觀，佳氣鬱鬱。入大城門，門亦有大榜，題以金字，曰南柯郡城。見朱軒棨户，森然深邃。生下車，省風俗，療病苦，政事委以周、田，郡中大理。自守郡二十載，風化廣被，百姓歌謡，建功德碑，立生祠宇。王甚重之。賜食邑，錫爵位，居台輔。周、田皆以政治著聞，遞遷大位。生有五男二女。男以門蔭授官，女亦娉于王族。榮耀顯赫，一時之盛，代莫比之。是歲，有檀蘿國者，來伐是郡。王命生練將訓師以征之。乃表周弁將兵三萬，以拒賊之衆于瑶臺城。弁剛勇輕敵，師徒敗績。弁單騎裸身潛遁，夜歸城。賊亦收輜重鎧甲而還。生因囚弁以請罪。王並捨之。是月，司憲周弁疽發背，卒。生妻公主遘疾，旬日又薨。生因請罷郡，護喪赴國。王許之。便以司農田子華行南柯太守事。生哀慟發引，威儀在途，男女叫號，人吏奠饌，攀轅遮道者不可勝數。遂達于國。王與夫人素衣哭于郊，候靈轝之至。謚公主曰順儀公主。備儀仗羽葆鼓吹，葬于國東十里盤龍岡。是月，故司憲子榮信，亦護喪赴國。生久鎮外藩，結好中國，貴門豪族，靡不是洽。自罷郡還國，出入無恒，交遊賓從，威福日盛。王意疑憚之。時有國人上表云：「玄象謫見，國有大恐。都邑遷徙，宗廟崩壞。釁起他族，事在蕭牆。」時議以生侈僭之應也。遂奪生侍衛，禁生遊從，處之私第。生自恃守郡多年，曾無敗政，流言怨悖，鬱鬱不樂。王亦知之。因命生曰：「姻親二十餘年，不幸小女夭枉，不得與君子偕老，良用痛傷。」夫人因留孫自鞠育之。又謂生曰：「卿離家多時，可暫歸本里，一見親族。諸孫留此，無以爲念。後三年，當令迎卿。」生曰：「此乃家矣，便更歸焉？」王笑曰：「卿本人間，家非在此。」生忽若惛睡，瞢然久之，方乃發悟前事，遂流涕請還。王顧左右以送生。生再拜而去，復見前二紫衣使者從焉。至大户外，見所乘車甚劣，左右親使御僕，遂無一人，心甚嘆異。生上車，行可數里，復出大城。宛是昔年東來之途，山川原野，依然如舊。所送二使者，甚無威勢。生逾怏怏。生問使者曰：「廣陵郡何時可到？」二使謳歌自若，久乃答曰：「少頃即至。」俄出一穴，見本里閭巷，不致往日，潛然自悲，不覺流涕。二使者引生下車，入其門，升其階，己身卧于堂東廡之下。生甚驚畏，不敢前近。二使因大呼生之姓名數聲，生遂發寤如初。見家之僮僕擁篲于庭，二客濯足于榻，斜日未隱于西垣，餘樽尚湛于東牖。夢中倏忽，若度一世矣。生感念嗟嘆，遂呼二客而語之。驚駭，因與生出外，尋槐下穴。生指曰：「此即夢中所經入處。」二客將謂狐狸木媚之所爲祟。遂命僕夫荷斤斧，斷擁腫，折查枿，尋穴究源。旁可袤丈。有大穴，根洞然明朗，可容一榻。上有積土壤以爲城郭臺殿之狀。有蟻數斛，隱聚其中。中有小臺，其色若丹。二大蟻處之，素翼朱首，長可三寸。左右大蟻數十輔之，諸蟻不敢近。此其王矣。即槐安國都也。又窮一穴，直上南枝，可四丈，宛轉方中，亦有土城小樓，羣蟻亦處其中，即生所領南柯郡也。又一穴：西去二丈，磅礴空朽，嵌窞異狀。中有一腐龜殼，大如斗。積雨浸潤，小草叢生，繁茂翳薈，掩映振殼，即生所獵靈龜山也。又窮一穴：東去丈餘，古根盤屈，若龍虺之狀。中有小土壤，高尺餘，即生所葬妻盤龍岡之墓也。追想前事，感嘆于懷，披閱窮跡，皆符所夢。不欲二客壞之，遽令掩塞如舊。是夕，風雨暴發。旦視其穴，遂失羣蟻，莫知所去。故先言「國有大恐，都邑遷徙」，此其驗矣。復念檀蘿征伐之事，又請二客訪跡于外。宅東一里有古涸澗，側有大檀樹一株，藤蘿擁織，上不見日。旁有小穴，亦有羣蟻隱聚其間。檀蘿之國，豈非此耶？嗟乎！蟻之靈異，猶不可窮，况山藏木伏之大者所變化乎？時生酒徒周弁、田子華並居六合縣，不與生過從旬日矣，生遽遣家僮疾往候之。周生暴疾已逝，田子華亦寢疾于牀。生感南柯之浮虛，悟人世之倏忽，遂栖心道門，絶棄酒色。後三年，歲在丁丑，亦終於家。時年四十七，將符宿契之限矣。公佐貞元十八年秋八月，自吳之洛，暫泊淮浦，偶覿淳于生棼，詢訪遺跡，翻覆再三，事皆摭實，輒編録成傳，以資好事。雖稽神語怪，事涉非經，而竊位著生，冀將爲戒。後之君子，幸以南柯爲偶然，無以名位驕于天壤間云。前華州參軍李肇贊曰：「貴極禄位，權傾國都，達人視此，蟻聚何殊！」

（《唐宋傳奇集》）

吴　梅

暖紅室刊玉茗堂南柯記跋

楚園先生此刻據柳浪館本，復以諸本互校。余又依葉氏《納書楹譜》訂正曲牌詞句，取莊邸《大成宮譜》分別正襯格式。其改訂曲牌處，如「樹國」折之〔劍器令〕，「貳館」折之〔步蟾宮〕，「玩月」折之〔小桃紅〕，「生恣」折之〔鴨香三枝船〕、〔赤馬兒〕、〔雙赤子〕、〔拗芝蔴〕之類，皆舊刻所訛，而今刻正之也。其補正詞句處，如「引謁」折〔絳都春序〕第二曲云「便衣衫未整，造次穿朝」，原脱「未整」二字；「得翁」折〔醉太平〕曲云「這遇妻之所，拾得親父」，原脱「之」字；「粲誘」折〔金落索〕「秋波選俊郎」，脱「俊」字；「御餞」折〔尾聲〕云「看他們時至宣風化」，原作「看他們時至氣化」；「録攝」折〔字字雙〕第二曲云，「山妻叫俺外郎郎」，原作「山妻叫俺是外郎」；「召還」折〔集賢賓〕曲云，「論人生到頭難悔恐」，原作「論人生到頭成一夢」；「象譴」折《尾聲》云，「且奪了淳于親侍衛」，原作「且奪了淳于棼侍衛」；「尋寤」折〔繡帶兒〕曲云，「還鄉定出了這一座大城，宛是我昔年東來之徑」，諸刻皆作白文。此皆不諧格律，亦舊刊所訛也。他若「繫帥」折之〔滴滴金〕、〔四門子〕，「生恣」折之〔解三醒〕，句法乖異，不可繩以舊式。余以沈寧菴〔南曲譜〕、李玄玉《北詞譜》與莊邸《九宮大成譜》互勘格正之。三曲中以〔解三酲〕爲尤難，臧晉叔所謂楊花腔格，今世不傳，無從考究矣。又集調誤爲正曲，〔么篇〕書作〔前腔〕，體例有所未安者，亦一一釐訂之。至於齣目之同異，角色之分配，具詳楚園跋中，不復贅云。丁巳孟春長洲吴梅校畢並跋。

（《玉茗堂南柯記》，載《彙刻傳劇》）

南柯記跋

《南柯》一劇，暢演玄風，爲臨川度世之作，亦爲見道之言。其自序云：「世人妄以眷屬富貴影像，執爲我想，不知虛空中一大穴也，倏來而去，有何家之可到哉！」是其勘破世界微塵，方得有此妙諦。《四夢》中惟此最爲高貴。蓋臨川有慨於不及情之人，而借至微至細之蟻，爲一切有情物説法；又有慨於溺情之人，而托喻乎落魄沉醉之淳于生，以寄其感喟。淳于未醒，無情而之有情也；淳于既醒，有情而之無情也；此臨川填詞之旨也。今此記傳唱，有「啓寇」、「圍釋」二折，皆北詞，故不入選，就今所録，精警處已略具此矣。（卷二）

小桃紅跋

《子母調》者，不用高喉，僅用平調歌也。賓白中參禪問答，凡劇中皆如此式。如臨川《南柯記》，西堂《桃花源》，皆襲用之。但詩句不同耳。（卷一）

（《霜厓曲跋》，載《新曲苑》）

演唱・演員

祁彪佳

歸南快録

崇禎乙亥，五月廿五日，午後馮弓閭來，同予作主，邀張㔶思、柴雲倩、嚴公威觀《南柯記》。

（《祁忠敏公日記》）

小鐵笛道人

日下看花記

添齡，姓□，年十三歲，揚州人。三多部。姿貌白皙，天趣可人。演《學堂》、《拷紅》，頗能體會。近演《南柯夢》中花鼓兒，別有韻致。（《日下看花記》卷四）

楊懋建

長安看花記

吴今鳳，字桐仙，爲小雲高第弟子。小雲者，故四喜名輩胡法卿也。桐仙既別入春臺部，自立門户，日從士大夫擅九能者游，文采照映，聲施爛然……所演雜劇如《葬花》、《折梅》、《題曲》、《雨詞》、《瑶臺》、《渡瀘》，皆有可觀。動止蘊藉，妙於酬答，對之者未嘗見其有疾言遽色；而神韻淵穆，令人自爾傾倒。

玉香，潘姓，字冠卿，後起中前輩也。亭亭玉立，秋水爲神。……演楊妃春睡，旖旎翩翻，尤非人意想所到，《瑶臺》、《藏舟》諸劇，皆其餘事也。夙與韻香、蕊仙齊名。

（《長安看花記》）

邗江小遊仙客

菊部羣英

崇德主人徐阿三，正名馥，號棣香，又號亦仙。蘇州人。庚子生。唱崑生。岫雲徐小香之弟。擅演《前後親》（韓琦仲）、《瑶臺》（淳于棼）。

芷蓀姓顧，名長明，號篠農。行十。本京人。戊午生。隸四喜。唱崑生兼崑旦。善鼓板。本師棣華萬芷儂。擅演《花報》、《問探》（探子）、《瑶臺》（淳于棼）。

芷荼姓張，名富官，號湘航。行十一。江蘇吴縣人。乙卯生。隸四喜。唱崑旦。善書奕。工管絃子。崑老旦張亭雲之子。擅演《花報》（探子）、《瑶臺》（公主）。

芷茵，「茵」一作「蘅」。姓吴名香官，原名鴻賓，號也秋。行十二。本京人。己未生。隸四喜。唱崑旦。善吹笙。本師春連朱蓮桂。擅演《花報》（探子）。

芷湘姓范，名蕊官，號秋舲，又號亦仙。行十三。本京人。原籍蘇州。庚申生。隸四喜。唱崑旦。善彈絃。前餘慶范小金之子。擅演《湖船》（張大姐）、《花報》（探子）。

（《菊部羣英》）

佚名

新刊鞠臺集秀録

安華主人王福兒，號儀仙。唱崑旦。善飲酒。擅演《醉歸》、《瑶臺》、《琵琶行》。

（《新刊鞠臺集秀録》）

第七编　其他作品述评

目録

宋史記述評

續虞初志述評

戲劇研究及述評

宋史記述評

錢謙益

跋東都事略

《宋史》既成，卷帙繁重。百年以來有志删修者三家：崑山歸熙甫，臨川湯若士，祥符王損仲也。熙甫未有成書，別集中有《宋史論贊》一卷，每言人患《宋史》多，我正患其少耳。此其通人之言也。若士繙閱《宋史》，朱墨塗乙，如老學究兔園册子。某傳宜删，某傳宜補，某人宜合，某傳某某宜附某傳，皆注目録之下，州次部居，釐然可觀。若士没，次子叔寧曰：「此先人未成之書，須手自刊定。」不肯出，識者恨之。天啓中，損仲起廢籍爲寺丞，過余邸舍，移日分夜，必商《宋史》，是時李九如少卿藏《宋宰輔編年録》及王秘閣稱《東都事略》三百卷。損仲慫恿予傳寫，并約購求李燾《續通鑑長編》以蕆。此役余於内閣鈔李燾《長編》，只卷初五大本，餘不可得。余既退廢，不敢輕言載筆，損仲遂援據《事略》諸編，信筆成書。今聞損仲草稿與臨川《宋史》舊本，並在莒上潘昭度家。而予老倦研削，亦遂無意于訪求矣。

（《有學集》卷四十六）

王士禛

分甘餘話

虞山錢先生跋《東都事略》，述歸熙甫、湯若士、王損仲三家删《宋史》始末甚詳，云：「熙甫未有成書，止别集有《宋史論贊》一卷。若士閱《宋史》，朱墨塗乙，某傳宜删，某傳宜補，某人宜合，某傳某某宜附某傳，皆注目録之下，州次部居，釐然可觀。天啓中，損仲起廢籍爲寺丞，過余邸舍，必商《宋史》，時李九如少卿藏《宋宰輔編年録》及王秘閣稱《東都事略》三百卷，損仲慫恿余傳寫，并約購宋李燾《續通鑑長編》，以蔵此書。今損仲草稿及臨川《宋史》舊本，皆在吴興潘昭度家。」云云。余昔在京師，所見即臨川手筆，所謂朱墨塗乙者是也。余曾鈔其目録。祥符草稿則不可得而見矣。又聞吉水劉狀元晉卿上公車，祇攜《宋史》删本，或即臨川本耶？

（《分甘餘話》）

居易録

錢牧翁云，王侍郎損仲惟儉留心宋後三史，苦《宋史》繁蕪，删定成書，吴興潘昭度鈔得副本。損仲家圖籍沈于汴京之水，未知吴興鈔本云何。庚午歲，石門吕葆中無黨遊太學至京師，予見其行笈有此書，蓋即潘本，塗乙宛然。凡二百五十卷。首紀，次表，次傳，次志。紀十五，表五，列傳二百，志三十，通爲《宋史記》。其義例大略：本紀則更瀛國公爲帝㬎，增端宗、帝昺二紀；年表于宰輔外，增南唐諸國及遼、金二表，而附以夏國宗室；傳于英宗皇考濮王、孝宗皇考秀王之後，增理宗皇考榮王希瓐。改南唐、北漢世家，依《漢書》項羽例，總名列傳。宰執中如王安石之亂法，耿南仲之誤國，皆特書以示戒。若庸臣如李昌齡、姜遵輩，倣《漢書》陶青、劉舍之例，止于他傳末附見姓名，年表具爵位而已。史彌遠、嵩之一代窮奇，李知孝、梁成大，相門鷹犬，舊史于二史虚事褒揚，梁、李徒有官簿，並從刊正。諸史止有儒林，《宋史》始列道學之目，乃賈同、胡紘諸奸創之以攻朱熹者，今删去道學，通曰儒林。舊史奸臣傳，倣《新唐書》例，然既列惇、布諸人，而史彌遠之易皇嗣，史嵩之酖直臣，罪豈可貰？史家據事直書，忠邪自見，不必復别之爲奸，始足懲戒也。若薛昂、羅汝楫、陳自强、王次翁之流，皆附諸奸本傳之下，志則曆法（删天文、五行二志），郡邑，禮（儀衛、輿服二志并入），樂，食貨，河渠，兵，刑，百官，選舉，凡十篇。卷帙繁重，未及繕寫，聊述其大凡于此。吉水劉同升（同升）狀元亦曾删定《宋史》。江右洊經兵燹，不知其書猶有存否。朱竹垞云，此書改定目録是湯義仍親筆。詳錢牧翁《東都事略跋》中。

（《居易録》）

跋宋史記凡例

汴梁王司空損仲删正《宋史》，爲《宋史記》二百五十卷。錢宗伯受之謂：大梁之亂，損仲圖書盡没於水。吴興潘昭度家有《宋史》鈔本，此或即吴興本也。目録列傳删并塗乙甚多，云是湯義仍手筆。義仍亦删《宋史》，則此書或王本或湯本皆不可知，康熙庚午，石門吕葆中無黨攜以入都。秀水朱竹垞太史借鈔其副。神物護持，不與劫灰俱燼，殆有天意！予僅鈔《凡例》一卷而識其顛末，聞吉水劉狀元晉卿亦删《宋史》，不知西江兵燹後猶有存否，俟續訪之。

（《蠶尾文》卷八，《帶經堂全集》）

朱彝尊

書柯氏宋史新編後

宋、遼、金、元四史，惟《金史》差善，其餘潦草牽率，豈金匱石室之所宜儲？柯氏撰《新編》，會宋、遼、金、三史爲一，以宋爲正統，遼、金附焉。升瀛國公、益衛二王于帝紀以存統，正亡國諸叛臣之名以明倫，列道學于循吏之前以尊儒，歷二十載而存書，可謂有志之士矣。先是揭陽王昂撰《宋史補》，台州王洙撰《宋元史質》，皆略焉不詳，至柯氏而體稍備。其後臨川湯顯祖義仍、祥符王維儉損仲、吉水劉同升孝則咸有事改修。湯、劉稿尚未定，損仲《宋史記》沉于汴水，予從吳興潘氏鈔得僅存。然三史取材：紀傳則有曾鞏、王偁、杜大圭、彭百川、葉隆禮、宇文懋昭，編年則有李燾、楊仲良、陳均、歐陽守道，禮樂則有聶崇義、歐陽修、司馬光、陳祥道、陳暘、陸佃、鄭居中、張暐，職官則有孫逢吉、陳騤、徐自明、許月卿，輿地則有樂史、王存、歐陽忞、稅安禮、王象之、祝穆、潘自牧，志外國則有徐兢，著録則有王堯臣、晁公武、鄭樵、趙希弁、陳振孫，類事則有徐夢莘、孟元老、李心傳、葉紹翁、吕中、馬端臨、趙秉善，述文則有趙汝愚、吕祖謙。諸書具在。以予淺學，亦曾過讀。其他宋、金、元人文集，約存六百家，郡縣山水志以及野史説部又不下五百家，及今改修，文獻尚猶可徵。予嘗欲據諸書，考其是非同異，後定一書。惜乎老矣，未能也。

（《曝書亭集》卷四十五）

吴承漸

經史序録序

百餘年來，有志删修《宋史》者，震川歸氏，臨川湯氏，祥符王氏，虞山錢氏。四家皆當代文章宗匠，篤志纂述，聞俱有成書，乃鄭重不亟以問世。（《經史序録》）

吴承漸，字公儀。新安人。有《經史序録》。序作于康熙壬申（一六九二）。

全祖望

移明史館帖子五

《宋史》分道學於儒林，臨川禮部若士非之。國朝修明史，黄徵君梨洲移書史局復申其説，而朱檢討竹垞因合并之，可謂不移之論。

答臨川先生問湯氏宋史帖子

明季重修宋史者三家：臨川湯禮部若士，祥符王侍郎損仲，崑山顧樞部寧人也。臨川《宋史》，手自丹黃塗乙，尚未脱稿。長興潘侍郎昭度撫贛，得之。延諸名人足成其書。東鄉艾千子、晉江曾弗人、新建徐巨源皆預焉。網羅宋代野史至十餘簏。其後攜歸吴興，則是書不特閣下西江之文獻也，亦於吾鄉有臭味焉。是時祥符所修亦歸昭度。然兩家皆多排纂之功，而臨川爲佳。其書自本紀、志、表，皆有更定。而列傳體例之最善者，如合道學於儒林，梨洲先生論明史不當分立道學傳，本此。歸嘉定誤國諸臣於姦佞；列濮、秀、榮三嗣王獨爲一卷，以別羣宗；《宋史》不爲榮王立傳。皆屬百世不易之論。至五閏禪代遺臣之碌碌者多芟，建炎以後名臣多補，庶幾《宋史》之善本焉。甲申以後，石門吕及甫壻於潘氏，是書遂歸及甫。姚江黄梨洲徵君，以講學往來浙西，及甫請徵君爲之足業，徵君欣然許之。及甫因取其中所改曆志請正，並約盡出其十餘簏之野史。成言未果，及甫下世。其從子無黨攜入京師，將即據其草本開雕。無黨又逝。新城王尚書阮亭僅得鈔其目録。故嘗謂是書若經黄徵君之手，則可以竟成一代之史。即得無黨刊其草本，則流傳亦易。而無如天皆有以敗之。花山馬氏者，無黨姻家，故是書旋歸花山。未幾時，花山之書散佚四出，海寧沈氏得之，歲在卯辰之間。某在杭，聞沈氏以是書求售於仁和趙上舍谷林，亟往閲其大概，力勸收之，而不果。壬子之冬，晤沈氏諸郎於京師，叩以是書存亡，則言已歸太倉金氏矣。然是書累易其主，所存僅本紀、列傳，而其十餘簏之野史，則不知流落何所，可爲長嘆息者也。是書在吴下，多誤以爲祥符之本。以昔所聞，則自石門而花山者，確然係臨川底稿，黄徵君之言可按也。某少讀《宋史》，嘆其自建炎南遷，荒謬滿紙，欲得臨川書以爲藍本，或更爲拾遺補闕於其間。荏苒風塵，此志未遂，今倘得遺人向太倉求鈔副本，則尤斯文之幸也。寧人改修《宋史》，聞其草本已有九十餘册，乃其晚年之作，身後歸徐尚書健菴，今亦不可問矣。著書難，傳之尤難，言之曷禁惘然！

（《鮚埼亭集》）

全祖望，字紹衣，號謝山。浙江鄞縣人。乾隆元年（一七三六）進士。有《經史問答》、《鮚埼亭集》等。

潘曾紘，字昭度。浙江烏程人。萬曆丙辰（一六一六）進士。崇禎七年（一六三四）巡撫南贛。《吴興藏書録》《後林潘氏書目》下引「湖録」，謂其「有意汲古，廣儲縹緗，視學中州，羅致更夥」。吕葆中，字無黨；馬曰琯，字秋玉；沈廷芳，字畹叔；趙昱，字功千，號谷林；金檀，字心軺：均清初藏書家。星軺之孫可埰，字心山，遷住蘇州。黄丕烈《道餘録跋》云：「金心山，余友也。住郡中馬醫科巷。先世富饒，及身貧寠。」《雲溪友議跋》云：「近心山病且死，書賈以其家書籍求售，方知心山爲星軺孫。藏書之家淵源有自，宜其殘編斷簡，亦多善本矣。」解放以來，湮没多年之古籍大量出現，甚願湯氏

《宋史》亦能復見於人間也。

【附】

艾南英　寄潘昭度先生書

先生衡文之暇，進退古今，删裁《宋史》，不獨風流韻事，而有宋一代，是非權衡，春秋所貴，再見於今日矣。此不肖所願部左右而自恐不能者。……删裁《宋史》，先生進退一字，游夏不能贊一辭。然人情喜煩惡簡，常欲過而存之，故新舊《唐書》至今並存。向嘗不揣，欲作《宋史補遺》，於舊本不動一字，而特舉宋集、傳記散見者，各依本紀、列傳補之。稍爲之辯證發明，則簡册寡而頭緒清。擬明正閉户郡城料理之，不知台意以爲然否？種種不能筆盡，尚容嗣佈。

（《天傭子集》）

曾異撰　復潘昭度師書

垂教謂《宋史》殊不足觀，異撰未有其書，嘗於友人處稍一流覽，雖愚昧管窺，亦知其冗。矧於吾師宜謂不堪覆瓿也。史既煩濫，是以踵之爲《通鑑續篇》者，亦復繁冗難讀。丘瓊山《續綱目》，差爲彼善於此。今吾師一大芟正，不但宋有良史，而後之踵爲編年者，有所藉手。更合丘氏《綱目》一裁酌之，《通鑑》亦庶幾有定本矣。至於《天官》、《律曆》二志，太史公惟《天官書》最爲奇奥，《律》、《曆》二書便已索然。班孟堅《天官》、《律曆》、《五行》諸志，猶未甚破碎，《後漢書》劉昭所補，零星之極。諸志皆然，不獨《天官》、《律曆》也。三史如是，則後此者可知矣。愚意謂太史公《封禪》、《平準》二書，卓然大篇，《天官書》固妙，雖諸星各有綱目，然亦未免逐條敘次，遂損大觀。竊謂今之志天官、律曆者，似當各匯爲一大篇。其整者如《尚書》之《禹貢》；而其錯者，略倣古大家如管子《問》，韓子《亡徵》，屈子《天問》，韓退之《畫記》，及《左》、《國》中諸長篇之錯綜奇變者爲之。蓋以《封禪》、《平準》之筆力而敘次天官、律曆之事，庶幾卓越諸史。非吾師其誰爲之也？至如艾之《職方外紀》，每國略志數行，酒肉帳簿中之稍有條目者耳；以備顧問則可，何得便與作史之事。且作史傳信，與著書談天者不同。據彼説，謂天有九重，日大於地，大地形如圓毬，四面皆在天中，凡上下四旁，皆山河人物所附麗，使彼參考天官，當必堅持其説，則是西域天文志，非中國志也。雖似有據而可喜，然此以俟後之修明史者附之西域傳則可，確然爲傳信之史則不可，爲宋史則尤不可。以宋未嘗有彼國之學也。且曆法歷代相沿，間不能無小差，小差積而大差，遂不能不一變。或數十年一小變，或千數百年一大變。大抵變而無差之時，即爲後日差錯之端；蓋以法正差，而差即生於法。但其學淺者，差立見，其精者，如洛下閎僧一行之類，其差見於千數百年以後。是以宋曆之差，其抄忽銖黍之參錯，業已積累於唐。後之視今，則元曆之差，亦積於宋。然則諸志中，曆法雖爲一代之史，實與先後諸史相關，非如禮、樂、兵、刑、食貨諸書，但以紀一代之事也。宋曆至元，而郭守敬一大變。更其參差積漸，元曆所以當改之故，亦當於《宋史》中備言之，方於前後諸史脈絡貫通，尤非艾所能辨也。至所命《宋史·天文、律曆》二志，屬與西士商扢，是吾師憫某之空疏不學，而以命之者教之也。燈下略閱二書，《天文志》則二曜衆星自爲綱目，大約踵《史記·天官書》而衍之，而以三百年薄蝕災眚之變附記于後，此無俟問者也。所商確者，獨璣衡天儀歸餘歲差之事耳。竊謂渾天璣衡，未見其器，將何以詢其事？至如《律曆志》中所云，積若干，損若干，餘若干，未識其數，將何以叩其學？鄙意謂欲叩彼國之曆，當先有中國成曆了然於中，而後可互相參考。今以夙所未習者而執書以詢，無論彼答之而某不曉，而某先已茫然而失其所以問。容某今抵海上，徐將二志細閲熟思，然後可相詢訪。或吾師一召見而問之，推步之學非面談不能悉耳。（文集卷五）

前人　哭潘昭度師（十首，録第五）

南州曾憶撫深盃，謂古何人未死哉。獨有名山藏腐令，不將朽骨付蒿萊。宋朝舊史吾更定，昭代新書爾剪裁。公欲重修《宋史》，以《國朝實録》畀予。涕嘆當時言在耳，公今已矣我非才！（詩二集卷五）

（《紡授堂集》）

黄宗羲　天一閣藏書記

語溪吕及父，吴興潘氏婿也。言昭度欲改《宋史》，曾弗人、徐巨源草創而未就。網羅宋室野史甚富，緘固十餘篋在家，約余往觀。先以所改曆志見示。未幾而及父死矣，此願未遂。不知至今如故否也。

（《南雷文定》）

梁玉繩

瞥記

《宋史》最蕪冗疏略，杭堇浦太史嘗命余删增，别作一書，自揆譾薄，謝不敢爲。遂從事《史記》，作《志疑》三十六卷。聞前輩言，湯若士有《宋史》改本，朱墨塗乙，某傳當削，某傳當補，某人宜合某傳，某人宜附某傳，皆注目録之下，科段分明。王阮亭《分甘餘話》謂臨川舊本在吳興潘昭度家，恨無從購之。許周生云：潘中丞昭度曾欲重修《宋史》，先爲《宋史抄》，摭拾最富。友人楊鳳苞見其殘稿十餘册，其全書則散佚久矣。

（《清白士集》卷二十一）

梁玉繩，字曜北，號諫菴。浙江錢塘人，乾隆諸生。有《史記志疑》、《清白士集》等。

王鳴盛

蛾術編

《宋史》改修者不一，獨柯維騏之《新編》刊刻成書，播在藝林……當與《宋史》並傳。臨川湯顯祖義仍、吉水劉同升晉卿咸有事改修，稿皆未就。近日吴中陳黄中和叔改修者，予但聞其入王安石于姦臣，頗爲公論，亦未暇覓觀之。獨祥符王惟儉《宋史記》二百五十卷，汴梁之亂，稾已淪于水。僅吴興潘昭度家有藏本，朱竹垞從潘抄得，謂其未見，出人意表。要爲宇内尚有此書。新城王尚書貽上抄得其《凡例》一卷，予亦衹得此。

（《蛾術編》卷十）

王鳴盛，字鳳喈，一字禮堂，别字西莊，晚年自號西沚。江蘇嘉定人。乾隆十九年（一七五四）進士。著有《十七史商榷》、《蛾術編》、《耕養詩文集》等。

周中孚

鄭堂讀書記

《宋史》四百九十六卷、《目録》三卷（明南監本），元托克托等奉勅撰。案托克托原作脱脱，今改正。托克托，字大用。伯顔之侄。歷官右丞相。爲哈麻所擠，以鴆死。《四庫全書》著録。倪氏、錢氏《補元志》俱載之。按宋、遼、金三史總裁官，皆列大用銜，以大用乃都總裁也。今《宋史》卷首進表係阿魯圖，蓋其官位又在都總裁之上也。表稱本紀四十七卷，志一百六十二卷，表三十二卷，列傳、世家二百五十五卷，内有世家六卷厠于列傳之間，故統而言之也。總目失書世家二字，蓋偶遺也。諸正史中，惟是書卷帙最繁，而本紀不載詔令，蓋襲《新唐書》之失。諸帝紀各冠加謚于首，備載初謚于末，獨太宗、仁宗、英宗、神宗四紀不載加謚，體例亦未畫一。宗室年表亦襲《新唐書》之失，竟將一朝玉牒盡行載入，計有二十七卷，繁而無當，莫此爲甚。而立傳之多，亦遂無以尚之。其中實有不必立傳，而拉雜列入者，不過敍其歷官，如今仕途之履歷而已。此亦成何史册乎！又往往有數人共一事，而立傳時則以其事分繫之，若各爲其事而不相同者；蓋作傳者欲人人各記其功，遂不自知其錯雜。此其弊病亦沿於《新唐書》。故有詳著其善于本傳，而錯見其惡於他傳，以善善長而惡惡短也。蓋宋人之家傳、表誌、行狀，以及言行録、筆記、遺事之類，流傳於世者甚多，皆子弟門生所以標榜其父師者，自必揚其善而隱其惡，遇有功處，未有不附會遷就，以分其美，有罪則隱約其詞以避之。修史者固當參互以核其實，乃不及考訂真僞，但據其書抄撮成篇，毋怪其是非乖謬也。所以王昴、王洙、柯維麒、湯顯祖、王維儉、劉同升諸家因而有改修之役。今惟柯氏有成書，而敗隙又加甚焉。（卷十五）

《宋史記目録》一卷（嘉定王氏藏舊鈔本），明王維儉撰。維儉，字損仲，祥符人。萬曆乙未進士，官至工部左侍郎。　損仲嘗苦《宋史》煩蕪，删定成書。湖州潘昭度鈔得副本。朱竹垞《静志居詩話》以爲未見，出人意表。今全稿不得見，此其修改之目録也。前有「凡例」四十八條。觀其編次，大都與柯氏《宋史新編》相出入，而遠不及《新編》之有條理。如此卷先本紀，次年表，次列傳，次志，而謂仿《後漢書》、《宋書》；不知《後漢》之志，爲劉昭取司馬氏《續漢書》以補之，《宋書》則先成紀傳，後成志，故志在傳後。是皆不得援以爲例。又謂姦臣、叛臣二傳，俱不必别題一目，尤爲大謬。至於昰、昺附紀，遼、金入傳，此又蹈《新編》之失，不可獨罪損仲也。今損仲《宋史記》存亡未可定。若如此例目而成書，即亡佚亦不足惜也。是本前有王阮亭跋，朱竹垞《書柯氏宋史新編後》，並有硃筆改定目録，以爲俱照湯義仍本，未知是否。又「凡例」亦有批斥之處，未知出於何人。首葉有王西沚私印二，當屬其家藏本爾。（卷三十二）

（《鄭堂讀書記》）

《宋史記凡例目録》一卷（王西莊家舊藏鈔本），明王維儉撰。（下同前則）今全稿不可見，此其所定之「凡例」及「目録」也。觀其編次，大都與柯氏《宋史新編》相出入，而遠不及《新編》之有條理。（下同前則）至謂姦臣、叛臣二傳，俱不必別題一目，尤爲大謬。然其并道學於儒林，謂不必歧而二之，一知半解，未嘗無可取，亦足存備參觀者也。前載王阮亭跋、朱竹垞《書柯氏宋史新編後》。其目録有硃筆改削者，不知出于誰手，謂照湯義仍本，蓋義仍亦有改修《宋史》之本也。此本凡例，又經王西莊以墨筆批抹，定其去取云。

（《鄭堂讀書記補逸》卷九）

周中孚，字信之，别字鄭堂。浙江烏程人。嘉慶元年（一七九六）選拔貢生。著有《鄭堂讀書記》、《金石識小録》、《鄭堂劄記》等書。嘗爲上海李筠嘉代定其《藏書志》。今商務印書館出版之《鄭堂讀書記》，其《補逸》三十卷即輯自《慈雲樓藏書志》。

迮鶴壽

蛾術編遼宋金三史案語

宋史卷帙雖多，殊嫌繁蕪。雖自謂詞之繁簡以事，文之今古以時，亦欲自成一書，不敢强附前人。但有記一事而先後參錯，録一人而彼此互異者，則亦詳而不精矣。其立傳惟計官階，敍述只詳遷擢，傳道學則詮次失倫，載儒林亦猥雜無紀，是豈足備金匱石室之珍？故明湯義仍、王損仲俱有事修改，惜其書不傳。

（《蛾術編》卷十）

季錫疇

迮鶴壽，字蘭宫，號青崖。蘇州人。道光六年（一八二六）進士。

宋史記跋

昔賢多以《宋史》蕪雜，擬重修而未成。其已成書者，柯氏《新編》外，有湯若士、王損仲兩家。入國朝，其稿俱歸吴興潘昭度所。後石門吕無黨得王本，攜以入都，王漁洋、朱竹垞皆見之。竹垞曾抄其副，見《明詩綜·王惟儉小傳》。漁洋録存「凡例」一卷，跋見《蠶尾集》。乾隆間湯本藏文瑞樓金氏，出以求售，全謝山嘗與李穆堂書，囑其購以開雕，今不知流落何所矣。此舊鈔王本全書二百五十卷，今藏太倉聞少谷學博家。今年春，余與少谷學博同寓崑山北鄉斜塘袁氏宅，行篋中攜是書出以相賞。余叩其所自，云乾隆年其曾祖書巖公爲江寧教授，有某大令罷官歸，匱斧資，貸三百金，以此書爲質，惜已忘其姓氏矣。其書目録上有朱筆塗乙，并別標卷數，蓋當時潘氏以湯本相較而附注之，書中有增删者，亦依湯本。世有大手筆者，重編附刻，能取兩本異同處，參覈求是，固可折衷盡善；否則但取王氏原本刻之，以見一家之説，毋以意增損其間，庶不失原書面目也。咸豐四年，歲在甲寅，涂月十日，太倉季錫疇跋於常熟瞿氏之鐵琴銅劍樓。

（《宋史記》凡例）

季錫疇，太倉人。有《菘耘文鈔》。

李慈銘

越縵堂讀書記

史至宋、元，可謂極壞，而《元史》尤不成體裁。蓋史莫簡于遼，莫蕪于宋，簡而蕪者則惟元，鄙陋不文，疏冗無法。……顧《宋史》自揭陽王昂撰《宋史補》，莆田柯維騏撰《宋史新編》，祥符王維儉撰《宋史記》，朱竹垞《静志居詩話》謂臨川湯顯祖、吉水劉同升咸有事改修，稿尚未定。梁諫菴《瞥記》謂聞前輩言湯若士有《宋史》改本，朱墨塗乙，某傳當削，某傳當補，某人宜合某傳，某人宜附某傳，皆注目録之下，科段分明。王阮亭《分甘餘話》謂臨川舊本在吴興潘昭度家，恨無從購之。許周生云：潘中丞昭度曾欲重修《宋史》，先爲《宋史抄》，摭拾最富，友人楊鳳苞曾見其殘稿十餘册。全謝山云：顧亭林亦曾改修《宋史》，身後歸徐尚書健菴。吴門陳黄中有《宋史編》，惟闕天文律曆諸志。錢辛楣《養新録》謂：餘姚邵二雲嘗有志改修《宋史》，擬作《南宋事略》以續王稱《東都事略》，篇目悉依王氏之例，予爲酌定儒學、文藝、隱逸三傳目録寄之。今二雲没矣，索其家遺稿無有存者，云云。予謂亭林二雲二先生皆博極羣書，又勤于著述，而其書不成，蓋有關定數，非可以人力强者。以崑山之有力而好事，竟不能終顧氏之志，真宋人之不幸也。柯希齋《新編》，竭一生心力而成之，亦不爲世所重，竹垞笑其目未見徐夢莘《三朝北盟會編》、李燾《續通鑑長編》諸書。王損仲《宋史記》，明季時經潘曾紘招曾異撰、徐世溥更定其書，未成而罷，何其難至是耶！今所傳自柯、王二書外，有仁和邵經邦《宏簡録》、嘉善錢相國士升《南宋書》，皆疏略卑陋，反遜本書。然則如湯義仍、劉孝則、陳和叔諸人者，其書幸不成，成必無可觀也。

（《越縵堂讀書記·史類》）

平步青

宋史敍録序

《宋史》疏舛蕪漫，在乙部爲下駟。前人每患其多；而歸震川云：「某正患其少。」謝山、歸愚、竹汀皆然，真史識也。明人自震川外，湯臨川、劉文忠、吴忠節，國朝自謝山外，黄梨州、顧亭林、朱竹垞、萬石園、李穆堂、邵南江、章實齋諸儒咸有志改修，書皆未成。……蒙官京師，退値餘閒，頗致力於是，大車塵冥，汗青無日，外轉江右，此事遂已。惟念諸家姓氏，顯晦不一，掇拾羣書，纂爲敍録一卷。

（《樵隱昔寱》卷三）

步青纂有《宋史後定》，恐未成書。《宋史敍録》見《香雪崦叢書總目》，惜未得見原書。

續虞初志述評

張　潮

虞初新志自敍

此《虞初》一書，湯臨川稱爲小説家之珍珠船，點校之以傳世，洵有取爾也。獨是原本所撰述，盡摭唐人軼事，唐以後無聞焉。臨川續之，合爲十二卷。其間調笑滑稽，離奇詭異，無不引人着勝，究亦簡帙無多，搜采未廣，予是以慨然有《虞初後志》之輯。需之歲月，始可成書，先以《虞初新志》授梓問世。

（《虞初新志》卷首）

虞初新志凡例

兹集倣《虞初》之選輯，倣若士之點評。任誕矜奇，率皆實事，搜神拈異，絶不雷同；庶幾舊調翻新，敢謂後來居上。

《虞初志》原本，不載選者姓名。湯臨川續編，未傳作者氏號，俱爲憾事。

張潮，字山來，號心齋。安徽歙縣人。編有《昭代叢書》、《檀几叢書》等。《虞初新志》編成於康熙癸亥年（一六八三）。

周中孚

鄭堂讀書記

《虞初志》七卷（閔版印本），明陸氏撰，不著其名。《四庫全書存目》作《陸氏虞初志》八卷。按首卷中《續齊諧記》有自跋，稱得於外舅都公家；然則此書其都元敬之壻陸子元（采）所爲歟？其書皆鈔合諸家小説而成，記神異之事爲多。其有自跋者，凡《續齊諧記》、《集異記》、《虬髯客傳》、《周秦行紀論》、《南柯記》、《廣陵妖亂志》、《鶯鶯傳》、《任氏傳》、《白猿傳》九種。稍有考證，議論亦頗近醇。此本乃明凌性德所重梓，又集袁宏道、屠隆諸家之評，用閔氏刊版式，朱墨套印，系以附考附録，然失刻陸氏二字殊謬。而袁屠諸人之評，多以纖佻從事，亦無足取云。前有王穉登、湯顯祖、歐大任三序及性德序並凡例。

（《鄭堂讀書記補逸》卷二十八）

一蠙居士

續虞初志跋

余好小説，數年來搜集甚力，以未得湯臨川《續虞初志》爲憾。今日信步出城，竟在冷攤得此奇物，不覺狂喜，竟不問索價之奇昂也。書凡四卷，目録完整，《明史·藝文志》所云八卷，或係另一刻本。各篇未載撰人姓氏，與山來所記者同。評語簡雅，時有新意，信爲臨川手筆。此中多爲唐人小説，十篇出自《太平廣記》，餘待檢考。嘉慶甲子清明一蠙居士漫書。

（《續虞初志》卷末）

戲劇研究及述評

臧懋循

寄謝在杭書

去冬，挈幼孫就婚於汝寧守。……還從麻城，於錦衣劉延伯家得抄本雜劇三百餘種，世所稱元人詞盡是矣。其去取出湯義仍手。然止二十餘種稍佳，餘甚鄙俚不足觀，反不如坊間諸刻皆其最工者也。比來衰懶日甚，戲取諸雜劇爲删抹繁蕪，其不合作者，即以己意改之，自謂頗得元人三昧。

（《負苞堂集》卷四）

姚士粦

見只編

湯海若先生妙於音律，酷嗜元人院本。自言篋中收藏，多世不常有，已至千種。有《太和正音譜》所不載者。比問其各本佳處，一一能口誦之。及評近來作家，第稱梁辰魚《浣紗記》佳，而記中《普天樂》尤爲可歌可詠。此説至今不得其解。公復玄解星命，謂余乙運擾擾。以今驗之，果然。

（《見只編》卷中）

姚士粦，字叔祥。浙江海鹽人。萬曆諸生。有《見只編》等。

吕天成

曲品

鄭豹先所撰傳奇(上下品)

旗亭:董元卿遇俠事,佳曲多豪爽。湯海若爲之序。

芍藥:盧儲文爲賞閨閣,可羨可敬。鄭公恨不遇耳。詞多俊語,海若甚賞之。

張屏山所著一本(中中品)

紅拂:伯起以簡勝,此以繁勝,尚有一本未見。此記境界描寫甚透,但未盡脱俗耳。湯海若極賞其《梁州序》曲中句。記序云:「《紅拂》已經三演。在近齊外翰者,鄙俚而不典;在冷然居士者,短簡而不舒。今屏山不襲二格,能兼雜劇之長。」

(《曲品》)

鄭之文,字應尼,號豹先。江西南城人。萬曆庚戌(一六一〇)進士。未第時,遊金陵,與吴兆(飛雄)作《白練裙》劇,以詩歌聞於時。有《錦硯齋集》。顯祖《旗亭記》題詞作於萬曆癸卯(一六〇三)。張太和,字屏山。其《紅拂》一記,諸家俱著録。祁彪佳《曲品》所引顯祖序文，同上。

祁彪佳

明曲品

汪廷訥《飛魚》：漁隱子垂釣溪頭，不過一渺小丈夫耳，及見棄於楊翁，有意外之得，遂據貲自雄，結客破賊，以豪俠終。豈不可垂之青翰，爲我明一奇事！所以清遠道人作序嘉賞之。

明劇品

徐渭《雌木蘭》（北一折）：腕下具千鈞力，將脂膩詞場，作虛空粉碎。湯若士嘗云：「吾欲生致文長而拔其舌。」夫亦畏其有鋒如電乎。（《明遠山堂曲品劇品校録》）

沈自晉

偶作 竊笑詞家煞風景事（共三首，録第一）

〔解酲樂〕覷傳奇喜巧鐫圖像，最堪憎妄肆評量。只今從頭按拍無疏放。一入覽便成腔。那得胡亂圈點塗人目，漫假批評玉茗堂，坊間技倆。更莫辨詞中襯字，曲白同行。

（《鞠通生樂府》）

宜黄縣志

雜記

清源師者，西川灌口神也。爲人美好，以游戲得道。演古先神聖、八能千唱之節，初止爨弄參鶻，後稍爲末泥三姑旦等雜劇傳奇。此道有南北，南則崑山，次爲海鹽，吴浙音也。其體局静好，以拍爲之節。江以西弋陽，其節以鼓，其調喧。至嘉靖而弋陽之調絶，變爲樂平，爲徽青陽。譚大司馬聞而惡之。治兵于浙，以浙人歸教鄉人子弟，能爲海鹽聲。後人立清源神祠，以田竇二將軍配食。臨川湯若士爲之記。

（《宜黄縣志》卷五十）

《宜黄縣戲神清源師廟記》載《玉茗堂全集》文集卷七，爲古典戲劇重要論著之一。

第八編　遺迹

目録

遂昌相圃書院等

塋　墓

臨川縣志

湯顯祖墓

進士湯顯祖墓在港東廂靈芝山。（《臨川縣志》）

文昌湯氏宗譜

靈芝園地基

靈芝園：上截横九丈五尺，中南至北十四丈，中直至塘塝十二丈一尺。（《文昌湯氏宗譜》卷一山界）

玉茗堂

湯　頤

撫郡湯氏廨宇規模記

予宗自伯清、子高、廷用、酉塘、承塘諸公，世居文昌門外，室屋祠墓咸在焉。乃閩、浙孔道，冠蓋車馬無虛日，極聲光氣勢之區。甲申以來，勝宇名廨燼而爲墟，宗人遷徙播越已七十餘年矣。今冬予與伯叔兄弟修集兹譜，共襄厥成；因思前代堂構規模數語以爲之記云。以卒葬而論，自伯清公、子高公以下諸祖，悉葬於承塘公捐貲所購之靈芝園。其墓道在太平庵左，隔高碑右手僅四丈。穿廛屋間，向西走出大街，中有墓道碑座石尚存。墓前有塘形，家謂之明堂。更前有印山，方而條，猶官府之方印條印形，家謂之案山。案山東南隅，有半畝方塘形，家謂之硯池塘。墓左手廛屋後，有牆内屋基及空場，俱八股，原喬三公業，後孟正公房買三股，少海公房一股，皆園之屏蔽。以廨宇規模而論，子高公有萬石倉厫於良岡莊。成化二年，遇郡大歉，公捐穀賑饑，昭陽旌表尚義，有牌坊在文昌橋東，厥後科第綿綿，皆食其報也。歷酉塘公，年四十，棄郡庠餼。而高元素之行，隱讀於酉塘莊之書院，題其堂曰：「金馬玉堂，富貴輸他千百倍；　藤床竹几，清涼讓我兩三分。」承塘公建祠於靈芝園之右，立文會書堂於文昌門之外，堂上題云：「文比韓蘇歐柳，行追稷契臯夔。」旌表則有報房，房内題云：「賀文人高攀丹桂，慶舉子直上青雲。」生甫公初捷，適文昌橋成，若士公題之曰：「嶽立光騰紫氣，橋成新築沙堤。」靈芝園北有經緯樓，凡子孫擢科登仕，歸而拜墓封隴，禮畢，飲福於上，取文經武緯之義也。樓前有一勺亭，取義於亭邊一小塘也。誥封太常博士承塘公。初延羅明德夫子教子六人於城内。唐公廟左有湯氏家塾。勗學有云：「光陰貴似金，莫作尋常燕坐；　天地平如水，相看咫尺龍門。」塾側若士公有金柅閣，閣上題云：「一鈎篚幙紅塵遠，半榻琴書白晝長。」沙井巷後有玉茗堂，即今别駕陸公復構玉茗祠處也。爾時諸門賢陳大士先生則云：「古今三大業，天地一高人。」吉州狀元劉公諱同升則云：「門滿三千徒，四海斗山玉茗；　家傳六七作，萬年堂構金湯。」左有蘭省堂，南州司徒太虛李公亦云：「門牆日月高難並，衮鉞春秋贊莫能。」右有寒光堂，堂上自題云：「天地間都是文章，妙處還須自得；　身心外别無道理，静中最好尋思。」叔寧公著有《寒光堂疏草》。後有清遠樓，若士公一號清遠道人。前有芙蓉館，館前有石坊，顏曰「毓靄澄華館」。東有四夢臺，臺上題云：「千古爲忠爲孝爲廉爲節，倘泥真，真等癡人説夢；　一時或快或悲或合或離，若認假，猶如啞子觀場。」橋東祖居門題云：「北垣迴武曲，東井映文昌。」自甲申以來，所有之規模盡燬。厥後學憲李公猶於雍正丁未年額其廬原門曰「名家故址」。由是故迹名基皆爲他姓所據。予祖父每目擊傷心，慨然捐資取贖，如河東祖基及玉茗堂基，所係尤大者也。時别駕陸公與予父論文賦詩，相得甚歡，因推念祠部公之學行，於復還玉茗故址，倡首六邑捐資構祠立碑，以祀若士公，而以予祖父配享焉。且題其堂曰：「金梠再毓華，望秋水百川，畫圖不改王摩詰；玉茗留清遠，聽春風一曲，樓頭時見韋蘇州。」督學王公復加以扁額曰「文章品節」。

（《文昌湯氏家譜》卷首）

文昌湯氏宗譜

玉茗堂地基

一號玉茗堂地基：北後東址饒牆至西址湯鄧共牆，五丈九尺；南前東址饒牆至西址湯鄧共牆，六丈五尺；北至南公路十四丈，連門首塘一口。塘西金梠閣地基：靠陳牆北直至鄭横牆，五丈五尺；東址公路至西址陳牆，十一丈；中横東址公路靠鄭横牆牽至陳牆，十一丈；南上東路井下至西李牆，五丈五尺；東邊公路，北至南井下，二十丈零五尺；西邊靠李、鄭二姓牆角，北至南，十四丈五尺。

（《文昌湯氏宗譜》卷一山界）

陸　軺

鼎建湯若士先生玉茗堂祠記

臨川湯若士先生，海内無愚智皆知其賢，在故明神宗朝，官不過祠部郎，暨末路坎壈尤甚，而其名獨著於海内，何哉？雖其才有獨至，尤以其道有特隆也。先生生而有文在手，少年力學，以濂洛證悟爲宗；及壯登朝，慨然以天下爲己任，抗疏論列時相，致遭遷謫，流離漳海。乃摧撞折牙，以求息機，托諸聲曲以寄意，所著傳奇皆題以「夢」，真有錙銖軒冕，夢幻人世之意矣。夫先生一人爾，始焉學道，居然鴻儒也；繼而慷慨，又爲直節名臣矣；晚乃潄潤詞場，以風流擅名當代，則更得以騷人墨士稱之。何其猶龍之善變乎？要之先生未嘗變也。道以修己治人爲本，君子既以澡身藝圃，自當選庸於世，以材略濟時之不逮；倘不能然，寧放身自得以全吾性分之高，又慮文彩不施于後世，故托諸紙墨以濟意，安往而非吾道也？先生初爲大雅鴻儒，不意其爲直節名臣也；既爲直節名臣，不意其爲騷人墨士也；要之直節名臣之概不出大雅鴻儒而具存，騷人墨士之致又豈出大雅鴻儒以寄托哉！先生自云：「傷心拍遍無人識，自招檀痕教小伶。」此可以深觀其意矣。予於先生寤思有素，近得通守是邦，實慰生平之願望。至則詢其嫡裔，已無能讀其書者。惟其侄孫廣文秀琦者，以學道著書爲業，玉茗宗風賴以不墜，因與訂交論文，聞先生之遺事甚悉。因詢玉茗堂故居安在，廣文泫然曰：「栗里荒煙，豈可復問乎？」余因驅車弔望，風景依然，不勝零落荒坵之感。即其遺址，向亦幾貿他姓，賴廣文之父文學君而得返其故址焉。欲謀爲建祠以復先生玉茗之舊，其如吏事糾紛，未遑斯舉。今夏余亦卧痾官舍，宦情冷薄，輒動歸田之興，似與先生風味不遠，將以晚節師其萬一焉。倘初願不售，雖終老雲壑，未免負此心期爾。因與六邑令君謀之，令君皆有同志，樂勷其事。即其故址構一區，奉先生神位其中，仍額其堂曰「玉茗」，庶幾魏文貞故宅之舊云。祠成以廣文之父元公文學附列于旁，并令廣文子侄讀書其中，勉其永守先業也。記其事以垂久云。皇清康熙癸酉歲孟秋月穀旦。

（《文昌湯氏宗譜》卷首）

陸輅，字次公。江蘇常熟人。此記作于康熙癸酉（一六九三）。

【附】

王式穀　若士公贊

先生以古文詩詞雄視天下，士林之瞻望久矣。然其宦不達，事迹鮮所表見。先生兩赴公車，再却時相之招，以故不得擢巍科。後甫官郎署，又以抗疏論政府左官，坎壈終身而不悔。此豈徒以古文詩詞重哉。余校士臨汝，事竣，適玉茗堂鼎新初成，爰表其額曰「文章品節」。非以爲發潛德之光，聊以使此邦之士思所引重前輩之意，其足貴者，固自有在也。

（《文昌湯氏宗譜》卷首）

王士禛

居易録

湯若士先生玉茗堂，亂後久燬兵火。門人常熟陸輅次公，通判撫州，捐俸泉即堂址重新之。落成日，遍召太守以下諸同官，洎郡中士大夫，大集堂中。令所攜吴伶，合樂演《牡丹亭傳奇》，竟夕而罷。自賦二詩紀事，一時江右傳之，多屬和者。

（《居易録》）

門人陸次公輅通判撫州，半載挂冠。重建玉茗堂於故址，落成，大宴郡僚，出吴兒演牡丹亭劇二日，解纜去。自賦四詩紀事。和寄

落花如夢草如茵，弔古臨川正暮春。玉茗又開風景地，丹青長憶綺羅人。瞿塘回棹三生石，迦葉聞筝累劫身。酒罷江亭帆已遠，歌聲猶遶畫梁塵。

（《蠶尾續集》卷九，載《帶經堂集》）

李來泰

玉茗堂

魯直孤懷曾續賦，義仍高寄亦名堂。共知曼倩官猶隱，未許寬饒醒更狂。寶樹峨峯傳橘頌，魯直賦中語。金柅小閣擁藜牀。湯有金柅閣。瓊祠蓮社無消息，獨有清詞振八琅。北地琅琊方狎主，頓還大雅獨斯堂。投荒自始孤臣志，宦籍直疑舉國狂。紫柏禪心聞鐵笛，公參紫柏大師。芙蓉歌扇落銀床。公有芙蓉館。應知豪氣屏除盡，獨譜紅牙按碧琅。

（《蓮龕集》卷三）

劉命清

玉茗堂

賦餘宦籍歸來晚，茗荈花繁舊日堂。爲憶雷陽秋色老，獨憐鬼彈拊心狂。黄山白嶽渾無夢，翠幙紅煙穩在牀。自是遺根分寶應，長留錦句遍青琅。

（《臨川縣志》卷十）

劉命清，字穆叔。臨川人。清初布衣。有《虎溪漁叟集》。

劉玉瓚

玉茗堂

瓊花零落似唐昌，玉茗堂前更淼茫。異種衹應天上有，新愁只遺世間忙。紅幺輕點閒情賦，緑蟻真傳却老方。六六峯頭千古夢，湯休宋玉兩難忘。

（《臨川縣志》卷十）

劉玉瓚，大興人。進士。康熙元年（一六六二）任撫州知府。輯刻《盱江七大家文選》。

胡亦堂

玉茗堂

西平才子盛文章，誰最風流玉茗堂。官似杜陵傷落拓，性如賀監愛清狂。真憐翠袖迴虚閣，直看紅牙落影牀。夢醒曲終人不見，遺來擲地響琳琅。

（《臨川縣志》卷十）

丁宏誨

玉茗堂

起衰八代有文章，海内争推玉茗堂。彭澤早偕三徑隱，鑑湖先得四明狂。參禪欲結東西社，卧客常分上下牀。偶檢殘編開一卷，貧兒觸目是琳琅。

（《臨川縣志》卷十）

丁宏誨，南昌人。康熙七年任撫州府學教授。有《硯北筆存》。

張瑶芝

玉茗堂

西豐才藪盛詞章，絶調還推玉茗堂。傲岸敢攖丞相怒，牢騷聊學酒人狂。鷄塒狼藉侵書案，梵笈離披傍笛床。巀嶪高文誰解誦，止將歌曲播琳琅。

胡挺松

玉茗堂

曾吟祠部詩幾章，獨建旗鼓真堂堂。忽上一疏乘興發，偶成「四夢」高歌狂。懶尋道甫命遊駕，喜友紫柏聯禪牀。攬秀樓空毓靄涸，樓前有毓靄池。更無金薤垂琳琅。

丁茂繩

玉茗堂

一代翹材出豫章，亭亭玉茗自顔堂。吏如梅福甘卑隱，才似青蓮得醒狂。恥向權門稱入幕，閒編樂府踞胡牀。邯鄲夢覺人情盡，簫管誰家奏玉琅。

胡挺柏

玉茗堂

偶同師友論詞章，作者誰登大雅堂？《文選》一書何足讀，王家二美避君狂。微憐玉茗敲檀板，不及天隨載筆牀。焚盡《紫簫》真令子，免教歌曲溷琳琅。

董劍鍔

玉茗堂

先生才藻焕天章，玉茗奇花自署堂。名教中能吟風月，性情外可許疏狂。論詩徐叟推前席，顧曲周郎踞上牀。欲訪遺踪何處是，月明靈谷聽青琅。（以上均見《臨川縣志》卷十）

揭貞傳

玉茗堂

華峯千仞仰文章，啼鳥花枝玉茗堂。季友生知文在手，次公無藉酒而狂。紅牙自按高低板，木榻偏多上下牀。草屨麻衣遺命苦，空山何處薤琳琅。（《臨川縣志》卷十）

揭貞傳，字憲武。清初臨川人。

釋傳綮

玉茗堂

盧橘墩頭幾百章，特將玉茗署新堂。湯家若士真稱傲，南國斯文爾正狂。蛺蝶名花歌妓院，幅衫大帽羽人牀。誰家檀板風前按，羌笛何堪並玉琅。

饒宇朴

玉茗堂

盛時壇坫富文章，才藻争推玉茗堂。最有縹緗容兀傲，難因鵷鷺廢清狂。紅牙輕按花千簇，碧酒初行月半牀。今古風流傳勝事，詞場滿地擲琳琅。

（《臨川縣志》卷十）

李茹旻

玉茗堂

祠郎乘興上封章，興盡歸來卧此堂。直道自甘屏禽黜，私門争斥禰生狂。金柅草閣觀碁局，湯有金柅閣，示不復出意。又三十七有詩云：「神州雖大局，數著亦可畢。了此足高謝，别有烟霞質。」玉茗檀心噴筆牀。獨挽頹波還大雅，後先七子愧琳琅。

（《臨川縣志》卷十）

李茹旻，字覆如。臨川人。康熙癸巳（一七一三）進士。有《二水樓詩文集》。

李傳熊

玉茗堂

杜陵草堂在西岷，浣花溪水波粼粼。賀監山人四明客，鑑湖遺宅吴江濱。豈因窮愁富著述，實感清節如霜筠。臨川若士古才子，卓犖天骨真無倫。上書歷詆諸弊政，傲岸不畏丞相嗔。掛冠解綬歸故里，數椽茆屋花爲鄰。瓊枝玉蕊交秀色，一時讌賞傳詩人。迄今已過二百載，遺迹指點存居民。風流才調既寂寞，佳卉亦復同荆薪。積雨自送古苔上，長廊空畫蝸行匀。疏烟宕水風動竹，乍似歌按飛梁塵。他年更訪金柅閣，爲君一酹梨花春。

（《臨川縣志》卷十）

嚴遂成

李傳熊，臨川人，乾隆丁未（一七八七）進士。

臨川尋玉茗堂遺址

出可以爲吏，處可以爲士。衣鉢奉茶陵，偏師禦何李。揚確老解事，聲援隔萬里。窮乃得古歡，「四夢」開佛旨。書堂今無存，傴仄尋遺址。草淹牧豬場，石污門鵲矢。手種山茶花，棱棱犀甲峙。風舞落英飛，笛聲在寒水。

（《臨川縣續志》卷十）

吴嵩梁

湯若士先生玉茗堂

桃李公門蔓作堆，琪花雪地此親栽。登科豈借冰山重，抗疏曾經瘴海來。猛虎就殲資鬼力，宰遂昌，有牋城隍神治虎文。美人將命殉仙才。松江俞二姑以讀《牡丹亭》院本病殁。平生大節詞章掩，「四夢」流傳亦可哀。

（《臨川縣續志》卷十）

錢　泳

履園叢話

阮雲臺宫保巡撫江西，重修玉茗堂。

（《履園叢話》卷二十三）

遂昌相圃書院等

遂昌縣志

建置　寺觀

啓明樓，在邑東報願寺前。萬曆二十二年知縣湯顯祖重建。

尊經閣，在明倫堂後，萬曆二十二年知縣湯顯祖建。舊名敬一亭，今爲御書亭。

儒學，在縣東南隅。萬曆二十五年知縣湯顯祖興學重建。

相圃，在瑞山之麓。萬曆七年知縣鍾宇淳創屋三間。二十三年知縣湯顯祖加創大堂，顔曰「象德」。左右列舍二十八間。自二門至大門，有橋架於池，爲習射誦讀之處。并置租一百石。湯令去後，士民思之，尸祝於堂。萬曆二十六年知府鄭懷魁有記。天啓四年，提學吴之甲移文建祠祀之。堂後建亭堂。以前租備祭，餘則備修理。年久租侵於役。崇禎十三年，知縣許啓洪據邑人朱九綸、周士廉、時可諫、徐朝偉、周應鶴具呈，追查復還，殆後圃既圮，田歸湮没。

相圃租石創於湯令，恐垂久侵漁，開載勒石。公議六人輪流收租，以田租所入分給諸生膏火。自尸祝湯侯於堂，遞年租價備供祭祀，餘則交盤積貯，用資修葺，庶幾此堂可永。但年久月湮，學租不無借端而果腹。仙令烝嘗幾於中斷，象德之堂構亦半傾頽。咎將誰歸？蓋前田委學查覈非委學掌理，乃有攬收前租者，恬然爲橐中物也。許君啓洪清查侵冒，嚴追歸學，而報享復隆，堂構聿新，從此永永勿替。宜興之作人也，寧後於臨川哉！邑令徐治國識。

相圃創於前令鍾公，至湯公蒞遂，擴充堂舍，撥租資給，籌畫盡善。不意射堂既圮，而此田不知歸於誰氏。世遠年湮，故老無存，册籍罔稽，真有負於湯公作人之盛舉也。悲夫！邑令繆之弼識。

滅虎祠，在報願寺東，知縣湯顯祖建。今圮。

妙智禪堂，在邑河橋頭。釋真可訪前知縣湯顯祖處。湯公卸任後曾寓此。

遺愛祠，在報願寺左，祀知縣湯顯祖。

臨川湯公，諱顯祖，海内名士也。其詩歌文詞，卓冠藝林。即蒞平昌，善政善教，軼越凡吏，專祠祀之，宜矣。舊祀之射堂，詎堂圮而祭典亦廢。予與湯公生同鄉，仕同地。入境即草創專祠以棲其肖像，且以名宦段公宏璧附焉。每朔望必恭詣以肅瞻拜，無非是則而是傚也。……平昌令繆之弼識。

（《遂昌縣志》）

徐治國，號輔聖。遼陽人。順治五年（一六四八）恩貢，八年知遂昌縣事。繆之弼，字勤一，號匡岳。江西崇仁人。康熙廿九年（一六九〇）舉人，四十八年（一七〇九）任遂昌知縣。

王玄度

過湯義仍先生所構相圃書院

仙令風流舊有名，晚衙閒譜最多情。而今續夢知何處？杜宇春來第一聲。

（《王學人遺集選》）

王玄度，字尊素。明末新安人。詩作載《詩慰》中。

胡世定

相圃書院

野蔓離離覆短牆，書烟祇聚半空廊。傷心花縣徒千古，珍重先生玉茗堂。

（《遂昌縣志》）

胡世定，清初荆溪人。

秦瀛

過遂昌懷湯若士先生 先生以言事貶謫，嘗官遂昌令

人間塵劫浩茫茫，往事難尋玉茗堂。此地堂陰遺迹在，孤城一角但斜陽。

（《臨川縣志》）

繆之弼

遺愛祠記

事有曠百年而相感者，予不知其何心；苟非能爲斯世之所異，則亦不能使人欷歔而不可禁。若臨川顯祖湯公若士先生，資英敏，學閎博，其所爲文章詩歌，海内知名士誦讀不輟。至如薦紳諸公，日想望其丰采，願一見弗得者。噫，其才名與節操可不謂異乎哉！先生萬曆間成進士，由博士轉祠部郎，以言謫尉，旋遷令，故平昌得有先生之迹焉。夫以先生之文，其精瑩足以華國，其綜核足以經世，他如號令政刑，無不可出入廟堂，佐天子布之優優也。而必屈以百里之奇，置於萬山之麓，且使之鬱鬱久居此土，其所遇異乎不異乎！乃先生獨不以此介諸懷，治績日益懋，政教日愈彰，暇則與士君子課文較射，優游自適。異矣，復何容心於當年之華膴與後世之思慕耶！獨是予與先生生同鄉，志同道，官同方，而未獲親承於一堂，予之憾事也。然猶幸去先生之世僅百有餘歲，且讀玉茗堂所著，又何嘗不遥而憶之，而奉以爲師資也哉！况遂人士今日心焉繫之，口能道之。惜乎當日所構之射堂付諸蔓草荒煙，僅得瞻拜其像於義學中，其祀也亦寄焉而已。然則庀材鳩工，用妥厥靈，非余之責而誰與？竊又聞先生喜縱談古今事，第非其人，寧獨居而寡和。予孰爲先生計，如金壇段公宏璧，踵先生後而至者，其治績政聲大都可與先生相頡頏，先生稔悉焉。原有祠寖久而廢，後因其地爲營壘，段公何以適從乎？予將舉而祠之，先生應點首曰：「得此一人，可以不孤矣。」於是乎記。

（《遂昌縣志》）

王夢篆

題遺愛祠

臨川才子孰追攀，飛舄無心到此間。一代詞名傳玉茗，三年吏隱付刀環。田園歸去陶彭澤，俎豆長留元次山。爲愛清風思亮節，遥情高寄暮雲間。

（《遂昌縣志》）

王夢篆，號窺園。遂昌人。乾隆五十九年（一七九四）貢生。有《窺園詩抄》。

吴世涵

題遺愛祠

臨川一老仰清標，花下芳詞拜寂寥。賈傅立朝惟痛哭，莊生作吏亦逍遥。孤臣志業抛荒棘，仙令文章泣鬼魈。留得山城遺愛在，迎春歲歲入歌謡。

（《遂昌縣志》）

吴世涵，遂昌人。道光二十年（一八四〇）進士。

第九編　以湯氏生平爲題材之戲劇

目録

蔣士銓

臨川夢自序

客謂予曰：「湯臨川，詞人也歟。」予曰：「何以知之？」曰：「讀『四夢』之曲故知之。」予昕然而笑曰：「然則子固歌者也，何足知臨川！」客慍曰：「非詞人，豈學人乎！」予曰：「《明史》及《玉茗堂全集》非僻書，子曾見之歟？」曰：「未也。」予曰：「然則子固歌者也，又烏知學人！」乃取《明史》列傳及《玉茗堂集》，約略示之，客慙而退。嗚呼，臨川一身大節，不邇權貴，遞爲執政所抑，一官潦倒，里居二十年，白首事親，哀毁而卒，是忠孝完人也。觀其星變一疏，使爲臺諫，則朱雲陽城矣。徐聞之講學明道，遂昌之滅虎縱囚，爲經師，爲循吏，又文翁、韓延壽、劉平、趙瑤、鍾離意、吕元膺、唐臨之流也，詞人云乎哉！然則何以作此「四夢」也？曷觀臨川之言乎，題《牡丹亭》曰：「夢中之情，何必非真？」題《紫釵》曰：「人生榮困，生死何常。爲歡苦不足，奈何！」題《邯鄲》曰：「岸谷滄桑，亦豈常醒之物耶？概云如夢，醒復何存。」題《南柯》曰：「人處六道中，嚬笑不可失也。夢了爲覺，情了爲佛，境有廣狹，力有强劣而已。」嗚呼，其視古今四海，一枕窽蟻穴耳；在夢言夢，他何計焉。予恐天下如客者多矣，乃雜採各書，及玉茗集中所載種種情事，譜爲《臨川夢》一劇，摹繪先生人品，現身場上，庶幾癡人不以先生爲詞人也歟。嗟乎，先生以生爲夢，以死爲醒；予則以生爲死，以醒爲夢，於是引先生既醒之身，復入于既死之夢，且令「四夢」中人，與先生周旋於夢外之身，不亦荒唐可樂乎。獨惜婁江女子爲公而死，其識力過於當時執政遠矣，特兼寫之，以爲醉夢者愧焉。然而予但爲夢中人説夢而已，固無與於醒者。客果以臨川爲詞人，又何不可之有哉！甲午上巳鉛山蔣士銓書于芳潤堂。

（《臨川夢》）

蔣士銓，字心餘，一字苕生，號定甫。江西鉛山人。乾隆丁丑（一七五七）進士。有《忠雅堂詩集》、《藏園九種曲》等。

況　琛

花簾塵影

蔣心餘作《臨川夢》傳奇，極詆陳眉公之爲人，且於湯、陳交惡之由，言之頗詳。然晚香堂中題《牡丹亭》一跋，有「楊用修長於論詞，而不嫻於造曲；徐天池《四聲猿》能排突元人，長於北而又不長於南；獨臨川以花間蘭畹之遺，兼擅其長」云云。其推崇臨川至矣，至「化夢還覺，化情歸性」等語，亦能道出《牡丹亭》之本意。觀此則眉公當日固尚與臨川相厚。空梁泥落，漸結怨嫌，名士忌才，正復何所不至。

（《花簾塵影》）

吴梅

臨川夢記跋

藏園九種，皆述江右事，獨《桂林霜》則不爾，而文字亦不惡。此《臨川夢》蓋譜湯若士事，九種之巨擘。其自題詩云：「腐儒談理俗難醫，下士言情格苦卑；苟合皆無持正想，流連争賞誨淫詞。人間世布珊瑚網，造化兒牽傀儡絲；脱屣榮枯生死外，老夫叉手看多時。」可知其填詞之旨趣矣。余嘗謂傳奇中情詞贈答，數見不鮮，其能掃盡逾牆窺穴之陋習，而出以正大者，惟藏園而已。臨川「四夢」，《紫釵》、《還魂》皆少年筆，《邯鄲》、《南柯》則不作綺語，而身亦老大矣。此記將若士一生事實，現諸氍毹，已是奇特；且又以「四夢」中人一一登場，與若士相周旋，更爲絶倒。記中「隱奸」一齣，相傳諷刺袁簡齋，亦令黠可喜。蓋若士一生，不邇權貴，遞爲執政所抑，一官潦倒，里居二十年，白首事親哀毀而卒，固爲忠孝完人。而心餘自通籍後，亦不樂仕進，正與臨川同，作此曲亦有深意也。傳中敍述梅國楨平定哱拜事，蓋梅與帥機、若士，齊名一時，故並述之耳。惟若士《還魂》，實非譏刺曇陽，而心餘信之，且云：「畢竟是桃李春風舊門牆，怎好把帷薄私情向筆下揚，他平生罪孽這詞章。」直以若士爲挾私報復，未免失實矣。

（《霜厓曲跋》卷二，《新曲苑》）

第十編　著作板本

目録

紅泉逸草

（一）萬曆三年乙亥刻本。不分卷。一册。南京圖書館藏。卷首署「臨川令晉江李大晉刊，太僕卿金谿高應芳校」。

（二）一九六〇年中華書局印本。據萬曆乙亥本排印。與《問棘郵草》合成一册。

問棘郵草

（一）萬曆刻本。十卷。原藏北京圖書館（今中國國家圖書館，下同），解放前爲國民黨當局運至美國。

（二）萬曆刻本。二卷。北京圖書館、浙江圖書館藏。徐渭批釋，張汝霖校。卷首有徐渭《與湯義仍書》、《讀問棘堂詩》。

（三）一九五八年上海古典文學出版社影印本。一册。據萬曆刻徐渭批釋本影印。

（四）一九六〇年中華書局印本。據徐渭批釋本排印。與《紅泉逸草》合成一册。

玉茗堂文集

萬曆三十四年丙午金陵周如溟刊。十六卷。六册。上海圖書館藏。封裏書名標作《臨川湯海若玉茗堂文集》。各卷首行及板心標作《玉茗堂集選》。首載屠隆、帥機序。各卷由帥機、姜鴻緒、黄立言分校。

玉茗堂尺牘

(一)萬曆四十六年戊午刻本。殘存三卷三册。蘇州圖書館藏。全名爲《臨川湯若士先生玉茗堂尺牘》。首刊鄒迪光《臨川湯先生傳》,沈演、湯開遠、朱廷誨序,帥廷鈇跋。卷一卷二之首分署:「吴興沈何山先生點正」,「男開遠録次」,「門人朱廷誨校」。卷三署「湯嘉賓先生訂定」。據湯開遠文,顯祖所作《陰符經解》、《吴越史纂序》等十四篇文章均附刻牘中。

(二)民國二十五年上海雜誌公司鉛印本。

玉茗堂全集　或作《玉茗堂集》、《湯若士全集》

（一）天啓刻本。四十六卷。卷首有韓敬序。北京、南京、上海、浙江等圖書館均藏之。

（二）康熙刻本。四十六卷。首載韓敬、陳石麟、湯秀琦、阮峴、阮嵩序。

（三）臨川湯氏家刻本。據康熙本覆刻。

（四）民國二十四年大道書局本。據康熙本標點排印。

玉茗堂集

崇禎刻本。三十卷。復旦大學圖書館、浙江圖書館藏。全名爲《獨深居點定玉茗堂集》。沈際飛選輯。卷首有陳洪謐、沈際飛序。據目録，《紫釵記》、《牡丹亭》、《邯鄲夢》、《南柯夢》各二卷亦編入集。兩館所藏均無傳奇部分。北京圖書館所藏此書，爲二十八卷。末二卷爲《南柯夢》。

紫簫記

（一）萬曆富春堂刻本。北京圖書館、南京圖書館藏。四卷。正文首行書名標作《新刻出像點板音註李十郎紫簫記》；次行分署云：「臨川紅泉館編」，「新都緑筠軒校」，「金陵富春堂梓」。板心題作《出像紫簫記》。

（二）萬曆金陵世德堂刻本。前大連圖書館藏。二卷。正文首行書名標作《新鐫出像註釋李十郎霍小玉紫簫記題評》。

（三）明末汲古閣原刻初印本。封面標作《紫簫記定本》。

（四）汲古閣刻《六十種曲》申集所收本。

（五）一九五四年古本戲曲叢刊編刊委員會所輯《古本戲曲叢刊》初集第七十六種。據富春堂本影印。

紫釵記

（一）萬曆金陵繼志齋刻本。路工藏。二卷。封面標作《出像點板霍小玉紫釵記定本》，下署「繼志齋原版」。正文首行書名標作《重校紫釵記》，版心題作《紫釵記》。眉欄有音註。

（二）崇禎獨深居點定《玉茗堂四種曲》所收本。傅惜華藏。二卷。正文首行書名標作《玉茗堂傳奇》，次行署「獨深居點次」，三行題作《紫釵記》。板心亦題《紫釵記》。卷首載有沈際飛之《題紫釵記》。

（三）明末柳浪館刻本。北京圖書館藏。二卷。正文首行書名標作《柳浪館批評玉茗堂紫釵記》，板心題作《紫釵記》。首載《紫釵記總評》，未署年月名氏。

（四）明末張弘毅著壇刻《玉茗堂四夢》所收本。北京圖書館藏。二卷。

（五）明末汲古閣原刻初印本。二卷。封面標作《紫釵記定本》。

（六）汲古閣刻《六十種曲》卯集所收本。

（七）清初竹林堂輯刻《玉茗堂四種曲》所收本。傅惜華藏。二卷。正文首行標作《湯義仍先生紫釵記》，下方署「臨川玉茗堂編」。板心題作《紫釵》。

（八）乾隆六年金閶映雪草堂刊《玉茗堂四種傳奇》所收本。上海圖書館藏。二卷。

（九）光緒年間貴池劉世珩校刻《暖紅室滙刻傳劇》所收本。二卷。

（十）民國初年四川成都存古書局刻本。二卷。

（十一）一九五四年古本戲曲叢刊編刊委員會所輯《古本戲曲叢刊》初集第七十七種。據柳浪館刻本影印。此劇全記曲譜，有乾隆五十七年葉堂訂《玉茗堂四夢曲譜》所收本，名《紫釵記曲譜》。二卷。

還魂記

（一）萬曆金陵文林閣刻本。北京圖書館藏。四卷。正文首行書名標作《新刻牡丹亭還魂記》。板心題作《全像牡丹亭記》。

（二）萬曆石林居士刻本。卷首有石林居士序。

（三）萬曆金陵唐振吾刻本。鄭振鐸藏。四卷。

（四）泰昌刻朱墨套印本。北京圖書館藏。正文首行書名標作《牡丹亭》。板心題作《牡丹亭記》。首有前溪茅元儀《批點牡丹亭記序》，青苕茅暎《題牡丹亭記》及凡例四則。

（五）明末朱元鎮校刻本。上海圖書館藏。二卷。正文首行書名標作《牡丹亭還魂記》；次分行署作：「明臨川湯顯祖若士編」，「歙縣玉亭朱元鎮較」。板心題作《還魂記》。

（六）明末蒲水齋校刻本。吴興周氏言言齋舊藏，今不詳歸於何處。二卷。正文首行書名標作《牡丹亭記》；次分行署作：「臨川玉茗堂編」，「公安瀟碧堂批」，「新都蒲水齋校」。板心題作《還魂記》。

（七）天啓四年張氏著壇校刻本。首都圖書館藏。二卷。正文首行書名標作《清暉閣批點玉茗堂還魂記》。

（八）崇禎獨深居點定《玉茗堂四種曲》所收本。傅惜華藏。二卷。正文首行書名標作《玉茗堂傳奇》，次行署「獨深居點次」，三行題作《還魂記》。版心亦題《還魂記》。卷首載有沈際飛之《題還魂記》。

（九）明末柳浪館刻本。鄭振鐸藏。二卷。書名標作《柳浪館批評玉茗堂還魂記》。

（十）明末汲古閣原刻初印本。二卷。封面標作《還魂記定本》。

（十一）汲古閣刻《六十種曲》卯集所收本。

（十二）清初竹林堂輯刻《玉茗堂四種曲》所收本。傅惜華藏。二卷。正文首行書名標作《湯義仍先生還魂記》，下方署「臨川玉茗堂編」。板心題作《還魂》。首載王思任《批點玉茗堂牡丹亭詞敍》，陳繼儒《王季重批點牡丹亭題詞》，張弘毅《清暉閣批評玉茗堂還魂記凡例》。

（十三）康熙刻本。北京圖書館藏。二卷。正文首行書名標作《鈕少雅格正牡丹亭》，次行標作「九宮詞譜非詞隱先生之本也」，三行署「自娱齋主人藏本」。板心題作《牡丹亭》，下方署作「谷園」。首載胡介祉序。

（十四）笠閣漁翁刻本。北京圖書館、上海圖書館藏。不分卷。書名標作《才子牡丹亭》，首載笠閣漁翁《刻才子牡丹亭序》。

（十五）芥子園刻本。書名標作《牡丹亭還魂記》。八卷。

（十六）夢園刻陳同、談則、錢宜合評本。書名標作《吴吴山三婦合評牡丹亭還魂記》。二卷。

（十七）乾隆六年金閶映雪草堂刊《玉茗堂四種傳奇》所收本。上海圖書館藏。二卷。

（十八）乾隆怡府精刻本。北京圖書館藏。八卷。有吴梅跋。

（十九）乾隆冰絲館刻本。北京圖書館藏。二卷。書名標作《玉茗堂還魂記》。

（二十）緑野山房刻陳同、談則、錢宜合評本。二卷。書名標作《吴吴山三婦合評牡丹亭還魂記》。

（二十一）清芬閣刻陳同、談則、錢宜合評本。二卷。書名標作《吴吴山三婦合評牡丹亭還魂記》。

（二十二）光緒十二年同文書局石印本。二卷。書名標作《牡丹亭還魂記》。

（二十三）光緒三十三年貴池劉世珩校刻《暖紅室彙刻傳劇》附録所收本。二卷。書名標作《按對大元九宫詞譜格正全本還魂記詞調》。

（二十四）光緒三十四年貴池劉世珩校刻《暖紅室彙刻傳劇》第十二種本。二卷。書名標作《玉茗堂還魂記》。

（二十五）一九五四年古本戲曲叢刊編刊委員會所輯《古本戲曲叢刊》初集第七十四種。據泰昌朱墨套印本影印。

（二十六）一九五八年古典文學出版社出版徐朔方、楊笑梅校注本。

此劇全記曲譜有：（一）乾隆五十四年馮起鳳訂《吟香堂曲譜牡丹亭》，二卷；（二）乾隆五十七年葉堂訂《玉茗堂四夢曲譜》所收本，名《牡丹亭曲譜》，二卷；（三）一九二一年張芬訂《牡丹亭曲譜》，上海朝記書莊石印本，二卷。

此劇有德文譯本。書名：*Die Rückkehr Der Seele Ein Romantisches Drama* 譯者 Vincenz Hundhansen，一九三七年德國萊比錫出版。

邯鄲記

（一）天啓刻朱墨套印本。北京圖書館藏。三卷。首載劉志禪《題詞》、夢迷生《小引》及凡例、總評。

（二）明末柳浪館刻本。二卷。正文首行書名標作《柳浪館批評玉茗堂邯鄲記》。板心題作《邯鄲記》。

（三）崇禎獨深居點定《玉茗堂四種曲》所收本。傅惜華藏。二卷。正文首行書名標作《玉茗堂傳奇》，次行署「獨深居點次」，三行題作《邯鄲夢》。板心亦題《邯鄲夢》。卷首載有沈際飛之《題邯鄲夢》。

（四）明末張弘毅著壇刻《玉茗堂四夢》所收本。北京圖書館藏。二卷。

（五）明末汲古閣原刻初印本。二卷。封面標作《邯鄲記定本》。

（六）汲古閣刻《六十種曲》卯集所收本。

（七）清初竹林堂輯刻《玉茗堂四種曲》所收本。傅惜華藏。二卷。正文首行書名標作《湯義仍先生邯鄲夢記》，下方署「臨川玉茗堂編」。板心題作《邯鄲夢》。

（八）乾隆六年金閶映雪草堂刊《玉茗堂四種傳奇》所收本。上海圖書館藏。二卷。

（九）貴池劉世珩校刻《暖紅室彙刻傳劇》所收本。

（十）一九五四年古本戲曲叢刊編刊委員會所輯《古本戲曲叢刊》初集第七十八種，據天啓朱墨套印本影印。

（十一）一九六〇年中華書局出版中山大學中文系五六級明清傳奇校勘小組整理本。

南柯記

（一）萬曆金陵唐振吾刻本。正文首行書名標作《鐫新編出像南柯夢記》，次行分署：「臨邑玉茗堂編」，「門人周大賚梓」，封面標作《鐫玉茗堂新編全相南柯夢記》，署「金陵唐振吾刊」。

（二）萬曆刻本。鄭振鐸藏。二卷。正文首行書名標作《南柯夢》，次行署「臨川玉茗堂編」。板心題作《南柯夢》。

（三）明刻朱墨印本。北京圖書館藏。三卷。

（四）崇禎獨深居點定《玉茗堂四種曲》所收本。傅惜華藏。二卷。正文首行書名標作《玉茗堂傳奇》。次行署「獨深居點次」，三行題作《南柯夢》。板心亦題《南柯夢》。卷首載有沈際飛之《題南柯夢》。

（五）柳浪館刻本。北京圖書館藏。二卷。書名標作《柳浪館批評玉茗堂南柯夢記》。

（六）明末張弘毅著壇刻《玉茗堂四夢》所收本。北京圖書館藏。二卷。

（七）明末汲古閣原刻初印本。二卷。封面標作《南柯記定本》。

（八）汲古閣刻《六十種曲》卯集所收本。

（九）清初竹林堂輯刻《玉茗堂四種曲》所收本。傅惜華藏。二卷。正文首行書名標作《湯義仍先生南柯夢記》，下方署「臨川玉茗堂編」。板心題作《南柯夢》。

（十）乾隆六年金閶映雪草堂刊《玉茗堂四種傳奇》所收本。二卷。

（十一）貴池劉世珩校刻《暖紅室彙刻傳奇》第十三種。據獨深居本重刻。二卷。

（十二）貴池劉世珩《重編暖紅室彙刻傳劇》第十五種，據柳浪館本重刻。二卷。末載劉世珩、吴梅跋文。

（十三）一九五四年古本戲曲叢刊編刊委員會所輯《古本戲曲叢刊》初集第七十九種，據萬曆刻本影印。

（十四）一九六〇年中華書局出版中山大學中文系五六級明清傳奇校勘小組整理本。